群言文丛

名家论道

群言杂志社 编

群言出版社
QUNYAN PRESS
·北京·

图书在版编目（CIP）数据

名家论道 / 群言杂志社编 . -- 北京 ：群言出版社，2015.12
（群言文丛）
ISBN 978-7-80256-969-0

Ⅰ . ①名… Ⅱ . ①群… Ⅲ . ①时事评论－中国－文集 Ⅳ . ① D609.9-53

中国版本图书馆 CIP 数据核字 (2015) 第 272646 号

责任编辑：张天放
封扉设计：北京锦绣东方图文设计有限公司

出版发行：群言出版社
社　　址：北京市东城区东厂胡同北巷1号（100006）
网　　址：www.qypublish.com
自营网店：http://qycbs.shop.kongfz.com（孔夫子旧书网）
http://www.qypublish.com（群言出版社官网）
电子信箱：qunyancbs@126.com
联系电话：010-65267783　65263836
经　　销：全国新华书店
法律顾问：北京天驰君泰律师事务所

印　　刷：廊坊市蓝海德彩印有限公司
版　　次：2015年12月第1版　2015年12月第1次印刷
开　　本：787mm × 1092mm　1/16
印　　张：24.75
字　　数：342千字
书　　号：ISBN 978-7-80256-969-0
定　　价：65.00 元

目录

名家论道 谈

序　言

集众思，汇群智，为文化繁荣发展作出新贡献

张宝文

《群言》杂志1985年创刊，今年迎来了创刊30周年。古话说："三十而立。"回顾30年的历程，《群言》一直秉承和恪守发刊词中"知识分子群言堂"的宗旨和"要说真话、实话，不说假话、空话、大话，对新情况、新问题发表新见解"的承诺，聚焦国是、关注民生，兼收并蓄、博采众长。围绕党和国家中心工作，就经济、社会、教育、文化、科技、生态建设等领域的重大问题进行深入探讨，刊载了一系列具有政治性、学术性、针对性、可读性的文章，形成了时代性和经典性相交汇、党派性和广泛性相统一的风格和特点。

新时代要求新风貌，《群言》在大家共同努力下，在广大盟员支持下，与时俱进、不断出新，努力讲好民盟故事，传递民盟声音，汇聚正能量。2014年，《群言》成功扩版，栏目更加丰富，内容更加充实；2015年，为适应新形势新任务，推出创刊以来首份地方专刊，为宣传民盟地方组织和当地经济、文化、社会发展成果作出了有益尝试。

当前，我国正处于全面深化改革的新时期，各族人民在中国共产党的领导下，正在为实现中华民族伟大复兴的中国梦而奋斗。要实现中华民族的复兴，首先中华文化要复兴。一个国家、一个民族的强盛，总是以文化兴盛为支撑的。没有文明的继承和发展，没有文化的弘扬和繁荣，就没有

中国梦的实现。习近平总书记在2014年10月文艺工作座谈会上强调：“历史上，中华民族之所以有地位有影响，不是穷兵黩武，不是对外扩张，而是中华文化具有强大感召力。”随着时代的发展和人类文明的不断进步，在全球一体化趋势强劲的今天，文化的力量和影响愈发突显出来，比任何时候都更加广泛和深刻。在文化建设中如何处理好古与今、中与外的关系，如何在交流和碰撞中发展和传播自己的文化，是摆在我们面前的重大课题。《群言》作为文化建设主体中的一分子，作为民盟思想宣传工作中的一分子，必须深刻认识“建设社会主义文化强国”的内涵与意义，始终坚持“三个自信”，不断奋发进取，以坚定的立场、鲜明的态度、生动的笔触，为我们的文化凝魂聚气，为我们的时代凝心聚力，在推动文化大发展大繁荣的宏伟事业中有所作为，为实现民族复兴作出贡献。

希望《群言》要做社会主义核心价值观的践行者和弘扬者。核心价值观承载着一个民族、一个国家的精神追求，体现着一个社会评判是非曲直的价值标准。我国是一个有着13亿多人口、56个民族的大国，确立反映全国各族人民共同认同的价值观“最大公约数”，才能使全体人民同心同德、团结奋进。放眼世界，将当代中国价值观念贯穿于国际交流和传播的方方面面，阐释好中国梦，重塑世界对当代中国的正确且全面的认知，非常紧要。因此，我们必须从巩固全国各族人民团结奋斗的共同思想基础和对外树立当代中国良好形象的战略高度，把践行和弘扬社会主义核心价值观作为一项根本任务抓紧抓好。

《群言》务必要讲政治，始终坚持和发展中国特色社会主义；讲大局，展示昂扬向上的社会主流，反映光明进步的社会本质；讲正气，坚持团结稳定鼓劲、正面宣传为主的方针。要以高度的政治理论素养、政治敏锐性和政治鉴别力，始终保持鲜明坚定的政治立场和清醒的头脑，“言能践行”，扎实深入地践行社会主义核心价值观；“言近旨远”，生动具体地弘扬社会主义核心价值观，为坚持和发展中国特色社会主义提供精神动力和舆论支持。

《群言》要做中华优秀文化的传承者和传播者，铸民族之魂，立爱国之根。“文化是民族的血脉，是人民的精神家园”。习近平总书记在不同场合讲到我们的优秀传统文化，将其视为国家和民族传承发展之根本，自信可为造福人类之智慧和力量。如他曾指出：“要坚持道路自信、理论自信、制度自信，最根本的还有一个文化自信。”为什么要如此强调传统文化？从国情看，实现民族复兴需要文化支撑。我们讲“国无德不兴，人无德不立”，这个“德”从哪儿来？需要我们“以文载道”、“以文载德”，然后“以文化人”，如此方能“立人”、“兴国”。譬如人之德，“格物致知、正心诚意、修身齐家、治国平天下”，“非淡泊无以明志，非宁静无以致远”等，千百年来被国人奉为圭臬；“天行健,君子以自强不息；地势坤，君子以厚德载物”，“苟利国家生死以，岂因祸福避趋之”，“先天下之忧而忧，后天下之乐而乐”等，激励了多少仁人志士。譬如国之德，“与时俱进”、“天下为公”、“小康社会”、“和而不同”等，现今仍为我们所用，成为流淌在我们血液中的文化基因。当今中国，“立德”尤显重要。从世情看，文化软实力是强国的标志之一，世界和平也需要吸纳中国优秀传统文化中的精神和价值。当今世界，既有文明的冲突，也有文明的渗透，还有文明的融合，只有对内提炼文化精髓、丰厚文化底蕴、创新文化成果，对外讲好中国故事，传播好中国声音，才有利于我们自身文化软实力的不断增强，有利于我们坚定不移地走和平发展道路。

《群言》应以高度的历史责任感，自觉地站在时代的前沿，自信地担负文化自强的任务。要关切中华文化的现状、问题和走向，秉持费孝通先生提出的“各美其美、美人之美、美美与共、天下大同”的文化理念，阐中华传统文化的“妙言要道”，择国外优秀文化的“百家之言”，多发有筋骨、有道德、有温度，启迪思想、引人向上、温润心灵的好文章，为建设社会主义文化强国贡献力量。

《群言》要做新时期民盟履行参政党职能的参与者和宣传者，聚盟内力量，树民盟形象。《群言》的一条工作主线就是要从民主党派角度出发参政议政、关注国是。自创刊起坚持至今的《专题座谈》（《笔谈》），以及《盟员风采》、《参政议政》等栏目，就是民盟履职成果的集中展现。可以说，《群言》既是民盟组织及成员参政议政和履行“政治协商、民主监督”的重要渠道，也是向社会展示民盟参政议政成果及自身建设现状的重要平台；既是盟外知识分子认识民盟的主要窗口，也是促进盟员向心力和凝聚力的有力纽带；既构筑了民盟中央和地方组织纵向沟通的阶梯，也搭建了民盟各级组织横向了解的桥梁。当前是我国多党合作的最好时期之一，时代的发展对参政党提出了更高的要求，办好《群言》正是我们助推多党合作事业全面发展的应尽之责。

《群言》应坚持“谠言直声”、“言必有中”，聚焦国家中心工作和社会热点难点，更好地展现民盟参政议政和自身建设的丰硕成果；应坚持“广开言路”、“畅所欲言”，鼓励广大盟员抒发见解、阐述观点，进一步加深对民盟工作的参与度，加大对民盟工作的宣传力度，切切实实地为民盟发展发挥作用。

值此《群言》创刊30周年之际，《群言》编辑部编选了这套文丛，以此纪念《群言》走过的历程，表达对30年来帮助、支持《群言》发展的各界朋友、新老作者和广大读者诚挚的感谢！我衷心希望《群言》以质量求发展，文章务必坚持言之有文、言尽其意，更要言之有物、言必有中。要提高质量，把现有的一些栏目品牌做得更好更强，并不断树立新的品牌；要荟萃盟内外更多专家学者的文章，刊发更多高质量稿件。《群言》要以创新助发展，务必根据信息时代、网络时代、数字时代的要求，在栏目设置、文章题材等方面推陈出新，不断丰富办刊模式，使刊物始终充满活力。

我在对《群言》的寄语中曾说，“群贤抒群言，群策集群力”。我们要使《群言》始终保持活力和水准，离不开各位顾问编委、作者读者以及盟的各级组织和盟员一直以来的支持和帮助。“积力之所举，则无不胜也；众智之所为，则无不成也。”相信有大家的鼎力支持，《群言》不仅能够拥有足以傲人的历史，未来更将呈现愈加美好的前景，必将为中国文化大发展大繁荣作出更大的贡献！

畅谈“尊重知识、尊重人才”

编者按：1985年2月4日，在中国民主同盟二中全会期间，举行了一次讨论《中共中央关于经济体制改革的决定》第九条的座谈会，部分与会中央委员就如何实现“尊重知识、尊重人才”问题交换了意见。座谈会由民盟中央副主席费孝通教授主持，参加座谈会的有（以姓氏笔画为序）：

千家驹：中央社会主义学院副院长（书面发言）

叶笃义：中国统战理论研究会副会长

冯之浚：上海铁道学院管理科学研究所所长

吴富恒：山东大学教授

陆士嘉：北京航空学院教授

赵今声：天津大学原副校长、教授

钱伟长：上海工业大学校长、教授

谈家桢：复旦大学原副校长、教授

陶大镛：北京师范大学教授

黄药眠：北京师范大学教授

彭迪先：四川大学原校长、教授

费孝通：我们今天召开座谈会，题目是“两个尊重”：“尊重知识”、“尊重人才”。

最近，民盟中央组织了两次教改问题座谈会：一次谈高等教育改革，另一次谈中等教育改革。在这两次座谈会之前，我写了封信给胡耀邦同志。信的大意是：教育必须改革，人心思改，势在必行。再不改革，就会有很多教育工作者要改行。

教师的社会地位、政治待遇、经济待遇中，归根结底还是一个经济待遇问题。小学教师只拿几十元钱，生活太苦。所以有的教师就改行了。从教育园地来说，这也是水土流失，或者叫“智力流失”。这个趋势不停止，教育的困难就不堪设想。

迅速改善小学教师的生活待遇是教育改革的重要环节

费孝通：我认为进行教育改革应该有个突破口，就是提高小学教师的工资。不是小提高，而是震动性的提高，较大的提高。

问题是钱从哪来？我找了几个搞财政的朋友。他们出了一些主意。首先是在教育经费里打主意。许多学校的经费没有精打细算，并未好好用在教学上。行政摊子很大，很多工作人员拿了工资不做事。这是穷人家摆阔气。学校要打破衙门化。

我关于经费的设想是为提高小学教师的工资增加100个亿，使原来的150亿变成250亿元。这里1/10，即25个亿由教育部打主意，在改革中节约出来。学校里有浪费，当校长的都心中有数。节约出25个亿是可能的。第二个1/10，应该由别的部门办的事，不应从教育经费里开支。比如，小学教员没房子，应该由市政府来管。教员的公费医疗，由卫生部管。各部门都为教育做些事情，这样教育经费又可以省出25亿。国家再给教育多拨25亿。还剩下25个亿发公债，由人民群众用各种方式承担。

教育是国家大事，小学教师应该是崇高的职业。他们的待遇应该改善。如能筹集出100个亿，教师的待遇就可以有一个震动性的提高。这样，小学教师的境况就会好一些，就能安心于小学的教学工作，就能收到振奋人心的作用。

吴富恒：据我所知，小学教师的问题确实和大学的问题不一样，他们的问题首先是一个待遇问题。经济问题解决了，才有社会地位。按他们的说法，现在大学要求自主权，小学校长还远远谈不上自主权，小学的事还是各地区的局长、区长、社长（乡长）说了算。

谈家祯：现在大学教师在社会上比较受人尊重，中小学教师就不受尊重。在一些经济比较发达的国家，情况就比较好。优秀小学教师的工资甚至比大学的教师还拿得多。大学、中学、小学的教师是个分工问题，不应该在政治、经济和社会地位上造成很大的差别。

世界上一些经济比较发达的国家对中小学教育都很重视。一般大学毕业生要经过测试之后才能教中学。在我国，现在有些教师高中毕业教高中，初中毕业教初中，在农村小学教师的地位更低。这说明我们对于"尊重知识、尊重人才"的思想问题并没有很好解决。

赵今声：1984年天津市人代会讨论经费预算，教育经费的绝对数比上年略有增加，但由于招生人数的增加，人均经费实际上是下降了。许多中小学条件很差。可是，最近天津市正在报纸上大吹大擂要建文化街。天津有个天后宫（也叫娘娘宫），靠近三叉河口，过去是船员出海前及到港后烧香谢神的地方。后来是妇女们抱娃娃的地方，是个封建迷信场所。现在要重修。鼓楼在新中国成立后拆了，也计划重建，搞成文化街。为开展旅游，修复文物古迹，本无可厚非，但中小学的学习条件那么差，却没钱解决，真不知什么是战略重点。

要培养能独立思考的创造型人才

费孝通：我看教师的待遇和社会地位问题解决之后，才谈得上提高教育质量的问题。

昨天我家里有几个亲戚的孩子来。我问他们谁的成绩好，怎么好法？最好的九十几分，只会背书。他们之间的差别不是智力、知识的差别，而是背书的差别。

彭迪先：现在教师采用的都是“注入式”，不是启发式，是死记硬背，填鸭式。

叶笃义：这是死读书，完全不能适应时代的要求。

费孝通：这种教育是害人的，教出来的青少年没有创造性。小学搞不好，中学基础差，大学就没有希望。所以，我说，教改也好，尊重知识也好，改革总要有个突破口，要采取一些震动性的具体措施，要增加小学教师的工资。

谈家桢：讲突破，首先思想要突破。否则一切问题都解决不了。宪法第二章第46条明白规定“中华人民共和国公民有受教育的权利和义务。国家培养青年、少年、儿童在品德、智力、体质等方面全面发展”。可是教育部门到现在作报告，还只是讲普及教育，没有义务教育的观点。所以现在的关键还是在思想上的突破问题。

现在办学校、机关、科研单位都搞“大而全”，“小而全”，用围墙围起来，部门所有制造成人才不能流通，这是自觉不自觉地在搞封建那一套，这陈腐的一套不破除，改革就行不通，“四化”就没希望。

我们的大学教育现在着重培养跟随型的人才。综合性大学只设文理学院，这是“综合不综”。独立的研究所培养博士研究生，做一篇论文就可以得到学位，这就很难有广博的基础，真所谓“博士不博”。

钱伟长：大学教师里照样有一些人照本宣科。学生照样背书，这很可怕。刚才谈到学生背书，我还知道，某校有个教授，提升时没什么优点可说，最后由于板书写得好，提升为教授。大家管他叫“板书教授”。

谈家桢：现在高等学校设置的专业越分越细，培养的目标是什么专家、工程师，实际上基础不扎实，是些“奶油蛋糕”，中看不中吃。在教育方法上，可用上海一句话叫“卖条头糕”。讲起课来，一二三四，甲乙丙丁，条理分明，口齿清楚，学生听着方便，记得下来，背得下去。可是，这又怎么能培养出能独立思考的创造型的人才呢？

有的教师教书，没有一点自己的东西，全部按大纲，按统编教材。我认为统编教材有很大的局限性。

钱伟长：统一教材不科学。30多年来，我们虽然取得了很大成绩，但创造性的东西并不多。我们讲成绩，主要只能同国内过去的水平比。如果要在本世纪内翻两番，接近世界先进水平，那教育工作的差距还很大。未来长期的建设不能靠我们，要靠我们的娃娃，“百年树人”，教育的任务实在艰巨得很。我们的教育要面向未来，面向世界，面向现代化，如果这些问题不解决，全是空话。

黄药眠：大学教授不能照本宣科，要说点人家没说过和与众不同的话，并且要能言之有理，有据，不然大学教授同普通的讲师、助教讲的内容就差不多了。

学校要精简，经费要节约，重点学校问题不小

钱伟长：现在教育经费缺乏，可是重点学校经费太多了。各个学校同样为国家培养人才，但条件却大不相同。我认为应该取消重点学校。某个重点大学得到世界银行方面的贷款3000万美元。这是一笔很可观的经费，可谓“得天独厚”。重点大学成了重点花钱的学校。称名牌学校我赞成，设重点学校我不赞成。教育经费应该合理分配，这样各校都能多办一些事。

陶大镛：现在重点不少，并且重点里有重点，重点里的重点以外还有重点。像少数几所高等院校，就是一批重点里的重点的重点，不少学校都觉得这样封的重点，不公平。我也认为这样搞法不妥当。

彭迪先：我不懂为什么要把大、中、小学分成重点非重点。我曾问过有关方面，他们说，这是“文革”造成的，学生水平参差不齐，先办几个重点学校，取得经验后再推广。结果怎样呢？在高校的教师、学生乃至家长之间，就引起种种矛盾。教育行政部门抓了重点，忽视了一大片。非重

点学校、非重点班的学生说，我们是“陪读的”，很多人丧失了上进心。许多教师反映，非重点学校、非重点班的学生很难教，这使教师们失去信心，又感到很不光彩。

现在的重点学校是官封的，不一定都是社会上公认的好学校。真正的名牌学校，应该是在“两个中心”（教学与科研），“三个面向”上有成绩的。对待重点大学，可说是锦上添花，经费多，但并没有用在刀口上，效益也不高。现在的高等院校是“学校办社会”，除了火葬场，校内什么都有，机构重叠臃肿，冗员太多，光在人头费上就浪费不少。学校职工的数目已膨胀到要爆炸的程度。

陶大镛：这种浪费实在惊人。目前教育经费少，加上这样的浪费，教师的生活待遇更难于改善。现在中年教师生活水平仍低，体质也差，我最近到上海、南京、合肥一带调查了13所高等学校，发现中年教师的死亡率仍旧很高。可是，学校行政的干部的情况就不同，普遍人浮于事，这是有目共睹的。

彭迪先：他们不少人无事可做，聊天喝茶。人称“202”干部，因为他们住二层朝阳的房间。我问好些学校为什么让教师们住一层、五层和六层的房子呢？（有人说笑话，那是“516分子”。）他们说，因为教师不坐班，职工要坐班，所以要住二、三、四层。

另外，目前一个系共有20多门课，教师有100—200人，上第一线教课的大约只有1/3，同样不能人尽其才。好些老大学，我看只要挖掘潜力，都可以多开办一个学校。

钱伟长：我去美国大学访问，知道科研任务多的教师，1个人带10个学生，科研任务少的带15个学生，我们呢？一个教师只带2—3个。

咱们学校的教职工只进不出，进来的都有来头。我们现在是“十八罗汉”，机构臃肿，人浮于事，内部浪费严重，还是老一套。只看数量，不讲质量，这样人才如何培养？小平同志说5年一小治，10年一中治，15年一大治。现在5年过去了，最后10年，总要大改特革才行。因循守旧，一辈子也办不好事情。

知识能够转化为生产力，人才流动将使知识充分发挥作用

钱伟长：前天我收到一封信。写信人是杭州设计院的总工程师。他有25年的实践经验，希望到学校工作，在教学中把自己的经验贡献出来。总工程师的待遇较高，他却要改行，确实不是为了钱。他的要求很正当，有两个学校聘他去。可是他的单位不放，他的愿望没有实现。人才不能流动，这就是人才部门所有制的结果。他写信给我，让我帮他反映一下。我认为部门所有制也是一种围墙，是一种封建性的制度。

我主张允许人才流动。既然承认知识产品有价值，就必须看到知识产品能够化为生产力。这样，掌握知识的人，就应有权根据客观的需要来供应知识，可以允许知识转让。换句话说，要使知识分子充分发挥作用，就得考虑给予一定的自主权。现在农民有了一些自主权，工厂企业也有了。知识分子也应该有一定的自主权。《科技文摘》的一篇文章中说，科技人员可实行聘任制，促进人才的合理流动。我认为“合理”两字的含义不明确。“合理”很可能为“不合理”制造借口。实际上，人才的流动是种客观的需要，按这个方向流动就是合理，否则就是不合理。如同水往低处流一样，人才的去向是有规律的，也是可以引导的。有人担心边境会没有人去。

费孝通：可以提高待遇嘛。

钱伟长：有人说，家长到了边疆，孩子上不了学。这也不要紧，可以不迁户口嘛。

叶笃义：招聘可以实行合同制，双方可订立半年、一年或几年的合同，但说话要算数，这样人才就容易流动了。

钱伟长：不是所有的人都会流动。可以定个界限，比如刚毕业的大学生，是国家培养的，应该服从分配，但可规定一个年限，3—5年之后准许

流动。对具他的工作人员，也应该相信他们会选择自己的工作的。有些地方下命令不叫跑，实际上做不到，官风不正，送点礼就行了。

只要把眼光看远些，就会承认人才流动是合理的要求，也不会造成失业。乡镇经济发达以后，农村就可能出很多钱，把知识分子请去。

钱伟长：也许哪个地方的人才跑多了，知识分子的政策就会落实得好些。我认为人才的流动也可以按市场规律办，给知识分子以自主权。政府可以定些政策来引导，而不是阻止。

吴富恒：通过多年的观察体会，我认为国内的封建思想仍很严重。例如，有些学校搞行政工作的人，还保持着小农经济的头脑，在用人问题上更为突出。他们有决策权，却不知道尊重知识、尊重人才。这和他们的文化水平低甚至愚昧无知有关。我以为选拔人事干部必须慎重，人事工作不改革，也是贯彻知识分子政策的一个障碍。

我认为大学校长，首先应当是一个学者，懂业务，还须有管理的本领，不能是书呆子。如果不会管理，权力就会旁落，或者工作紊乱。

党政必须分工，如不分工，党政工作都难搞好。党政不分时所谓集体负责，实际上是谁也不负责。

陶大镛：这叫领导的不负责，负责的又不领导。

吴富恒：据我所知，教育和科技体制的改革同计委的关系很大。计委决定教育经费预算的安排。如果不把教育放在战略重点地位上先行一步，四化就会受很大影响。我们要搞点人才预测，决不能有什么兵打什么仗，没有兵就不打仗。我们进行教育改革，要从经济建设和社会发展的需要考虑。我们的新宪法高瞻远瞩，规定了政府要负责搞好人民教育，人民有受教育的义务。现在有些人不送子女上学，让他们去赚钱。我们应该遵守宪法的规定，实行义务教育，务使全部学龄儿童上学，这是公民的义务。在建设物质文明的同时，要讲精神文明建设，进行思想教育。不要一说政治就只是搞阶级斗争，一说计划就是搞重点工业。这些都是片面性思想在作怪。

陶大镛：“十年树木，百年树人。”如果现在再不重视人才的培养，我们引进的先进技术设备再多，也没有足够的技术人员去操作，反而造成了浪费。当经济大发展时期到来时，如果我们的科技人才还没有大批培养出来，将重蹈50年代在人口问题上所犯的那种失误。

陆士嘉：经济体制改革有两个重要环节：一个是教育改革，一个是科技改革。教育改革又包括很多内容：体制的改革、制度的改革、政策的改革，结构的改革。关于中小学教师问题，从妇女的角度说，还有个幼儿园问题，阿姨全是女同志。国家除应重视外，也还有个财力问题，可以想一些其他办法，如发行教育建设公债。

目前的中小学师资水平太低，要提高。在首都的教学区中关村，就有这么件事：两名清华毕业的优秀生留校当了教师，他们的孩子在附近小学读书；老师给孩子出的题，父母给做了，结果得0分。因为父母答的题，小学老师看不懂。老师要求学生答考题，有五步的全要写出来。一看就出结果的得分很少，死记硬背每步全写出的，得100分，但独立思考的能力很差。

我也赞成人才流动，但当教师的必须具备一定的条件。

教育改革要适应产业结构的调整

冯之浚：从尊重知识、尊重人才这个主题出发，就会联想到新技术革命和知识更新问题。我认为，当代新技术革命的核心是产业结构的调整。为什么这样说呢？有以下几点理由：

第一，从新技术革命这一概念的背景与条件来看，战后西方发达国家在科学技术的推进下，实现了三个十年的所谓“高速增长”，于是乎，某些人就得意忘形，认为“高速增长”乃是资本主义战后经济的发展规律。他们没有料到，进入60年代末70年代初，却迎来了经济停滞，高失业率和通货膨胀严重“三结合、并发症”，这样，西方各国纷纷改变原有的发展战略，鼓吹“经济现代化”战略。如英国撒切尔政府的“改组工业”政策，法国社会党政府的“重整工业”政策，以及1980年日本政府的“昭和产品维新政策”，实际上说的都是产业结构的转变与调整。

第二，以国外种种议论来看，国际上对新技术革命有种种提法，如“第三次浪潮”，“第四次工业革命”、“大趋势”以及“后工业社会”、“信息社会”，等等，其实我看，他们非但没有什么深刻的理论，甚至是很片面的。如果我们对这些提法来一次筛选，把他们的浮表去掉，留下什么呢？那就是“产业结构调整”，产业结构进一步高度化，从低级向高级，从劳动密集、资金密集向知识技术密集转变。

第三，从我国的国情来看，我国的劳动密集、资金密集和知识技术密集这三类产业都有，然而比例很不合理，将会阻碍我们的“四化”建设。

既然产业结构的调整与转变如此重要，那么，我们教育改革就必须适应这一潮流，因此我认为，我国的教育改革，应该着重抓好三大环节：

第一，抓好提高全员劳动力的素质和水平。把义务初等教育、改革中等教育，发展职业教育作为头等大事来抓。一个国家，从发展状态到发达状态，靠的是哪种教育？世界经验证明，是初等教育、中等教育、职业教育。日本前外相大来佐武郎在谈到日本经济发展经验时说，颇重实效的初等教育和职业教育是日本的成功之本。西德认为职业教育是他们经济起飞的“秘密武器”。这是大头，没有这一头，高等学府再多也不能使我国从发展中状态走向发达社会。从我们自己走过的路程也能明了这一点，因为产业结构的变化，首先就是技术结构的变化，而技术结构的变化势必影响到劳动力结构的变化。所以我觉得，我国教育的重点，就在于提高全员劳动力的素质，这是“第一教育”，是我国的当务之急。

我国要把外国的先进技术接过来，或把我国自己研究出来的新技术物化为产品，没有这批劳动力素质高的工人，那是根本办不到的。因为科学家先进的发明和技术，必须通过高素质的工人才能建立新产业，变成新产品。因此，务必抓好初等、中等教育和职业教育，把它作为突破口，这样既能促进经济增长，又能在基础宽厚的条件下提高高等教育的水平。

叶笃义：要振兴经济，教育必须先行。

陶大镛：重视劳动力的素质十分重要，因为，我们改革的根本目的在于发展社会生产力，而生产力中最活跃的因素，就是掌握生产技能的劳动者，只有充分发挥各种科技人才的特长和作用，才能真正实现中华民族的第三次腾飞。

冯之浚：再说第二点，就是专家的培养。专家的培养，我觉得要解决四个方面的问题。一是综合教育，或者称为“通才教育”，就是要解决刚才谈家桢同志所讲的“博士不博，综合不综”，必须促进自然科学和社会科学的合流。这个合流有三种形式：一种叫“边缘型学科”，一种叫“综合性学科”，一种叫“横向性学科”。开拓知识面，打开新思路。二是“智力教育”，日本现在很着急，他们认为日本教育有危机，是什么危机呢？那就是“创造力”缺乏，不如美国搞得好。日本人从历史沿革、文化传统、生理特征、智商调查以及教育制度等方面作了全面的检查，结果表明：日本的中小学质量比美国高，但到大学就不成了。究其原因据说是根源在孔丘。我说，你们自己找原因，怎么找到我们这儿来了呢？他们把教育渊源分为了苏格拉底教育体系和孔子教育体系，认为二者完全不一样。苏格拉底的教育体系是从他母亲那里得到启发的，他母亲就是助产士，你肚子里有东西，才能帮助你慢慢地生出来；而孔子是“述而不作”，只是叙述，而不创新。到了韩愈手上，还有所发展，就是“传道”、“授业”、“解惑”，而不谈“创新”。这当然对我们过去的教育有影响，那就是提倡背书。不但中小学生背书，连大学生、研究生也背书，我记得，列夫·托尔斯泰有一句名言，就是说：“一个人用智力所取得的知识，才算知识，凭记忆的不算。”联合国教科文的研究报告指出，现在的问题不是学习什么，而是怎么学习。新技术革命的到来，很多都是前所未有的，需要创新，需要智力。这就要求教育不但要重视知识的传授，更要重视智力的发展。三是继续教育。四是管理教育。我们现在的理工科，对管理教育很不重视，现在美国的大学有3069所，其中有303所学校开科技政策课程，我们也应在专家的培养计划中设置有关政策和管理的内容。

第三，当务之急还有一个教育干部的问题，这个问题如不解决，其他都谈不上，对培养干部而言，文凭是重要的，但光看文凭就不对了。没有一个社会是靠文凭来治国的，我们应该创造一个模式，让各种各样的人才都能有个奔头。干部教育应掌握三样东西：行政管理、管理科学和领导科学。

最后，我想引用一个外国典故来结束我的发言。大家知道，德国有个大文豪歌德，曾花了60年的心血撰写了一本名著《浮士德》。有一天，秘书问他："先生60年呕心沥血写这本书，究竟主题何在？"歌德回答说：我只想说明一个真理"凡自强不息者，终将获胜"。我想，一个民族，一个国家，只要奋力不已，自强不息，终会迎接胜利的春光。

陶大镛：在《经济体制改革的决定》中，十条都很重要，但最重要的是第九条，这说明体制改革成败的关键，就在于尊重知识、尊重人才；在于发现人才，提拔人才，充分发挥广大知识分子的聪明才智，从这个意义上看，也可说今天我们是进入知识分子的春天了，希望在这个春天里，知识分子政策将进一步更好地落实。

·书面发言·

如何做到"尊重知识，尊重人才"？

千家驹

"尊重知识，尊重人才"，不在理论上如何宣传，而在行动上如何落实。如果没有行动上的落实，光靠舆论宣传，我认为收效是不会大的。

以"尊重知识"来说，如果脑力劳动者的待遇，始终低于体力劳动者。如果一个理发师的待遇工资还高于一个开脑外科的主治大夫（北京某些宾馆理发师工资达200元，而一些医院的主治大夫工资不过200—300

元）。如果一个大学教授的工资还不及一个售货员或司机（深圳大学教授工资为300—400元，最高不超过500元，而深圳宾馆服务员一般工资连奖金在内有300多元，司机闻有达千元者）。香港大学教授的工资为1.5万—2万元港币，以官价折合人民币为5400—7200元，折黑市价则为1万—1.4万元。近在咫尺的深圳大学教授则不及其1/10或1/20。如果一个初中毕业生进了工厂当工人，每月工资加奖金可得一百数十元；而大学毕业生进了研究机关做助理员，每月工资仅数十元。在这种情况下，任你把“尊重知识”怎么宣传，也是没有用的。

这里我绝不是说，中国体力劳动者的工资太高了，而只是说脑力劳动者的待遇实在太低了。我国高级知识分子（如教授、研究员）的待遇不但与第一世界、第二世界的国家不能相比，与第三世界的印度、埃及、泰国等也不能相比。要做到“尊重知识”必须“采取有力措施提高知识分子的社会地位，改善他们的工作条件和生活待遇”；必须“扩大工资差距，拉开档次……以充分体现脑力劳动和体力劳动……之间的差别，当前尤其要改变脑力劳动报酬偏低的状况”（《关于经济体制改革的决定》）。总之，尊重知识，贵在实践；贵在具体“措施”，而不能托诸空言。

再以“尊重人才”来说，要做到人尽其才，才尽其用，必须打破部门所有制，必须让人才自由流动。这就是说，打破人事部门的垄断制度，普遍实行招聘办法。

现在的情况是：一个科技人员或知识分子，尽管在本部门闲得无事可做，而别的单位又十分需要这种人才，但只要本单位不放，你就毫无办法。我国的人事制度不是全民所有制而是部门所有制。这种部门所有制是懒汉的保护伞，对人才来说是紧箍咒。压制人才，莫此为甚。我主张人才自由流动，只要本人提出申请，在一个月内本单位如不批准，可以自由离职；单位必须为他办调离手续。

有人说，这样一来，边远地区或较艰苦的工作不是没有人干了吗？“一江春水向东流”，岂不更要泛滥吗？不错，会发生这种后果，但靠强迫命令是不能使用人才的。边远地区如果使用人才，可采取高价聘请的办法，只要有优良的工作条件和合理的待遇，中国的知识分子是不会见异思迁的。

而且只有人才自由流动了，“此处不留爷，自有留爷处”，才会对那些不重视人才的部门产生压力。正如春秋战国时那样，楚才晋用，晋才楚用，百里奚被卖为奴，在楚国“劳动改造”，秦穆公以五张羊皮赎之，授以国政，七年霸秦，当时真是人才辈出，诸子百家争鸣，成为中国历史上学术空前繁荣的时期。历史上的经验是值得借鉴的。

只要人才可以自由流动，各地方各部门就会重视人才了，这个地区不用可以去另一地区，这个部门不用可以去另一部门，这比之于前几年许多科技人才流到海外去，总好得多了。“家花不香野花香”，我国许多很有造诣的科技人才，在国内碌碌无闻，一到国外，一鸣惊人，这种教训还不值得记取吗！

打破垄断的人事制度，中国的人才便会如泉水一样涌现出来了，况且在社会主义祖国，都是为“四化”建设服务，在国内自由流动，这有什么可怕的呢！

（摘自《群言》1985年第1期）

传统文化与现代化

编者按：《群言》杂志编辑部于8月30日召开座谈会，就传统文化与现代化的关系问题进行了讨论。座谈会由民盟中央常务副主席费孝通教授主持，应邀出席座谈会的有（以姓氏笔画为序）：

冯友兰　北京大学教授（书面发言）

李泽厚　中国社会科学院哲学研究所研究员

任继愈　中国社会科学院研究生院教授

何兹全　北京师范大学教授

季羡林　北京大学教授

金克木　北京大学教授

张岱年　北京大学教授

梁漱溟　全国政协常委

费孝通：今天我们主要讨论传统文化和现代化问题。中共十一届三中全会以来，农村的经济体制改革取得了很大成功，同时也推动和促进了城市经济体制改革。城市经济体制改革一开始就冲击着有关的各个方面。政治体制改革现在已经提出来了，改革一浪接一浪。对传统文化如何改革，这是个提出了100多年的问题。现在是老问题，新提法。我们今天来讨论、研究，不能像“文革”中提出的“破旧立新”，把一切传统都列为旧的，这样做不是发展，而是倒退。传统文化中有哪些东西是值得保存、要发挥和发展的，哪些是妨碍四化建设的，必须有一个深入的分析，这样才能使精神文明建设有一个方向。请大家各抒己见，畅所欲言。

中国传统文化是人类未来文化的早熟

梁漱溟：我认为中国的传统文化与社会的组织结构不同于近代的西洋。近代西洋文化主要是人对大自然的认识、征服与利用。这是人类文化的第一个问题，亦即创建物质文明。中国在这方面落后是昭昭然的。但不是单纯的落后，而是如同走路一样，拐了一个弯，走上了别的路，没有继续去探讨征服、利用大自然的问题，而拐到了人类第二个问题上，即人对人的问题，所谓伦理如父慈子孝种种。如我早年写的《东西文化及哲学》中所指出的：传统的中国文化是人类未来文化的早熟。早熟不是真熟，而只是露了一个头，出现一点影子。人对大自然的认识、利用还没有走到高处、深处就拐了弯，拐到了人与人之间如何相安相处的问题上来。我在《中国文化要义》中说过：中国文化的要点要从社会的组织结构来认识。这种组织结构经过近百余年来世界大交通、西方文化的冲击而崩溃改变，现在已破碎了，但并没有完全失去。我们要补足人对大自然的认识与利用，即物质文明这方面的建设。要在我们固有的传统文化基础上，学习吸收、运用近代现代的文化。所以我说，世界的未来将是中国文化的复兴，即是从着眼外物转移到人和人之间，那亦即是社会主义乃至进入共产主义社会。

我们的封建思想包袱最重

季羡林：中国文化有精华，搞现代化当然要发扬这些精华。但是眼前主要是反封建糟粕。我们虽是社会主义国家，但包袱很重，最重的是封建思想包袱。比如官僚主义、一个人说了算、高干子弟的特权问题、走后门，等等。这些都不是资本主义的东西而是封建主义的。有人说，世界上的东西都怕时间，而时间唯独怕东方人。不尊重时间，也与封建思想有关。资本主义社会最重视时间、重视效率。这些弊病不去掉，中国的问题很难解决。大家都知道，我们缺少一个资本主义阶段，但又不可能像打篮球一样要求“暂停”，把社会主义停下来，搞资本主义。这一课怎么补？商品经济是不可逾越的阶段，学习资本主义国家的企业管理经验就是补课之一。我认为现在中央领导同志非常了不起，正在进行经济体制改革，又提出了政治体制改革，认真贯彻“双百”方针，这是新中国成立以后从来没有过的。将来如果写一部世界共产主义运动史，我认为1978年的十一届三中全会是一个里程碑，它的意义和十月革命、1949年中华人民共和国成立同样重大。

历史上最重要的问题是发展生产力，共产主义无非是想让人生活得更好。我在“文革”中的“罪行”之一就是“宣扬唯生产力论”，现在我还坚持这种观点。生产力不发展，其他都是假的。插一句题外话，现在史学界在讨论史学危机，我看确有危机。老讲中国资本主义萌芽，一直萌到唐朝，起码是明末吧。这样的研究不发生危机才怪呢。日本明治维新前和中国差不多，1949年我们的生活比他们强，可是为什么在第二次世界大战的废墟上他们能这么快地站起来？值得研究。日本是资本主义，可天皇很有权威，也有宗教迷信，光京都就有1700多个大小庙宇神社，但他们注意到了生产力的发展。这些东西都没有成为他们发展生产力的阻碍。三中全会以后，中国有了前途和希望，翻两番就是讲生产力。中国这样一个大民族，对世界文化有过极大贡献，把中国的传统文化丢掉，对不起子孙后代。应该强调的是，那些妨碍生产力和思想进步的封建主义东西，应有胆量讲出来，大家来改，这才是拨乱反正。

传统文化的两个方面

张岱年：传统文化不是一个单纯的整体，而是一个矛盾的统一体。传统文化有消极的一面，对现代化是障碍、是阻力；但也有另一方面，可以作为现代化的动力。现在很多人谈论传统文化与现代化的冲突，我认为阻碍现代化的陈旧传统主要是两条：第一条是专制主义、封建主义的遗风、特权思想和家长制。有一种风气，我起个名词叫做“尊官敬长”。对首长敬之若神。社会上对于有官衔的高级干部就特别尊重，对于无官衔的一般人就漠然视之。我认为这不是社会主义的作风。毛泽东同志再三强调人民群众是历史的创造者，可是他自己又鼓励个人崇拜。有同志说，什么时候把群众和首长放在同等地位上，中国就有希望了。我认为这话是对的。1978年以后我们确实进入了一个新阶段，但这种“尊官敬长”的作风改起来也要有一个过程。西方的民主传统经历了两三百年才建立起来。相信只要大家努力，我们的民主传统也一定能建立起来。

妨碍现代化的第二条陈旧传统是由小农经济来的懒散作风，不重视时间和效率。我参加过农村劳动，早上五点起来，到田里一抽烟就是两个小时。中国历史上有过几次大变化，但几千年来这两条都没有变。

传统文化还有积极的方面，如反压迫、反奴役的反抗精神、发愤努力积极向上的思想和爱国主义传统。这些不是从西方学来的。在《周易》的《象传》中就讲“自强不息”，鼓励人们积极进取。这种精神我们应该发扬。

另外在人际关系上，中国有一个重视和谐的传统。虽然在几千年的封建社会中，有统治阶级残酷剥削、压迫人民的一面，但在人际关系上比较强调人与人之间的和谐关系。这有别于资本主义社会人与人之间单纯的金钱关系。

讲到补课，我认为主要是补民主和科学。资本主义的极端个人主义的思想不可取，还要强调社会主义的集体主义精神。但要提高民主作风，在生产管理、科学技术上向西方学习。有的美籍华人学者讲“儒学发展的第三阶段”，这在美国华裔中是可以提的，但在国内我看是没有可能的，也是没有前途的。

总之，我认为建设有中国特色的社会主义文化是大有希望的，但要做的事情还很多。

民主、科学是关键

何兹全：对这个问题，我谈三点想法。

第一点想法是，我们在对古代传统文化感到优越自豪的同时，应该清醒地认识到我们现在的文化是落后的。我们的文化优势在古代，到了明朝以后就落后了。欧洲在发展，从封建主义走向资本主义，而我们没往前走。我们常讲古代的三大发明，这在历史上是先进的，可以激发我们的爱国主义感情，但这是祖先那时的事。发明火药是光荣的，但拿来和现代的原子能、原子弹相比，就太落后了，还有什么可吹！有人讲，西方是物质文明高，中国是精神文明高，这是用中国古代文化中最高的东西和西方落后的东西比。精神文明是在物质文明的基础上产生发展的。物质文明落后，精神文明就很难不落后。应该承认，我们的优势过去了，落后是现实。虽然看到这种优势可以增强我们的民族自信心，但可不要陶醉。“天朝大国”思想幽灵，会使我们更落后。

第二点是，我们的现代化进程正遭受着传统文化中一些落后意识的折磨，使我们不能大踏步前进。这落后的东西，一是平均主义、大锅饭思想，二是家长作风、特权思想。这两种思想的来源不同。前者来自小生产者农民阶级，它是民间文化传统。历代农民起义提出的“均贫富”、“有饭大家吃”都体现了这一理想。应该说，这种平均主义、大锅饭的思想一直到新民主主义革命阶段都是进步的。但到了社会主义这个按劳分配阶段，这种思想的普遍存在就成了社会发展的阻力。后者是来自贵族、奴隶主、封建地主的传统文化，它的表现，就是一个人说了算，也就是张岱年先生讲的“尊官敬长”。一句话，封建意识使我们社会主义现代化受折磨。

第三点是，为了我国的现代化，我认为当务之急是吸取外国进步的东西，我们落后的根源是生产力落后。“手工磨产生的是封建主为首的社会，蒸汽磨产生的是工业资本家为首的社会。”这是马克思的至理名言。没有生产力的发展，社会主义建设就是空话。生产力发展的快慢，我国现代化进展的快慢，关键在民主和科学。还是“德先生”、“赛先生”这个“五四”时代的口号。现代化没有捷径可走，捷径往往是弯路。20年来极“左”路线给我们的教训够悲惨的了。传统文化中是有优良的因素，但要在民主、科学的基础上经过扬弃、改造才能正确地继承。现在强调继承，很可能流于为封建的东西张目。有人讲封建落后的东西本身并不可怕，可怕的是它们披上先进的外衣。为了避免封建的东西借先进之名而发威风，还是缓谈继承好。

要提高全民族的民主意识

任继愈：我是搞历史的，先从国情说起。从秦汉一直到鸦片战争，一对主要矛盾就是政治上的高度集中和经济上的极度分散。什么时候小农经济得到正常发展，社会就安定，就是太平盛世。历史上的文景之治、贞观之治，就是用政权的高度统一保护极度分散的小农经济，使它得以发展的结果。小农经济自己的性格要统一而不要过多的干涉；政府则要求权力集中，不集中，这块土地，相当于欧洲的面积，就会四分五裂。高度集中，当然要干涉，随着统治经验的成熟，加强统一的手段越来越多，从思想到制度，形成了一整套的统治术。秦汉到清朝，权力从集中在中央政府到集中于皇帝个人，臣民的地位越来越低。直到近代，民主革命时期，长期的小农经济占主导地位，封闭的分散割据的大大小小的地方势力遍布全国。我们的新民主主义革命就是沾了封闭的、自然经济的光。为什么农村包围城市可以取胜？就是因为有小农经济的支持。家长制传统是小农经济的产物，新中国成立以后，没有接着对农民进行共产主义教育，使他们懂得要自己解放自己。比如农民翻身分了田地，很高兴，从佛龛里拿走了神佛的牌位，换上了毛主席像，这在当时一直作为积极的、正面的东西来宣传。真正的马克思主义政党要群众自己解放自己，不靠神仙皇帝。还有经济开放之后，许多人不会做生意，上人家的当，这都和小农经济不懂交换、没有成本核算的传统有关。

从社会发展看，我国历史上缺少资本主义这一阶段。不是一点没有，但发展很不完备。一是时间短，欧洲有400年破除封建势力的历史，我国连100年还不到，而且资本主义发展得很不完备，一步跨入了社会主义。奴隶制社会西方欧洲发展比较完备，而封建制社会我国发展得比较完备。从上到下，一系列专制制度都很精密，而且越来越完善。宋朝以后，再也没有人敢篡位，都不敢当曹操、司马懿。五四运动，在天安门广场开大会，打倒曹汝霖卖国贼，有大幅标语写着："卖国求荣，早知曹瞒遗种碑无字；倾心媚外，不期章惇余孽死有头"。北宋的章惇功过且不说，把曹汝霖卖国直接与曹操挂牵在一起，不能不说反封建革命斗争中，还留着封建正统思想的影响。

科学与民主非常重要。没有民主，光讲科学也白搭。现在出现了一些走回头路的议论，认为当前国外的乌七八糟的东西得以在社会上泛滥，都由于我们丢掉了传统的文化。我认为，用封建的文化抵不住资本主义的腐朽文化，封建的文化比资本主义的文化落后了一个历史阶段。只有用社会主义的文化，才能抵得住资本主义腐朽文化。不能把封建的文化当成社会主义的来宣传。"文革"就是把封建主义当做社会主义去推广。早请示，晚汇报，献忠心，喊万岁，以语录定罪，弄得几乎亡国。毛泽东同志负有责任，但这和全民族的民主意识太差、全民族的封建余毒太深、整个党和干部的认识水平的局限，都有关系。1959年，彭德怀的大冤案，如果当年庐山会议上有一半人不举手，不响应，不参加围攻，彭老总的下场会好得多。现在我们整个民族的民主意识还很不够，很多人还不会运用自己手中的权利。各级人民代表大会代表们的任务本应是审议各级政府的工作，可很多代表不大会使用代表的权利。

我们的革命沾了封建主义的光，但成功之后，没有继续前进，立刻去消灭那些妨碍现代化的旧东西，因而当初沾过光的因素，今天反而成了前进的阻力，比如小农经济造成的小农意识、家长式的作风等。现在大学的哲学课，只讲条条，没有发展，缺乏分析和研究。马列主义的条文被看死了，马列主义就会失去科学性，变得僵化，没有生命力。

大家都说现在是最好的时期之一，我认为不是“之一”，而是最好的时期。《群言》的任务在于为我国社会主义民主尽力，民主就是要七嘴八舌，大家讲话。相信在大家的努力下，民主空气浓郁，我们的国家会有转机，会走向现代化。

西体中用

李泽厚：最近冯友兰先生写了幅大字对联送我——“西学为体中学为用刚日读史柔日读经”，91岁了，字还很有笔力。我就从这里谈起吧。“西体中用”是我今年1月份在上海的一次会上，因为不赞成“中体西用”论，为造成一种语言上的对立感，而强调提出来的。张之洞提出的“中学为体，西学为用”的观念，至今还有市场，只是表现形式有所不同罢了。例如它表现在，认为我们的一切都很好了，只要引进点科学技术再加些西方的经营管理制度就行了。这也还是张之洞所说的“法可以改，道不可以变”。现在有一些人反对我说：“应该以马克思主义为体，兼学中西。”那么，马克思主义到底是“中学”还是“西学”？明明是“西学”嘛！也许他们会辩解说：“我讲的马克思主义是中国化了的马克思主义。”的确，马克思主义的中国化使民主革命取得了伟大胜利，但这种胜利又主要是通过一场以农民为主体的革命战争得到的。马克思主义在中国化的过程中，夹杂着好多封建的东西，有的地方就把马克思主义封建化了，如“文革”中提出的“最高”、“最活”等就是典型的封建化。这种中国化的马克思主义，能够当做“体”吗？匈牙利的卢卡奇写过一本《社会存在的本体论》，我看是他几十年经验的总结。他提出社会存在作为本体。我认为这才是最根本的“体”。就是说，“学”不能作为真正的“体”，不管是“西学”还是“中学”。真正的、最后的“体”是社会存在，不管你是哪种“学”，包括马克思主义学说，也要以这个“体”作为衡量标准。社会存在就是生产方式和日常现实生活。我很欣赏刚才季羡林先生的唯生产力论，这是最根本的东西，它正是中国目前需要改变的“体”——即从小生产农业国过渡到发达的大工业国。把“体”搞明白了，才能讲“体”上面的“学”，我把它叫“本体意识”，即对本体的一种自我意识。中国从古至今的种种封建观念、学问、理论是产生在农业小生产社会存在的“体”上面的本体意识，马克思主义便不会产生在这种农业国家，它只能出现在西方工业化大生产基础上，是那个西“体”上的本体意识。这种“本体意识”的“学”当然是“西学”。也正因为“体”需要变化，才能有“学”的变化。没有经济体制改革，就不会有今天的政治体制改革、观念改革。在“学”这个层次上，也应该以“西学”为主。重复一下，所谓“西学”就是指现代各种理论，当然包括马克思主义，也包括科技理论、现代其他的经济政治理论、心理学、社会学、文化学理论，等等。而所有这些，从大工业的社会存在（体）和在这基础上的种种学问、理论（本体意识）都主要是从西方传到中国来的，所以就叫“西体中用”。上面只解释了“西体”，至于如何“中用”，时间关系，便不讲了。

大题目　小文章

金克木：“传统文化和现代化”是个大题目，我只讲些我回答不出的问题，算是小文章。

“现代化”本来指四个方面，即工业、农业、国防、科学技术。这四者广义说也可以算是文化，但一般说文化指的不是这些。这四者没有传统文化和外来文化的激烈冲突吧？以前有过，不要一切洋货，但现在过去了吧？社会主义制度和马列主义指导思想不都是世界上最先进的吗？除了更加完善和发展以外还有现代化的问题吗？经济改革和政治改革涉及体制，这算不算是文化？这里面有思想，这些思想中有多少传统文化和外来文化问题？当前争论的就是这个吗？恐怕是一言难尽。社会结构如家庭等更加难说。随着实行开放政策，从国外进来了一些风俗和生活习惯，这大概是文化吧？发型、服装、跳舞、唱歌之类是时髦货，往往是一阵风。也许是因为中国改朝换代时重视这些，所以会有点风波吧？艺术和思想也难办，好坏一时难辨，各有所好，难说提倡什么、禁止什么，也未必有效。为留辫子和剪辫子而砍头的时代过去了。油画和所谓国画怎么像中西医那样结合？有什么成效？在不到100年以前，《红楼梦》和《聊斋》还算是坏书，佛教和道教曾经是异端。传统文化还照旧指朝廷宣布的正统应考文化吗？究竟传统文化指什么？圣经贤传还是祖传丹方？哲学传统比较清楚些。佛教是外来的，和儒、道结合了。伊斯兰教、基督教就不大结合。马列主义也是外来的，并没有和儒、道哲学合流。至于现代欧美哲学、什么现象学、存在主义、结构主义、解构主义之类，都很难懂，除专家外，对一般人来说，不是许不许进来的问题，恐怕倒是要进也很难进来的问题。除招牌和片言只语外，很难引进。有的不贴商标就进口了，例如实用主义。艺术中，现代派雕塑也许可以得到一部分人欣赏，但抽象派的画恐怕得不到很多人赞美。小说如“尤力西斯”，已成经典了，名声很大，未见得能全译，译出来的也不知有几个人有兴趣看。还有许多难以归类的。例如精神分析，究竟是医学、心理学、方法论，还是世界观？很难定。各方都加以利用。弗洛伊德的书的译本不见得有多少人赞赏。现在的外国书里往往有触犯我国各种禁忌的话，好在会看外文的人也不一定看得到，但毕竟会有人在国内或国外看到。这些可不可以谈论或介绍呢？现在不少人又在说“双百”方针了。到底宽容是不是我们的传统文化呢？日本人到现在也还保留着许多来源于古代中国的传统习惯，好像并不妨碍他们在经济和科学技术方面的现代化。明治时期他们也闹过传统和外来文化思想的争论，好像是不了了之。印度人也作过这类文章，也不见有结果。我们能不能从理论到实践解决这个第三世界的共同问题呢？

寄希望于农民离开土地

费孝通：我这几年总在农村跑，到江苏和西北去看过，两个地方不一样。江苏大部分农民离开了土地，到社队、乡镇办的工厂当了工人，搞起了第二、第三产业。这样，要当“婆婆”的就当不成了。一些小姑娘出去干活，最初工资不给本人，交家长，后来奖金给小姑娘，小姑娘拿去烫了头发，这是一个大事情，没有几个老人喜欢小姑娘烫头发。生活改变了，产业结构变化了，这是个根本的改变。我寄希望于大批农民离开土地。不是都出来，也不是要降低农业产量。农业要现代化、机械化，小农经济的思想就行不通了，长官也做不成了。没有生产力的发展，农民的思想不会变，那还会是要个好皇帝，加个包公，就满意了。

“民主”这个词，我们叫了一辈子，总是呼之欲出。比如等级观念，现在农民钱比你多了，你的等级还有什么用？（金克木插话：就像您刚才讲的小姑娘烫发，他们反对的不是小姑娘烫发，是反对你有钱自己用。像清朝的辫子，要害不是头发，是要你跪下磕头。）这表示了地位的变化，权力的重新分配。如果还是80%的人当农民，那不管什么主义都会变成中国式的老东西。这就是中国的两个包袱，一个3000年的包袱，一个30年的包袱，这两个包袱就使得人们“放下筷子”要“骂娘”。要农民离开土地，是不是资本主义的道路？我们现在不必忙着叫它什么主义，这是产业革命，（金克木插话：也不是重复英国的老路。）是中国式的产业革命。我们的大工业、国营工业，长期闭关自守、搞终身制、铁饭碗，保护自己的利益。现在大批农民进工厂、做买卖，他们是“拼命三郎”。（金克木插话：我们喊了几十年的民主、科学，总是像电风扇在吹，光有风不降温，为什么？我看可以说是皮之不存，毛将焉附，基础一变，它就要变。这就是马克思讲的，或快或慢，总要变的。）不要光看见农民多了点钱，而要看到他们头脑里发生了根本的变化。传统文化中一些保守、落后的思想基础正在动摇，这种力量不可小视，我寄希望于此。

·书面发言·

中国古典哲学与社会主义精神文明

冯友兰

在建设社会主义的新文化时，如何看待有着悠久历史的中国传统文化？提出这个问题很重要。

建设有中国特色的社会主义，这是党中央提出的战略目标。为什么要具有中国特色呢？这并不仅仅是出于中国人的爱国主义愿望，而是在中国这个历史条件下，社会内在发展的客观要求。这也不是几个人的主观想象，而是一种历史发展的必然结果。这就像人的肤色，不是一种外在的颜色，可以随心所欲地涂上的，这是由各种人不同的生理构造、遗传基因所决定的。

具有中国特色，并不是谁想要或不想要的问题。在这方面，毛泽东思想是一个典范。毛泽东思想是马克思主义与中国革命的具体实践的结合，它反映了中国社会内在的要求。既然如此，就必然有中国特色，这个结合就是马克思主义的发展。毛泽东思想把马克思主义发展为中国的马克思主义。在今天，马克思主义和毛泽东思想还必须随着中国历史的发展而发展，不能以教条主义的方式坚持。

马克思主义有三个来源，其中之一是德国古典哲学。中国古典哲学也将成为具有中国特色的社会主义精神文明的一个来源，这并不是什么惊人之语，而是已经出现的事实。报刊上常看见有许多不正之风，有人把它归结为“见利忘义”。我不知这个提法是谁首先提出的，但这个提法很重要，“义利之辩”是中国古典哲学中的一个重要问题。什么是“义”和“利”？宋明道学（亦称理学）对此作了阐述，它说：义利之辩就是公私之分，为公就是义，为私就是利。有人常以为，宋明道学轻视物质利益，这是误解。宋明道学讲的“义”是包括物质利益的，问题在于为谁去追求物质利益。若为自己追求，那就是为利；若为社会、为人民追求，那就是为义。现在还有人“见利忘义”，正说明人的精神素质还有待提高，这也就是说，还要提高人的精神境界和文化素养。

在这个时候，有人提出“义利之辩”，这就是中国古典哲学将成为具有中国特色的社会主义精神文明的一个来源的征象。如果对这一类迹象因势利导，必须加速现在精神文明建设的进展，并使之更具有中国特色。

近几年来，物质文明成绩比较显著，城市经济改革已成为中国历史发展的趋势。但相比之下，精神文明建设的步伐还跟不上。必须有一种哲学把上层建筑各个领域、各个方面贯穿起来才行。虽然我们有了马克思主义、毛泽东思想的指导，但是还得随历史的发展而发展。而在这个发展过程中，切不可忽视中国传统文化，尤其是中国古典哲学的影响。

（摘自《群言》1986年第11期）

健全法制　厉行法治

编者按：1988年3月2日，民盟中央法制委员会和《群言》杂志编辑部联合召开座谈会，座谈健全法制、厉行法治问题。会议由民盟中央法制委员会主任林亨元同志主持，参加座谈会的有（以姓氏笔画为序）：

于浩成　中国政治学会副会长、《法学》杂志主编

王家福　中国社会科学院法学所研究员

李浩培　外交部法律顾问

朱育璜　中国社会科学院法学所研究员

胡其安　北京大学教授

张思之　《中国律师》杂志主编

谢怀栻　中国社会科学院法学所研究员

林亨元：中共十三大关于社会主义初级阶段理论确立以后，我们法学界应当考虑如何健全我国的法制，实现法治，来适应改革开放和建设具有中国特色的社会主义的要求。这里所说的法治是与民主不可分割的，它跟历史上法家如商鞅、申不害、韩非子等所主张的法治，毫无共同之点。虽然法家在当时的历史条件下有一定的进步性，但是他们所谓的法治，实际上只是“刑治”。这种法的效力，如果能够管到士大夫将相就了不起了。对于皇帝不但不敢动其毫毛，而且皇帝的话就是法律。皇帝可以随心所欲地立法、毁法。归根结底，还是实行人治。在封建时代，谈不上什么法

治。我们所讲的法治，是民主的法治，就是在法律面前人人平等。也就是宪法第五条所规定：“一切国家机关和武装力量、各政党和各社会团体、各企业事业组织都必须遵守宪法和法律。一切违反宪法和法律的行为，必须予以追究。任何组织或者个人都不得有超越宪法和法律的特权。”

从历史上看，法治是资产阶级民主革命的产物。17世纪实行资产阶级民主革命的国家才有宪法，才有法治。但民主与法治并不是资产阶级国家所专有的。应该说，社会主义国家是最有条件实现真正的民主和完善的法治的。可是，由于我国社会主义是从半封建半殖民地脱胎过来，遗留下封建专制的传统太多太深，加上“左”倾政策的错误，很长时期受法律虚无主义的影响，法制建设遭到严重破坏，甚至发展到无法无天的十年浩劫。中共十一届三中全会以来，起了很大的变化，在法制建设方面做了不少工作，成绩是应该肯定的。但问题还是不少，有的甚至很严重，离法治的要求还有很大的差距。在座都是法律专家、学者，希望各抒高见，畅所欲言，为民主法治的实现作出贡献。

法治就是“有法可依，有法必依，执法必严，违法必究”

李浩培：在我国的上层建筑领域中，民主和法治是最重要的。我先谈谈“法治”与“法制”这两个概念的区别。我们通常所说的“有法可依，有法必依，执法必严，违法必究”四句话，16个字，其实质的意义就是“法治”，而很难用“法制”来表达。上海办的《民主与法制》杂志，对于“法制”一词已有三种不同的英译：（1）legal system，其含义是法律体系；（2）legality，其含义是合法化；（3）law，其含义是法。这说明“法制”的概念太不明确，很容易让人误解。我想用“法治”，比较符合我国当前实际所指“法制”的意义。

于浩成：政法部门和法学界一部分同志不同意“实行法治”、“以法治国”的提法，主要是由于毛泽东同志在50年代后期曾说过，“要人治不要法治，《人民日报》一篇社论，全国执行，何必要什么法律”，因而一直讳言“法治”，只用“法制”的提法，其实二者是有很大不同的。法制，据董必武同志解释，就是法律制度的总称，单提法制，只解决“有法可依”的问题，但事实上不但要“有法可依”，而且还要“有法必依，执法必严，违法必究”，这才是法治。根据坚持真理修正错误的精神，在这个问题上，我们也不应该搞什么“凡是”。

现代文明国家要“法治”，不要“人治”

于浩成：治理国家靠法治还是靠人治，是法学界多年来争论的一个重大问题。现在赞同以法治国的人愈来愈多，实际工作中也正在实行从人治向法治的转变，但是在理论和实践上还没有完全解决以法治代人治的问题。

在具有历史意义的中共十一届三中全会上，邓小平同志发表了题为《解放思想，实事求是，团结一致向前看》的重要讲话，指出“为了保障人民民主，必须加强法制，必须使民主制度化、法律化，使这种制度和法律不因领导人的改变而改变，不因领导人的看法和注意力的改变而改变”（《邓小平文选》第136页）。这里实际上讲的就是应该实行法治，摒弃人治。这是总结新中国成立以来，特别是“文革”以及其他社会主义国家的经验教训提出来的。以后的几次党的会议通过的决议，也都指出新中国成立以来对民主和法制建设重视不够是一个重大失误，是导致“文革”这样一场空前浩劫的重要原因。当然，今天我们讨论法治还是人治的问题，同我国春秋战国时期儒法两家的两种治国方法之争有着本质上的不同。我们今天的所谓“法治”，或者称为“以法治国”，是指无产阶级和人民大众在取得政权以后必须运用法律的武器来治理国家。应该指出，现代意义上的“法治”概念是从西方资产阶级反对封建特权的民主革命中产生的，法治同民主结合起来，这是区别于我国法家所谓“法治”的最大特点。今天，法治就是加强民主和法制的同义语；而人治则是专制主义、官僚主义、封建特权、家长制和一言堂的别名。

胡其安：我国封建社会历史长达数千年，封建专制主义的思想影响很深。专制主义是个人统治，所谓“其人存则其政举，其人亡则其政息”（《礼记·中庸》），皇帝的话是“圣旨”，也就是最高的法律。封建社会缺乏培育民主和法治的土壤，在人们的观念中，总是期待一位“救世主”来保护自己，而不是寻求法律的保障。就这个意义上说，是否有民主和法治，应该是衡量一个国家文明程度的重要尺度。中华人民共和国的成立，本来可以为民主和法治的建设提供最佳土壤，但令人痛惜的是在以“阶级斗争为纲”思想指导下，忽视了民主和法治建设，没有重视在人民群众中培养主人翁观念、权利和义务观念、监督政府权力观念、平等观念以及参政议政观念；反过来，也没有在国家干部中培养人民公仆的观念、依法行使权力和对人民负责并受人民监督的观念。在新中国成立后相当长的时期里，封建专制主义的影响没有受到应有的涤荡，以致发展到十年浩劫，一个人的话竟成了“最高指示”，任何个人的积极性、主动性和创造性都被压抑，整个社会几乎处于停滞，这在现代国家是罕见的。

王家福：要使我国真正成为一个社会主义法治国家，首先要彻底改变观念，牢固地树立起法治的极大权威。人治和法治，是两个根本对立的治国方针。以个人意志作为治国准绳，搞人治，势必个人说了算，形成新的专制主义；个人随心所欲，造成经济大起大落大破坏；个人凌驾于宪法、法律之上，使社会大动乱，给人民带来极大灾难。而以体现人民意志的法律为治国的准绳，实行法治，则必能使政治民主化，经济振兴，国家现代化。要知道，人治总是与特权、超经济掠夺、趁机捞一把的短期行为为伍，带来的是野蛮、落后、消极、动乱；而法治则以在法律允许的范围内公平竞争、自由创造、奋发开拓，注意长远发展为特征，带来的是文明、进步、进取、长治久安。因此，坚决摒弃人治，厉行法治，是社会主义初级阶段治国安邦，健全社会主义民主政治，发展社会主义商品经济的根本大计，切不可丝毫动摇。

确立法治制度必须摒除封建特权

张思之：在我国，目前封建主义绝不仅仅是“残余”，而是“根深蒂固，老树新芽”。人们有一个习惯的说法：消极的东西、落后的东西，说到底也是个别的。这个说法有时很不完整，带有片面性，必须补充一句：尽管是个别的，但却是极为严重的，是不能接受、不能容忍的。不妨举一个现实生活中的实例：

河南省新乡市刑警大队副队长，毫无根据地认为一名教师有犯罪嫌疑，吊打取供，伤重致死。目击者说，其状惨不忍睹。人们敢怒不敢揭，他们的法医从中作了手脚，企图颠倒黑白。幸赖新华社记者写了内参，才把打死无辜的刑警队长依法逮捕。善良的人们以为被害致死的教师可以瞑目了。谁也料不到，春节期间情况突起变化，那个凶手竟被“保外就医”住入医院，快快活活地过节去了。人们说他是省里一位厅长的公子，如之奈何！新乡的律师也无人敢于仗义执言，被害人的家属被迫走了一条极其艰辛的“老”路：来北京寻找真理。请看，一个刑警队长，在他滥施权力的前提下，人民的生命不是也被剥夺了吗？

我想从律师职业的角度概括地说明两点：其一，法律应当尽可能广泛地赋予人民以权利，《宪法》中关于“一切权力属于人民”的规定也有宣言的性质，还必须有一系列具体的法律规范来保障，人民的权利才能得以付诸实施。其二，法律必须限制或者制约权力机关和实际掌权者的权力。如果没有这后一点，人民的权利很可能变为空文，化为乌有，这方面的教训是极其深刻的。上述案子就是一个突出的例子。

李浩培：我也想举报刊上揭发的一个例子，来说明封建特权阻碍了立法工作的完善：浙江省宁海县前童镇，一位生活贫困的女农民童金苏，因不小心把副镇长岳父家的一只鸡压死了。副镇长的岳母便对她大骂，其岳父又将她痛打，以致她遭受重伤，小便终日失禁，不能劳动。童金苏因家境困难，无钱就医，曾多次要求村、乡、县各级领导处理这件事，只提出医药费由对方负担，并公开道歉，或把本案交付法院处理。就我国现行法来说，故意伤害他人身体的不法行为者须负刑事和民事责任。但是副镇长的岳父母因受到副镇长的庇护，不但不掏一分钱，刑事追诉自然更谈不到。童很生气，病情加重。结果她在绝望和冤恨的心情支配下，把副镇长4岁的儿子杀了，自己吃农药自杀。

从上述例子看，在各地方不少有权有势的人似乎可以逍遥法外、不受法律的制裁。这就应当采取适当措施，按照执法必严、违法必究的原则，作出完全合法的处理，使有权势的人逐渐清除其享有封建特权不受法律制裁的错误思想。这样我国的法治制度才可能逐渐得到确立。

张思之：我还想再举一例，为我们律师的不公正遭遇鸣不平。辽宁沈阳皇姑区法律顾问处原负责人杨飞律师，1983年突然被指控在原单位任材料员期间贪污河石运输费1500元而被捕。后因病重获准“取保候审”。自立案至今，历经四年有半，案卷在检察院与法院之间移去推来，既不开庭审理，又不宣告无罪释放。椐杨飞的辩护律师报告：全部案卷材料不能证实杨飞有贪污问题。不仅如此，辩护律师还发现，检察机关有违法取证、篡改证词乃至抽换案卷材料的不法行为。辽宁省律师曾联名请求公正处理此案，杨飞本人一再吁请权力机关从中干预，但始终石沉大海。我想，姑不论杨飞贪污行为的有无，既已立案、起诉，并由法院受理，几年不审，实在于法无据。人们说，作为律师，自身的权利尚且不能在“权力”面前得到保障和维护，何况普通老百姓！

朱育璜：从执法方面看，有法不依的现象在目前依然存在，虽然不是普遍的问题，但从性质上说却是一个严重的问题，因为有法不依，会失信于民，有损法律的权威性。从张思之同志刚才所举的案例，我想谈谈执行诉讼法上的问题。诉讼法在贯彻社会主义民主原则上具有重大的意义。诉讼程序的民主化，完全是为了公正、正确地处理案件。在我国的诉讼法中有不少体现社会主义民主原则的规定。但在某些审、检人员身上，还存在着不让当事人充分发言，不让律师行使其合法权利，偏听偏信、主观臆断的现象，甚至存在审案的不判，判案的不审，无视诉讼法中的民主原则，以感情代法律的现象。我认为，这是某些司法人员头脑中的封建官权意识在作祟，必须克服“官大于法”的观念。所有这些不依诉讼法规定程序进行审判的现象，都是导致错案得不到公正处理的主要原因。

建设法治国家，党政必须分开

谢怀栻：我想谈一谈法治和党政分开的关系。中共十三大决定了党政要分开，许多同志就此写了文章，我看许多文章都是从改善党的领导这个角度来谈党政分开，却很少从法律方面，特别从法治的角度来谈。

我想开门见山地说，为什么要实行党政分开？因为党政不分、以党代政是不符合法治原则的，具体地说，是不符合宪法的。

我们讲法治，首先就要遵守宪法，依照宪法办事。宪法第126条规定“人民法院独立行使审判权，不受行政机关、社会团体和个人的干涉”，可是过去党委一直审批案件，这就是干涉审判。最近北京市委已正式宣布不再审批案件，这就改过来了。又如宪法第85条规定“国务院是最高国家行政机关”，可是长期以来，有些属于国务院及其所属部会的职权却由党的机关在行使。能否把这些不符合宪法的事改过来，这也是我国走向法治国家的重大的一步。

实行党政分开，过去是禁区，现在十三大已正式对这个问题作了明确决定。我认为这个决定不仅具有重大的政治意义，而且具有重大的法律意义。法律上的意义就在于把一些不符合宪法规定的事改过来，使我国的宪法得到真正的贯彻，我国就能逐步地、真正地走向一个法治国家。

还有一个问题，今天也可以讨论一下。50年代就有人提出，中共中央单独或同国务院联合发布具有法律性的文件，是否合适。今后我国要加强法治，应该重新研究这个问题。国务院是最高行政机关，宪法中已有规定。宪法中没有规定党，党不是政权机关。所以中共中央与国务院并列，既不符合宪法，从某一方面说又降低了中共中央的地位。我们常常下达文件，其中有些事未再经法律规定就为全国所奉行，这也不是一个法治国家的常规。苏联开放个体劳动就先制定《个体劳动法》，我国开放个体劳动和私营企业，至今还没有立法，因而只好以政策为根据。我国农村实行承包制已有多年，至今仍只有政策上的根据而没有法律上的根据。这仍然是以政策替代法律。这也是党政不分的表现。我以为凡是党的政策都要转化为法律，然后才对全国人民有约束力。这才是一个法治国家的正常现象。

过去对政策大还是法大，已讨论了多年，其实只要解决了党政分开的问题，政策和法律的关系也就理顺了。最后，再强调一句：要把我国建设成为一个真正的法治国家，必须彻底实行党政分开。

林亨元：今天大家发言踊跃，有很多精辟的见解，我受到不少启发。

第一，法律不仅仅是维持社会秩序，保证国家的长治久安；更重要的，社会是人的总和，人的因素蕴藏有无限的潜力，厉行法治，人民的权利得到法律的保障，人际关系得到公平合理的调整。没有冤枉，没有委曲，没有顾虑，社会充满公平的气氛，人人有了公平感，自然心情舒畅，兴高采烈地投入劳动，大大有利于发展生产力。

第二，马克思说："审判程序和法二者间的联系，如此密切，就像植物的外形和植物的联系，动物的外形和血肉的联系一样。"（《马克思恩格斯全集》第1卷第179页）程序法好比车间的操作规程，不按操作规程劳动，就会产出废品，甚至会造成不幸事故。如果执法者不按照诉讼程序办理案件，也难免发生错案冤案，给人们带来危害。历史惨痛的教训，是异常深刻的。可是至今执法机关还是不完全按照诉讼程序办理案件。例如宪法第125条规定："人民法院审理案件，除法律规定的特别情形外，一律公开进行。"刑、民诉讼法也有同样的规定。但很多法院门警森严，一般群众要想进入法院旁听审讯案件是十分困难的。这分明是违法行为。让人们进入法院旁听，一方面使法院受到人民的监督，不敢违法进行审理；另一方面人民群众可以受到法律教育。公开原则不仅仅体现了民主，而且是最有效的对人民群众进行法律宣传教育啊！

我国审理案件，按诉讼法规定实行两审制。但是，初审法院由于法律水平太低，一遇到困难案件，每每用书面或将案卷遣送上级法院请示，然后按照上级的意见作出判决。如果当事人不服判决提起上诉，就很难得到改判了。这样做法，诉讼法上规定的两审制，实际上只是一审制，无形剥夺了当事人的上诉权。不少国家实行三审制，以保证案件判决的正确。像我们国家审判人员水平比较差，有的案件只实行一审制，怎能不造成错判、冤判呢？况且上级法院只凭书面或案卷提出意见成为初审法院的判决，这不是完全违反程序法上独立、直接、言词、辩论、辩护等一系列原则吗？程序法是最富有科学性、民主性的。不按程序法审理案件，怎么能够保持审判的公平呢？

第三，执法人员素质问题，也是极为重要的问题。中共十一届三中全会以来的确有所改善。但是由于长期以来受“左”的影响，没有很好地培养法律人才，现在仍处于青黄不接的状态，不合格的还是不少。法律是一门科学，执法而不知法，绝不可能保持法律的公平性，势必危害到人身心的健康，社会的安定，生产的积极性。这必须引起领导同志的重视，抓紧作出计划，逐步进行调整。

总之，当前健全法制，厉行法治，是政治体制改革的重要组成部分，对于法制改革，应当尽速列入改革的日程。对这些问题，我们以后再找机会交换意见。

（摘自《群言》1988年第5期）

民主党派的地位和作用

编者按：《群言》编辑部于7月14日举行座谈会，邀请各民主党派负责人共同探讨民主党派的地位和作用。座谈会由民盟中央副主席叶笃义主持。参加座谈会的有（以姓氏笔画为序）：

孙孚凌　全国工商联副主席（书面发言）

李纯青　台湾民主自治同盟总部评议委员会主席

沈其震　中国农工民主党中央副主席

陈明绍　九三学社中央副主席

陆榕树　中国致公党中央副主席

贾亦斌　中国国民党革命委员会中央副主席

黄大能　中国民主建国会中央副主席

楚　庄　中国民主促进会中央副主席

叶笃义：我国各民主党派从成立之日起，几十年来与中国共产党风雨同舟，经受了各种考验，是党可以信赖的忠实战友。中共中央对民主党派的评价是三个重要依靠力量：发展爱国统一战线的重要依靠力量；进行四化建设的重要依靠力量；维护安定团结的重要依靠力量。

中共十三大报告中把中国共产党领导下的多党合作和政治协商制度作为一项基本制度，把建立社会协商对话制度作为发展社会主义民主政治的一项重要措施提了出来。随着政治体制改革提上日程，各民主党派和各界人士围绕着中国共产党领导下的多党合作和政治协商制度展开了热烈的讨论，提出了不少理论问题和改革意见，充分反映了各民主党派民主意识、政党意识和自主意识的增强。

目前，各民主党派分别在讨论和制定自己的纲领。我认为，中共十三大制定的党在社会主义初级阶段的基本路线，是全国人民和各政党的共同奋斗目标。民主党派要求在共同奋斗目标下有体现各自特色的纲领，这是合理的。各民主党派在今年将陆续举行各自的全国代表大会，在修改章程时，将重新修订自己的纲领。从总的方面看，各民主党派的纲领将会有同有异。“同”就是都将以党的基本路线为依据，反映各民主党派根本利益和奋斗目标的一致；“异”就是要在具体纲领上有鲜明的特色，反映各自所联系的社会成员的利益和要求。

关于多党合作制度的法律化问题，有人建议在将来修改宪法时，或在适当时候以增加宪法单项条文的方式，增写我国实行中国共产党领导下的多党合作和政治协商制度的内容，并对民主党派在国家政治生活中的地位和作用做些必要的阐述和规定。

民主党派的性质和地位

贾亦斌：最近，我们在讨论党章修改时遇到一个问题，就是民革究竟是社会主义性质的政党，还是为社会主义服务的政治力量，或是为社会主义服务的政党？也有人提出应是知识分子政党，或是社会主义知识分子政党。这个问题需要答复，因为性质和地位关系密切。从民革的实际情况看，我们认为应这样表述：为社会主义和祖国统一服务的政党。

黄大能：民建刚刚开过第五次全国代表大会。我们经过几上几下的修改之后，提出了中国民主建国会章程。它与各兄弟党派的章程相比，有共同之处，但也有自己的特色。关于民建的性质在总纲中是这样规定的：中国民主建国会是主要由经济界人士以及有关专家学者组成的、具有政治联盟特点的、为社会主义服务的政党。

李纯青：谈到民主党派的性质，现在已不是资产阶级、小资产阶级政党了。那么是什么阶级的政党呢？说民主党派是代表知识分子，但是不是知识分子都拥护和喜欢民主党派呢？知识分子在我国至少有500万人，然而，民主党派成员中知识分子占多少呢？再说，历史是向前发展的，将来所有的工人都是知识分子，现在的产业工人的概念到那时就不存在了。目前共产党也代表知识分子，而且人数要比其他党派多。因此，不能说死，把民主党派就看成是代表知识分子的党派。当然，一个党派应有自己的群众基础，要联系一部分人、一个阶层，但更重要的是应有自己的政纲，对国家大事要有自己独立的主张。如果没有自己的政治主张，那么各个党派又有什么区别呢？那也就谈不上民主党派在宪法范围内的政治自主和组织独立，发挥其政党的作用了。将来民主党派的发展对象大成问题。民建是工商界人士为主，但新中国成立后哪有工界、商界？还有民革的发展对象，现在台湾的国民党已不是中国国民党，而是地方性的台湾国民党了。因为250万国民党党员中台湾人已占80%左右。其他民主党派也会有发展对象不尽适宜的问题。

沈其震：民主党派的性质和地位是同特定的历史时期相适应的。我们各个民主党派是在各个不同的历史条件下产生和发展起来的。在不同的时期里，它代表了当时的人民群众，特别是各个知识阶层的政治主张、要求及其心理状态。我们中国农工民主党是一个历史比较悠久的政党。1927年蒋介石“四一二”清共之后，国民党左派领导人邓演达等人为了坚持孙中山的新三民主义，贯彻“联俄、联共、扶助农工”的三大政策，建立起“中国国民党临时行动委员会”。1931年邓演达被害身亡，全党一再经受挫折，承受了血的教训后，才看清了共产党是中国革命的主力。抗日战争时期，邓演达的生前战友又一次受到国民党消灭异己政策的严重迫害，与此同时，又得到了共产党政治上、经济上、组织上的支持之后，才进一步认识到“代表农民、工人、平民的政党应当偏向共产党一边”。抗日战争结束后，我国政局处于严峻的时刻，在共产党的帮助下，才看到国民党必然失败，坚定了“要同共产党密切合作，把民主革命进行下去”的决心。以后根据邓演达的政治主张与革命精神改称为“中国农工民主党”。到新中国成立前夕，和其他民主党派一起发表了《我们对时局的意见》，明确宣布接受共产党的领导。在新中国成立后，它以政协的《共同纲领》作为自己行动的准则，将在抗战中吸收的占全党总人数3/4的农民、工人分别交农会、工会统一领导。此后，根据民主党派的分工，又决定“以医药卫生界人士为联系发展的重点”。现在很多人不了解这段历史，就不很理解农工民主党这个名称的由来。从中国农工民主党的经历，可以看出民主党派同中国共产党在风雨同舟中，从合作、靠拢直到接受共产党的领导，有着一段艰辛的实践过程，是由其内在因素决定的，是历史发展的必然结果。在以后近40年的社会主义建设时期，民主党派的地位就这样被肯定下来了。应该看到，在这个建设阶段里，人民内部还有各种具体利益的矛盾，特别是当前，随着改革开放政策日益深化，社会上出现并将继续出现更多的集团、群体和个人（个体户），他们也是民主党派的社会基础，民主党派要代表他们、联系他们，反映他们的意见和要求，帮助他们进步，从而推动历史前进。因此，民主党派的社会基础将愈益扩大，工作将愈益增多，特别是面临阻碍改革开放的不正之风、官僚主义、贪污腐化和民主法制不够完善以及生产力亟须发展、提高的情况下，民主党派的责任也将愈加繁重。因此，农工民主党的一些同志提出，是否将中国农工民主党改名为“民主法制党”。

陈明绍：有人建议九三学社改名为“民主科学社”，因为九三学社的前身是“民主科学座谈会”。在抗日战争后期，重庆的一批科技界、文教界的人士对时局极感焦虑，大家经常相聚交谈，认为必须要民主，要团结，要抗战到底。后来这个座谈会固定了下来，命名为“民主科学座谈会”，宗旨是继承五四运动的民主和科学传统，为坚持团结抗战和争取民主而努力。1945年9月3日，日本帝国主义投降，中国人民取得了抗日战争的伟大胜利。当天座谈会正好召开。为了纪念抗日战争的胜利，作为我国民主党派之一的九三学社，就因此而命名。现在，不少人特别是一些年轻人，他们不知道九三学社是一个政党，还以为是科技群众团体。

黄大能：我们民建会有些新会员，自己已经加入了民主党派，却并不清楚会员就是党员。所以，有人建议将中国民主建国会改为中国民主建国党。他们认为这样就是名正言顺的党员，就是参加政党了。现在，民建会的外文名字已改为“party”，而不再是“association”了。但要修改中文名字就不容易，因为，我们八个民主党派中好几个不带“党”字。

我认为，我国的民主党派与资本主义国家的政党有着本质的不同。我几次在国外和人家谈到这个问题，许多人特别是在美国的台湾同胞，他们并不相信中国共产党会允许其他党派存在。他们肯定我们民主党派只是一种“摆设”而已，因为在台湾也有一些小党，它们都是“摆设”。只有国民党是真正的执政党。

陈明绍：西方国家政党的某些概念，在我们国家是套不上的。西方国家在某一时期内，在台上的是执政党，其他在台下的是在野党、反对党。一个日本人对我讲，他们的在野党总是千方百计地反对执政党，把它从台上拉下来，好让自己上台。我告诉他们，我们不是这样。我们是在共产党领导下，共同致力于社会主义事业的政党，我们实行的是多党合作制。

贾亦斌：我国各民主党派的地位，既不是执政党，也不是在野党，而是参政党。这种地位就体现在共产党领导下的多党合作和政治协商制度中。这就是共产党领导，多党合作，共同致力于社会主义事业。它是我国政治制度的特点和优点，不同于西方国家一党在朝执政、一党在野反对、各党轮流执政的制度。在共产党领导下的多党合作和政治协商制度中，各民主党派参与执政。因此，共产党是执政党，民主党派是参政党。弄清地位是个大问题，费孝通同志常讲民盟要在新形势下找到自己的历史方位，只有地位定、方向明，才能步子迈得大一些，不辱肩上的历史使命。

民主党派的作用

李纯青：说老实话，我们很多人，包括我自己，并不能深切了解政党是干什么事的。它既不生产商品，又不是商店，令人感觉有点无所作为。有人说民主党派是一种“苦恼”的行业。也有人说民主党派是一种“舒服”的行业。其实，政党是十分重要的，它的工作十分艰巨。现代国家都不能没有政党，政党掌握国家的命脉，关系国家的兴衰存亡。任何政党的每个成员，既代表一定阶级、阶层或团体的利益，还必须以天下为己任，具有自我牺牲的献身精神。

中国的政治体制是共产党领导下的多党合作制。民主党派与共产党有被领导与领导的关系。如何处理这种关系，常是一个探索性的命题。早在1956年初，毛泽东同志提出了“长期共存，互相监督”八字方针，这就是彼此都能信守的处理共产党与民主党派关系的准则。是否可以这样解释：“共存”就是“地位”问题，而“监督”就是“作用”问题。

黄大能：几十年来，我国民主党派走过了一条崎岖坎坷的道路。历史证明，统一战线的成败得失，关系到革命的成败得失。在革命的艰难时刻，民主党派与共产党亲密合作，并肩战斗，生死与共；新中国成立以后，民主党派仍把建设社会主义当做自己不可推诿的责任，与共产党肝胆相照，荣辱与共。1957年以前，民主党派处在第一个黄金时代，在国家政治生活中起过重要作用。但好景不长，1957年以后，民主党派日薄西山，奄奄一息，名存而实亡。到了十年动乱，民主党派首当其冲，在“横扫一切牛鬼蛇神”声中，连名也不存在了。中共十一届三中全会以后，民主党派又迎来了第二个黄金时代，不但实至名归，而且有了新的生机，地位上升，作用显著。我深感：当统一战线和民主党派遭到摧残或是不被重视之时，恰恰是党和国家处于危难之日。而民主党派重振旗鼓，受到重视之时，恰恰是党和国家事业兴旺之日。从民主党派的兴衰中能够反映出民主政治发展的程度，民主党派的活动可以看做是民主政治化的寒暑表。

李纯青：在建设民主政治中，民主党派要起到什么作用，充当什么角色呢？第一件事就是要发挥政治协商、民主监督的作用，特别是对执政党的监督。这种监督，不同于一般意义上的个人提意见、作批评，而是要发挥政党的作用，要议政、参政，参与国家重大决策的协商、咨询、执行和监督。民主党派要敢于发表意见，要有自己的政治主张。这种政见汇集到一个目标：即对国家政治生活起有益的制衡作用、反馈作用。数十年来，我们国家曾经有过重大失误，从“反右”、“大跃进”到“文化大革命”，损失惨重，主要原因就是没有民主和法治，没有人民群众和民主党派的民主监督，失去了制衡作用，以致个人权力膨胀，给国家和人民带来重大灾难。往者不可谏，来者犹可追。为未来着想，在中国政治生活中，确实需要某种制衡力量。民主党派有各种任务，但其主要作用，也许就在这里。

贾亦斌：邓小平同志曾讲过：“没有民主，就没有社会主义，就没有社会主义现代化。对于一个执政党来说，就怕听不到人民的声音，最可怕的是鸦雀无声。”作为执政党的中国共产党，领导着一个拥有十亿多人口的国家，如果没有党外人士的有效监督，如果没有一定的约束力，很容易滋长骄傲自满、主观主义和官僚主义的思想作风。因此，听取民主党派的意见，接受民主党派的监督是非常必要的。我认为在民主监督过程中，应该发挥党派组织的作用。过去人大也好，政协也好，发挥党派成员的个人作用多，没有很好地发挥党派的组织作用。加强多党合作制，最核心的问题是发挥党派作用，否则，就会像一盘散沙，这怎么叫党派呢？（陈明绍插话：互相监督，现在主要也是个人监督，政协委员、人大代表的发言只代表个人，不代表组织。）

最近，我碰到几个从台湾来的人，他们问我民主党派能不能真正讲话，无产阶级专政能不能让民主党派讲话？我告诉他们，我们实行的是人民民主专政，我们同样有民主。“文化大革命”的苦头不仅是民主党派吃够了，而是包括共产党在内的全国人民都吃够了。今后要使“文化大革命”不再发生，必须要有民主和法制。如果不发扬民主，就不能调动和发挥人民群众的积极性，也无法克服党内的一些腐败现象。因为一个政权或是一个政党，只有专政没有民主监督就会腐化。因此，民主党派要敢讲真话，做好党的诤友，发挥对政权进行制约的社会主义民主机制的作用。

民主党派还要敢于代表成员的合法利益，协调关系。政党是代表某一阶级、阶层或集团并为维护其利益而斗争的政治组织。今天，我们国家虽然剥削阶级已经消灭，虽然阶级斗争已经不成为社会主要矛盾，但由于历史和社会的原因，阶级差别仍将长期存在，不同的社会阶层和社会集团仍旧存在，在人民内部也必然会有各种矛盾。各民主党派所联系、代表的社会阶层和社会集团也将存在。这就需要民主党派代表和反映他们的正当利益和要求。如果作为一个政党不能代表他们的利益，那就不成其为政党了。敢于代表成员利益，对共产党讲是协助党落实政策；对自己的成员讲是调动他们的积极性，即参加组织的积极性。

陆榕树：各民主党派应推荐自己的成员担任人大代表、政协委员和政府工作人员，调动他们为社会主义服务的积极性，让他们参政议政，协助党和政府制定方针、政策，做好工作。这也是发挥民主党派作用的一个重要方面。新中国成立初期，大批民主党派成员担任各级政府的领导职务，但在39年后的今天，民主党派在各级政府中担任领导职务的却寥若晨星，屈指可数。这种状况不利民主党派知情出力、参政议政和进行民主监督，必须引起重视。

沈其震：由于我国封建社会的历史较长，遗留的积淀也较多。在旧中国的历史上没有民主传统，至多只有开明君主。新中国成立以后，社会主义民主又没有很好地发扬，“左”倾顽症长期没有根除。因此，有不少人对“互相监督”噤若寒蝉，要想充分发挥民主党派的监督作用仍很困难。甚至出现“长期共存，互相歌颂”，“相敬如宾，相安无事”的状况。这对于发挥民主党派在国家政治生活中的民主监督作用极为不利。

陈明绍：中共中央提出要决策民主化和科学化，要建立一整套严格的决策制度和决策程序。这就为民主党派在参政议政过程中发挥咨询、决策的作用创造了条件。因此，我们民主党派，特别是从事科技工作的民主党派成员，在决策民主化、科学化中大有可为。我认为决策的科学化首先要看它在科学上是否符合客观规律，有无充分论证的依据，技术上是否可行，经济上是否有效益。对于重大工程项目，还要考虑到是否会影响生态环境，等等。任何决策一定要考虑到社会心理状态的承受能力。决策是否民主化并不仅仅是少数人在一起开会，少数服从多数。在重要的科学决策中，一定要按系统论的观念，把各种因素考虑进来。过去，我们在决策方面吃亏就因为用单因素考虑问题，得出所谓"最佳方案"；也吃过"阶级斗争一抓就灵"、"以钢为纲"的大亏。今后，要做到决策民主化就应尽量考虑到各方面的影响因素，不仅定性，还要定量，征求各方面专家的意见，综合考虑建立符合客观规律的物理模型，形成完善的数学模型，通过电脑计算，搞出最优化方案。现在科技发展日新月异，自然科学、社会科学与一系列其他科学交叉发展，说明决策的科学化与民主化是相互关联、相互制约的。因此重大的决策绝不能像过去那样，某位领导头脑一热就拍板了。

黄大能：我们八个民主党派尽管分工不同，但实际上主要还是代表各阶层的知识分子。中共十三大明确了我国正处在社会主义初级阶段，多种经济成分并存，要大力发展生产力，建立社会主义商品经济的新秩序。我们民主党派也要为发展生产力服务。因为社会主义社会的根本任务是发展生产力，实现这一任务，是领导社会主义事业的中国共产党的历史使命，也是在建设社会主义事业中与党荣辱与共的各民主党派的神圣职责。绝不能把民主党派在完善社会主义民主政治方面的责任同促进生产力发展方面的任务割裂开来；把参政议政的职能同参加社会经济活动的实践对立起来。民主党派只有在发展社会生产力方面承担起自己的义务和责任，在发展生产力方面提出影响国家决策的真知灼见，才能在中国的政治生活中有所作为，才会具有自己的吸引力和凝聚力，也才有自己的地位。否则，民主党派的参政议政就会变成政治清谈，就会在参政议政时失去发言权。因此，民建在政治纲领中写道：以建设有中国特色的社会主义的基本路线为行动指南，组织、团结会员和所联系的群众，发挥从事经济工作的特长，参加国事管理，进行政治协商和民主监督，开展社会服务活动，为把我国建设成为富强、民主、文明的社会主义现代化国家而奋斗。

陆榕树：回顾历史，对照今天，展望未来，我感到民主党派应当和可能在建设社会主义的事业中发挥更大的作用，作出新贡献。为此，我们必须做到：第一，把接受党的领导和发挥民主党派自身的主观能动性结合起来。第二，民主党派要知情，即了解党和政府的工作情况，了解国家的政治、经济、文化发展状况，了解成员和所联系的群众的愿望和要求，以便对党和政府的工作提出意见、建议和批评。为此，民主党派要深入实际，调查研究。党、政府、人大和政协也应为民主党派的知情创造条件。第三，必须赋予各民主党派庄严的法律地位，以保障民主党派的民主监督。应以法律形式，明确规定民主党派的性质、地位、作用，以及共产党领导下的多党合作制度。

发展和完善中共领导下的多党合作制

楚　庄：中国共产党领导下的多党合作制，是在中国共产党领导的人民民主革命发展过程中形成的、具有中国特色的社会主义国家的新型的政党政治制度，是中国社会主义民主的基本制度之一。它是对我国根本的政治制度——人民代表大会制度的支持和补充，是爱国统一战线在国家政治生活中发挥作用的一个重要方面。

中国共产党领导下的多党合作制的核心是中国共产党的领导。人们通常说，中国共产党和各民主党派有长期合作的历史，共产党的领导地位是历史形成的，现代中国没有任何一种力量能代替共产党的领导地位。这些说法当然都是对的。但是，从根本上说，中国共产党的领导，是因为中国共产党提出的一定历史时期的基本路线和战略目标，集中反映了人民的利益和愿望，代表着历史发展和社会进步的方向，所以为人民所接受，并通过法定程序成为国家意志，成为全国全民的指导思想；同时，共产党提出的基本路线和战略目标，和各民主党派的宗旨一致，因而也为民主党派所接受，并被吸收到民主党派的章程或纲领中，成为民主党派的指导思想。这是共产党领导的根据，也是多党合作的基础。所以，中国共产党领导下的多党合作制有两个方面：一个方面是共产党提出正确的路线方针，对国家政治生活、爱国统一战线，也对多党合作制实行政治领导即政治原则、政治方向的领导；一个方面是各个民主党派以政党的身份、从民主党派的角度、用民主党派的语言为贯彻实现国家的总路线总任务发挥积极的政治作用。前一个方面也是加强和改善共产党的领导的问题，后一个方面也是民主党派把接受共产党的领导和独立自主地开展工作结合起来，发挥各自的特点和优势，在国家政治生活中体现政党的（有别于其他学术团体、职业团体和群众团体的）功能的问题。这两个方面结合起来，就能充实、发展和完善中国共产党领导下的多党合作制。

民主党派的自身建设

李纯青：对民主党派的地位和作用，大家已谈了很多。我是这样理解：地位不能靠别人施予，要靠自己的奋斗。而地位的高低和升降，则决定于它有无作用及作用的大小。有人认为，现在是民主党派的黄金时代。我感到，民主党派同时还面临着严峻的挑战。天行健，君子自强不息。民主党派只有加强自身建设，才能把自己建设成为具有特色的、有旺盛生命力的政党。我有这样的设想：

第一，在世界大变化、大改革的浪潮中，民主党派也不能例外，不仅需要健康发展，而且需要大胆改革。民主党派成员多数是知识分子，如果把知识分子人为地加以划分，将他们限制在社会的条条块块里各自为政是不适宜的。是否可以考虑抛弃历史的成见，化“小山头”为“大山头”，将对象相同、性质相近的党派联合起来，重新组织一个或两三个较大的政党，集中和充实自身的力量，更好地发挥民主党派的整体优势和作用。

第二，对国内外大事，民主党派应有机会经常以政党名义发表自己的意见。要在群众面前不断亮相，表现自己的存在和价值。民主党派应该有声音，有不同的音调。不能只敲定音鼓。单调的声音等于沉默。

第三，决定民主党派前途的因素是人。“文化大革命”使中国人才断层一代至二代，民主党派也不例外。确切地说，中国需要大量新的政治家。作为现代政治家，应有广博的现代知识、敏锐的世界眼光，有胆识，有才能，有强烈的爱国爱民之心和高度的责任感。民主党派必须后继有人，开拓前进。需要一批能担负重任的人，一批公正无私的人，大批能够走得上民主讲坛的人。也许这是当务之急。

黄大能：对民主党派的自身建设，应该强化政党意识和自主意识，做不到这一点，很难在参政议政方面有所作为。我认为政党成员政党意识的强弱，是一个政党的政治素质、活动水平、社会作用的综合表现。这些年来，民主党派的政党意识有所衰退。就拿民建来说，我们有些基层组织的活动不能经常化，有些会员长期不参加组织生活。他们忘记了自己参加的是一个政党，自己是一个党员。参加与不参加组织必须有所区别。我们某些领导部门也放松了自身建设。这样一种状况，怎能在议政中提出科学的、高水平的建议？怎能推荐出合格的人才来参政？因此，我们要从参政议政的高度，来加强自身建设。一个政党代表了一个方面的政治力量。我们各个民主党派必须壮大自己的力量和完善自己的组织。要知道，力量来源于成员的凝聚力和向心力，来源于基层组织的健全，来源于成员素质的提高，而这些又都是同增强政党意识分不开的。

叶笃义：今天的讨论，大家谈得很好，有欲罢不能之势。在改革、开放的关键时期，作为同中国共产党患难与共的战友，民主党派要同党和政府同心协力，共渡难关。仅仅发表些忧国忧民的感慨是不够的，要真正参政议政，强化政党意识，真正发挥政党的作用，对国家的大政方针多出主意，敢作诤友。这对民主党派也是个考验。我们不能辜负党、国家和人民所赋予的信任和责任。最后，我代表《群言》编辑部谢谢大家！希望这次讨论是良好开端，而不是结束。欢迎诸位赐稿，继续发表高见。

·书面发言·

建设有中国特色的商会

——兼论新时期工商联的作用

孙孚凌

随着我国经济体制改革的深化和社会主义商品经济的发展，建设有中国特色商会的历史任务已经提到我们的面前。在新的体制下，我国国民经济从总体上说将按照“国家调节市场，市场引导企业”的机制运行。国家对企业的管理将逐步从直接管理的方式转变为以间接管理为主；全民所有制企业将按照所有权与经营权分离的原则，逐步成为自主经营，自负盈亏的经济实体；同时，在公有制为主体的前提下，要继续发展多种所有制经济。这一新的经济运行模式和多种经济成分并存发展的状况，从国家对企业间接的宏观经济调节方面来说，需要有多种多样联系企业的环节和渠道；从摆脱了原来的行政部门附属物地位、相对独立于商品经济海洋中的商品生产者和经营者的企业来说，需要有代表自己与各方面联系的纽带和桥梁。工商联作为商会正是应该而且可以在宏观经济管理与微观经营活动之间起到协调作用的社会组织之一。

有中国特色的商会，是各类企业自己的组织。它具有一般商会的功能，但又不同于资本主义国家的商会，也不同于旧中国的商会。它能够在协助政府进行宏观经济管理方面发挥积极作用，但又不同于政府的职能部门；它不是企业的“婆婆”，而是企业的“娘家”；它代表和维护企业的利益，还要协助政府维护全体人民的利益；它参与政治协商，通过参政议政、民主监督，成为反映工商企业界的意见、要求，推动企业与政府之间民主对话的重要渠道；它可以进行调查研究，向政府提供建议，制定产业和技术政策，为加强宏观经济管理献计献策；它可以帮助企业了解市场，改善经营，提高技术，发展联合；它可以协调同行业企业之间和不同行业之间的相互关系；它可以组织、监督企业遵守和执行政府的法令、政策。这些，都是深化改革所提出的客观需要。因此，建设有中国特色的商会，是改革发展的必然要求。

随着改革的深入和商品经济的发展，社会经济生活对商会组织发挥其功能的要求越来越迫切。工商联从自己的历史特点和现实需要出发，把活跃商品经济，推动社会生产力发展作为自己的根本任务，及时开展吸收新会员的试点工作，迈开了改革与发展的新步伐。经过四年来的试点，发展了近十万个新会员，为工商联注入了新的血液，增添了活力，真正成为以公有制为主体、包含多种经济成分在内的工商企业、经济团体和经营者组成的人民团体，具备了肩负商会职能、发挥商会作用的基本前提和重要条件。现在，工商联中老一辈工商业家壮心未已，新成员意气风发，形成了新老合作的新格局，可以更好地发挥工商联的商会作用，其参与社会经济生活的程度将日益广泛、深入，经济方面的职能作用也会越来越突出。

在新形势下，工商联完善商会职能，强化商会作用，不是对新中国成立初期工商联历史的简单重复，而是在更高阶段上的发展。这种职能作用主要有以下四个基本方面。

第一，工商联有直接为经济建设服务的作用。工商联的宗旨是团结工商业界，以国家经济建设为中心，坚持改革开放，为把我国建设成为富强、民主、文明的社会主义国家服务。这既包括为国家的改革开放、经济建设服务，也包括为会员和企业的生产经营服务，两个方面是一致的。其具体内容十分丰富。由于工商联具有新老企业家结合的人才优势和覆盖着全国范围组织的网络优势，使其为经济建设服务作用的发挥有了可靠的保证。而且，这种服务作用的领域将不断拓宽，渠道将不断增多，手段将不断改进，其效益也必将不断提高。

第二，工商联有充当政府与企业之间桥梁的作用。作为国家与会员之间的桥梁和纽带，在新的国民经济运行机制下，通过自己的协调作用，把国家宏观指导的意图与企业微观活动的行为有机地统一起来，这是发展有计划的商品经济，建立计划与市场内在统一的经济体制所不可缺少的。除了在经济活动领域直接起到这种协调作用外，工商联又是人民政协中的一个界别，发挥参政议政作用，通过民主渠道，使上情下达，下情上达，沟通国家和企业的联系。这是工商联特有的作用。今后，工商联将进一步按行业原则组织会员开展活动，更有利于协调处理各方面的相互关系，其桥梁作用更将不断扩大。

第三，工商联对国内外工商界组织和人士有团结和联合作用。在对外开放、一国两制等国策的施行中，工商联立足国内，面向海外。在国内，通过吸收会员，把社会主义的劳动者、拥护社会主义的劳动者和拥护祖国统一的爱国者团结起来，加强合作，为经济建设服务。在国外，利用工商联成员同国外工商社团和工商界人士固有的天然联系和各种交往，吸引和联络那些愿意参加到我国现代化经济建设中来的海外侨胞、外籍华人和外国友好人士，促进经济和贸易合作，为发展外向型经济服务。

第四，工商联具有引导会员发扬优良传统的作用。30多年的历史中，工商联逐步形成了自己的传统。主要是：紧紧依靠党的领导，坚决走社会主义道路的传统；爱国守法、讲求职业道德的传统；在爱国主义和社会主义两面旗帜下，广泛团结包括港、澳、台同胞和海外侨胞在内的同行同业的传统；艰苦奋斗，克勤克俭，尚实干、干事业的传统；自治、自理、自我约束、自我教育的传统，等等。在今后建立社会主义商品经济新秩序中，发扬光大这些优良传统，具有更为重要的意义。

只要工商联充分发挥上述几个方面的作用，并适应形势要求，不断创造和发展自己的特点和优势，就一定能够走出一条自己的商会建设的道路，为发展社会生产力，发展社会主义商品经济作出新的贡献。

（摘自《群言》1988年第10期）

文化危机及其出路

编者按：1988年12月30日，《群言》编辑部召开“文化危机及其出路”专题座谈会。会议由民盟中央副主席陶大镛教授主持，参加座谈会的有（以姓氏笔画为序）：

刘再复：中国社会科学院文学研究所所长、研究员

李泽厚：中国社会科学院哲学研究所研究员

任继愈：北京图书馆馆长

苏　炜：中国社会科学院文学研究所副研究员

何　新：中国社会科学院文学研究所副研究员

金克木：北京大学教授

季羡林：北京大学教授（书面发言）

钟敬文：北京师范大学教授

唐　弢：中国社会科学院文学研究所研究员（书面发言）

陶大镛：没有文化的振兴和繁荣，就谈不上实现我国的社会主义现代化。出路在哪里？这是举国上下所关心的问题。今天请各位来，就是希望大家就与此有关的问题发表高见。“文化危机”这个提法是否恰当，大家还可以讨论。

文化与危机

任继愈：文化包罗的内容很广，吃、喝、穿、戴是文化，科学思维、哲学、世界观也是文化。吃喝穿戴与民族习俗相纠结，它无所谓危机。高层次的文化则不是每一个民族都有的，只有高度文明的民族才有，我们指的“危机”应是专就这方面说的。

钟敬文：“文化”一词，在我看，可有广狭二义。广义的文化，指的是人群在整个社会生活的过程中，为了生存、发展而创造、享用和继承的一切事物，包括政治、经济等重要活动在内。狭义的文化，或者比较狭义的文化，指的是上层建筑及意识形态的一部分，像教育、伦理、文学、艺术、科学、宗教和风尚等。我们今天讨论的是后者。

金克木：我看就广义文化说，无所谓危机。有人类社会就有文化。原始文化也是文化。文化不会绝灭，所以没有危机，只有变化。文化不断变化，有时快，有时慢，有时多，有时少。在变化中，有的部分没落了，甚至消灭了；有的部分出现了，上升了。从下降一面看是出现了危机，有灭亡的危险。从另一方面看又不是。所以，问题是要区分什么文化有危机。文化有新有旧，什么新？什么旧？这问题很重要。像“破四旧，立四新”时实际上所立的“忠”字乃是两千年以上的老古董，和焚书坑儒传统一样古老。旧冒充了新，反而把新当做旧给破了。新旧要分又难分。从五四新文化运动到现在70年了，那时破的“忠孝节义”还剩下多少？孝字破得“子为父纲”了。忠字经过大跳忠字舞，只怕也只得到反面的结果。节虽不说寡妇殉节了，但妇女守节还时有宣传。“哥们儿义气”也不见得是侠义道的义，至于“见义勇为”和“以义为利”的义怕是不多了。这方面说确实有危机。可是，难道还要新的“忠孝节义”吗？那是什么？又是问题。还有雅文化和俗文化之别。有了迪斯科、健美表演，有人担心接下去会是裸泳和裸跑了。为什么外国的雅文化、交响乐和芭蕾舞等引进而不兴盛，外国的俗文化反倒不引自进呢？这又不止是中国文化的问题，全世界都有雅俗大战。日本文化是新旧并存，雅俗兼备，穷时如此，富时也一样。印度也是新旧并存，各搞各的，却很难由贫弱变富强。这是为什么？各种文化，哪个好？哪个坏？难说得很。

苏　炜：文化，可以理解为被一个社会所约定俗成的所有符号语码及其价值系统。“文化危机”的出现，说明原有的传统价值系统趋于崩溃，而新的价值尺度尚未确定起来。这是任何一个新旧交替的时期都会出现的历史文化现象。从某一个意义上说，今天的“文化危机”意味着一个时代的终结。

所谓“意识形态的时代的终结”，最简单的理解就是：衡量社会的价值已经不是以一定的意识形态作为评判标准，而是以整个社会的物质精神发展的尺度，如经济发展的指标，人民生活水平及其身心的自由、安宁程度等非意识形态的、公益性的指标，作为评判标准。以1983年邓小平提出“一国两制”为例，不管这个被撒切尔夫人称为“富于想象力”的设想在政治或“统战”上有什么意义，它至少说明了：一个执政党的领导人，已经开始超越意识形态的因素，去对整个民族的利益、前途和命运作出其独特的思考。这是一种时代的进步。“一国两制”的提出本身已经说明时代变了。（李泽厚插话：这是你从一个新的角度对“一国两制”作出的解释。在我看来，“意识形态时代的终结”也就是“意识形态多元化”时代的来临吧。）

何　新：我感到当代中国的政治、经济、文化情况，在某些方面似乎是100年前历史的重演。我们遇到的不少问题，是在一个新的水平上重现了晚清末叶、民国初年中国人所遇到的问题。

我前些时候在《经济学周报》和香港《明报》上同时发表了一组对经济政治文化时局的观感，不甚乐观。有人认为是“危言耸听”。但我想，“盛世”讲点“危言”未必没有好处，居安思危嘛。

刘再复：当前文化的问题叫不叫“危机”还可以商量，至少也是有困境。

我们应该肯定，十年来思想文化上的进步是很大的。聂绀弩老先生与我是忘年之交，他在临终的前一两年曾反复向我讲道：“我们今天能达到的这一切，就是希望。”他正直地毫不含糊地肯定历史的进步。但是，他担心一个问题。他说：“到本世纪末，我国将有二亿五千万文盲，一旦形成义和团式的盲流，它的破坏力是可怕的，那真是一点出路也没有了。”由此可以看出，文化上的危机首先是一种“无文化”的危机。一种好的政策、好的措施，一旦落入“无文化”的大海中，就会立即变形，这种看不见的力量的确可怕。

病象与病源

钟敬文：中共十一届三中全会以来，文化界摆脱了“文革”十年的肃杀景况，呈现出令人眼花缭乱的盛况，但这只是一方面，我们还应该看到消极的一方面。

我们的教育事业，由于经济的困难不得不走上“非常的”途径。为了开拓财源，校园公开进行商业活动，甚至出卖学籍、文凭。有些教师不安心教书，学生厌学，不少年轻人蔑视知识，厌倦书本，弃学经商，并以此炫耀。

出版界也因税金重，纸价提高等原因，使较有价值的书稿不能出版。前几天《人民日报》发表一篇文章，说几十位学者为纪念史学家顾颉刚而撰述的论文集，编成八年而不能印行。这只是一个例子，但它给我们的精神压力是够沉重的。

总之，当前在文化领域存在着许多令人叹息的现象，可以说是一种重病，但我不认为是绝症。

苏　炜：最近听到一些议论，使我大吃一惊。知识分子“精英群”中有人提出了所谓“新权威主义”说、“开明专制”说，说穿了就是“好皇帝主义”说。有人说，现在这个社会太乱了，礼崩乐坏了，需要有独裁出现，要有新的好皇帝出现才能“收拾残局”。有人甚至并非戏言地要“呼唤独裁”。他们是在公开场合作为知识分子的代言人来说这些话的。这是直接由《河殇》热引导出来的一个新的热门话题，有人自得地称之为“殊途同归”。传统的“圣皇帝观”的逻辑构成是：蒙昧主义—清官主义—好皇帝主义；而今天的“新皇帝观”是：精英主义—新权威主义—好皇帝主义。这是中国知识分子的一种最可悲的“殊途同归”。

我认为，今天“文化危机”最直接的原因无非两点，一是“文革”摧毁了原有的价值系统；一是摧毁以后的开放改革。世界是一个大水平面，中国是一口井，意识形态的障碍便是原来的井围。置身于世界、人类精神物质的汪洋大海之中，井围内外的水一定会流平。我们说“改革的不可逆转”，就是建立在这种估计上的。

我以为由于长期的政治生活的不正常，由“积习”而渗透进“基因”，中国知识分子已丧失了一些最起码的面对基本问题作认真思考的能力。于是就把一切不便出口的现实话题全“绕”到历史上去，好像中国的现实问题全变成“五千年传统”的问题，而不能用理性的平心静气的态度去看我们40年来所面对的问题是什么。

何　新：目前根本的社会危机来自经济危机。在某种意义上，这种危机可能比我们认识到的还要深刻。如果农业发生严重问题，就会出现许多人没饭吃的局面，60年代曾发生过这种情况，但当时的世情人心与今天大不一样。人心的涣散，是引发动乱的潜在因素。中国有一件很奇怪的事情，就是在经济改革上，我们胆子很大，但在思想文化改革上，胆子很小。近300年来西方民主制度的实践表明，让秀才说长道短，不会引发天下大乱。广开言路，启发民智，反而有利于社会文化的发展。我最近常想，打倒“四人帮”以后，我们有些方面的步子是否迈得急了一点？100多年来，中国人吃的最大苦头恐怕就来自“急”。这种急躁情绪，可以理解，但也值得警惕。改革遇到挫折，原因是什么？领导同志从上往下看，总认为问题在下面。但我们从下往上看，则认为问题在上面。最近几年来的一些重大决策是否过急，过于草率，缺乏缜密研究和论证?

中国古代有朋党政治，近代有政党政治，但现在盛行的却是亲党政治，是以利益为核心，人与人之间结成围绕若干头面人物的人身依附关系网络。政界如此，学术文化界也如此。近几十年来中国一直在吃亲党政治的亏。我以为，中国文化在未来有没有前途，将取决于政治精英和文化精英能在多大程度上摆脱和超越对这种人身依附关系的依赖。能不能造就出那种敢于具有自己的独立见解、富有创造个性的强大的“孤独者”。

李泽厚：危机主要不在文化上，而是全面的社会危机。除经济问题外，还有社会秩序问题、生态问题，包括缺水和污染、滥施化肥、地力减退、人口失去控制等，现在不但有严重危机，而且隐藏着未来的动乱。

我同意再复同志讲的文化危机就是没有文化的危机。一讲办教育、增加知识分子工资就推说没有钱。为什么干别的许多事却有钱?比如举办亚运会，肯定要赔钱，还要“打肿脸充胖子”?上次奥运会的有些项目，我看输得好，赢了更洋洋自得了，我们总喜欢搞一些华而不实的事情。知识分子问题和教育文化问题在领导层心目中到底被摆在什么地位?真值得研究。

任继愈：19世纪以来，海外文化蜂拥而至，中国小农经济为基础的传统文化受到空前的冲击。小农经济以家庭为生产单位和消费单位，往往只顾眼前，而不顾大局。小农经济本身的力量单薄，经不起天灾人祸，总祈求有个圣君贤相出来拯救自己，因而缺乏民主意识。小农经济注重直接经验，轻视间接经验。直接经验来自亲身经历，间接经验来自书本。现在社会上流行的“读书无用论”，并不是现在才开始的，它由来已久。重视直接经验，必然轻视书本知识。“读书无用论”是从“知识无用观”引导出来的。

我国人口众多，而人才奇缺，缺少的是有知识的人。病因起于舍不得在文化教育事业上投资。进口现代机器设备不怕花钱，甚至不惜花冤枉钱。培养现代人才，用于智力投资，就犹犹豫豫，舍不得花钱。这也是一种小农经济的近视病。费孝通同志说，他小时家里经济不宽裕，但母亲总是先把孩子上学的钱留出来，再安排其他家用。我们有些当家人的视野竟低于这位家庭妇女。

有一部分人有了钱，用于修祖坟、祭祖、赌博、婚丧铺张浪费；而另一方面文盲数目却有增无减，加上水土流失、生态破坏、环境污染、人口爆炸性的增长，都起因于无知，文化素质低。这样，即使有的地区人均收入达到若干元以上，我们这个民族还难说已经摆脱被支配、被奴役的半愚昧状态，等于没有自由。

金克木：中国要现代化，又规定为工业、农业、科技、国防四方面。看来是物质文化要向世界看齐，精神文化不要向世界的现代看齐，或者是有条件有选择地主动引进技术而不办文化合资。这还是一个世纪以前清朝末年就有的理想。100年来的历史证明了什么？只要物，不要人，器唯求其新，人唯求其旧，这种愿望和理想，究竟能实现多少？

反思与出路

苏　炜：如果说，面对文化危机，中国知识分子有什么事情可做的话，我以为，恐怕“弃文从商”、“生产自救”或者“弃文从政”、当“智囊团”都未必是“精英”所能为。我们首先要作深刻的自省。比如，对已经走过的十年，我们想了什么？做了什么？给历史留下了什么？以理性的、非情感道德化的、平心静气的态度，去重新面对基本问题。“危机”就孕育着“生机”和“新机”，只要你敢于去面对，敢于作出新的抉择。

衡量一个社会是不是民主、进步，一种改革是不是深入、有成，一个政党、一个群体是不是成熟、理性，一个重要标志就是：敢不敢面对基本问题？在基本问题上——从关系到老百姓最直接利益的“菜篮子”话题一直到关系到民族心理构架的精神问题等最基本的问题，能不能谈？具不具备“直面”的能力？这是一块谁也绕不过去的试金石。

最后我想强调一点，不管整个民族、文化面对的基本问题有多么尖锐，危机有多么深重，我个人是一个和平主义者，我认为，不论以什么名义试图要用暴力解决中国的问题，都是没有出路的。

何　新：一个社会的政治，实际上总是有两个目标。一个是力求社会稳定，一个是力求社会发展。前提是社会稳定。近年的改革，把过去制度中某些有利于社会稳定的社会保险措施，一概归作“铁饭碗”而把它砸破。我以为未必妥当。现代资本主义的发展趋势，表现出社会保险措施——公民福利制度和设施的增多而不是减少。我们的改革，应保持传统社会主义的优越性，同时吸收资本主义的合理性。

我的具体建议有如下几点：一是为了社会安定，在经济上要严控。二是政治上要实施和扩大现实可行的民主，健全有可行性的法制。三是在思想文化上，要进一步开放搞活，不能随经济的紧缩而紧缩。历史表明，经济的不景气未必是文化思想的不景气。众说纷纭，富有生机，可能有利于寻求新路。对于知识分子，我也有两条建议：第一，知识分子要有责任感，不仅对国家大事要敢说话，而且要说负责任的真话。在目前形势下，决不宜煽动。第二，鼓吹文化及价值的虚无主义就是一种煽动，有责任感的知识分子对此应有所抵制和警惕。

钟敬文：治疗的方法有治标和治本两种。所谓治标，就是仅对眼前的溃烂或发热用药使之消毒、去热，这是完全必要的，也是全社会特别是知识分子的责任。但更重要、更有效的还是治本。要治本就必须先弄清产生疾病的基本原因。现在文化致病的基本原因，我想除了社会风尚问题，还有一个国民素质问题，那些由历史积淀和异质文化等影响所形成的消极的国民素质，是跟我们所要求的高度文明背道而驰的。因此必须进行彻底改造，为达到这个目的，不管要付出多大代价都不能吝惜。病症虽然严重，但不是不可治理，只要政府下决心，全社会努力，就有回春的希望。最近邓小平同志说要千方百计把教育问题解决好，这是很英明的。我希望把解决的问题从文化部分的教育，扩大到整个文化领域，这样我们国家才能有希望。

金克木：今天的文化危机是文盲增加，教师、医生挨打。出路就在于减少文盲，普及教育。其实只是一句话：文盲的文化不可能现代化。

李泽厚：知识分子不能指望恩赐，但我也不赞成暴力，从历史上看，暴力不能解决根本问题。我希望能逐步地、和平地改革，但这种改革也得知识分子自己去争取，去奋斗，去斗争。应该大声疾呼，并且不止在文化上。我们应该代表知识分子说点话，参与议论政治，尽管“说了也白说”，但“白说还得说”。

刘再复：100多年来的中国历史，给予我们的教训实在是太大了。我们民族应该慢慢摆脱那种未成年状态。我们今天文化上的许多问题，如文化控制问题，也许还比较好解决；但还有一些大的文化问题，应该寻找什么出路？作为知识分子，应该以超拔的品格，对民族命运有一种终极性的关怀。我们今天可以有各种各样的选择，但是有一条是不能再被选择的，那就是不能再回到过去极“左”的秩序上去。（李泽厚插话：包括变换各种形式的极“左”思潮。）中国的极“左”思潮根深蒂固。但如果不能回到极“左”思潮的文化专制上去，是不是可以回到“开明专制”上去？那也不行。“新权威主义”实际就是主张“开明专制”。我们衡量社会的进步，必须有一种价值标准。知识分子的价值标准重要的一条是心灵的自由度。这与市民的价值尺度不同。市民的价值标准是物质的满足度，我们的改革应该照顾这种要求，应当继续注意利益原则在社会进步中的作用。但是，我们不能忘记心灵自由是根本的东西。当极“左”思潮泛滥期间，在文化领域中实行“全面专政”就是一种心灵专政，这给广大知识分子带来极大的痛苦。“新权威主义”一旦建立，就要摧毁心灵自由，而且势必重新实行心灵专政，这将是社会进步的极大不幸。我们在讲生产力标准之外，还应该讲自由价值标准。

在探讨重大历史问题，比如共产主义运动在中国的发生和发展时，我觉得，知识分子应该用一种成熟的、健康的、超越的心态去研究。我不赞成总是用“谁是罪人”的态度去看待历史，而赞成用同情和理解的态度。追究罪责的思维模式应当打破。我不否定历史的罪人的存在，但我反对一研究历史总是把注意力放在寻找历史的罪责上，这样做的结果，不仅给前人贴上许多不贴切的标签，而且会造成一种消极的文化心态，即对参与历史活动的恐惧。我希望，我们能用一种带有同情性质的思维方法去分析历史，冷静地分析历史进程，共同求得历史的进步。事实证明，无休止地追究罪责，无休止地迷信政治手段可以改变一切，结果会造成普遍性的对政治文化的厌恶。我想，这也是一种值得注意的文化困境。过激和过急的态度，不可能推导出从现实走向未来的科学办法。

陶大镛：今天这个座谈会体现了“百家争鸣”的精神，大家知无不言，言无不尽，开得生动活泼。对我国文化现状的估计，有的同志认为确实存在着危机，有的同志认为至少是有困境。“危机”也好，“困境”也好，总之，形势相当严峻，必须引起各界人士特别是有关领导部门的高度重视。出路在哪里？大家也发表了许多宝贵的意见。由于座谈的题目比较大，涉及的领域比较多，问题的性质也比较复杂，不是一次座谈会就能谈完的，大家意犹未尽，欢迎今后继续就这方面的问题为《群言》赐稿，可以在本刊展开讨论。

·书面发言·

我们的民族性出了问题

季羡林

我以前最讨厌“危机”两个字。我以为，使用这两个字的人，至少有一部分是危言耸听。但是，最近一段时间以来，我改变了想法，而且是来了一个180度的大转变。我觉得，我们眼前面对着的社会，其中的“危机”，也包括文化危机在内，比任何“危机”都更“危机”——我们的民族性出了问题。

民族性当然不是一朝一夕所能形成的，是几百年甚至几千年逐渐积淀起来的。我们的民族性里面当然也积淀了一些好东西；但是不好的、有害的东西，其数量不少，危害极大。犯罪的情况是任何时代任何社会都有的。有一点，用不着大惊小怪。但是，像中国现在这样，大规模地制造假农药、假种子、假化肥，一旦使用，将流毒千百万亩耕地，影响千百万人民的生命，这却决非小事了。至于偷窃农村的变压器，割掉电线，其影响农业生产，绝不是小规模的。还有集体地、明目张胆地砍伐山上的树林，使长江变成黄河。这不但流毒眼前，而且影响后世子孙。这样的事情，报纸上披露的还少吗？再看我们社会风气之坏，一些人道德水平之低，这简直不像是一个有文化的民族，说这样一批人是野蛮民族，难道还算过分吗？

鲁迅当年指出的我们民族性中的很多问题，至今不但没有改变，还大有变本加厉之势。真不能不令人忧心忡忡。我有时甚至有病入膏肓之感，甚至感到自己身上也有鬼气，真使我不寒而栗。我希望，我们在讨论文化危机之余，抽出一点时间，看一看、想一想我上面提出来的问题。听说王元化先生主张彻底批判旧文化，我是赞成的。但是，根据过去40年的经验，我又怀疑批判的用处。万应灵药，我眼前是没有的。

没有文化，也无所谓危机

唐　弢

关于《文化危机及其出路》，这实在是个好题目，也是个大题目。听说文章已经发表了不少，可惜我住在鄙僻之处，索居寡闻，连每天的报纸都不能按时读到，不要说这些皇皇宏论了。记得有人曾说，西方文化思想像潮水一般涌来，快要将传统文化冲激净尽，全部淹没了；又有人说，中国传统文化像是百足之虫，死而不僵，真个顽固得很，摇身一变，成为新儒学、新儒道之类的东西，取西方文化而代之了；更有人说，目前新旧混淆，东西糅杂，什么思想都有，既互相调和，又矛盾百出，混沌一片，可以名之曰混沌文化。这些说法大抵都有一点道理，可以进一步研究，但我注意的倒不是这些，根据所见所闻，使我担心的是：我们没有文化，因此也无所谓危机。

我记起了三种现象。

第一种现象是：一大批一大批防止风沙、调节水土的森林被砍掉了，含辛茹苦地安装起来的电线、铁轨被拆下偷走了，人工渔场中精心试验、勤劳培养的鱼在成熟时被哄抢一空了。在城市，街头的公用电话被砸烂，公园的雕塑被打碎，假药、假化肥充斥于市场，甚至还有因为学习成绩欠佳而将亲生子女打死的。我怀疑中国人的文化素质。

第二种现象是：汤因比的《二十一世纪的展望》成了畅销书，约翰·奈斯比特的《大趋势：改变我们生活的十个新趋向》也卖出了不少，虽然它们在西方已经出版了一两年。亚科卡自传继第一集《我不愿做总统》（中译本名）之后第二集《直言不讳》（另一中译本名《有话直说》）也很受欢迎。和第一种现象相比，我总找不出它们的内在联系来。

但我终于从别人包书来的一份《北京日报》上找到了第三种现象，那是一位泰国籍留学生写的，题目叫《看北大“三角地”有感》。文章说：北大的“三角地”是书店、邮局、商店的集中地，还有一排布告栏。他第一年来，布告栏贴出的尽是学术讲座的海报：某学者讲尼采哲学、某诗人开朗诵会、某篇小说开争鸣会。第二年，海报上登的是气功班、拳击班、吉他班的招生广告，周末还有舞会、录像的公告。第三年，“明信片、挂历，新颖别致，批发零售，绝对优惠”；“十五元，女式牛仔裤，价格优惠”；“新到一批空白磁带，凡购买三盘以上者，赠畅销书一本”；“007公报：Ladies，XX楼XX房间欢迎你！寂寞人生，漫漫征途，为什么不选择真诚和友爱？快乐的聚会，浪漫的郊游，尽兴的神侃……美好时光，美好情感”。这位泰国留学生还提到一位原先想考研究生的中国同学，现在的回答是："我巴不得快点熬完这一年，一拿到毕业证书，马上到广州找工作去。"文章说这样的"三角地"不仅仅北大有；如果把这种厌学情绪归罪于学生，那是不公平的。我完全同意他的观点。

奇怪的是，我忽然从这第三种现象里，悟出它和第一种现象、第二种现象的内在联系来，而且"出路"问题似乎也已经答复了。毛泽东同志说：随着经济高潮的到来，必然会出现一个文化高潮。我以为这话是对的。但是，这就是我们的文化高潮吗？

我感到惶惑。

（摘自《群言》1989年第3期）

五四运动与文化启蒙

编者按：在纪念五四运动70周年之际，《群言》编辑部邀请在京的几位教授和学者召开了《五四运动与文化启蒙》专题座谈会。会议由民盟中央学习委员会主任张毕来主持，参加座谈会的有（以姓氏笔画为序）：

乐黛云　北京大学教授

任继愈　北京图书馆馆长

汪子嵩　人民日报社高级编辑

周有光　国家语言文字工作委员会委员

唐　弢　中国社会科学院文学研究所研究员

戴　逸　中国人民大学教授

张毕来：五四运动的主要任务之一是思想文化上的启蒙运动，它第一次高举起民主与科学的旗帜。但文化启蒙运动不是短短几年便能完成的，西方的启蒙运动进行了几百年，才摆脱了愚昧与落后，步入了工业文明社会。我国的落后不仅仅在于生产力的落后，也在于文化素质的落后。我们今天纪念五四运动70周年，不能不考虑文化启蒙问题，它对于我们的改革开放，对于推动民主化、科学化的进程，无疑仍有着深远的意义。今天特地邀请各位来谈谈，希望大家畅所欲言。

今天仍然需要文化启蒙

周有光：五四运动被称为“中国的文艺复兴”。西欧在“文艺复兴”之后，已经走出黑暗时代，走上了世界的先进行列。中国从五四运动到今天70年了，还踯躅于“第三世界”。

五四运动提出邀请“德先生”和“赛先生”前来中国，这是五四运动的核心思想。为什么同时邀请两位先生呢？因为他们二人是“合则成，分则败，相依为命”的。“赛先生”是生产力，“德先生”是生产关系。生产关系一定要适合生产力的性质。“赛先生”只有在“德先生”的陪伴下才能正常地发挥作用。

戴　逸：自鸦片战争以后，中国开始了近代化的过程，洋务运动从经济方面迈开了步子；接着发生的戊戌维新和辛亥革命是在政治制度的变革方面跨进了一大步，但这还是不够的。五四运动则是在文化思想方面进行变革，继承和总结了戊戌、辛亥两次革命的传统和经验，高举反帝、反封建的旗帜，提倡科学、民主。五四运动前后只有几年，而文化启蒙的艰巨任务不可能在几年之内完成，便遗留下来许多问题。而“五四”以后，民族危机加深，当时面临的是武装夺取政权问题，武器的批判代替了批判的武器。当我们今天纪念五四运动70周年之际，面临着新的形势和任务，仍要继续开展文化启蒙运动。

我们今天面临的改革步履维艰，而“头痛医头、脚痛医脚”的方法是要不得的。显然，理论的贫困、文化的落后阻碍着改革的发展。如党和政府内的腐败现象、管理的混乱、教育的滑坡、知识贬值等，都和民族的文化素质不高有关，这个问题不认真解决，便会拖改革的后腿，对我们的四化建设非常不利。

唐　弢：我们的启蒙运动和西方启蒙运动很不一样，西方启蒙运动的核心是理性主义，理性主义带出了科学与民主，自然也包括人道主义和个性主义等一系列问题。我希望今年纪念五四运动，既要谈改革开放，也要谈民主与科学，如果纪念五四运动不谈民主与科学那就又会走上让政治冲掉文化的老路。改革开放当然很重要，每个中国老百姓都关心这个问题，都希望把它搞好。但是，不把思想文化的启蒙运动抓好，那么改革开放就没有希望，也不可能有真正意义上的改革开放。

戴　逸：我们总是在说生产力标准中最重要的因素是人，实现四化必须培养一大批有理想、有道德、有文化、有纪律的人。我们的国家“一穷二白”，“穷”与“白”在矛盾体内是共存的，穷同时造成了文化上的空白；而文化教育的落后、愚昧就谈不上经济富裕。看来治“穷”与治“白”要同时进行，因而今天仍然要进行文化启蒙。

周有光：一个国家的“穷”与“白”，关键是文盲太多了。什么叫文盲？我们对文盲的标准很低。新加坡认为不能看报纸是文盲。他们有两份报，一份是英文报，一份是中文报，这两种报纸至少能看一种，否则便是文盲。而美国的教育家提出要扫三盲：文盲（literacy）、科盲（numeracy）、机盲（computeracy）。看来，关于文盲的定义，各国都有自己的标准，但我们还沿用老的标准。

唐　弢：在改革开放的今天，社会上确实存在着腐败现象，投机倒把（包括“官倒”）、生活堕落、文盲、法盲，日益增多，这说明我们民族文化素质的低落、道德品质的沉沦。我们的确还需要一个启蒙运动，一个倡导民主与科学的运动。

不能从政治史的角度理解文化启蒙运动的意义

任继愈：我们过去研究历史往往按朝代的更替来划分，每一次政权变革都是当权者地位的升降、沉浮。回顾历史也往往发生一种怀古式的感叹，如“西风残照，汉家陵阙”。如果我们站在社会发展史的高度来看中华民族的历史，可以看出中华民族在不断前进，即从不太发达走向发达，从落后走向进步，政治管理制度也是从不太完善走向完善的过程。

从鸦片战争经过“五四”直到今大，这100多年来的历史使命，是要完成现代化，摆脱中世纪的影响。而过去的近代史主要是讲述反抗外国侵略的斗争史，这是在特定的历史条件下形成的研究重点。如果从历史发展的长远目标来看，鸦片战争以后，中国从自我封闭中走了出来，走上现代化的道路，这是中华民族的总任务，鸦片战争是个转折点。鸦片战争以前的2000年是大一统的封建社会内部自我完善的过程；鸦片战争以后150年，中国要走向世界，要自我保存，要求得发展。中华民族在“五四”前后的主题没有变。

讲近现代史往往把“五四”分成前后两截，“五四”以后有了马列主义的指导，中国从此开始了新生面，这种讲法并没有错，但这是政治史的讲法，不是文化史的讲法。政治领导并不等于完成了中华民族现代化的总任务。“五四”时期提出科学与民主的口号，它总结了鸦片战争的经验：没有民主就无法从封建社会中走出来；没有科学就不能摆脱愚昧，教育不普及，没有知识便谈不上科学。而民主又是与法制相连的，法制不健全，便谈不上民主，更谈不上消灭特权。我们不能满足于从政治史的角度看五四运动。为什么人民要反帝反封建？因为它们妨碍了我们的历史前进，妨害我国的现代化。可是从民族发展史、从文化不断前进这个角度看五四运动，可以认为五四运动是鸦片战争的继续，是中国现代化的总任务的继续。

乐黛云：我们对于文化启蒙也好，对于五四运动也好，总是免不了用政治史的观念去看这一切。政治上的“一刀切”使得许多问题得不到一种全面的总结。为什么会出现这种状况？能不能改变这种状况？我认为这是一个重要的问题，不然的话，我们仍在原地绕圈子走不出去。

我认为文化启蒙运动应该是一个很广泛的运动，可是，我们把许多东西排斥在启蒙运动之外了。我们凡是讲到启蒙运动，总是只谈李大钊、陈独秀、胡适、鲁迅，当然这些是最重要的代表人物。但是还应当看到当时被称为保守派的一些人物在文化启蒙中也是做了大量工作的，特别是从严复、林纾、王国维到北京大学的国故派、南京大学的学衡派，都不能说他们没有搞文化启蒙，对文化启蒙没有贡献。实际上我们现在讨论的许多问题，他们当时已经提了出来。比如严复认为不能把“体”、“用”这两个概念分开来谈，中国有中国的“体”、“用”，西方有西方的“体”、“用”，西方讲的是“自由为体，民主为用”，而中国需要的首先是“鼓民力”、“开民智”、“新民德”，这实际上也是一种文化启蒙。

我最近看了《学衡》杂志，很有感触。《学衡》杂志创刊于1922年，每月一期，出到第60期，1926年后才时断时续，一直办到1933年。全部刊物由吴宓主编，由商务印书馆出版，有着相当一致的意向，这样的刊物在当时的中国还是不多的。其实他们办《学衡》正是产生于对“五四”的反思。他们看到了五四文化启蒙运动的缺点，并想弥补这种缺点，因而提出了很多看法。学衡派以吴宓为代表，第一，他们不赞成激进派的“破旧立新”，也不赞成自由派的“弃旧图新”，而主张从旧的逐渐生长出新的即所谓“层层改变递嬗而为新”，因此允许一个新旧并存、选择较量的过程。第二，他们认为人文科学与自然科学不同，不能照搬进化论的“新必胜旧”之说，因为“人事之学”或系于社会之实境，或由于个人之天才，后来者不必居上，晚出者不必胜前。第三，他们强调要拥有世界性的、通过时间考验的一切真、善、美，找出中华民族文化长期积累的普遍有效和亘古长存的东西，以重建国魂和民族自尊。第四，他们与西方新人文主义结合在一起，提倡超越东西界限，找出带有普遍永久性质的人类智慧，提出“以欧西文化之眼光，将吾国旧学重新估值”，并寻求东西文化的互补。第五，他们主张人文教育，对人性加以规范，反对纵欲任性，认为那样就会堕入兽性。这些主张都应属于文化启蒙的范围。

其实，从世界文化对话的角度来看，任何一场运动、一个问题、一种探索都会存在激进派、保守派和自由派。因为它们是一个统一的整体，是在同一个层面上运作的。事实上，五四文化启蒙运动正是世界文化潮流的一个组成部分，在中国当时的学术界，激进派找到了马克思，自由派找到了罗素、杜威，而保守派则找到了新人文主义白壁德。那么究竟是马克思、杜威、白壁德造就了中国的激进派、自由派和保守派，还是中国知识分子从不同情况出发选择了自己的领路人？这个问题一时也难说清，但不管怎样，中国出现的激进派、自由派、保守派都与当时的世界文化进行了对话。在中国文化启蒙运动中它们各有自己的主张，起过不同作用，也作出了不同的贡献。

唐　弢：这使我想起了1937年抗日战争前夕，艾思奇、张申府、吴清友和后来依附了“四人帮”的陈伯达，提出了一个新启蒙运动，为了动员全民抗战，让每个人在爱国主义思想影响下抵抗侵略，保卫国土，这是必要的。当政治危机、民族危机一发生便想到文化启蒙，这也是极自然的事。我认为两者应该是一致的，而不应把它们对立起来。当时新启蒙运动如歌咏运动、戏剧大众化等，在保卫大上海、保卫武汉等历史阶段曾起过一点作用。可惜政治摩擦增多，抗战到底还是中途投降的政治问题日益突出，民族危机加深，既谈不到民主，也没有什么科学，这样一来，这个新启蒙运动就草草结束，终于又被政治冲掉了。

的确有这么一个问题，我们过去搞文化启蒙总是被政治、经济冲掉了。现在虽然口头上谈物质文明、精神文明一起抓，实质上却只抓了物质文明，没有抓精神文明。我觉得在这个问题上过去、现在一直是这样。传统如此，看来不能归咎于谁。清末民初鲁迅提出国民性改造问题，不仅鲁迅，李大钊、陈独秀都提出过这个问题。我觉得“国民性改造问题”还比较容易引导到文化启蒙上去；但不幸的是我们每次搞文化思想启蒙总是碰到民族危机，因此往往让民族危机把文化启蒙给冲掉了，至少是搞得不够彻底。有人说五四运动是辛亥革命的补课，五四运动是思想文化运动，而辛亥革命是政治革命，这样讲当然也可以。但是另一方面要看到，五四运动时又遇到了民族危机，如“二十一条”、《巴黎和约》签不签字，等等。民族危机高于一切，还谈什么文化启蒙呢？

文化启蒙的前提是理论上的自由争鸣

汪子嵩：70年前的五四运动有两大任务，一是抗日救亡的爱国运动，一是思想文化上的启蒙运动，即要民主和科学，反对封建旧传统。二者当然有密切的联系，但在历史发展中，前者经过对外和对内的革命战争，可以说是已经基本解决了；而后者却一直没有得到应有的重视。武器的批判代替了批判的武器，以至我们今天发现，现在面临的还是70年前的老问题，虽然已经带有某些新的内容和形式。

为什么走了70年又重新回到原来的地方呢？现在有许多人在研究这个问题。我只想提出一点，理论上的失误恐怕是其中一个重要的原因。刘少奇在《答宋亮同志》信中早就说过：理论上的修养不够，是中国共产党的极大弱点，无论是对马克思主义理论，还是对社会主义建设和中国国情的研究，都是很不够的，所以现在回过头去看，实际上走了许多弯路。但这也不是中国特有的问题，而是带有世界性的普遍问题。如果我们坚持实践是检验真理的唯一标准的话，便应该实事求是地承认：不但社会主义建设问题中的好些根本原理是需要重新探讨的，而且马克思主义的理论，经过100多年的实践，其中某些基本原理也需要重新探讨了。比如：马克思当时所面对的实际上是资本主义的初级阶段，马克思却根据当时出现的种种罪恶现象认为资本主义已经濒临死亡，社会主义和共产主义即将取而代之。20世纪初列宁又断言资本主义已经进入腐朽、没落、垂死的阶段。可是现在世界发展的趋势究竟是社会主义战胜和取代资本主义呢，还是这两种制度和平共处甚至相互吸取长处进行协作？特别是现在全世界普遍关心的人口危机、能源危机、生态危机等，早就超出意识形态的范围，需要全世界人民共同努力才能解决。

有许多人已经看到这些问题，并早已提出：要重新认识社会主义，重新认识资本主义，也就是要重新认识马克思主义。如果能够对这些问题作出科学的认识，提出正确的解决办法，那便是真正发展了马克思主义。

值得欣喜的是：现在有不少社会科学工作者注意到这些问题，并且在认真地研究这些问题。但是，他们的研究成果往往要通过曲折的方式才能表达出来，因为还有许多条条框框束缚着理论研究，理论工作者还得准备被人家抓“辫子”和打“棍子”。

为了发展马克思主义，也为了使我们的改革和建设少走弯路，不要再走回头路，我以为应该大声疾呼：给理论研究以真正的自由！

有人担心：理论自由会不会和现行的方针政策发生矛盾？其实，理论研究是一种科学，科学研究的结果可以正确，也允许有错误；一个理论工作者研究的成果更是如此。制定方针政策时完全可以择善而从之，有不同看法可以让理论家自己去讨论，不必由行政多加干涉。因为理论上的是非，不能由某个领导人说了算，只有由将来的实践才能检验。这方面的教训，我们重复得实在太多了。

鼓吹理论要自由，是不是“资产阶级自由化？”我很奇怪，为什么要将“自由”这面光辉的旗子送给资产阶级？我国先秦的百家争鸣，不就是因为理论自由，为我们创造了灿烂的文化传统？古代希腊也还没有资产阶级，但他们的理论是自由的，所以能成为西方文明的摇篮。到中世纪宗教专制扼杀了理论自由，成为西方历史上的黑暗时期。资产阶级是针对宗教的专制才提出自由的口号来的。如果没有资产阶级提出的这点自由，恐怕连马克思主义都不能产生了。《共产党宣言》中说：“每个人的自由发展是一切人的自由发展的条件。”可见，马克思所认为的人的自由是目的，而不是达到其他目的的手段。为什么有些人连这点起码的历史和理论知识也忘记了呢？

戴　逸：今天的文化启蒙应以马克思主义为指导。五四运动最大的贡献是引进了马克思主义，当时对马克思主义还处在选择阶段，马克思主义很适合中国的实际需要，“五四”时期的选择是很正确的。今天要发展马克思主义，不能几十年一贯制。所以，我认为应允许理论上的自由探讨，发展和丰富马克思主义来指导今天的改革。至于民主和科学的内容，今天比之70年前也大大丰富和充实了。我们应该完善社会主义的民主和法制，发展自然科学、社会科学，在建设高度社会主义物质文明的同时，建设高度的社会主义精神文明。

张毕来：五四运动的意义是多方面的。它高举科学与民主的旗帜，高举反对帝国主义和封建主义的旗帜，是一场伟大的思想解放运动和一场伟大的文化启蒙运动，今天大家着重谈了五四运动在文化启蒙方面所作出的巨大贡献以及我们所面临的任务，同志们各抒己见，气氛很活跃。听了发言，我很有收获，同意这样的意见：在有几千年封建社会历史的中国，要完成“五四”所提出的文化启蒙的任务是十分艰巨的。面对当前的形势和任务，我们仍然迫切需要继续开展文化启蒙，不然，改革开放就会遇到很大阻力，社会主义现代化建设就会碰到很大困难。

（摘自《群言》1989年第5期）

再谈尊重知识、尊重人才

编者按：在全国政协七届四次会议召开期间，《群言》编辑部邀请部分全国政协委员，以《再谈尊重知识、尊重人才》为题举行专题笔谈，参加的盟员同志有（以姓氏笔画为序）：

马大猷：中国科学院声学研究所研究员

孔令仁：山东大学历史系教授

叶培大：北京邮电学院教授

苏步青：复旦大学教授

林宗彩：北京科技大学教授

杨奎章：广东省文联副主席

张远谋：天津大学教授

高小霞：北京大学化学系教授

高景德：清华大学教授

戴树和：南京化工学院教授

要提高专门家的地位

马大猷

提到“尊重知识、尊重人才”，我首先想到的就是希望把现在套行政级别和离退休“一刀切”的办法改一改。把大学校长套成司局级或处级，把大学教授套成处级，等等，这都是由于对大学教授的工作及其影响不确切了解所致。能不能当大学教授应该是根据他的“道德文章”，即有深厚渊博的专门知识，自成一家的学术成就，为人师表，并以他的独到见解，启发教诲学生。大学校长则是大学教授的突出代表，以他的为人、学术造诣、治学态度，作学生的表率。大学校长应有副校长帮他分管行政、教学、研究等具体管理工作，不必有退休规定。大学教授在学术工作中创造力旺盛时当然不必退休，也不应退休。其他如科学技术、医药卫生、文学艺术等方面的专家也应如此。这几个方面是有特点的，都应该自成系统，不必与行政级别套。这样就会养成“尊重知识、尊重人才”的社会风气。如果把大学教授贬低为处长，这不仅是不公平，也是降低对大学教授的要求，对教育、科技事业都不利。我们还记得熊庆来先生。他早在30年代就发现华罗庚的天才，华没有上过大学，并且由于小时候患过小儿麻痹症，不良于行，熊先生给他创造条件，指导培养他迅速成长，到40年代，华就成了国内外著名的大数学家。熊先生在50年代已是70多岁了，但他仍坚持工作。他因患过中风，右手右脚行动不便，无法执笔。他就是用左手一个指头打字，做了大量论文，还以研究生方式培养了王元、陆其铿、陈景润、杨乐、张广厚等著名数学家，直到十年动乱中被粗暴对待，而受刺激去世前，都未停止工作。请问，我们能把他当做一位处长吗？像熊庆来先生这样的大学教授不是个别的，可能成就、贡献不尽相同，但对青年影响、鼓励都很大。上面讲的只是以大学教授为例，对各级文化教育、科学技术、医药卫生等方面的工作者都应给以尊重，提高他们的地位。这样也将影响到社会风气的改变，“向钱看”、“读书无用论”等思想和议论才会受到抑制。

“尊重知识、尊重人才”应当不限于提高专门家的地位，更重要的是人尽其才，使他们充分发挥作用。改革开放10年来，我国出现了不少成绩卓著的科研单位办的企业。这说明我国不乏善于经营管理的科学技术专家。现在我国大中型企业发展处于低潮，可否启用一些有能力的专门家主持某些企业，甚至某方面的经济建设事业？这是我的建议。

应逐步改善知识分子的工作条件和生活条件。在这方面国家应保证必要的经费投入，让知识分子“自我改善”，去搞“横向联系”、搞“创收”是不合适的。各方面的专门家应该把支援国家经济建设作为主要任务，这是毫无疑问的。但是把创收的要求落实到个人，要求每个人创收几千、几万元甚至几十万元，他还怎么能做好本职工作呢？科学家、技术专家到处去兜揽任务，讨价还价，将造成一个什么形象呢？要求专门家去“自我改善”的决定必须取消！

更基本的，是要把“尊重知识、尊重人才”制度化，这就是要制定对各级行政人员、管理人员、科技人员、技术工人等的任职条件、要求。我们对大学教授、副教授、讲师、助教，研究单位的研究员、副研究员、助理研究员、研究实验员，以及各级工程师、医师、编辑、会计等都有具体严格的任职条件、要求，只是近年来执行得不够严格，技术工人的八级工资制几乎名存实亡，公务员制度则只听到议论。制定对各类人员的任职条件、要求，并认真进行评定，使大家明确“知识”、“人才”的标准，进而鼓励、督促职工向更高要求努力，使有丰富知识和能力的人才不断成长，不断创造知识和更好地运用知识。对有突出建树的人才应破格提拔。把“尊重知识、尊重人才”落到实处，打破平均主义，将大大促进我国的社会主义建设事业。

知识妇女的呼声

孔令仁

“尊重知识、尊重人才”，是广大知识分子的共同心愿，也是全社会的迫切要求。女知识分子受到这种意识的激励，无不更加奋发努力，在各自的岗位上做出了卓越的成绩，涌现出许多“三八”红旗手、“巾帼建国”英雄、杰出女科学家、优秀女教师……这是妇女界引以为光荣和自豪的。

在光荣和自豪之余，不由地又想起许多为知识妇女最为关切而又尚未解决的问题。试举两例。

其一，关于知识分子的离退休年龄，按过去规定女同志为55岁，男同志为60岁。经过多年各方的呼吁，人事部已规定对有高级职称的妇女延到60岁，但是许多单位并未执行。这样就使许多在学术上有造诣、教学科研上有成就的女知识分子过早地离开工作岗位。这对女知识分子固然是个打击，对国家也是一种人才的浪费。特别在当今人才断层之际，更是一种不可忽视的损失。由于妇女的特殊情况，社会和家庭往往会从不同的角度对妇女提出不同的要求。工作单位要求她做一位优秀勤奋的职工；丈夫要求她是一位温柔体贴、勤俭持家的妻子；子女要求她是一位慈爱合格的母亲。孝敬父母公婆本是妇女应尽的义务，生儿育女更是妇女的天职。这些从某一方面来说，都是无可厚非的，但一齐压在一位知识妇女身上，就会使她的重担往往超过男同志。因此，妇女若要在事业上做出与男同志同样的成绩并争取到高级职称是很不容易的，往往要比男同志多付出三分汗水、五分勇气、七分毅力和十二分艰辛。正当她们侍候奉养完老的、抚育培养大小的，可以腾出身子全力去完成她们多年从事的教学、科研事业时，却已到了55岁。因此，给女知识分子延长5年的工作时间，使她们有与男同志同样长的为四化建设的机会，是女知识分子殷切盼望尽快落实的一个重要问题。

其二，关于妇女参政问题。马克思主义的基本原理以及妇女观告诉我们，人类的彻底解放只有在妇女解放的基础上才能实现。妇女参政，一方面反映了广大知识妇女在争取自身解放过程中的主观愿望，另一方面也反映了人类社会发展中的客观要求。可是目前我国妇女参政问题并没有解决。妇女担任领导干部比例很小，层次也低。比如在党和国家最高决策层中基本上没有女性。在干部使用上，还存在副职多、正职少，虚职多、实职少，配角多、主角少的“三多三少”现象。人大女代表、政协女委员的比例也偏低。在差额选举中，女同志往往是被“差”掉的对象。这或许与妇女的政治素质有关，但却不能不说也受到“男尊女卑”的世俗偏见的影响。女知识分子的参政愿望很迫切，热情极高。然而至今妇女参政步履维艰。因此广大的女知识分子希望尽快地为她们的参政议政创造一些条件，使她们在政治舞台上也能充分发出光和热。

还需要大声疾呼

叶培大

大家承认，今天、特别是明天的竞争，是科技的竞争、人才的竞争。扩大一些说，应该是知识的竞争和人才的竞争。不尊重知识，没有知识，不可能取得胜利。

自从党中央提出，小平同志认为最重要的是“尊重知识、尊重人才”以来，这个问题已逐渐引起人们的重视，不重视知识和人才的现象已有所改变。我个人也深有感触。

但是，就在我周围，相反的现象却也很多。例如：我是从事光纤通信的研究和教学工作的。光纤通信是一种通信高技术，是当前极活跃的领域之一。我们研究工作的主力是刚毕业的博士和正在读博士学位的学生，他们日以继夜，在科研前线奋战，在设备简陋、不理想的元部件供应即工作条件很差的情况下，克服重重困难，获得了一个个成果，实在难能可贵。可是他们的生活条件比起工作条件来更差。得到博士学位后，找一个能继续努力、发挥所长的工作也极困难。这是一个奇怪的现象：一方面光纤通信要大发展，一方面有这方面才能的人却难于找到合适的工作。可见还需要大声疾呼，宣传小平同志提出的科技是第一生产力。小平同志认为最重要的是尊重知识、尊重人才，以引起全社会进一步的重视，把大家的积极性充分调动起来。

探索符合国情的办学体制

苏步青

尊重知识，尊重人才，知识分子作为工人阶级的一个组成部分，党中央早就提出来了。这条政策正在逐步深入人心。近10年来，党和政府为改善知识分子的工作条件和生活待遇，做了大量的工作。在各级领导干部和人大代表、政协委员中，知识分子所占的比例不断增长，他们在各条战线上正在发挥自己的聪明才智，起着很大的作用。但是在尊重知识，尊重人才方面，还存在着不少问题有待解决。例如，在各类学校里提升职称困难，教师工资待遇偏低，在企业、工厂里知识分子得不到应有的重视等。这类问题的存在原因比较复杂，这里我想谈谈自己的初步看法。

第一，新中国成立40多年来，我国高等教育体制经历多次变更。建国初期直到60年代中期学习苏联，文、理、工、农严格分开，至今还遗留着痕迹。“文革”期间，高等教育受到毁灭性摧残，搞“开门办学”学多少算多少，缺乏基础知识和技能的学习训练。粉碎“四人帮”以来，新建和扩建一大批高校，达到1000多所，大专以上文化程度人数从1982年的612万，激增至1990年的1612万；计算机、管理、法律、会计等专业一哄而上；恢复了新中国成立前一套学制，文、理、工、农等学院联成一个大学，还增添了不少学院，如经济、新闻、文博、管理、生命科学等。这些都反映出我国高等教育发展起伏大、曲折多、变化快，在办学的体制、方针、规模等重大问题上，没有充分时间去探索符合中国国情的教育体制。其结果，培养出来的人才无论在数量上或质量上，都不能完全符合各部门、各单位的需要。为了改变这种状况，我们必须对高等学校进行整顿，调整专业设置，克服急于求成心态，在办学中积累经验、不断改革、稳步前进。

第二，我们在谈论尊重知识、尊重人才时，切忌泛泛而谈。尊重什么样的知识？尊重什么样的人才？现代科学技术发展迅速，各种类型的人才都需要，但这里有轻重缓急之分。目前存在“学非所用，用非所学”的问题，势必给尊重人才带来障碍。再有尊重知识的问题，科学技术是第一生产力，科学研究，既要重视基础理论，又要加强应用科学。人才有“专才”和“通才”两方面，在这些问题上不做好安排，就会出现表面上“人才济济”，而实际上出现“对不上号”等现象。

第三，要重视教师的作用。近几年来，当教师逐渐成为受人喜爱的职业，但不愿当教师的情况仍然存在。这与待遇较差有关系。要提倡教师为人师表、全心全意为人民服务的素质，各级领导也应给予他们更多的关心和照顾。教师本身应该不断丰富知识，提高觉悟，才能得到人民的尊重。

优先考虑教育、科技投入

林宗彩

过去10年，我国经济建设取得了很大成就，并积累了很多经验，为今后10年的发展奠定了良好的基础。今后国际经济竞争将会更加激烈。而经济竞争的实质就是科学技术和人才的竞争。从一些经济发达国家的发展过程已得出结论：技术进步的因素是经济增长的主要动力。因此，今后我国必须改变过去仅仅依靠资金和劳动力的投入来发展经济的状况，注重发展教育和科技事业，这是增强我国国力的关键所在。

1978年以来，邓小平同志多次对教育工作作过重要指示。其中一个指示提出：“我们要千方百计在别的方面忍耐一些，甚至牺牲一点速度，把教育问题解决好。”遗憾的是这个很好的意见并未引起有关方面足够的重视。近几年教育经费的绝对数字，年年都有增加，但由于人头费的高速增长，用于教育事业的经费非常有限，以致高校的欠账大增。这种现象应尽快设法改变，以免影响国民经济的发展以及综合国力的增强。最好在教育和科技的投入上，能建立一个既有国际可比性、又符合我国国情的指标。

要加强教师队伍的建设。百年大计教育为本，而教育大计是教师为本。建设一支品德高尚、业务精良的教师队伍，是教育事业发展的重要保证。近10年来我国教育事业确有较大的发展。1990年，在校研究生已达9.3万人，就是一例。但是，面对21世纪各国在科技上的挑战，我国教育事业还有很大的差距，需要进一步改善。对一个11亿多人口的大国来说，9.3万研究生人数实在太少了。但这一点研究生，毕业后分配尚有困难，实在令人难以理解。目前博士生毕业后，有些不愿留校工作，致使高校教师出现严重断代问题。由于人才外流和改行，在科研单位也造成一定程度的人才断层。这种情况如继续发展下去，势必对经济发展不利。虽然各有关部门已经注意到这个问题，但如果不在知识分子政策上予以解决，是不可能在短期内从根本上扭转此局面的。我认为当前最主要问题是设法解决大学生和研究生毕业后的工作条件和基本的生活条件。如这些问题能得到合理解决，我相信高校的师资断代问题和科技单位的人才断层问题，是不难解决的。因为我深信绝大多数青年都是爱国的，即使有一部分目前在国外，也是愿意回国为社会主义现代化建设服务的。进一步落实"尊重知识、尊重人才"的政策，我国的经济潜力才能在较短时期内赶超世界先进水平。

少作宣言，多干实事

杨奎章

"尊重知识、尊重人才"，这句话叫了多少年了。说它是口号也好，说它是方针、政策也好，总之是对的，而且完全正确，十分重要。

但是，问题在于落实，真正做到言出必行，落地有声。否则，口头上讲"尊重"，实际上并不尊重。就像手里拿着利矢，连呼"好箭、好箭"，就是不放出去，这叫做口惠而实不至。实际上仍然是鄙薄知识，轻视人才。

比如，尊重知识，尊重人才，就得尊重知识分子，重视教育工作。落到实处，就要增加教育投资，切实改善教师和知识分子的生活。但是，

“脑体倒挂”的问题依然如故，改变不大。一位大学教授的收入不如一个高级宾馆的服务员。教育经费年年说“略有增加”。实际上增加10%正好和物价上涨的指数相等。假若加上教育事业发展速度，教育经费不但没增，反而减少了。中国知识分子是世界上最善良、最爱国、最重清贫自守的。“投我以木桃，报之以琼瑶”是中国历代读书人的优良传统。要求改善一下生活窘困，更好地为人民服务，应当受到有关领导的重视。

又如，尊重知识，也就是要尊重科学，一切按科学知识、科学规律办事。反对主观主义，根除官僚主义，杜绝按“长官意志”拍脑袋决定重大问题。对国家的重大决策、重大建设工程，要切实做到“决策科学化、民主化”。要进行深入、反复调查，进行科学论证。不能以“长官先验”，顺我者就是“科学”，逆我者就是“伪科学”。重大工程和建设计划，应该鼓励科学家提出不同设想和方案，有所比较，经过一定法定程序，再作决定。否则，由领导拍了脑袋，再找科学家们去“论证”一番，这也很难说得上是真正尊重知识吧？

当今世界，是经济竞争的世界，科学技术竞争的世界。说到底，也就是教育的竞争，人才的储备。“尊重知识，尊重人才，尊重知识分子，尊重科学家”，远不止是道义上的关怀，精神上的鼓励，而应该看做是一项基本国策，是实现国家现代化的必备条件。因此不能止于一般号召，而必须有法制来保证，使之坚定不移地执行一些具体规定，以期取得实效。

增强紧迫感

张远谋

21世纪将是一个高科技激烈竞争的世纪。科技的竞争，就是人才的竞争，智力开发的竞争。归根到底，是教育的竞争。因此，迎接新世纪，我们千万不可忽视人才的培养，千万不可忘记“尊重知识，尊重人才”。

中共十一届三中全会以来，党和政府为提高全民族的素质，改革教育体制，改善合格人才的培养，做了不少事情，这是有目共睹的。但是，还很不够。最不够的一点，就是从我们的各级领导到全社会，不少人都还没有从思想上真正做到“尊重知识，尊重人才”。现在是我们应该大声疾呼的时候了。

我们知道，国家还有困难，不可能在人才的培养上提供更多的财力。但是，问题不在于投资的多少，而是要从思想上、观念上真正转过弯来，使全社会，首先是各级领导，真正认识到如不及早改善“尊重知识，尊重人才”的状况，要想将来自立于世界民族之林，前途是令人担忧的。

把增补学部委员工作做好

高小霞

今年，中国科学院将增补学部委员200人，这是全国科技界、教育界知识分子的一桩大喜事。自1981年中科院第二次选举学部委员以来已经整整10年了。这10年中我国知识分子展现了不畏困难、艰苦奋斗的金不换精神。他们中有的虽已白发苍苍，有的风华正茂而负荷过重，有的才华横溢而缺少机遇，但他们都在建设具有中国特色社会主义的长征途中前进着，为把科技研究成果变为第一生产力，为使祖国繁荣富强而默默奉献。人民是不会忘记他们的，国家正以各种方式给予表彰和奖励，并将其中有突出贡献的科学家增补为学部委员。

为了把这次增补工作做好，我提出两点希望。一是要从尊重知识、尊重人才出发，各单位或学部委员在推荐和选举时都要十分慎重。组织好讨论和评议，充分发扬民主，听取群众、推荐人和评议人的各种不同意见，然后投票表决。不讲照顾，不通私情，把真正热爱祖国、学风正派、富有成就者推荐为候选人。作为候选人也要实事求是，正确表达自己的成绩，不夸大，不过分宣扬自己而轻视合作者的功劳。二是要严格执行保密和选举制度，科学院领导、负责工作人员和参加评议、选举的原学部委员都要注意保密，不要把会上说的情况到处传，使得大家可以畅所欲言，无所顾虑，有利于同志间的团结和评选工作的顺利进行。

我衷心希望通过今后每隔两年的学部委员的增选工作，使大批人才脱颖而出，以促进我国科技事业的发展。

亟待解决的几个问题

高景德

80年代，我国在建设有中国特色社会主义的伟大事业中取得了巨大成就，并为90年代的国民经济和社会发展奠定了比较坚实的基础。在实现第二步战略目标的今后十年中，进一步加强和改进知识分子的工作，充分调动他们的积极性和创造性，努力承担历史赋予的重任，已成为全社会关注的一个重大问题。

知识分子最大的愿望是能在国家速设中发挥作用，在自己工作岗位上施展才能、取得成果、得到社会的承认和尊重。实践证明，在我国社会主义现代化建设中，知识分子既有承担重任的志气，也有完成任务的能力。因此，把他们更多地安排到国家建设的主战场和重大项目的第一线，使他们有更多的机会挑重担、打硬仗，在做出贡献的同时，增长才干，这是形成尊重知识、尊重人才的风尚首先要解决好的问题。

当今世界各国生产力的发展，综合国力的提高，在很大程度上取决于科学技术的发展。国际竞争也越来越表现为科学技术和人才的竞争。为使我国的经济建设转到依靠科技进步和提高劳动者素质的轨道上来，中央已把发展科技和教育放在十分重要的战略地位。但科技、教育经费不足，导致科技、教育的工作条件差，设备落后，不能适应科技、教育发展的需要，严重影响着科技、教育的发展和科教人员的积极性。因此，增加科教投入，为科教人员创造更好的工作条件，是尊重知识、尊重人才的一个关键问题。

知识分子，特别是科技文教界的知识分子，工资待遇低，已成为社会分配不公中的一个突出问题。住房拥挤、医疗保健差，知识分子有后顾之忧，也是阻碍他们发挥专长、做出更大贡献的原因。因此，贯彻按劳分配的原则，改善知识分子的生活待遇，是尊重知识、尊重人才的一个迫切需要解决的实际问题。

造成这些问题的原因很多，只能分别情况逐步加以解决。但在全面解决之前，从适当增加投入和制定有效可行的政策两方面入手，采取一些当前可操作的措施还是可行的。

经过40多年的社会主义建设，特别是近10年的改革开放，我国经济建设已有很大的发展。下决心采取倾斜政策，适当增加投入，还是有可能的。为了用好有限的经费，建议实行大批小解决，小批大解决的原则，即在普遍适当解决面上问题的同时，选择若干重点，拨出部分专款，作为突破口，首先加以解决。这样做，既可为全面解决取得经验，也可推动地区和部门采取相应措施，起示范作用。

在增加投入的同时，制定体现尊重知识、尊重人才精神的政策和制度，多层次多形式地开辟知识分子深入实际，了解国情，进行咨询参政的渠道，表扬尊重知识、尊重人才的好人好事，加强有关知识的重要作用和知识分子先进事迹的宣传等，是形成尊重知识、尊重人才的舆论和风尚，也是调动知识分子积极性和创造性的重要措施。

从历史剧中汲取教益

戴树和

获奖京剧《曹操与杨修》是一出很有意义的好戏。它启示人们应如何对待知识和人才。核心问题是只有对人才尊重和信任，才能充分调动知识分子的积极性和发挥他们的聪明才智，增强他们对党的向心力和凝聚力。

这出戏说的是曹操和杨修的故事。曹操赤壁兵败，招贤纳士，意图东山再起。慕杨修之才而任用之。但曹操对杨修多猜疑，一直不放心。加之，曹操喜欢阿谀奉承，对杨修的直言相谏，非常厌恶。曹操夜梦杀人等谎言，往往被杨修识破，因此极为恼火。曹、杨之间矛盾日益加深，终于处斩杨修。而由于不听信杨修劝告，曹操招致惨重失败。

“尊重知识、尊重人才”的提出，其意义极为深远。近年来，已经取得了积极的成果，但尚未引起足够重视。主要是知识分子的劳动成果未能普遍受到尊重，脑体倒挂，分配不公；有些单位负责人不认真执行党的政策，对知识分子不够尊重和信任，特别是对那些敢于提意见的知识分子，不仅得不到应有的尊重，有时还受到打击。因此，要使“尊重知识、尊重人才”蔚然成风，仍需下大的力气。我想，《曹操与杨修》这出戏值得推荐，对人们的启示颇为深刻。

（摘自《群言》1991年第6期）

反腐败与加强法治

编者按：如何更好地运用法律武器进行反腐败斗争，民盟中央法制委员会和《群言》杂志编辑部于10月4日邀请了几位在京的法学家举行专题座谈。座谈会由民盟中央法制委员会主任林亨元同志主持，参加座谈会的有（以姓氏笔画为序）：

王家福：中国社会科学院法学所所长、研究员

朱育璜：中国社会科学院法学所研究员

李浩培：外交部法律顾问、联合国国际法庭大法官

高　放：中国人民大学国际事务研究所所长、教授

谢怀栻：中国社会科学院法学所研究员

端木正：最高人民法院副院长

林亨元： 当前我国围绕建立社会主义市场经济体制的各项改革取得了新的进展，总的形势是好的。同时应当看到，今天我国腐败现象还很严重，群众反映十分强烈。腐败病毒已渗入政治、经济生活领域，具有极大的危害性，如果任其泛滥，就会葬送我们的党，葬送我们的人民政权，葬送我们的社会主义事业，这绝不是危言耸听。

腐败现象的发生和发展，原因是复杂的，其中法律制度存在问题，法制不健全，不能充分发挥法律的应有功能同腐败和一切危害社会的行为作有成效的斗争，是一个重要原因。现在腐败问题的严峻，已经到了非狠抓不可的时候了，面临这样严峻的形势，加强法制，更是极为迫切的要求。

在座各位都是高层次的法学专家、学者，希望大家就如何加强法治以便更好地同腐败现象作斗争发表意见和建议。

腐败现象的严重性和加强法治的必要性

端木正： 腐败现象在我国今天已经危害十分严重，一方面全国上下在大声疾呼要反，另一方面腐败在不断滋长蔓延。我们也都相信，腐败问题虽异常严重，但还不是病入膏肓，否则我们就不必花费时间精力来座谈了。虽然挽救有望，但非一般药石可以奏效，想要沉疴复愈，还需多方调治，而健全法制即其必不可少的一方。

王家福： 反腐败是关系我国社会主义改革开放的事业成败，涉及社会荣衰安乱，影响党和国家生死存亡的一件大事。腐败作为一种社会现象，古今中外都存在，它具有极大的危害性。综观世界，历代王朝的覆没、国民党的垮台、东欧的剧变、苏联的解体莫不与腐败密切相关。因此，无论党和国家领导，还是普通老百姓，都对这次的反腐败斗争极为关注，由衷地盼望获得成效。但是问题的严重性在于，自1978年以来，我们已经多次进行过类似的反腐败斗争，虽然每次都收到一定的效果，但事过不久曾稍有收敛的腐败现象却又卷土重来，而且愈演愈烈。这表明，反腐败仅仅靠一时的运动式的措施是不够的。腐败的猖獗和法制不健全有很大关系。制止腐败 的根本办法在于建立起一套完整的反腐倡廉的法律制度。也就是说关键在于依法防腐治腐。

李浩培： 谈加强法治反对腐败，我觉得很有意义。法治这个概念不同于法制，它的意思是严格地用法律来作为衡量人们行为的尺度，以决定其是否合法。腐败是违法行为，因此，应依民法、刑法和行政法予以制裁。在一个法治的国家里，公民在法律面前是人人平等的。既不因为有权有势，就可以无法无天、为所欲为；也不因为无权无势就遭受迫害。所以凡是法治的国家，就一定昌明兴盛，反之则衰弱败亡。怎样才能实行法治呢？答案是必须做到小平同志所说：有法可依、有法必依、执法必严、违法必究。目前我国的法制还有不完善之处，因此在反腐败斗争中，要逐步健全法制。

高　放：我国是社会主义国家，我们的政府官员是人民的公仆，廉洁奉公本是应有本色。旧社会遗留下来的腐败现象，我们从1951年“三反”（反贪污、反浪费、反官僚主义）运动时起，就大张旗鼓地用群众运动的方式进行过坚决的斗争。从50年代到70年代，盛行政治挂帅，认为政策就是法，不大重视制定法律制度，主要靠政治运动与行政措施，而不是靠民主与法治来反对腐败。1978年党的十一届三中全会以来，全国人民代表大会制订了民法、刑法、民事诉讼法、刑事诉讼法、行政诉讼法以及各种经济法。法律制度已初具规模，初成体系。同时在从传统的计划经济体制转向市场经济体制的过程中，党政官员以权谋私、权钱交易的腐败现象加剧。当前已达到十分严重的地步，面广、额大、情节严重、手段恶劣。不仅有出卖户籍、学籍者，而且还有发售党籍、军籍、官衔、军衔者。腐败已由腐蚀、腐化接近腐烂、腐朽的地步。现在的腐败，是封建主义余孽与新生资本主义结合滋生的毒瘤，必须痛下决心根治。

腐败是带有普遍性的国际现象。80年代世界上已建立反贪污国际。从1983年起每两年召开一次国际反贪大会，以交流经验，联手行动。我国从1987年第三届起参加大会。据国际的调查材料，我国属于腐败现象严重的国家之一。这与我们国家的社会主义性质是极不相称的，应该引起我们高度重视，不可等闲视之。我们要坚持不懈地依靠发展社会主义民主、加强社会主义法治来根治腐败。再也不能走过场，要以辉煌的战果和优异的成绩来争取国际反贪大会在我国召开。

法治不力使腐败有机可乘

端木正：健全法制首先要有法可依。我国有关反腐倡廉的法律究竟有没有？有多少？我没有做过专门的研究，我的印象是有，而且不少。见诸报端的统计说有300多件（《人民日报》1993年9月27日第五版）。欧桂英同志在他的文章中，在说出这个数字之后，接着说：“但是，目前我国廉政立法还不系统、不完备，应急性的政策规定多，可供长期使用的立法少；原则性的规定多，可操作的具体规定少，不适应新形势下廉政建设的迫切需要，因而必须进一步加快立法步伐”。我觉得应该同意这样的估计。

我个人参与立法工作时，经常发现在立法中有些规定不严密，容易给贪污贿赂开绿灯。举例说，法律、法规常授予权力，而不预防权力的滥用，不为这项权力设置相应的监督。许多立法规定，举办某事必须向某行政机关申请批准，规定到此为止。该机关获得了批准权，但如何行使此权却不受任何法律监督。我主张，授予一项批准权必须同时规定批准或不批准的理由一二三四，甲乙丙丁，该机关只有在符合这些具体法定理由才能批准或不批准。这些理由不能笼统，例如“有利于本特区对外开放的项目”，于是有人情关系的，行贿送礼的，都顺利被认为有利于对外开放。有权批准而不规定批准期限，于是有人情关系的，行贿送礼的，一天就可办好批准；而不会托人情关系的，不送礼行贿的就如石沉大海，一年半载渺无回音，三年两年不批准，该机关也不违法。这些立法草案多数是由行政部门负责起草的，起草者关心的是自己权力的扩张，而不愿受任何法律的制约。最近，有审批权单位的大小干部就利用审批权谋取暴利，如取得低价原始股票，取得低价批租地皮，其得以违法谋利的原因之一就是审批权不受制约。

朱育璜：把贪污定为罪名太笼统。我国刑法都是依犯罪行为、犯罪手段定罪名，而贪污罪实际上包括有各种各样的具体的罪，所以还是依不同的犯罪手段分别规定为好，可以免去由于理解的不同而出现的分歧。

在法律的实施方面，还相当严重地存在着有法不依、执法不严、违法不究的现象，特别是执法犯法的现象也时有发生，不根除这些现象，立法即使完善，也无济于事。

在反腐败斗争中，对犯罪严加惩处，固然是必要的，但更重要的是要使所有罪犯都要得到应有的惩处。正如列宁所说的，惩罚的警戒作用，绝不是看惩罚得严厉与否，而是看有没有人漏网，重要的不是严惩罪行，而是使每一件罪案都真相大白。所以要把反腐败斗争长期坚持下去，要下定除恶务尽的决心。

司法人员素质偏低，从事法律专业的人数在总人数中所占的比例过小，固然是办案效率不高的原因之一，在这方面近年来已有所好转，但司法机关经费过于紧缺，甚至还有的是由受害人出资办案，以致使许多案件不能及时查处，也是一个很重要的原因。

谢怀栻：端木正同志提出要限制行政权力，以杜绝以权谋私的门路，这一点我深有同感。我们现在在一些事项上，行政机关有很大的权力，法律对行政机关如何行使这种权力，没有规定一定的标准或限制，这样行政机关就可以上下其手，以权谋私。我曾经参加公司法草案的讨论。草案中对设立股份有限公司已经规定了不少条件和标准，另外又规定设立股份公司还要经过审批。如果主管机关所要审查的就是那些法定的条件和标准，那是当然的事，不必再规定审批。如果在那些法定的条件和标准之外，主管机关还要审查，而应审查些什么，法律又无规定，这就是给审批机关一个上下其手的机会，就为以权谋私、拉关系、走后门开启了门路。所以我不赞成在设立股份有限公司时还要审批，只要合乎法定条件的，都予以登记，准许成立（在各国公司法上，称为准则主义，这已成为国际通例）。甚至我们还可以在法律中规定，公司设立登记，主管机关必须在一定期限内办理，不许拖延。因为拖延也是一种上下其手、以权谋私的门路。要杜绝以权谋私，就先要对权力加以限制和约束。我国现在有不少类似的事，立法时都应注意到。

李浩培：前不久见《人民日报》披露江西查处重大骗税案，一些犯罪分子与地方行政官员一起向五县一市骗取退税款1500多万元。此案涉及遂宁市的市长和五个县的县长，他们滥用职权支持或帮助伪造发票和税收凭据使骗税罪行得逞。但案发后这些官员却没有得到应有的法律制裁，而只是受到党纪政纪处分。这样处理是否做到了执法必严、违法必究？事实上他们的行为已经构成重大的渎职罪，应该依据刑法第187条的规定予以制裁，这是其一。第二个案件是《光明日报》报道的湖南衡山市印刷厂非法印制黄色书刊案，两个厂长虽已被捕，但其他同伙人却未受到任何法律制裁。而且目前两个检举人却陷入了很困难的境地。他们不但被停发了来京举报期间的3个月工资，而且还被勒令调离工厂。而当地的司法行政机关对此都袖手旁观。对举报人的打击也就是对反腐败斗争的打击。

上面所举的是有法可依而未严格执行的例子，还有无法可依的，如挥霍公款、大吃大喝，以及购买高级小轿车，营建豪华办公楼等等，仅公费吃喝一项，1992年已突破1000亿元；而另一方面，许多地方竟任意拖欠小学教员的工资。此外，还有其他更严重的以权谋私的腐败行为，而刑法对之并无严格的犯罪构成和制裁规定。从而使腐败分子有空可钻，成为国家的蠹虫。

谢怀栻：对有些案件只对违法的人给予党纪政纪处分而不处刑，这是不符合法治精神的。严格说来，例如江西遂宁的骗税案，当地检察院不对之起诉，也是失职，犯了渎职罪（刑法第188条）。根据检察一体的原则，其上级检察院，直至最高人民检察院，都是失职。我们看日本，只要报纸揭露了贪污案件，检察官立即着手进行侦查，那才是法治精神。我们的检察院也能这样办就好了。

高　放：以往反腐败之所以不彻底，我以为主要是由于社会主义民主还不够充分，社会主义法制还不够健全，历史上遗留下来的人治现象还较为严重，以致还难以真正达到法治，即人人在法律面前一律平等，缺法即补，有法必依，执法必严，依法治理。法制与法治只有一字之差，却有天壤之别，只有法制而不能严格执法，有权势者依然可以逍遥法外，主事者可以随意释法执法，这还是人治而不是法治。只有对任何人任何事都同样同等依法对待，才是法治。法制是法治的基础，法治是法制的旨归。可见法治比法制更重要，更高一个档次。要使法制变为法治，关键在于民主。有了民主，法制才能完备，法制才能对任何人都同等生效，国家与社会才能真正依法治理。民主是法治的前提，法治是民主的准则。以往，由于民主不足，所以该制订的法律迟迟难以出台（如监督法），该举报的案件知情人不敢举报（怕打击报复），该查清的大案要案没有下文（人们不敢查或者有人不许查），该治罪的不治罪，该严惩的未严惩（上面有保护伞，背后有大靠山，周围有关系网）。结果上梁不正下梁歪，中梁不正塌下来。正如群众所说：腐败反腐败，越反越腐败。有一幅漫画很形象：一群老虎拿着拍子在打苍蝇。老虎在突击行动中还要留意苍蝇如果是趴在别的老虎屁股上，就不敢打、不能打，否则会被别的更大的老虎反咬一口。即便能够打掉一些老虎，群众还担心除掉饱虎又来饿狼，岂不是更加贪婪、更加凶残地吞噬人民的财富？

从哪些方面着手加强法治

王家福：为了制止腐败，当务之急，就应当加强监督，编织法网，建立严惩犯罪的反腐倡廉法制制度。

1. 制定监督法。一定要把各级党的领导干部和政府官员置于宪法和法律的监督之下。我们的党是为人民谋利益的党。我们的政府，是人民的政府，为人民服务是它的唯一宗旨。不言而喻，它们应当接受人民和人民代表大会的监督。

2. 要制定财产申报法。对于高层党政领导干部及其配偶子女的财产实行公开申报制度，有利于防止部分人利用权力，谋取私利。同时也便于人民了解情况，取得信任。

3. 要制定行政程序法。国家行政权力机关行使审批权、发放执照权、行政处罚权，对程序、标准、责任应明确加以规定，以增加政府行政行为的透明度，防止钱权交易，营私舞弊。

4. 要尽快建立市场经济法律体系。力争在三五年内把社会主义市场经济主要法律制定出来，以规范市场主体、市场规则、市场秩序，促进、引导、保障社会主义市场经济健康有序地发展。社会主义市场经济是严格的法治经济，决不能让不法分子坑蒙拐骗，为所欲为，无法无天。

5. 要制定反贪污贿赂法。通过这一法律的制定，建立起有特别权威的反贪惩贿的执法机关，设定特别的调查程序，严格执法，使一切贪污、受贿行贿的犯罪分子无一能逍遥法外。

除了制定法律法规，还应当加强、健全执法制度。目前有法不依，执法不严问题相当严重。有的执法人员为小团体利益所驱动，甚至知法违法。要严格执法，首先应提高执法人员的素质，实行国家公务员资格考试制度。要避免人事制度上的任人唯亲、外行领导内行等现象发生。对执法机关经商应严加禁止，以防止钱权交易、以权谋私。同时，应提高公务人员的待遇，逐步做到高薪养廉。至少应保证他们保持中等以上的生活水平，使之能维持家计而无后顾之忧。

要提高法院的地位，使之能独立行使司法权。在反腐败斗争中，保持司法机关的廉洁和独立性是十分重要的。法院的经费要独立，人事的任免要向上提一级，法官的待遇应当提高，法院必须由国家财政全部养起来，决不能允许法院去搞有偿服务的活动。法官要有严格的资格考试制度，不能把没有专业知识的人安排到法院工作。

反腐败除了运用法律手段以外，还要注意舆论。在保持安定局面的前提下，适当地、有领导地开放舆论，揭露腐败，把权力机关及公务人员置于舆论的监督之下。这种做法有时能起到比法律约束和制裁更好的效果。

高　放：我认为要根治腐败，关键在于深化经济、政治和文化体制改革，发展民主，完善法制。不能只限于治标，更重要的在于治本。只有改革权力过于集中的体制，实行党政分开、政企分开，发展共产党党内民主、人民民主、共产党领导的多党合作民主，有广泛的民主监督（包括舆论监督，通过新闻媒介把查有实据的害虫曝光），才可能造成老鼠过街、人人喊打、没人敢保、人人能打的局面。这样腐败才可能减少到最低限度。

在反腐败方面，当前最紧迫的是要制订三种法：（一）监督法。法制定得再多，如果缺少一个监督法的执行的法律和机构，那照样无法实行法治。（二）公民检举法。多年来公民报案检举对于惩治腐败起了重要作用，只是由于缺少保护检举人的法律，以致检举者屡遭或明或暗的打击报复，检举者逐步减少。据我最近到香港参加国际学术会议和讲学所了解的情况，香港和新加坡的廉政建设之所以成绩显著，不仅依法保障检举者的权益，而且给予有功的检举者奖励和奖金。我们的检举法应该给予大案要案的检举者以重奖。（三）党政官员财产申报法。有人认为，我国的党政官员都只有几百元的工资，没有多少存款和其他财产，申报财产没有什么意义，不要照搬西方那一套。其实不然。尤其是搞活经济以来，不少官员都有工资以外的各种收入。不少基层领导干部盖起了考究的楼房。有的县一条街上县里局长们的楼房栉比鳞次，坐落成群，无怪乎群众把这一条街叫做“臭虫街”。有了财产申报法，就使得党政官员不敢有恃无恐地贪赃枉法，也便于广大群众监督官员的开支，及时发现、检举支出明显超出合法收入者。按照中国国情，官员申报财产还应该包括其直系亲属，以免有人蓄意转移非法收入。

端木正：我认为加快立法不只是依法从重从快打击贪污贿赂犯，而且要依法严防犯罪，不能等案发才惩治，要做到通过立法事先防微杜渐。新近颁布的《国家公务员暂行条例》中有些规定就能加强廉政建设，但要看配套法规能否及时制定，要看整个公务员制度实施如何。人民群众热切盼望的公务人员、个人与家庭、财产申报的立法，更是制定不易。我主张申报暂时不宜全面铺开，可先在小范围的高级干部内试行，以收率先垂范之效。现在有些界限不清的问题也要通过立法解决，例如以请客送礼行贿纳贿，要和正常的亲友社交往来应酬划清界限，便可以立法规定各级国家公务人员收受礼物的最高限额，借贷的限额等等。

总之，防腐倡廉要加快立法，尤其要多立预防性的法律、法规，不能只重视事后惩治性的立法。在任何立法中都要重视权利义务关系，不能只授予权力，而不设置监督规定，在执行权力时要注意相应的法定义务。

有法可依后，健全法制要求有法必依，执法必严，违法必究。简言之，不但有法，还要实施。立法固然不易，执法尤其困难。执法也要求法治，不能人治。反腐倡廉要靠监督机制，只有发扬社会主义民主才能健全社会主义法制。

谢怀栻：如何加强法治、反腐倡廉，我提三点建议：

（一）反腐倡廉，是一件很复杂的事，绝不是搞一次运动、办几个大案、杀几个人，可以解决问题的，必须从社会的各个方面着手谋求综合治理。立法工作、司法工作当然都很重要，但立了法要执行，那就要为执行法律创造条件。前几年说要征收高消费税（譬如筵席税），听说因无法执行而不征收了。如果连征收高消费税都无法执行，我们即使制定了公务人员申报财产的法律，能执行吗？我们要求加强司法工作，但我国的下级法院能独立办案吗？地方各级法院都受地方党委和政府的干预，司法不能独立，怎能办案。要求全体公务人员廉洁，我们也要为他们创造必要的条件，当有些公务人员的收入不能养廉时，又该如何。所以反腐倡廉要从各个方面着手。

（二）我们要尽量放开对新闻的各种限制，提高新闻的透明度，让一切腐败现象曝光。现在我们的报纸，包括《人民日报》在内，有时揭发一些腐败现象，都不敢揭露违法人的姓名，总是说“某县”、“某机关”。我在《人民日报》上多次看到说“某县”拖欠小学教员工资而县长购买豪华汽车的一类消息。连《人民日报》这样高层次的报纸都不（不敢？）揭露一个县长的姓名，那还谈什么舆论监督呢？我也没有听说过有县长或局长因这类事而受处分的。中央一方面大声疾呼要求下级如何如何而对不服从的下级没有处分，如此下去，下级自然把上级的要求当成耳旁风了。

（三）最后我还希望，反腐倡廉，特别是提倡廉洁，要从最上级做起。我国几十年来，不断提倡艰苦朴素的作风，艰苦朴素是廉洁的基础。但是做得怎样呢？汽车越来越豪华，是从上级开始的。上级乘豪华车，要求下级不买豪华车，是说不过去的。现在我们批评许多县级乃至乡镇的领导人占用土地修建别墅式住宅，但是我们看看北戴河、大连、以及其他名胜地点，高级领导人的别墅或者变相的别墅有多少。从前清朝皇帝只在承德一地建了个避暑山庄，现在我们有多少个避暑山庄？上行下效，我们能怨谁呢？孔子早就说过，“其身正，不令而行；其身不正，虽令不从。”每当我在电视中看到各种会议的场面，会议桌上，领导人面前放着各种饮料时，我就想到，全国人民，特别是穷困地区的人民看到这种场面，该怎样想。有些发达的资本主义国家的政府和政府领导人，也不像我们这样讲求豪华，这些事，报纸上也常有报道。古人说，天下的风气，系乎一二人之心，这样说是太看重领导人的作用了，但是我们也不能不注意这一点。

朱育璜：反腐败斗争和廉政建设一要靠教育，一要靠法制，一定要把惩治腐败纳入法制轨道，要依法办事，要健全法制。

在法制建设中既要注重法律的制定，而从目前来看，更要注重法律的执行。

为了有效地消除腐败现象，从立法方面说，既要制定惩罚性的法律，也要制定预防性的法律，目前我国还是较多地偏重于制定追惩性的法律，而预防性的法规则不多。近来可以从报刊上看到有不少建议从速制定“国家工作人员财产申报法”的文章，财产申报法实际上是与惩治贪污贿赂罪的配套法律、对稳准狠地打击犯罪有着很大的作用。

法制监督是保证法律正确实施，防止腐败现象发生和防止权力滥用的一项重要措施。要加强各个监督部门的作用，特别是要充分发挥人民代表大会的监督作用。

林亨元：今天各位就如何加强法治同腐败现象作斗争问题，谈得很热烈，很深刻。过去法学界都只讲法制，不讲法治，现在讲法治的逐渐多起来了。这个转变，在理论上和实践上都具有重大的意义：法治是对人治而言，要把法律置于一切权力之上，使人人在法律面前都平等，任何机关或个人都不得侵犯法律。它与自由平等尊重人民的权利相联系，充满了民主性。我国宪法规定："中华人民共和国公民在法律面前人人平等"。"一切国家机关和武装力量、各级政党和社会团体、各企事业组织都必须遵守宪法和法律。一切违反宪法和法律行为，必须予以追究。""任何组织或者个人都不得有超越宪法和法律的特权"。充分反映了民主和法律至上的法治原则。不但宪法对法治原则作了一系列规定，而且在法院组织法、检察院组织法和刑事诉讼法、民事诉讼法以及行政诉讼法，都把法治原则具体化，从组织和程序上，来保证审判独立、检察独立，以维护法律的尊严和统一，实现真正的法治。

但是在实践中我们国家还存在有法不依、执法不严的现象，法律的贯彻执行，有时还遭到以权代法、以言代法的干扰，以致不能充分发挥法律的威力，富有成效地同腐败和一切违法行为作斗争，可见我们的法制还很不健全，要达到法治还有相当差距。

如何加强法治，反腐倡廉，是复杂的系统工程，要从政治、经济、文化、教育等各个领域深化改革，各方面互相配合，综合治理。各位已经谈得很多，阐述得很透彻，我就不重复了。我只谈以下三点：

不少人认为法治是资产阶级的制度，法律至上和党的领导有矛盾，因此首先在观念上要更新。法治不是资产阶级国家所专有的，社会主义国家也需要法治。我们的法律是中国共产党的路线方针政策的具体化，是党和人民意志的表现。把法律驾于一切权力之上，正是要实现党和人民的意志。尤其当前深化改革开放，建立社会主义市场经济，没有法治的规范，就会发生混乱，无法保证社会稳定、公平竞争和有秩序的运转。可以说没有法治也就没有市场经济。因此实现法治，更可加强党的领导，巩固人民政权，保证社会稳定，促进国民经济的繁荣昌盛。全国上下取得了一致的共识，感到加强法治的重要性和迫切性，对于扫除法治的障碍，将起积极的作用。

其次，在政治体制上要深化改革。要健全法制，必须在党、政机关和司法部门，从机构、人事、财政等种种制度进行一系列的改革，凡是不利于审判、检察独立行使职权的机制和设施，都要彻底废除。现在法院和司法行政部门之间机构重复，职责混淆不清，都应当作严格的界定。关于司法人员的考试、甄别、任免、教育，工作的考核，法院的建制，律师的考试、培训和监督，监狱和公证机关的监督，属于司法行政的职权，应归司法部行政部门管理。法院就是独立行使审判权，上级法院只能通过审判或裁定对下级法院进行监督。最高人民法院对下级法院提出疑难的法律问题，只从法律上作解释，不能对下级办理其具体案件滥行指挥或干预。

程序法与实体法的关系，“恰如植物的外形和植物的联系，动物的外形和血肉的联系一样。”这是马克思说的。但很多法院，审判案件没有按程序法执行，这怎么能够保证判决案件的公正准确呢？不少法院办理案件先请示后判决。这不但违反程序法的直接原则，而且实质上剥夺了当事人的上诉权。使当事人有冤难诉、受屈难伸，这种做法必须坚决改正。

关于人事方面，审判人员、检察人员，应该统统由中央产生。关于司法经费，应当全由国库开支。从人事和经费上避免受地方的牵制和影响，也是保证审判、检察独立的必要条件。

律师制度也必须有所改变。现在把律师当做国家的工作人员，律师的编制、人事、工资、待遇都由司法行政机关管理，使律师执行职务受到种种限制，无法在法律上同政法部门据理力争。甚至为了明辨是非，进行争论，也被认为是包庇坏人而遭到打击。这样软弱的律师地位，当然不可能对审判工作起相互制约、互相合作的作用。必须尽快制定律师法，使律师社会化，赋予律师应有的权利，使律师具有一定独立性，能够充分发挥律师保障公民权利、维护法律尊严的功能。司法部门通过健全律师协会，对律师进行监督指导，加强律师自我教育，提高律师素质。严格考试考核制度，逐步壮大律师队伍，使律师制度日益完善，以适应健全法制，厉行法治的需求。

第三，要建立监督机制。权力没有监督必然腐败，没有健全的监督机制也就没有健全的法制。要实现真正的法治不仅要求司法机关和人员要严格依法办事，还需要健全的机制，禁止任何组织和个人使用任何方式侵害审判和检察的独立。全国人民代表大会要设立宪法法院，以保护根本大法和法律的尊严。政治协商委员会的法制委员会，要加强司法工作的调查研究，进行民主监督。并且与经济、文化、教育等委员会共同合作，分别对各部门的立法、执法起参政议政和监督的作用。

同时全国人大要制定监督法，保证各人民团体和基层组织以及新闻舆论共同对是否依法办事和遵守法律进行严格监督。凡是违法的行动都瞒不了群众，群众的眼睛最雪亮，群众对贪赃枉法、贿赂、诈骗、以权谋私等腐败行为最为深恶痛绝。但是广大人民群众中不少人对违法行为愤愤不平，每每由于怕受打击报复敢怒而不敢言。所以对群众的民主监督，在监督法、检举法里面应作具体而周密的规定，保障他们举报不受到任何打击报复。

只有加强法治，才能发挥法律的权威性、统一性，冲破一切障碍，同腐败现象和一切犯罪活动作斗争。

腐败现象的产生，有其历史和社会的原因，我们的社会主义正处于初级阶段，尤其在旧体制被废除，新体制尚未形成的过渡时期，腐败现象的存在是难免的。只要文化教育不断地发展，建立了美好的道德规范和严密完整的监督机制，实现真正法治，就能够制止腐败现象的滋长和蔓延。但是同腐败现象作斗争是长期的，必须在经济、政治、文化各个领域里深化改革，保证社会持续稳定，促进社会繁荣发展，物质文明和精神文明兴隆昌盛，广大群众的觉悟日益提高，法治严明，一切犯罪活动受到各方面的制约，腐败现象是可以克服的。

（摘自《群言》1993年第12期）

传统文化·改革开放·世界新格局

编者按：《群言》编辑部于1993年12月4日邀请部分专家学者以《传统文化·改革开放·世界新格局》为题进行专题座谈。座谈会由群言杂志社编委会主任委员陶大镛主持，出席座谈会的有（按发言先后为序）：

费孝通　民盟中央主席

任继愈　北京图书馆馆长

周有光　中国社科院研究生院教授

陈　来　北京大学哲学系教授

苏双碧　《求是》杂志社副总编辑

袁行霈　北京大学中文系教授

李　申　中国社科院宗教研究所研究员

面对世纪之交回顾传统文化

陶大镛：当前世界正处在大变动大调整的历史时期，我国的经济体制改革也进入了攻坚阶段，综观国内外大势，在今后一段时期内，我国面临着一个不可多得的改革和发展的好机遇，但也同时存在着不少矛盾和新的挑战。作为一个具有悠久历史的文明古国，如何使中华民族传统文化中的精华能在新的历史条件下得以进一步发扬，是有识之士普遍关心的大问题。

费孝通：这半年来，我在国内外跑了许多地方，最近参加了“现代化与中国文化研讨会”，还去了一次印度。通过这一段在外面跑，我感受到了一种新的气氛，似乎有一阵风，改变了西方世界对中国和中国文化的看法。这是一个可以说有点突然的变化。昨天我接待了一个美国议会代表团，交谈中他们说，我们美国现在经济萧条，到这儿来想学学你们怎么增长得这么快。当然这是他们的客气话，但几年来我们经济增长速度比较快是没有问题的。至于现在有人讲中国已经排到了第二或第三位，对这种论调我们应当有所警惕。

我对有些人讲的500年一个周期的历史观不敢苟同。哥伦布发现美洲标志着世界史上的一个新时期，不少西方史学家称之为世界文明史的开始。500年过去了，我们即将迎来新的世纪。在这个改革开放的时期，我们要注意一个问题。因为我们压抑了很久，封闭了许多年，现在突然透过气来，很容易有一种心理反应，认为这下好了，下一个500年应当是东兴西衰，轮到我们当令了。西方也有持这种观点的人，有的是真心觉得西方文化应当自己重新反思了，但也有别具心肠的人想以此制造一种恶毒的空气：“黄祸”又要来了。国际上的事物总是很复杂的，我们要有思想准备，冷静观察。

现在世界上研究中国文化的风气很盛，美国的学术界和新闻界出现不少文章。有不少说是“儒家”文化又要抬头了。在这历史的转折时期，我们自己怎样对待我们的传统文化，确是应当提出来加以思考。我这次去印度，是应拉·甘地夫人的邀请参加为纪念英·甘地夫人而举行的讨论会。到会的是世界各国的名流。在会上我感到了一种气氛，不少人对当前世界的前途忧心忡忡，很有点六神无主、群龙无首、拿不出办法来的样子。我认为现在确是到了一个东西方文化真正要碰撞的关键时刻了。大家都急于找一条出路。虽然我们现在离实现全人类共同生存，荣辱与共的大同世界还比较遥远，但总得树立信心向这方面前进。看来这里要有一个过程，中间免不了有一个全世界人类能和平共处的阶段。在这个阶段里要能使大家接受一个共同的信念，一个人和人怎样相处的问题，我希望能把这个问题提到《群言》来讨论一下。在这种新的形势下，我们如何扩大视野，从世界角度来看待中国文化，想一想对建立这个新的全球社会我们能作出什么贡献。

中国人口这么多，地方这么大，对这个有关人类前途的大问题，应该有我们的发言权。1954年周总理和尼赫鲁在联合声明中提出了和平共处五项原则。这是针对当时国际形势规定的国与国之间关系的准则。这就是世界各国怎样能维持和平，共同进步，过渡到世界大同社会的基本原则。

现在我们可以回想一下：第一次世界大战时威尔逊提出过所谓“十四点”和平纲领，第二次世界大战时罗斯福和丘吉尔提出过《大西洋宪章》。看来，他们都还有一套吸引人的理想。现在正值冷战结束的时刻，却只提出一个空洞、没有内容、没有号召力的所谓“世界新秩序”。究竟这是个什么样的秩序，怎样去建立这个秩序，谁都说不明白。以至当前全世界人心惶惶不知所以，充满了道德上的失落感。看来没有道德基础的新秩序是不可能号召大家向一个共同的目标前进的。

我今年到过山东的曲阜，还去了齐国的古都临淄和墨子的家乡滕县。一路上有个问题苦恼我，很想向各位请教。就是在山东这块地方，齐鲁之间，为什么在几百年战国时期里出现了这么多高水平的学者、一流的思想家？而更使我不明白的是，在百家争鸣之后却又能安定下来，取得相容和一致。其后两千年间我们这个国家尽管引入了各种外来的思想，却都能相容，都能融合。当然我不相信一种政治权力靠杀几个人，靠烧一些书能把群众的思想统一起来的。把这样众多的人口，在这样长的时期内形成一种基本上一致的中华传统文化，必然还有一种力量，一种容忍的同化力，也可叫它凝聚力。这种使我们这个民族几千年来一直能维持延续下来的力量就是包含在传统文化里的这股相容和融合的凝聚力。这种精神力量是隐藏在群众的生活里的人生态度，也可以叫心态，凭借这种人生态度，中华民族有能力吸收外来的各种文化思想。这是我们传统文化的特点，对照了当前西方社会上的种种矛盾更显得突出，很值得我们进行深刻的思考。这里边大有文章可作，而且我认为对今后人类的和平共处大有用处。

在这种世纪转换的时候，我们应回顾一下历史上中国逐步走向统一的过程，更深入一步，在这过程中找出一种历久常新的为广大群众接受的共同的道义基础。这个人类过去的经验应当可以对形成一种新的世界性和平新秩序作出贡献。我这番话只提出这个问题和这个希望，向诸位请教，请大家谈谈。

新旧交替之际

任继愈：中华民族五千年来，创造了华夏文明，丰富了世界文化宝库。中华文化持续前进，历久不衰，是人类史上的奇迹。

中国古代最昌盛时期首推汉唐。汉唐两代的人口最多时都超过了五千万。地旷人稀的古代，人力就是国力，广土众民，形成合力，国家就昌盛。汉唐的昌盛富强，主要原因在于国家统一形势下，充分发挥了兼收并蓄、融合众长的特点。

在民族方面，融合众多少数民族形成了中华民族。在文化方面，中华民族吸收了当时不同文化的特长，充实了自己的文化。中华民族经过多次大的民族融合，迸发出刚健清新的活力。多种文化的会通，形成丰富多彩的中华民族文化。

如果没有鸦片战争的干扰，中华民族也会按照自己的方式从中古走向现代。鸦片战争打乱了这个文明大国的正常步伐，它被抛进了现代世界，列强却不允许它成为现代的强国。一部中国近代史从此开始。

150年来，中华民族集中力量办一件大事——把中国引向现代化。无数爱国志士，一代接一代地为这一目标而努力。无论是爱国官吏、爱国农民，还是爱国知识分子，都为中国现代化探寻出路取得可贵的经验。孙中山先生总结过去经验，联合全国各族人民推翻了几千年的君主专制制度，创建民主国家，并为此奋斗一生。他未完成的事业由中国共产党和毛泽东同志领导的全国各族人民继续推进，建立了中华人民共和国，确定了走社会主义道路，把中国的现代化推向更高阶段。

新中国是从旧中国基地上建造的，新中国不能割断旧传统。新旧两种文化接触，要发生冲撞。旧文化中优秀传统起主导作用，如恢宏的气度、博采众长的融会精神等，旧文化中的糟粕也还起作用，如家族宗法残余、等级特权等腐蚀作用也不可低估。外来文化中健康、开拓进取精神，可以医治中国的守旧思想，同时，也要看到外来文化中的野蛮掠夺、殖民主义残余的传统也乘机传入。外来的落后文明对中国现代化起的破坏作用同样不可低估。

中国文化早已通过古丝绸之路传到西方，隋唐以后又增加了海上丝绸之路，西方对中国并不陌生。但近百多年来，中国文化的价值一直没有受到西方的重视。欧洲中心论起着决定性的影响。中国政局在旧中国备受西方殖民主义操纵，西方人眼中的中国是殖民地，是东亚病夫，看不出有什么优越性，更谈不上向东方这个古老的弱国学习。

新中国成立后，政令统一，政局稳定，摆脱了旧中国贫弱病态，解决了11亿人口的吃饭问题，建立了现代化工农业，有了现代化的国防，掌握核武器的制造技术及其运载手段，从而取得国际上与大国同等发言权。特别是近15年来的经济腾飞，更使世人瞩目。这些物质建设的变化和成就作为背景，才引起了西方对中国文化价值的关注。

最有资格总结中国文化特点的是我们自己。至少有两大特点值得总结。

第一点，中国有长期集中统一的政府。有了强有力的统一国家，才能聚集众多微薄的生产力合成较大的生产量。我国古代的重大建设，如长城、运河、修四库全书等重大工程建设，都是靠集锱铢为丘山，聚少成多，才能完成。直到当代，我们生产原子弹，建立现代化国防，还是靠政府有效地运用集中人力、物力而取得成功的。

第二点，中国有坚强、持久的民族凝聚力。因为我们民族之间长期融合，形成民族之间共同意识，汉字成为民族联系的纽带。我们有共同认可的价值观，从而使中国历史上虽然出现过朝代更替，但文化发展是沿着同一个方向前进着，元朝灭宋，继承、发展了宋文化；清朝灭明，继承发展了明文化。宋元明清，经历四朝、近千年，不同民族当皇帝，但中国的文化传统、哲学体系则一脉相承，未曾中断，也没有改变方向。

政治统一，保证了哲学发展；哲学的成就指导着政治统一的完善化。几千年来是这样走过来的，今后，可能还要照这样走下去。

今天的中华民族，面临的任务比过去艰巨得多。要博采世界文化的众长，先要认识它。对西方文化，我们所知不多，要有一个熟悉的过程。对本国文化我们也要用新观点，认真清理，摆脱长期所受极“左”思潮的影响。这两项工作（吸收外来文化，总结自己的文化）没有捷径可走，都不能草率从事。今天要做的事是一项宏大工程。要建立中华民族现代化的文化，必须综合古今中外的众家之长，使它融铸成一个崭新的、宏大的思想体系，才能形成体现中华民族特色的社会主义新文化。

抬出中国古代传统中的某一家某一派，认为只要发扬这一家一派，就能建成社会主义新文化，是不够的。搬来外国文化中的一派，强加给中国文化，也有过失败的教训。在此新旧交替之际，我们要创造自己的社会主义新文化，必须继承中华民族成功的经验，善于运用融会贯通创造的特长，有目的地培养一批有研究能力，有远大志向的专家，大胆吸收世界文化中一切有价值的东西为我所用。

目前，先运用多学科、多方位、多层次的学术研究者的群体，共同探索创建中华民族新文化这一共同课题，聚合分科的成果，然后综合成为整体。要一代、两代人持续努力，可望成功。

弘扬华夏文化革新华夏文化

周有光：改革开放必然引进外来文化，引进外来文化必然跟传统文化发生矛盾。中国如此，其他国家也如此。改革开放有被动和主动的分别。例如，1842年的“南京条约”使清朝政府不得不实行被动的改革开放。80年代以来，中国大陆实行主动的改革开放。被动也好，主动也好，同样引起“西洋文化”和“华夏文化”的矛盾。

100年来，中国对待西洋文化的态度经历了三个阶段的变化。第一阶段是“抵制”西洋文化（“扶清灭洋”，有中无洋）。第二阶段是“限制”西洋文化（“中学为体、西学为用”，以洋补中）。第三阶段是“利用”西洋文化（“洋为中用”，如何利用，尚待实践），在这一百年中，中国的文化生活发生了重大变化。西洋文化日益发展，华夏文化日益式微，看看今天的大学课程，传统文化还占百分之几，就可以明白中西文化的消长情况。

在“文化大革命”全盘否定传统文化之后，提倡“弘扬华夏文化”是及时的拨乱反正。可是如何弘扬华夏文化呢？寻求正确的方针，要先有正确的认识。一方面要认清什么是西洋文化，另一方面要认清什么是华夏文化。

西洋文化发源于西欧，以科技为核心。它不仅有物质文化，而且有精神文化。认为它只有物质文化、缺乏精神文化，那是大错特错。过去，科技文化是西洋的“区域文化”；现在，科技文化已经发展成为全人类的“国际文化”。各国学者都为发展共同的“国际文化”而贡献力量，中国不仅应当“利用”这全人类的公有财富，还应当走进它的殿堂，参与它的创造，丰富它的内涵，使中国从国际文化的“客人”，变为国际文化的“主人”。

华夏文化主要包含“文史哲”、“传统科技”和“传统艺术”。“文史哲”是华夏文化的精髓。最近，名牌大学招考大学生、中国社会科学院招考研究生，“文史哲”几乎无人问津，可见华夏文化已经处于何等境地。

文化不是一成不变的，而是不断变化的。“不进则退”是文化发展的普遍规律。弘扬华夏文化，必须革新华夏文化，去其糟粕，取其精华，推陈出新，精益求精。“苟日新、日日新、又日新”。“孔子是圣之时者也。”儒学代代相传，代代更新，所以能历久而犹存。弘扬华夏文化而反对革新，结果只能是催促华夏文化的衰亡。

不要一谈起五千年的“华夏文化”就飘飘然。图腾崇拜，国粹主义，自卑错综和自尊错综的交替发作，这些现象不仅可笑，而且有害。只有破除迷信，崇尚科学，虚心研究，实事求是，不断革新传统文化，才能发挥传统文化的作用。

外来文化和传统文化，有对立的方面，有互补的方面。服从科学就能消除对立，择善而从可以实现互补。吸收西洋文化，不妨碍弘扬华夏文化。

近来革新华夏文化有不少成功的经验。例如：出版方面的“古书今译”，舞蹈方面的“仿唐乐舞”，把历代名著改编为电视剧等，都是“古为今用”的可喜收获。如果能从这些较小的收获光而大之，就可能做出更重要的贡献。

弘扬华夏文化，一方面需要专家们的努力，另一方面需要对人民大众进行华夏文化的教育。只有专家的努力，没有群众的共鸣，弘扬华夏文化就是一句空谈。

文化部出版一种大型杂志名叫《中国文化》，其中有不少值得一读的文章。可是，外国书评说：“《中国文化》实际谈的是中国古文化，中国有现代文化吗？”对待传统文化，厚古薄今不全面，厚今薄古也不全面，全面的方针应当是“厚今而不薄古”。

世界格局正在更新。在世界新格局中，如何使华夏文化发挥作用？这是一个需要认真而慎重地研究的复杂而重要的问题。

两极对抗已经结束，多元并立尚待形成。世界上有一百多个国家，都在史无前例地快速发展，可是发展水平极不平衡。在经济上贫富悬殊，在文化上古今不同，在政治上新旧迥异。不平衡是自然界和人类社会的正常状态。

在世界新格局的形成中，两种力量正在激烈地较量。一种力量是裂变的离心力，另一种力量是聚变的向心力。

军事帝国主义时代告一段落了，大英帝国的瓦解，苏联大帝国的瓦解，都不是外力破坏的结果，而是内在矛盾的发展。一位俄罗斯教授对我说："苏联为什么瓦解，因为苹果熟了，必然要落到地面上。"战胜国精疲力竭，战败国经济起飞。从主观来看，这是事与愿违；从客观来看，这是社会发展规律在起作用。

另一方面，利害共同的若干国家，为了增强共同的实力，顺应经济的发展规律，正在纷纷结成新的共同体。例如：欧洲六国共同市场的成功，导致欧洲十二国共同体的聚合。"却说天下大事，分久必合、合久必分"，这不是说书人的笑话，而是历史发展的真实规律。

文化现象，不仅有空间的东西之别，还有时间的新旧之分。而所谓东方，中东和远东也大不相同。为了科学地理解文化现象，仅仅作"共时"（synchronic）的比较是不够的，还必须进一步作"历时"（diachronic）的分析。文化是发展的，但是在发展中，新的突飞猛进，旧的保元守真。于是，神学文化、玄学文化和科学文化并立于现代世界。以旧阻新办不到，以新革旧也困难重重。结果是形成一个"双文化"时代。"双文化"有两种现象：一种是新旧并存，新旧互补；另一种是东西排斥，东西斗争。违反历史规律的大都失败，顺应历史规律的大都成功。世界文化正在跟着世界格局的更新而更新。

中国文化传统的价值与地位

陈　来：与美国等西方国家经济的萧条状况相比，与俄罗斯及东欧国家的社会混乱相比，近几年中国则在维持了社会稳定的同时保持了经济的较高增长。在这样的背景下国际上出现了两种动向，一种是对中国经济增长与发展的过高估计与渲染，一种是对中国的未来发展高度警觉。这后一种动向的代表就是哈佛大学著名的政治学家塞缪·亨廷顿最近的一篇文章《文明的冲突》，预言下一世纪的国际冲突不再以民族国家为主体，西方世界面临的冲突是与伊斯兰文明和以中国为代表的儒教文明的冲突。这两种动向足以使我们警醒。中国经济的起点低，人口又多，问题成堆，所以，尽管中国经济的发展开始进入快行道，但切勿飘飘然，古人说："戒慎恐惧"，这是为政之本。事实上，近三四年来的稳定与发展中正是由于有一种"戒慎恐惧"的因素参与其中，也就是说，要始终有一种"忧患意识"。

当然，随着经济的良好成长，民族的文化自信心必然随之增强。近几年里那种鄙薄传统文化的浮躁日渐消退，正是社会与经济发展的一种表现。去年费老写了《孔林片思》，提出我们的时代需要孔子，青年中应多一些懂得孔子的人，我读了以后很感兴奋。我想今天这个话题跟费老那篇文章的思想是一脉相承的。以下我就这个话题谈几点想法。

以仁为体，以和为用

费老的文章和讲话，使我想起了梁漱溟先生，梁先生是20世纪中国要当孔子的第一人。1949年梁先生撰成《中国文化要义》，这部书写了十四章，所要回答的，也正是类似费老刚才提出的问题，即如此广土众民，偌大民族融合，如此历史久长，这样的一个中国文化到底是由于一种什么样的力量和原因使得如此？梁先生最后的结论是：这是由于中国文化中理性的力量使然，是由于中国文化中理性早早地就成熟了。梁先生讲的"理性"很特别，他将理性与理智加以区别，他讲的理性是一种平静通达的心理。我以为梁先生所谓理性，用中国古语来说，其实还是一个"仁"的意思，若用西方学术术语来比附，可以说很近于欧洲现代社会学家哈贝马斯说的Communicative Rationality即"交往理性"。在这个意义上，可以说，现代西方社会思想呼唤的交往理性在中国几千年前已开启发展，所以梁先生说中国文化"理性早启，文化早熟"，认为这两点导致出中国文化的主要特征，并由此留给我们这一份巨大宝贵的家业。

从这里我想可以回应费老提出的问题，就是说，中国文化由梁先生所发掘的那个根源，不仅是中国文化几千年得以发展至今的缘由，也是我们可以贡献给今天世界的一份资源。中国文化可为21世纪人类提供些什么？从费老讲的，我首先想到的是一个“和”字。“和”是中国文化的一个重要观念。概括说来，“和”的体现可分为四个层次：第一个层次是天与人。如天人合一，主张宇宙或自然与人的和谐一体。第二个层次是国与国。国家之间要修好和睦，和平共处，国家之间讲究以“礼”来调节，而“礼之用，和为贵”。第三个层次是人与人。人际关系要和美谐调、相互理解、平等相待。第四个层次是个体的心理和精神生活，追求一种平和、和乐、中和的境界。从儒家思想的传统来看，“和”并不是一团和气的调和，儒家的理解是，“和”为用，“仁”为体。就是说，“和”的后面还有一个道德基础，那就是“仁”，好像梁先生讲的那样。这样一种文化——实践的结构与西方、印度都不同。如在对待自然的态度上，浮士德精神对自然采取强力剥削的态度，以这种精神无法导出人与自然和谐的价值与观念。而中国古人讲“仁者以天地万物为一体”，从仁出发，亦可肯定人与天地万物一体的圆满和谐。“和而不同”的模式对各种不同文化有相当宽厚的容忍性。当然，西方文化有其优长，这里都不必说了，我们只是说现代与未来。所以，归结起来，中国文化在观念和价值上对21世纪人类所能提供的有意义的东西，我以为从大的方面来说，就是“以仁为体，以和为用”。

吸收西方文化以推之，弘扬中国文化以挽之

回到传统文化与改革开放这个题目。改革开放在狭义上也是大家常用的意义上，特指经济改革。中共“十四大”以后，我们更加明确了，这是一个以市场为取向的经济体制改革。对于改革开放与传统文化的关系，我想我们需要站在整个社会发展的角度来了解。从社会的动力分析上说，市场取向的改革开放所要解决的是一个社会体系发展的动力问题。如大中型国有企业转换机制、放开搞活，都是要使之有活力，这是一个动力性的问题。但是一个社会体系光有动力还不行，它的发展方向怎样，如何均衡、合理、公平，这就与文化有关，这些是属于规范性的问题。所以，从社会的结构上说，改革开放用力处在制度系统上，而一个完整的社会发展除了制度系统外，还要有文化系统。因此，从动力——结构的分析看，一个社会体系的良性发展既要有良好的动力系统，又要有良好的文化规范系统，两者不可缺一，正如一个驱动装置一样，要兼善其动力系统与调节系统。

改革开放所利用的资源是西方传入的科学、民主等近代文化，而规范性系统则与文化传统密切相关，这里所说的文化传统主要是指传统文化的价值系统。根据刚才所说的动力——结构分析，对当代中国社会——文化的发展，我想提出一个文化的模式，“吸收西方文化以推之，弘扬中国文化以挽之”。这个意思不完全是我的发明，从前张东荪先生已经有了这样的意思。五四时代大家认为要学习西方，就要学启蒙运动、科学民主，传统则全部推倒。张东荪先生独具慧眼，他说西方近代文明发展到今天，全凭“希腊文明有以推之，希伯来文明有以挽之”。虽然张东荪先生仅就西方文化而言，但这一推一挽的结构我认为很合理。就是说，西方近代文明的发展一方面是希腊精神（加上资本主义作背景）赋予他动力，一方面又有希伯来精神即基督教传统为之确定价值，调节关系。这样就构成了一种良性的发展。从这点说，我认为，我们应一方面大力吸收西方文化，如科学、法治、民主、现代市场经济，进一步推进改革开放。另一方面要完善文化规范体系，批判地继承、创造地转化传统文化，特别是传统文化的价值系统。在文化规范体系方面，对传统价值的继承不仅包括古代中国文化，现代中国文化中的社会主义、马克思主义的价值也应包括在内，以共同构成社会的文化规范体系。这样，我们才能稳妥地建设有中国文化特色和完备市场经济的社会主义。

文化的功能与价值

最后，对“传统文化与改革开放”的话题我想再说几句。由于改革多指市场取向的经济改革，在这样一种了解下，我们看到“传统文化与改革开放”这类题目，往往会不自觉地朝这样的方向考虑问题：传统文化是否有利于改革开放？哪些有利于改革开放？哪些不利于改革开放？这样的思考虽然也有它的意义，但仅仅这样考虑，就会把我们的思考限制在一个功利主义的坐标中去判断文化的问题，仅仅去注意文化的政治经济功能。事实上，在传统文化中有不少内容与上面所说的改革开放是没有什么直接关系的，或干脆不相干的，如《楚辞》与改革开放有什么关系？有利还是不利于改革开放？可以说没有什么关系。但这不等于说《楚辞》没有价值。传统文化中的许多内容，如哲学、文学、艺术、宗教的价值并不是也不可能在功利主义的坐标中得以肯定的，而是要内在于文化自身发展的立场上来断定其价值。五四以来把传统文化与现代化对立起来的看法，除了全盘西化思潮的影响外，一个重要的原因就是未能解决判衡文化价值的标准，功利主义的影响太深。这种功利主义的蔓延虽有其历史的原因，知识分子在文化观念上未加深入清理也是一个原因。所以，我们看待传统文化，要从一个更高的角度，从人性和人生的需要、社会文化的全面发展，以及文化自身的内在价值来认识传统文化的意义与价值。

重兴礼仪之邦的光彩

苏双碧：传统文化有糟粕也有精华。其糟粕部分，如墨守成规、固步自封，以及家长制、封建特权等等，都是对改革开放起了束缚作用的，应该坚决扬弃；其优秀部分，如勤劳、勇敢、开拓、进取等等，都有利于改革开放，应该坚持和发扬。

传统文化和改革开放，关系十分密切。当前的反腐败斗争，有些人说腐败现象是市场经济的必然产物，也有人说它是资产阶级自由化造成的，还有人说这是极“左”思潮的产物。其实，这些说法都不妥当。腐败是一种历史现象，它几乎和私有制是同始终的。在两千多年的封建社会中，封建特权就是腐败的根源。封建特权这种传统文化中的糟粕，至今仍然在腐蚀着我们的政权，现在揭露出来的大案要案无一不是和特权有关的。所以，腐败的根源最根本的就是封建特权，反对腐败同时要反对封建特权。这就要在我们工作中提倡科学的态度和民主的精神，这是五四运动遗留给我们的优秀传统。讲科学讲民主，我们的官员，我们的工作就会有个标准和尺度，就会随时得到肯定和否定，就会受到应有的监督，腐败现象就自然而然会减少。

中华民族之所以是个聪明、智慧、健康的民族，是因为它是各族融汇、杂交的民族，中国传统文化之所以优秀，也因为它是杂交的文化。中国优秀的传统文化，大多是由各民族的优秀文化汇合而成的，也有许多内容是吸收外国文化而来的，如佛教文化、伊斯兰教文化，以及近代数学、历法、科学技术等等。任何一个民族的文化都不可能是单一的，单一的民族文化必然缺乏活力，经过一段生存之后，就会衰退没落。近代中国正是在着力于吸收西方的先进文化，并和中国优秀文化融会、发展。在近代中国，不论是戊戌变法时期维新文化，五四时期的新文化运动，抗日战争时期的大众文化，都是中国的优秀传统文化的继续，也都是吸收一部分西方文化融合其中，使这些历史阶段的传统文化变得活泼、有生气。现在我们所说的传统文化，其内容应当是包括历史上优秀的文化、西学传入并和中国优秀文化相结合所形成的新文化，以及马克思主义传入中国并和中国实践相结合而形成的进步文化三个内容，发扬优秀传统文化应包括这三方面的内容，而不单指封建社会的传统文化。

在改革开放时代，我们在大力弘扬上述三个内容的传统文化的同时，还要广泛吸收国外特别是发达的资本主义国家优秀文化，其中包括理论思维、文学艺术、绘画，以及建筑艺术、科学技术等，只有敞开大门积极吸收外来的健康文化，中国的传统文化才能在新的历史阶段得到发展。那种用世俗的眼光看外来文化，并把它视若洪水猛兽处处防范的人，他们以为什么都是自己的好，是目光短浅思想僵化的表现。

这里有个问题需要谈一下，在我们的传统文化中，精华部分相当丰富，除了大家所熟悉的诸如孟子的大丈夫精神、范仲淹的忧乐观、文天祥的生死观之外，还有诸如孔子的“仁者、爱人”，墨子的“兼爱”，以及中庸、和为贵的传统思想，等等。这些都有其合理的内核，如果结合当今社会一部分青少年道德的沦丧、喜欢斗殴、吵架，不会尊重人等不良现象，进行一些新的解释，赋予新的内容，在人民内部讲团结、讲友爱、讲和谐，或许有补于社会主义精神文明，可以引导人们去辨明善和恶的是非界限。特别是在改革开放年代，在建设社会主义现代化的时候，讲和谐，讲团结，更能充分调动全民族的积极性。我以为，类似这些思想是可以古为今用的，伦理道德的研究者是否也可以从这些方面下点工夫，重新焕发中华民族这个礼仪之邦的光彩。

紧迫感与自尊心

袁行霈：传统文化研究能得到热烈的响应，的确是值得注意的现象。分析其原因，大约有以下几点：第一，人们在建设有中国特色社会主义的过程中渴望了解中国的国情，包括中国的现在和过去，因而很自然地瞩目于中国传统文化。第二，在东西方文化碰撞与融合的今天，作为中国人理所当然地希望保存并发扬本民族文化中优秀的东西。失去自己的根，也就失去了与别人交融的基础。正如北大一位同学所说：“西方文化的引进可以帮助我们认识世界，但从长远发展看，我们必须有自己的东西，放弃本土文化而盲从于无论从心理到外在都隔了一层的异域文化，就失去了我们赖以生存的根。”近年来西方文化大量涌入，高层次的优秀文化进来了，低层次的甚至腐朽的也进来了，社会上已普遍存在着忧虑。在这种背景下人们很自然会把一部分兴趣转向中国传统文化，并以此作为平衡。第三，在腐败作风和不良风气膨胀的时候，人们怀念传统文化中特别是传统道德中那些优良的成分，如见义勇为，尊老爱幼，先天下之忧而忧，后天下之乐而乐。这些传统美德连同它们的魅力，有助于我们的下一代树立正确的人生观。第四，在一部分文人下海经商的气氛下，人们看到还有那么一些人孜孜不倦安贫乐道从事几乎没有什么经济效益的传统文化研究，从而产生兴趣并予以鼓励。

接下来就今天的议题谈谈我的看法。我们今天所从事的改革开放是一项前人从未作过的伟大事业，要从中国传统文化中寻找直接的经验是找不到的，中国传统文化本身不能指示出改革开放之路。如果死抱着传统不放，甚至会阻碍改革开放。但中国传统文化毕竟是几千年来生活在中国这块土地上的人们的创造，是一种从未中断过的极其富有生命力的文化，它有辉煌的过去，曾经在全人类的文化中居于领先的地位，它的优秀部分至今仍然散发着魅力。我们放眼世界，明显感到自己国家在经济、科技方面落后了，因而产生紧迫感。我们回顾自己那些优秀的传统文化，又强烈地感到我们的民族是大有希望的，因而产生自尊心。既有紧迫感，又有自尊心，才可以将改革开放搞好。一个失去自尊的民族还谈得到改革开放吗！再说，我们是在中国的土地上搞改革开放，不管愿不愿承认，也不管是不是喜欢，我们每天都生活在自己国家的文化传统之中。从这个意义上说，传统文化虽然是传统的，但又直接或间接地参与现实生活。不研究传统就不能很清楚地了解现实，也就不会很清楚地知道怎么改革怎么开放才更适合中国的国情。传统文化虽不能指示改革开放之路，但从事改革开放这个伟大事业的人是否了解传统文化，却关系着这个事业能否顺利进行。

从另一方面看，改革开放对我们研究中国传统文化也有重要意义。改革开放是我们研究传统文化的一个立足点。我们是站在这个立足点上回顾过去，而回顾过去又是为了更快更好地走向未来。我们并不是发思古之幽情，更不是要复古。我们走《新青年》的路，不走《学衡》的路。我们要继承和发扬传统文化中的精华，吸取世界各民族的优秀文化，以建设我们的新文化。

中国传统文化是人类文化的一部分，它原来就不是封闭的而是开放的。在悠久的历史进程中，它吸取了许多外来的文化营养，也向外传播着自己的成就。我们可以举出思想、宗教、文学、艺术、科技等等方面许多的例证说明这一点。我们今天研究中国传统文化，应当具有世界的眼光，要将中国传统文化放到全人类文化发展的格局中来研究，将长期以来文化的交融变成更自觉的文化行为。要特别注意发扬中国传统文化中那些有益于人类健康地走向21世纪的宝贵成分，也要特别注意吸取其他民族文化中那些富有生命力的东西。

中国文化太古老了！这一方面是我们的骄傲，另一方面也会成为我们前进的包袱。随着改革开放这个伟大事业的迅猛发展，中国文化必将出现新的面貌。

创造中华民族的新文化

李　申：我们的前辈，志士仁人，一百多年来的奋斗，目的是为了实现我国的现代化。改革开放，目的也是实现我国的现代化。

现代化包括文化的现代化。文化的现代化就是创造中华民族的新文化。创造中华民族的新文化，第一要从国外的先进文化中吸收营养；第二要从传统文化中吸取营养。传统文化是砧木，外来文化是接芽。外来文化必须嫁接在传统文化的砧木上才能成活，传统文化必有外国文化的接芽才能发展。对于创造中华新文化，同样重要，各有各的作用。夸大一方，否认另一方，都是不正确的，也不会成功。这不仅是说，我们应该这么做，而且也是100多年来我国文化领域里的实际状况。今天的文化现实，就是嫁接在传统文化砧木上的西方文化接芽所发育的枝叶和花果。

文化毕竟不是树，它需要不断发展。现在的改革开放，又需要以既存的文化现实为“砧木”，“嫁接”新的接芽。这个接芽一面来自国外，一面来自传统。

目前号召弘扬传统文化，就是企图再嫁接一些新芽。从实际情况看，

“嫁接”传统文化的行为可分为三类：一类是商业性的，如仿古食品、仿古建筑，利用古代艺术、名人等；二类是学术性的，用古代的认识成果发展今天的自然科学、哲学和社会科学，利用古代艺术发展今天的艺术等；第三类是精神性的，发扬优秀的传统文化精神来提高现代中国人的精神素质。这三种情况对于改革开放，都是必要的。商业的利用使我们广交朋友、广开财路，发展我们的经济。学术利用和发扬优秀文化精神可以提高我们的学术水平，培养我们自立、自强的精神。三类情况中，目前对传统文化的商业利用最为发达，学术利用和发扬优秀文化精神则比较薄弱。“发达”不是说已经够了，“薄弱”则令人忧虑。至于商业利用往往危害学术利用和发扬优秀文化精神，则更加令人忧虑。对目前的状况，那些对中华民族文化发展负有指导责任的人们应保持清醒的头脑，不可以为发扬传统文化就是搞些古食品、古建筑、古服装、古艺术；也不可以为跳了几场唐代歌舞，演了几场京剧就是弘扬了传统文化。这是弘扬传统文化，但不是弘扬传统文化的全部，也不是根本，根本是学术，是民族精神。

令人忧虑的现象是：一说弘扬传统文化，就人人披挂上阵，有点像1958年大炼钢铁，全国上下，男女老少，一齐动员，其结果是失大于得，甚至砸了好铁去炼出了废铁。炼钢需要技术，弘扬传统文化也需要学识，不是大哄大闹可以办得好的。

（摘自《群言》1994年第2期）

音乐文化与精神文明建设

编者按：1995年11月14日，民盟中央文化委员会和《群言》编辑部邀请在京的音乐界知名人士，以《音乐文化与精神文明建设》为题举行专题座谈。座谈会由民盟中央文化委员会主任刘德海主持，民盟中央副主席冯之浚参加了座谈会。在座谈会上发言的有（按姓氏笔画为序）：

乔　羽　著名词作家

郑小瑛　著名音乐指挥家、“爱乐女乐团”艺术总监

李焕之　著名作曲家、音乐理论家

李德伦　著名音乐指挥家

吴祖强　著名作曲家

楼乾贵　著名歌唱家、声乐教育家

刘德海：前不久公布的中共十四届五中全会的公报及《中共中央关于制定国民经济和社会发展“九五”计划和2010年远景目标的建议》中，都着重谈到了精神文明建设问题，强调建立必要的物质保证，并且要逐年增加投入。对文化事业中的硬件建设，过去也提过多次，关键是要进一步具体化。今天请各位来，就是希望大家就目前我国在音乐文化领域中存在的问题提出意见，共同商讨音乐文化如何能在精神文明建设中发挥更大的作用。请各位前辈老师各抒己见，说出心里要说的话。

献身音乐事业，为社会主义精神文明建设添砖加瓦

吴祖强：音乐可以陶冶人的情操，增强人的活力，调节人与人之间的关系，使人能找到生活的乐趣得到美的享受，从而进入一个美好的境界，使品格高尚起来。

同时，音乐作为一种文化，对社会发展也产生着巨大影响。看一个国家的文明水平和民族素质的高低，音乐修养是一个重要标志。音乐作为大文化的一个组成部分，究竟能对精神文明建设起多少作用？这是一个很复杂，也很值得深入探讨的问题。

精神文明建设如同盖一座大房子，国家的整体规划和布局是蓝图，也要有经济上的施工备料，我们个人的作用就是添砖加瓦。

现在音乐界有许多热心人在忙碌，千辛万苦碰了不少钉子却不知后悔。我觉得这种忙碌是起作用的，虽然中青年是主力，但我们许多老头、老太太们仍在第一线发挥着作用。譬如在座的郑小瑛同志，她的忙忙碌碌是有目共睹的，我看也是很起作用的。

郑小瑛：从1989年底开始，我们白手起家，组建了“爱乐女室内乐团”。在流行音乐的狂潮中，我们想方设法为自己找一点立锥之地，千方百计送一点健康高雅的音乐到学生中和社会上去，几年来我们去了60多所大学，演出了200多场。虽然很辛苦，影响不一定有多大，但终究是为音乐事业做了一点事，心里很安慰。

事实也证明，我之于1991年从歌剧院离休，不是干不动了，而是要自己“解放”自己这个生产力，在典雅音乐处于低谷的时期，作为一名音乐家，是责任心和良心驱使我去为社会多做一些事情的。

李焕之：郑小瑛的“爱乐女室内乐团”为精神文明建设做了很可钦佩的工作。她们到了60多所大学演出，这使我联想到中小学的音乐教育问题，也希望我们的音乐工作者能在青少年的音乐文化生活中多倾注一些心力。

去年在广州举办了少年卡拉OK电视大赛，有一百多首少儿歌曲是新创作的，这说明我们的词、曲作家为少年儿童创作一点也没有懈怠。但卡拉OK这种形式的文娱活动究竟效果如何，还应作进一步的社会调查。现在常有报道说卡拉OK进入了千家万户，而没有说明是什么样的内容和格调的音乐和歌曲进入了家庭，这也需要调查研究。

几年前，我曾为青岛港写过一首《啊！美丽的青岛港》的歌曲，是用群众歌曲的风格写的，既豪放，又有抒情的内涵。1987年青岛港举办了夏季音乐周，在歌咏比赛中，每一个合唱团都唱了这支歌，这首歌在青岛港传唱甚广，家喻户晓，幼儿园的孩子都唱。今年8月，青岛市举办了一次业余群众合唱比赛，青岛港的合唱队规模十分壮观，他们又演唱了我写的这支歌，而且获得了第一名。一支歌能家喻户晓，传唱这么长时间，是我事先没有想到的。这也说明了音乐是精神文明建设的一个重要环节，在人民的文化生活中是不可缺少的精神食粮。特别是开展群众性的歌咏活动，对精神文明的建设，提高广大人民群众的素质，作用更为显著。

中共中央十四届五中全会文件中十分强调精神文明建设，看样子中央是有决心让这一手也硬起来的，关键是要看如何去落实。例如对高雅音乐的提倡就要采取一些具体的、合理倾斜的政策措施，这样才能保证物质文明和精神文明共同进步，经济和社会协调发展。

乔　羽：歌词在文学艺术领域中是小小的“第三世界”，但却承担着极其沉重的创作任务。我们“中国音乐文学学会”是一个没有编制、没有拨款的民间组织，这个队伍发展很迅速，但因创作准备不足，所以水平参差不齐，与文学界、戏剧界和整个音乐界比，我们是最年轻、素养最差的一支队伍。虽然这支队伍有许多使大家不满意的地方，创作中面临的问题也不少，但也不是一无是处。我们在努力克服自身弱点的同时，也做了不少事情。

我们首先在资金不足的情况下，千方百计想办法为有能力写歌词又有一定水平，写过100首以上的词作者，每人出一本小册子，这就是由我们学会常务理事曾宪瑞先生主编的一套丛书《中国歌海词丛》，现在已出了近200本，有人说这是一件盛事，因为这种规模的出版发行工作，在整个文学界都是很难办到的。当然今后还要继续出下去。这样做，不仅为当代歌词家的作品提供了出版的机会，而且为将来的歌词研究者提供了最直接、最翔实的资料。另外主要想从理论建设上进行一些基础准备工作。中国的歌词事业经过几十年的发展，各个时期都出现了一些有代表性的人物，他们都有传世之作。如国歌的作者田汉，《黄河大合唱》的作者光未然都是震动了整个民族灵魂的大词作家。我们准备在理论研究的基础上，编辑出版一套《中国歌词理论丛书》，其中包括《中国歌词史》《中国歌词美学》《中国歌词作家论》《田汉论》《光未然论》等。我们还有计划地召开了现代的歌词作者作品研讨会，今年已经进行了6位。我们设想如果能对一百位中国歌词家的作品进行了成功的研讨，其理论价值和成果，必将为历史所瞩目。当然这些工作很寂寞，也很艰辛，同时因为缺少经费等问题困难重重，但是为了发展我国的音乐事业，我们还要努力做下去，甘心情愿地在歌词这片沃野中作承前启后的耕耘者。无论如何，这总比咳声叹气好，总比横加指责好，也比束手无策，只等待天上掉馅饼好。

让典雅音乐进入千家万户　假唱、假演现象有欠严肃

李德伦：有一种情况值得引起我们注意。过去我们只是在买东西的时候会遇到假冒伪劣产品，而现在假冒伪劣却公然侵入到了我们的音乐领域，而且愈演愈烈。在正式演出中用伴奏带的现象，前几年在一般性的群众音乐会上比比皆是，有的甚至是“全奏带”，只对口型唱双簧。这样的演出如只作为一种游戏还可以，在正式的文艺演出中就很不合适了。现在居然发展到在党和政府的重大招待会上也用这种办法，岂不贻笑大方？这岂不是发展假冒伪劣？唱歌用话筒，这本身已是不自然的东西了，把声音的美、器乐演奏的美、细致的表情统统吃掉，音色受到限制。这已经是伪

了，还要伪上加伪！过去曾听说过有的演员唱歌，忽然电源断了，声音就全没有了，观众提出抗议，说演员弄虚作假。现在不止是这个问题，而是公开的、有组织的、有领导的、有政府主管部门组织的活动，让这种事先录好音，现场表演配口型的做法出现在重大节日和重要政治活动的文艺演出中，这不仅是对观众的不尊重，也是对艺术的亵渎。是让人不可容忍的。艺术最重要的特点是真诚，这种做法能叫艺术吗？

吴祖强：我们这里讨论的音乐文化，主要还是严肃、高雅、对人身心健康有益的音乐。现在常有所谓“文化娱乐”的说法。有人建议从概念上就应该把文化和娱乐分开，我很赞成。因为这里似乎存在一个认识上的误区，好像很多人都在娱乐，文化事业就发展了，卡拉OK到处都是，仿佛中国的音乐文化就上了新水平。但卡拉OK根本不是音乐文化，只是一种自我娱乐，作为一种娱乐形式不必反对，但如归入音乐文化就是一种对音乐的歪曲。卡拉OK从日本传来，但在日本也没有像我们这里这样铺天盖地。这种娱乐活动根本不能代表一个国家的音乐文化的水平和发展，一定要把这两者严格地从基本概念上区分开来。

李德伦：唱歌要有伴舞，这可能也是一种艺术形式，在一般场合可以，但如果在正规的严肃音乐的演奏会上，就显得不伦不类了。

刘德海：在西方，严肃音乐、高雅艺术和通俗的文艺是互不干扰的。而我们现在却没有从概念上区分开。本来高雅的艺术，一经包装，变得粗俗了。而本来酒吧间里的艺术，却堂而皇之地登上了大雅之堂。这不单是降低了某一场重大文艺演出的品位和格调，也不利于推动我们整个音乐文化事业的进步。

郑小瑛：推动音乐文化的发展，影响最大的是电视台，电视是深入千家万户的。现在经常是MTV占据着黄金时间，影响很广。我看在MTV中，音乐并不是主角，而是在表现导演的种种奇思异想，往往音乐和画面毫无关系，听觉和视觉协调不了，看起来非常难受。可这是电视台很大的经济来源，因为歌星可以花钱买“亮相”，从而抬高自己的身价。典雅音乐没有强人的经济基础做后盾，是很难登上电视的大场面的。

注重理论研究，推动音乐文化事业发展

乔　羽：许多歌词的文理不通，莫名其妙，不知所云，已成为一个反映强烈，不容忽视的问题。除了我们自身的原因，这主要是受到了外来的影响，而且这种影响不是来自欧洲、美洲的流行音乐，甚至不是来自台湾，主要是来自香港。台湾的学校中一直还是比较重视传统文化和语言文学教育的，因此台湾歌曲中这方面的毛病比较少。香港则不然。我们的一些年轻人，自己文化水平不高，鉴别不了优劣，反以为这就是时髦，专门学习模仿这种文理不通的写作，不伦不类。

刘德海：把港台音乐贴上“通俗流行”的标签是极不公平的。那里也有高雅音乐，而且活动得很红火。高雅与低俗的艺术价值孰高孰低，那里的听众是很清楚的。在正规的音乐厅里绝不允许让歌星拿着话筒唱歌，我们为什么不把港台好的东西学来呢?

乔　羽：对于这种现象，我们只是一味指责、挖苦也不是解决问题的好办法，还是要脚踏实地作一些思想上引导和理论上探讨的工作，多在提高这支队伍的文化修养和理论基础上下工夫。我认为，建立中国的歌词美学是当务之急，歌词也是音乐文化的一个重要组成部分，不能总让它处于蒙昧状态，而应让它具有理性的光芒。希望各大学和研究机关中有志于此的理论工作者和学者，对这项规划能立项研究。

我觉得中国的整个音乐界也都面临着需要进行历史审视和进行理论总结的问题。不能总停留在一般的浮泛评论上，这种评论不是科学研究。

有人说目前我国音乐界是美声、民族、通俗三足鼎立。其实这三种音乐形式各有渊源，各有门径，各有需要科学研究和理论探讨的地方。如美声唱法是如何传入中国的？在和汉语语言结合中产生了什么问题？如何在中国的土壤上扎下根又产生过什么影响？出现过哪些有成就的人？他们的

主要成就是什么？现在面临的问题是什么？这些都需要有目的、有组织、有计划地深入研究。

我们举办了各种音乐会，组织了各种创作表演，设立了各种奖项，还进行了各种歌咏比赛。但在理论研究上始终是弱项，在音乐的百花园中理论的光芒太暗淡了。

对20世纪华人音乐经典进行美学理论上的研究，是推动音乐文化向前发展的动力。

郑小瑛：我们搞“爱乐女室内乐团”是希望把古今中外好的音乐介绍给青年一代。在目前交响乐和民族音乐都处于低谷的情况下，我们也吸收了一些民乐的演奏尖子，搞了一些中西合璧的乐曲，有一些已成了保留曲目演出了两百来场，有一定的群众基础。可是这种尝试在音乐界的分类中不知该归于哪一类？西洋类的室内乐比赛轮不上，民乐比赛更是连洋乐器伴奏都不许，这是不是都狭隘了点？前年我们去欧洲（德国、荷兰、法国）演出，就基本是洋乐器，演奏中国作品，或采用这种中西合璧的形式，很受欢迎。希望从音乐理论上也能承认这类品种亦属中国室内乐，也希望音乐界领导同志能关注这种音乐文化生活中的新现象。

楼乾贵：精品的产生，目前习惯于用“抓”的办法，大兵团作战，从上到下，领导挂帅选题目、组班子，集中人力物力，重点加工，层层筛选，百里挑一。我认为，从长远的发展观点看，这种办法不一定是科学的，也不宜于推广普及。还是应当从艺术创作的规律出发，努力提高文艺工作者素质，给予一定的条件、政策，经过艺术实践不断积累提高，最终产生佳作精品。艺术生产和所有精神产品一样，是艺术家复杂的精神领域创造活动的成果，在反映生活、体验生活和艺术概括时，必须经过自身的消化和吸收，才能通过作品反映和折射他们的思想和感情，从而更完美地表达作品。理解和尊重艺术家的创造性劳动，是出佳作精品的首要条件。建议从理论上研究探讨适宜于出精品的条件和土壤。

改革体制，增加投入，培养人才，文艺才能繁荣

郑小瑛：这几年从搞“爱乐女室内乐团”到组织“爱乐女交响乐团”的实践中，我们总结了一些经验，也有不少体会。我们这样的做法体现了一种灵活，整个乐团没有一个脱产的专职干部，为了共同的典雅音乐事业，大家不计报酬，利用工作之余的时间为青少年作一些普及音乐的演出，互相间形成了良好的关系。可以根据我们的编制约作曲家为我们作曲，也可以邀民乐演奏家参加我们的演出，每年推出一套中国新曲目音乐会，已经搞了5年，还培养了一个以前没有的女子铜管乐声部，经过培训，组成了中国第一支女子交响乐团。这样一种工作状态是一般的专业团体做不到的。我因此想大胆地提出一个想法：文化部的权力是否能多下放一些。因为像交响乐团、歌剧院、京剧院等团体应该怎么管理，各团已经有了多年的经验和教训，国外也有一些现成的经验可以借鉴，各团都有它独特的个性、特点，而文化部的领导不可能是每一个艺术门类的专家，不可能拿出一个方案对每个团体都合适。何不把权力下放，由中宣部掌握关于文艺的政策方针及意识形态领域的宣传导向问题，其他具体问题由各文艺团体自己管理。谁出好作品，文化部的钱就拨给谁，充分发挥经济杠杆的作用。西方一般是由董事会挑选交响乐团的音乐总监和歌剧院的院长，然后再由这些人去组班子、定章程、承担责任。

还有一件很伤脑筋的事，就是已经活动了五、六年的“爱乐女室内乐团”到现在还没有一个法人的资格，申请了多少次，就是不能给我们一个图章和一个独立的演出证。这种体制妨碍了我们更多更好地推广典雅音乐，真诚地希望文化部领导多到第一线走走、问问，更加相信基层群众，让真正有事业心的能干的艺术带头人充分发挥自己的才能，发展音乐文化事业。

李德伦：我们国家艺术人才不少，但演出很困难，如想组织音乐学院的教授在音乐厅演出就没有可能，因为他们没有演出证。音乐家协会也

没有。为什么有这么多框框限制这些音乐人才的发展呢？全国大约有九个音乐学院，各省、市、自治区还有艺术学院设音乐系，每年出不少音乐人才，只有少数人能被吸收进中央乐团和上海乐团这样的专业演出单位，多数人前途渺茫，在国内无用武之地，毕业后三年不演出，就完了，只好改行。很多人纷纷出国。我四年前就给文化部长提出过建议，拨出一部分经费，组织音乐学院优秀毕业生和国际比赛获奖的青年音乐家到各地去演出，根据影响力的大小分别去大、中、小城市，如每个人一年有开三套节目的任务，他们就会忙得不得了，英雄有了用武之地。在中国，多数城市人民根本听不到音乐，没有音乐生活，这是不正常的。有人说严肃音乐没人听，可以组织宣传嘛！在他们演出的同时要在当地的报纸上配合介绍文章，张贴演出海报，这一点很重要。

我们每组织一个城市的音乐会，就等于在这里撒下了一个音乐的种子。全国有30个省城如果选中15个城市，每两个月这个城市有一场音乐会，对这一城市精神文明建设有很好的作用。那么几年后，这个城市就有了一大批音乐爱好者。如果有这样一个战略部署，宣传与演出实践相结合，不但可以推动高雅艺术的普及工作，还可以培养一批新生音乐人才。我们国家这么大，有12亿人口，仅有现有的几个乐团是远远不够的。

文化部要对直属院团施行资格考评，我不知道这个办法是否科学。可能会对有的演出团体的艺术水平提高有促进作用，但并不是一个改革的好办法，这只是一个日常应常规进行的工作，不是一次就可以奏效解决所有的问题。

改革应把原来旧的体制，如吃大锅饭、铁饭碗、不考虑效益的体制改掉，代之以演出为中心，保留适合演出的、艺术水平高的团体。为了演出的需要制定各种制度，演出的质量、场次、规格有指标，每年有所提高。严肃音乐不可能凭演出养活自己，但应尽量多演出，尽量增加演出收入，不足之数，则由国家给予补贴拨款，社会给予赞助，国外都是如此。

刘德海：强调国有企业是国家的国民经济支柱产业，要大力扶持。我觉得这话只讲了一半，只能说是产生物质文明的支柱产业，还有一半是产生精神文明的支柱产业，就是各高等院校和国家级艺术团体。如果不抓好这一半，不给予经济上的扶持，我们的文化艺术就会为了维持基本的生存而陷入无政府主义的无序的自由化状态，应该像对待国有企业一样对待代表国家水平的艺术院团，否则人才大量流失，后果不堪设想。

吴祖强：精神文明建设不能只停留在“精神”上和口头上，应给予切实的物质上的投入并加强硬件的建设。物质文明建设和精神文明建设常常不能并重，每年开会都要说“两手都要硬”，而年年都有一手是软的，软的也总是精神文明建设，究竟是什么道理？看来精神文明建设比物质文明建设难度要大。

真正发展音乐文化事业，决不是像搞卡拉OK那样轻而易举就遍地开花了。要经过艰苦的努力，也需要投资，需要一定的物质保证。

李德伦：现在一些艺术团体靠出租房子吃瓦片、吃第三产业维持，这也许是转型时期不得已的措施，但这绝不是好办法，还会滋长很多不正当的经济上的犯罪。

吴祖强：音乐学院的毕业生外流很多，原因自然是多方面的，而我们是希望能有更多的人参加祖国的音乐文化建设，但看来只有大的环境改善了，特别是文化环境较大改善，才能吸引更多的人才留下工作，使严肃、高雅、有价值的音乐文化事业发展壮大，音乐文化本身得到发展壮大才能在推动社会主义精神文明建设方面产生更大影响。

对于企业资助文化事业，我们至今还没有明确的政策和鼓励办法。世界惯例，对社会资助文化事业都有特殊的政策，如减免税等，以吸引更多的资助。希望我们也能尽快制定必要法规，以有效推动社会对文化事业的赞助。

精神文明建设应该像对物质文明建设一样，有要求、有目标、有指标、有任务、可以检查、可以督促。

楼乾贵：广大的艺术家是重视社会效益和艺术效益的，他们愿意向人民群众奉献佳作精品，但目前创精品佳作所必须的条件太少。一次在市政协会上听一个歌舞团团长介绍改革成果，给我印象最深的只有两个字“弄钱”，一年之中演出好几百场。像这样把全部精力放在增加演出场次，增加收入，而忽视演员的休整、提高，也没有精力去规划创作新曲目，能长久吗？这只是一种急功近利的短期行为，无异于杀鸡取卵。我毫无批评该团领导的意思，因为他们为了维持本团的生存也有着不得已的苦衷。没有一个建立在符合艺术发展规律，能促进文化艺术事业繁荣、提高的文艺经济政策，文艺团体别说出精品，就连维持现状也很困难。应当对文艺事业在经济上有一个符合国情有利于两个文明建设的倾斜政策，以调动中央、国家级文艺单位的创作积极性，使他们多出精品，起到示范、导向的作用，以推动我国整个的文化事业向着健康的方向发展。

刘德海：今天座谈会开得很成功，诸位前辈的发言，言之有物，言之有理，同时指出了目前令人担忧的种种文化现象，这应该引起全社会、尤其是掌管文化的领导者的高度重视。

改革开放十几年来，在座的音乐界前辈始终以满腔的热忱站在精神文明建设第一线，为弘扬祖国和世界的音乐精品任劳任怨地工作着。我深受鼓舞。这种敬业精神值得我们中、青年音乐家学习。

精神文明建设应当从长计议，尽早结束以往“多头抓又都管不了”的局面。为此，我们要呼吁：将1996年定为“精神文明建设年”。在中央通盘筹划之下，有组织、有计划、有步骤地带领全社会切切实实做些使精神文明建设这一手“硬”起来的事情。

最后，再一次感谢各位前辈来民盟做客谈心，希望以后常来常往。

（摘自《群言》1996年第1期）

赤子丹心　报效祖国

编者按：20年前，在邓小平同志的大力倡导下，我国开始向国外派遣留学人员。随着改革开放的深入发展，出国留学人数剧增。1988年和1990年，本刊曾分别以《归国留学生的心声》《归国留学生的希望和建议》为题进行过专题座谈。十年过去了，世界形势发生了变化，我国的建设事业也有很大进展，怎样做好出国和归国留学生的工作，国内外人士都十分关注。为此，本编辑部以《赤子丹心　报效祖国》为题于3月12日再次邀请部分归国留学人员座谈。会议由民盟中央主席丁石孙教授主持。参加座谈会的有（按姓氏笔画为序）：

刘忠范：北京大学化学学院教授（留日）

张继平：北京大学数学学院院长（留美）

张维理：中国农科院研究员（留德、荷）

赵南明：清华大学生命科学与工程研究院院长（留美）

袁亚湘：中科院计算数学与科学工程计算研究所所长（留英）

贾建平：宣武医院主任医师（留澳、新）

高建平：中国社科院文学所副研究员（留瑞典）

黄泰岩：中国人民大学经济学院副院长（留美）

韩启德：北京医科大学副校长（留美）

董　奇：北京师范大学教育与心理科学学院副院长（留美）

丁石孙：很高兴今天能把大家请到这里参加座谈会。各位都是改革开放后出国留学，学成回国后，在各自岗位上为国家作出了贡献。回想20年前，当我国刚实行向外大量派遣留学人员的政策时，我们没有想到它对我们国家会产生如此重大而深远的影响。那时，由于我国与外界隔绝时间太久，我们不了解世界，也不知道与别国的差距有多大。包括我自己也是在1982年出国之后，才更深切地感受到我国与发达国家之间存在着如此巨大的差距，感到必须到国外学习先进的科学技术、适用的管理经验和有益的文化。现在，当我们聚在这里回顾20年来改革开放取得的令人瞩目的成就，就会发现这一切无不与出国留学政策密切相关。今天的座谈会就是请大家结合自身感受谈谈对这个大政策的理解，还有哪些困难和问题需要解决。《群言》杂志是面向广大知识分子的刊物，出国留学政策及其相关问题是知识分子所关注的，希望大家畅所欲言，充分发表意见和建议，以推动这方面的工作。

人才外流已使高校后继人才匮乏

韩启德：回首20年来的出国留学工作，其意义重大而深远。我国改革开放的成就，尤其是科技、教育的发展，都同这项工作密切相关。可以说，这些年来我们取得的令人称道的成绩，很多都是由出国留学人员作出的。20年过去了，我国面临的政治、经济形势，留学人员的构成和思想状况等都有了很大的变化，我们的留学政策是否需要作出相应的调整呢？当然，“支持留学，鼓励回国，来去自由”的基本原则不能变，但对具体的一些政策，一些做法还是应该根据情况的变化随时作出调整，要认真调查研究，作出前瞻性的战略思考。

目前学校的工作受到人才外流的严重困扰。如北京医科大学自改革开放后，大批人员出国。80年代中期以前，大多数人都能回来，在学校发展中起了关键性的作用；但从90年代以来，回国的比率越来越低。每年出国150—200人，回国者却屈指可数。人员的流失，造成我校学术队伍发生年龄断层，基础学科尤为严重。人员只出不进，人才严重匮缺，自然就想到要从国外招收人才。原北医大的工作人员或毕业生仅在美国就有数千人，其中不乏优秀人才，哪怕有百分之几的人回来，问题就解决了。学校用尽办法，无奈收效甚微。最近教育部搞了一个“长江学者奖励计划”，解决青年学科带头人的生活待遇，每人每年津贴十万元，结果吸引回来的国外留学人员加在一起也不过20余位。究其原因，主要还是国内外生活条件和学术环境的差距太大。总结教训，使我们看到，如果一心只想吸引国外的人才回来，结果非但国外的人回不来，反而使国内的觉得似乎只有出国才是唯一出路。记得十几年前，丁石孙在北大任校长时就说过，人才工作的重点应放在国内，这是千真万确的。现在的关键是在国内积极创造人才成长的条件，建立人才竞争的机制，还有一点就是要努力改善国内知识分子的待遇。

我们在学校里发现一个耐人寻味的情况，凡是在国内工作已有一定基础的年轻教员，特别是教学医院的年轻医师，留学回国的比率远高于刚毕业就出国的学生。究其原因，主要是因为他们已经有过国内工作的经历，比较容易看到在国内建功立业的前景。由此我想到是否可以从本科生开始，物色少数有潜力的人才苗子，毕业后留校继续给予重点培养，并尽快让他们挑担子，在挑上担子后再送他们到专业对口的已有合作关系的国外单位进修学习。预计这种办法可以提高回归率，并更有利于学科发展。

此外，我们在宣传导向上也有值得推敲的地方。鼓励回国，自然对留学人员要很亲切。但是公派逾期不归总是不对的，不能没有一点舆论压力，宣传上要掌握好度。更重要的是注重宣传立足于国内的优秀人才。我总在想，解放初期很多优秀的知识分子放弃国外优越条件，历尽艰辛回到祖国。尽管后来他们在历次政治运动中吃了很多苦头，但痴心不改。现在50—60岁的一代人，与共和国同风雨，共患难，绝大多数仍甘心在艰苦的条件下为国家服务。而年轻的一代，生在“蜜罐”里，不少人出国后反而觉得自己的国家这样不好，那样不好，不愿意回来。我总觉得我们的教育还有值得反思的地方，我们在基础教育阶段的思想和道德教育是不成功的。我们在国外的留学生很大一部分在去留问题上存在矛盾，一方面不满意在国外的处境，想回国；另一方面又总觉得国内的条件不好，下不了决心回国。在这杆秤上哪怕是加上一点国家和民族利益的砝码，是不难向祖国一边倾斜的。

当前，发达国家正在进一步加紧掠夺发展中国家的人才。我们应把人才外流现象提到战略的高度来考虑。目前的留学政策不能动摇，但也要花力气扭转人才外流的严重局面。而要扭转局面，关键在于把国内的事情做好，把知识分子政策执行好，把高校教师队伍稳定住。

重视和开展留学政策研究

董　奇：留学政策涉及整个国家的发展，今天我主要谈谈重视与开展留学政策研究的问题。我认为，我们现在无论在对科学研究的认识上，还是在科研的投入上都存在一些偏差。其中之一就是重自然科学研究，轻社会科学研究。事实上，国家一项重要政策的出台（如20年前的改革开放、留学政策），可能会对一个国家的发展产生重大的影响。那么，如何科学决策就成为一个十分重要的问题，这不是仅仅靠自然科学的理论、知识、方法就可以解决好的。

留学政策应作为国家的重要科研项目，用科学的态度来评估和研究。例如，根据我国经济社会的发展，国内外形势的变化，不断完善、调整好留学政策，将对国家发展产生重要影响。民盟中央主办的《群言》杂志召开这样的座谈会是相当有眼光的。建议民盟组织一批专家学者，以科研课题的形式专门研究这一重大问题。如果能把这个问题研究透彻，写出科学论证报告，对我国的决策科学化和民主化也会产生积极影响。

对留学政策进行科学研究，首先应对20年来的留学政策及其变化过程、成功经验、不足与效果作一个比较全面、科学、客观的评估。刚才韩校长谈到实际工作中存在的问题、困难很具体，值得重视。就我所知，目前还没有人对这个问题的广泛性、严重性与对策等进行深入的研究，并以科学咨询或研究报告形式呈现出来，提交有关决策部门。这里实际上也涉及到一个重要问题，即一个国家的留学政策怎样随着国家与社会的发展、人们价值取向的变化进行相应的调整。一些政策如果不能根据国家与社会发展的新情况及时进行调整，那么，它们虽然在过去取得了显著效果，但是在新的条件下则不一定适用。

对目前留学人员的去留问题需要用科学的态度进行分析。人的需要是多方面的，除衣、食、住、行外，还有自我发展、自我实现的需要。留在国外的留学人员，也并非认为国外一切都好，都不愿回来，只是他们许多人未能在国内找到能够发挥自己专长的工作单位与环境。所以，改革科研体制、改善科研条件与人才发展环境是鼓励留学人员回国工作的重要前提，应予以重视。

在社会转型时期，留学问题会显得复杂些，应细致妥善处理好。比如，一方面出国留学或工作是人的一种基本权利，但是另一方面又涉及到国家培养了你，你要为国家作贡献。

现有人才主要是国家花钱培养的，但国家不能总是白花钱为外国培养人才。我相信随着市场经济的发展，这一情况一定会发生变化。如果上大学、读研究生的费用都由自己支付，这方面的问题就会变得简单些。

建议国家将重点放在资助那些已作出一定成绩的人。这些人有工作经验，年龄适中，在国内的发展与工作条件也不错，又多有家庭，因而比较稳定。

刚才提到“长江计划”，我觉得它是一项重要措施，很有价值。但是，我们也必须认识到，这一措施对我国科技的整体发展的作用是十分有限的，对广大科研工作者还可能带来正反两方面的影响。我们国家要实现科技创新与民族振兴，需要大批知识分子和各类人才，而不能仅靠少数拔尖人才。因此留学政策也要注意把国内人才稳定住，为大家创造良好的条件和氛围，充分发挥他们的创造潜力。长江计划虽可能吸引100位杰出学者，但如果我们的科研体制不改革，人的创造潜力不能很好的发挥，也许过不了几年，他们中的一些人还会再流向国外。类似的事情已有先例。

我认为研究留学政策一定要针对客观实际情况，要多元化，要有一定的灵活性。现在无论是普通访问学者还是高级访问学者都可以申请留学基金，但仅此措施是不够的。建议采取一些新的措施，如增加对全国重点院校、科研机构骨干研究人员参加国际学术交流的资助，简化已有多次出国经历的人员的出国手续等等。

总而言之，留学政策的研究是国家科学决策的基础，国家应注意对这一重大问题的专门研究。

黄泰岩：我国政府就留学生问题出台了一系列正确可行的政策措施，并取得了良好的效果。今后如何做好留学生工作，我认为应注意以下几个问题：

一、要继续坚持和完善留学生派出制度，不断扩大留学生的规模。从我国发展的角度来看，越是没有人出国，国家就越封闭，越没有发展前途。我国的改革开放之所以能取得今天的成功，一个重要的因素是有大批的海外华侨、华人，他们中有的成为科学家，有的成为企业家。当我们打开国门时，他们怀着恋家的心情回国看看，带回了资金和技术，投资办厂，成为我国对外开放、引进外资的排头兵。如今他们大都已年过花甲，需要有大批的后来人。这就需要我们根据我国的能力积极派出留学生，更要鼓励自费出国，加强我国与国外的纽带联系。我国是一个发展中的大国，实现现代化，走向繁荣富强，就需要利用后发优势，跳跃式迅速发展。要做到这一点，就要引进、消化、吸收国外的先进技术和管理，就要利用国外的资本。在这方面，广大留学生肩负着责无旁贷的重任。

二、要把留学生是否回国与是否爱国区别开来，不要简单地认为留学生回来就是爱国，不回来就是不爱国。报效祖国可以有多种多样的形式，只要能为祖国的改革发展出力、作贡献，不管人在哪里，都是爱国的。想方设法卡国内的人不让出国，往往事与愿违。只有出国的人多了，回国的人才会多。

三、要对留学生实行“国民待遇”。我国的对外开放越来越深化，以各种形式出国和回国的人越来越多，回国潮的势头已经开始显现，国际间的交流也越来越多。在这样的基本背景下，对留学回国人员是否也应实行“国民待遇”，与国内人员以及先期回国的留学生平等竞争，按能力定岗、定待遇。只要有能力，不管是土博士还是洋博士，都要重用，都要给予施展才华的机会，对作出的贡献给予相应的报酬。

四、要走出单纯用物质待遇吸引留学生回国的误区。我国是一个发展中国家，物质待遇无论如何也无法与发达国家相比，而且只追求物质待遇的人也不会回国。回国的留学生主要是为了追求心爱的事业。中国改革和发展所带来的大变革，对有事业心的年轻人来说是千载难逢的展示自己才华的绝好机会。改革和发展面临的问题多，机会就多，这是巨大的吸引力。只要积极推进改革和发展，大批留学生回国是势所必然的。

以开放的平静的心态看待人才外流

张继平：我们这批40岁左右的人，是改革开放政策的最大受益者。我们对改革开放政策怀有深深的感情。向外派遣留学生是我国改革开放的需要，是我国科技、经济发展的需要。要用一个开放的、平静的心态看待人才的外流。一个国家在一定的发展阶段，在一定时期人才外流是难以避免的，没有外流，也就没有流进，只能是封闭的。这些年我国有不少的人才流失了，这是非常令人痛心的。但同时也应看到，有一大批充满活力、掌握最新科学知识的年轻人陆续回来。这正说明了改革开放后我国实行的出国留学政策是正确的。至于一些具体措施，可以进一步改进和完善。不能采用“堵”的办法，而应该从解决具体困难和问题着手，使留学归国人员能心情舒畅，最大限度地发挥作用。

另外，对留学人员在国外的艰辛要充分地理解。我在国外时遇到很多留学生，对他们所遇到的种种困难体会很深。特别是在找工作求生存阶段，会遇到很多问题。即使是最高层的知名科学家，已在欧美学术界很有地位了，也难免有种种苦恼。尤其是美国社会对华人的一些偏见，并不因为你在哈佛等名校当教授而有所改变，要留在那里就必须面对和承受这一切。

在美国伯克利加州大学开会时，很多人对我说：我们这些人心里都怀着一份愧疚，国家培养了我们，我们却不能为国家做贡献。我说，祖国能够充分理解你们。第一，你们好好地发展自己，你们水平提高了，对科学作出贡献，我们都高兴，中国人都高兴；第二，在你们力所能及的范围内，多为国家做点事情，不一定非要回来才叫爱国。他们说，这两点很重要，以后我们要这样做。而实际上，他们确实与我们联系很多，帮助我们做了很多事情。作为北大数学学院院长，我非常感谢他们。

我觉得应充分利用出国留学人员资源，这是国家的宝贵财富。近年来，我们已经探索出一些好的做法。一是回国服务应该欢迎，为国服务应该鼓励，国内、国外两个基地建设都应大力支持，我们要创造条件让他们发挥作用。应该看到，他们当中的很多人水平很高，他们在国内几个月作出的贡献比我们一些人一年作出的贡献还要大。我们应有这样的胸怀和魄力来支持这项工作。

二是智力引进和人才引进并重。至少从北大数学学院讲，我们从来不偏废哪一方面。现在我们举办特别数学讲座，聘请世界上在某一领域最著名的专家学者，到中国来讲学。第一期已举办，效果很好，这样做不仅促进了科研水平的提高，更重要的是推进了教学，使我们真正认识到什么是创造性教学，把最新科研成果贯穿到教学过程中，学生们反映非常好。

三是要尊重留学人员的选择，要按国际惯例办事，对他们要严格要求。我觉得这三者缺一不可。

我对国家的发展充满信心，从长远看，中国的强大是必然的。现阶段对人才外流既不能听之任之，也不能看得太严重。这个问题不是制定了某一项政策就能立竿见影地得到解决。当前最主要的是贯彻好党的留学政策，既有正常的人才流动，又使科研水平不断提高。

赵南明：我是改革开放后第一批赴美的访问学者，1981年回国后，主要负责清华大学生物系的恢复和重建工作。多年来一直担任系主任，1994年清华成立了生命科学与工程研究院，我又担任院长。

重建后的清华生物系的历届毕业生中，有相当大部分获得美国高校奖学金资助赴美深造。我的博士生、硕士生，毕业后也大多去了美国。我一度感到压力很大。认为国家花了大量的钱，辛勤培养出来的优秀人才都出国了，我们的办学方向是否有问题？1985年我率清华理科代表团访美时曾就留学生归国的问题请教过杨振宁先生，记得杨先生说（大意如此）："……留学生问题和人才流动问题与各国的经济状况有关，不但是中国、印度这样的发展中国家，就是欧洲（例如英国）的一批优秀的年轻人也往美国流动。一般说来，只要工资相差五倍，就会产生人才流动……以后中国经济发展了，回国的留学生自然就会增加。"我听后茅塞顿开，它使我联想起热力学第二定律：当存在密度差时会产生质量流动，当存在温度差时会产生热量流动……如今中美之间的工资差岂止是五倍？因此人才向美国流动和一批留美学生滞留未归的现象在中国经济发展的一定历史阶段是不可避免的。以往的经验证明，"卡"并不是好办法，简单地"卡"只会使我国的科教和经济再度封闭和落后，从而使人才流失更为严重。事实上，在我国公派的留学生和访问学者中，有相当一部分优秀的人才已经回国，并且已经成为当今高等学校、科学院所以及国家机关和高新科技产业的骨干力量，他们已经在我国的教育、科研事业中发挥着越来越重要的作用。以清华生物系为例，目前全系的教授、副教授几乎全是归国的留学生和访问学者，特别是近年来，约有十名平均在国外呆了近十年的优秀留学生加入了我们的教师队伍，显著地优化了我系师资队伍，并促进了我系教学和科研水平的提高。

为了吸引留学生回国工作，科学院和教育部在工资、住房、起动经费等方面都出台了一系列的优惠和倾斜政策，其出发点是好的，有些措施也是必要的。但我认为有关留学生的宣传以及相应的待遇不宜搞得过于突出和特殊，以至出现“招来女婿，气走儿子”的事情。归根到底，有关留学生的政策应当是知识分子政策的一部分。只要是优秀的人才，不论出过国否，都应当一视同仁。如果将某些归国留学生捧得过高，宣传过头，将他们的工资待遇搞得比院士和有重要贡献的资深教授都高得多，那就会产生种种副作用。例如，会使人误认为只有出国镀金才能得到国家的重用，也可能会挫伤长期在国内埋头苦干的资深教师和研究人员的积极性。

留学生政策实质上是知识分子政策的一部分

袁亚湘：我很赞同刚才几位同志说的，留学生政策实质上是知识分子政策的一部分。现行的出国留学政策虽有积极作用，但也有一些值得引起注意的问题。如：留学生回国头三年属于“海外引进人才”，可享受许多留学生政策的优惠。但三年过后，又不得不与国内知识分子的待遇接轨，马上就能感到一种“落差”。

我不大赞成对留学生有特殊政策，那样做会产生许多消极影响。我认为现在更重要的是要进一步落实知识分子政策，只有这个问题解决好了，才有利于吸引海外学子回来工作。当然，政府的职能部门和用人单位，要充分考虑到留学归国人员的具体困难。比如现在留学生中很多人不回来是因为孩子的原因，他们的子女已在国外上中学，回来以后需要有特殊的学校，北京将来是否可以考虑办一些用英语教学的学校。诸如此类，还可以做很多事情。

对当前我国知识分子队伍的状况要有一个正确的估计，对国内人才与国外引进人才都要妥善安排，它涉及到我们对形势的判断。一些有关人才的计划，包括科学院的“百人计划”，规定一律从国外引进人才，这种对人才的急切心情我们完全能够理解，但是从深层次看是否合适？我认为，人才定位还是要根据现有条件作出最优化的选择。比如北大能请到张继平教授，那么就应该100%地放心，把北大数学学院交给他，不要老去问：“国外是不是有更优秀的？”这会让人产生不必要的误解。很多人都有这样的感觉：刚从国外回来时，各方面对你都很好，三年以后，又有了新的更优秀的人才，你就会受到冷落。是先引进的人水平不高，还是因为他们已从引进人才变成国内人才后，不需要再受到重视？这是一个深层次的问题。能否借鉴一下50年代的经验？当时，一大批科学家回到祖国，国家把很重要的工作交给他们，让他们带领一支很大的队伍，并依靠这批人把国家的科技搞上去。现在政府是在不断地引进一批又一批年轻的人才，这是好事；但我认为应该两条腿走路，无论国内人才还是国外人才都要予以重视。现在的一些做法，实际的效果就是把国内的人先赶到国外呆几年再回来。其实，国外很多优秀人才可以通过很多方式和渠道为国服务。最重要的是要把国内环境搞好，切不可忽视国内人才的发展。现在我们的人才定位我感觉还不是很清楚，由此引发出来一系列问题，包括怎样扩大与国外留学生的交流？许多主管部门（如科学院、教育部）都有各种引进人才“计划”或“工程”，为什么不能让这些部门只抓宏观管理，具体事情由高等学校或研究所决定。现在很多人才方面的计划不是由内行来评，而是由外行来评，搞得学校与学校之间、研究所和研究所之间互相争名额，实际上是劳民伤财，达不到很好的效果，也不利于国内人才的提高和发展。我们应有这样的机制，要充分发挥海外人才的作用，为什么不能通过国内的一批学术带头人做这件事情？这样可能会更有利于加强双边之间实质性的交流，推动国内科学事业的发展，更有利于培养国内的优秀学术骨干和吸引优秀海外人才回国工作。

刘忠范：一些留学生在国外的时间较长，已适应了那里的工作和生活环境，渐渐对国内感到陌生，权衡再三才能下决心回国。我在国外时最关心的是国内能否有很好的软硬件条件，使我能继续自己的科研工作。1993年回来以后，一切都是从零开始，最初学校给了两间空房子，除了水电什么都没有，没有人员也没有经费。我只好自己动手，土法上马，从到工地、工厂找沙子、锯末，建起防震台开始，慢慢发展起来。现在已有30多个人、17间实验室，经费和实验条件有了很大改善。尽管创业充满艰辛，但能够在自己的国家，从事自己热爱的工作，逐步实现自己的人生价值，还是有一种成就感的。

我认为吸引人才很重要的一点是“引外必先安内”，不知这样说是否恰当。“外”是指外面的留学生，“内”是指已经回来的人，包括国内培养出来的人。因为回来的人的今天就是没回来的人的明天，已回国的人能够很好地发挥作用，干得很愉快，并做出成绩，这是最好的宣传，最大的吸引力。刚才赵老师讲：“引来女婿，气走儿子”，我要补充一句：“引来二女婿，气走大女婿”。什么意思呢？儿子似乎是“土博士”，大女婿是先回来的人，二女婿是后回来的人。我们的政策总是不断变化，吸引人才的筹码也越来越多。

张继平：赔了女儿又折儿。往往刚回来时受到重视，慢慢地随着新人的引进而被忽视。让人有“早回国不如晚回国，晚回国不如不回国”之感。我想，国家的政策要有一定连续性，不能想尽办法把人家拉回来以后，再引进新人，就不管先回来的了。在这方面我有两点建议。一是要创造一个良好的环境和土壤，在这个环境和土壤中，无论是海外回来的人才还是国内的人才，都能很好地工作，并有所成就，这样国外人才自然会回来。俗话讲得好：没有梧桐树，难招金凤凰。二是要提高国内知识分子待遇。尽管留学生回国不是为了待遇，但是国家不能因此而不考虑这个问题。现在国内教授的待遇不仅比国外低，就是同国内其他行业相比也要低很多。从经济利益上讲毫无动力可言。我们不能总是单凭觉悟和兴趣工作，还是应该所劳有所获。现在从讲师——副教授——教授——博导工资相差无几，干与不干一样，干好与干坏一样，仍是吃大锅饭，这样对大家既没有压力，也没有吸引力。

张维理：我是搞农业信息技术的，在德国拿到博士学位，又到荷兰做博士后。我的丈夫是德国人，当时回国的顾虑自然比别人少一些，确实想干一番事业。回国以后在经费、科研条件方面基本上没有得到特殊的支持。由于刚从国外回来，无论是科研条件还是科研方向都有一个重新定位的过程，所以发展是很困难的。我之所以能坚持下来，还是因为当年插过队，比较能吃苦。但也曾有过在国内“于国无利，于己有害”的想法，很想回去。经过一段艰难的调整、磨合、适应，特别是在几个志同道合的同事朋友的帮助下，又发展起来了。这两年虽然发展得比较好，但通过自身感受仍觉得有些带有政策性的问题值得进一步探讨、改进。

我感到留学生回国的问题在一定程度上与能否来去自由、回国后能否发挥作用有很大关系。而我国现行用人制度直接影响留学生发挥作用。在国外很多人做完博士后，经常要有两年或几年的合同。国内科研单位，项目全是承包制。很多人回来并不是为了报酬，而是希望能够发挥作用，只要是对科技发展有用，人的价值也就得到了体现。如果能够保证他在国内做两年研究，工资达到一定水平，一定有很多人愿意回来。有些人回来后，不但带回了项目经费，同时引进了新思想、新技术。这是对国内发展很有利的事情。如果我们的用人制度有所改善，我们的某些政策再灵活一点，让留学生没有思想顾虑，会有更多的人愿意回来。

我所在的农科院现在已在试行一所两制，我们的课题也应有两制。对研究人员可采用聘任制，年薪12万自然有人来了。对有的人聘用时间不必很长，可先定两年合同，课题结束了，可以再找新的课题，找不到，合同自然就结束了。

有时国家不一定给钱，只要给个灵活、优惠政策就行。现在科研单位月平均工资只有1000元左右，要是把工资一下子提到10000元，比院长的工资还高很多，肯定不能持久。如果给个政策，让他们的部分工资从项目经费中自行解决，就可能容易办到。

回国的经历和感受

高建平：我是学美学的。1989年去瑞典乌普萨拉大学读书，1996年获得博士学位，1997年回国。我的情况与在座的老师有所不同。人文学科在我国还没有受到应有的重视，搞人文学科也相对要困难得多。例如，中国有科学院院士、工程院院士，社会科学、人文科学就没设院士，由此也影响到这些学科在社会上、在决策部门和国家行政单位干部心目中的权威性。这一点在留学政策上也可以看出。人文学科出国留学的人很少，出去的人也绝大部分不再搞专业，能够坚持把专业读下来的不多。在瑞典，我是中国大陆去的留学生中第一个获得人文学科博士学位的。

据我所知，许多留学生学成后都很想回来工作，但渠道不畅，回国无门。我快毕业时，就开始联系回国工作。谁知前后花了差不多两年时间。我当时曾给国内不少单位写信，寄去简历，还把我在国外出版的两本专业著作给他们寄去。两本书的出版者都是一流的学术书出版社。书出版后，在国际公认的重要学术刊物上有大师级学者写的书评。我想，这些对我在国内找一份工作总会有帮助吧。谁知信发出后就石沉大海。我对那么多单位都不回信感到奇怪，回国以后设法询问，结果真使我吃惊。原因有多种多样，一是国内的一些单位对国外回来的人视为洪水猛兽，怕不好相处，无法领导。也有些单位在犹豫，需要看看再定。因此他们不愿主动写信。怕人家回来了，又不想要，路费谁付？于是就拖着，拖到留学人员等不及了，自己回来与有关单位见了面。这是你自己找上门来的，他们要不要就可以两便了。可惜在国外的留学生都不习惯这种办事方式，认为这样做缺乏起码的礼貌。

后来，一位在社会科学院文学所工作的朋友把我的情况介绍给所领导。文学所领导很重视，很快报到院部，决定要我，安排了住房，尽力帮助我解决各种困难。我回来时间虽短，但也做了一些工作。参加一些课题的研究，还做了一件事，中国美学学会一向与国际美学协会没有联系，我回来后帮助联系上，使中国美学学会成为国际美学协会的一个成员。

相比之下，我是幸运的。大量仍在国外的留学生想回来，就是联系不到工作，又不愿意辞掉那边的工作回来再找，弄得两头不落实。这方面，我认为国家可以做一点事。现在有一些单位派人出国招聘，学科和专业都限得太死，只注重应用性学科。一个具体的单位这么做当然可以理解，但国家应统筹考虑。愿意回来的留学生，由国家出钱，派到一些单位试用一段时间。帮助他们平稳度过与国内单位在办事习惯和专业研究方式等方面的磨合期。现在国家办了一些留学人员回国创业园区，对于一些应用性学科有用，对于一些基础性学科就不一定适用，对于人文、社会学科就更不适用。

我回国还遇到另一个问题。原单位要我赔他们18000元。问到人事部、教委，都说不该交这笔钱，但同时告诉我，他们管不了。最后没办法，只好交。

刚才有些老师提出“招来女婿，气走儿子”，还有老师讲，“招来二女婿，气走大女婿”。自然科学方面的情况我不清楚，在人文学科我看不出有这种情况。还有，这种说法本身也值得推敲。留学生是中国派出去的，本是中国的儿子，凭着自己的聪明才智，利用外国的教育经费，学来了知识，回来为国家服务，却被说成女婿，让人心冷。最近中央领导也提出要对留学归国人员政治上关心，生活上帮助。但实际上，现在有很多事情做得远远不够。例如一些规定上的不公平。比方说，我在职称评定上比起没有出过国的人要吃亏不少。我妻子工资就比同时毕业的人少两级。她在国内有汉语语言学的硕士学位，又在斯德哥尔摩大学教了六年汉语。那儿的汉语系是高本汉、马悦然创立的，水平很高。回来前，汉语系主任写了推荐信，对她的教学给予极高的评价。但回来后，按照国内的新规定，必须有教外国人语言的证书才能“持证上岗”。发证时她不在国内，现在要重考。被当作刚毕业的学生看待，心里很不是滋味。诸如此类的事情很多。这些情况许多留学生早有耳闻，心中有恐慌感。我今天在这里说这些，是想说明国家吸引留学人员回国的政策在执行时有不少盲点，工作要改进。

在国内工作更能体现人生的价值

贾建平：我是在国内读完医学博士后出国的，在澳大利亚、新西兰工作了十年。出国后第二年，通过了英联邦医生注册考试，做了九年医生，最后取得了Consultant Neurologist，相当于国内副主任医师。虽然在国外工作条件和生活待遇都很高，但是在外面呆长了，思念祖国的情结越来越深，还是愿意回来为祖国服务。这不是唱高调。我在国外有终身永久性工作，完全可以不回来。回国后原本要到协和医院工作，到宣武医院办手续时，遇到了一位很开明、并且非常重视人才、爱护人才的院长。他把我留了下来，还介绍了医院引进人才计划和发展前景，深深感染了我。经过一段时间的工作，我感到医院对人才非常重视，首先给我晋升职称，安排了三居室住房。虽然研究条件和生活待遇比不上国外，但在国内已是最好的了。工作虽忙，可干起来舒心愉快。国内有大量疑难病人让我去发挥自己的临床技能。宣武医院在全国神经内科规模最大，且病种多，这里的工作很适合我。回国后我的最深体会是：国家培养了我，在国外又学习工作了一段时间，回来以后感到在国内更能体现自己的价值。所以，我愿意留在国内干一番事业，不管还有多少矛盾和问题，也不管待遇怎样。

另外，我感到在归国留学人员政策方面还有待于进一步完善，比如，出国手续能否更简化，办事效率能否更快捷？尤其是留学归国人员参加国际会议的机会较多，办理出国手续的周期过长，程序繁琐往往会误事。国家在制定政策的时候，应考虑到有利于归国留学人员在国际交流中不断吸取新知识、新经验，不能因为回国了就封闭起来，没有机会与国外交流。

我在海外遇到许多同事或同学，他们不是不愿回来，一时没回来有很多原因。一是回国后如何安置。能否得到重视，并发挥自己的特长；二是子女问题。因为出国时间长，子女在国外接受英语教育，回来后肯定不能适应。三是经济待遇。我感到海外大部分学子是爱国的，在海外心里总有飘泊感，思乡情绪总是抹不掉的。

丁石孙： 今天的座谈会开得非常好，大家都根据亲身的体验，畅谈了20年来实行出国留学政策所取得的成效和对推进中国改革开放的重要意义。大家还对改进出国留学工作，提出很多宝贵意见。如国家申明：出国留学政策要坚持长期不变，但是随着国际国内形势的发展变化，我们在具体执行过程中要进一步调整完善。一些同志提出：留学生政策实质上是知识分子政策，过分强调留学生政策，会得到相反的效果。我在北大当校长时就强调：国外回来的人必须与国内的人在同等水平上竞争，千万不能有特殊化，那样只能把国内的人赶到国外去。事实上，这些年来我们在这方面的损失相当之大，尽管出发点可能是好的，但确实赶走了很多人，这个问题值得注意。从大家发言的情况看，尽管每个人的岗位不同，看问题的角度和范围也不一样，但都是从实际出发，提出很多问题和看法，对改进出国留学工作很有好处。我觉得把大家的意见整理后发表只是第一步，刚才有位同志的意见很重要，民盟作为民主党派要反映知识分子的心声和呼声，我们有必要把大家的意见和建议向有关方面领导反映；或提出课题，认真调查研究。广大出国留学人员是我们国家的宝贵财富和重要的人才资源，我们一定要把这方面的问题解决好。最后，对大家在百忙之中参加座谈会表示感谢！

（摘自《群言》1999年第5期）

两院院士谈科教兴国

编者按：1999年6月1日，群言杂志社以《两院院士谈科教兴国》为题举行了专题座谈。座谈会由民盟中央副主席、中科院院士卢强主持。参加座谈会的有（按姓氏笔画为序）：

白春礼：中国科学院副院长（中科院院士）

甘子钊：北京大学物理系教授（中科院院士）

刘光鼎：中国科学院地球物理研究所前所长、研究员（中科院院士）

张存浩：国家自然科学基金委员会主任（中科院院士）

张启先：北京航空航天大学机器人研究所名誉所长（中国工程院院士）

赵忠贤：中国科学院物理研究所超导国家重点实验室主任（中科院院士）

蒋丽金：中国科学院感光化学研究所研究员（中科院院士）

卢　强：《群言》杂志的同志最早动议召开这样一个座谈会希望我能来主持时，我的第一个反应就是不可能请来这些院士，他们每个人忙的程度一般人难以想象。

当得知诸位能来参加我们的座谈会时，实在是出乎我的意料之外。我在感谢和感动的同时，认真思考了原因，我想还是因为科教兴国这个主题牵动了大家的心，这是大家无时无刻不在关心考虑的问题。今天来参加会的各位院士都在本学科中极有代表性，希望大家能结合自己的专业研究领域和自己工作中的心得体会畅所欲言。

借鉴历史经验　重视基础科学研究

赵忠贤： 我是搞基础科学研究的，在长期的科研实践中，有一种感受越来越强烈，就是在基础科学研究领域要尽量做到选题自由，对优秀的研究小组给予长期稳定的支持，这是不竭的科学创新思维和高层次人才来源的保证。

目前我国科学研究工作有一个比较严重的问题，就是资金和人才的分散。我们总在说投入不足，是的，我们的总量投入是有缺口，但只是一味强调美国投入了多少，日本投入了又是多少，这种单纯的比较是不够的。如果目前这种资金使用的分散状况不解决，投入增加多少也难抵因分散造成的不足。此外在人员配置上，在完成科研项目时能配齐各种岗位所需的人往往成了我们的难题。我现在的课题组有9个博士，其中有5个是从国外回来的，力量很强了，但我仍不满意，觉得有些人员我还没找到。我是搞基础研究的，有此强烈感受，推及国防、产业研究更会如此。

我们可以借鉴当年集中力量完成国防任务的经验，尤其是搞“两弹一星”的经验，对于在国民经济和国防领域中面临的一些重要问题，建议有关领导部门是否可以考虑部分恢复计划经济的管理方式，调动、配备好队伍，在生活和工作条件上给予保证，这样做可以增强科研人员的责任感、荣誉感，也有利于集中优势突破、完成一些重大项目。

卢　强： 国家目标明确地立项，经调研后交给能够胜任的部门，然后集中配齐所需的人、财、物，要求在规定的时间出成果。

赵忠贤： 我认为还要复杂一些，即在产业、国防领域的一些重要项目，由专家和主管领导选定，不要采取招标的办法，而以指令性方式交给最有资质的部门，以某一部门为主，一些部门为辅，接受任务的单位可以自主调动资金、人员、设备。

如果这样，我认为可以在5年到10年的时间内，为国家解决一些产业、国防中的重大课题。

张存浩：要找当前可与“两弹一星”比拟的主攻方向，对类似“两弹一星”这类大项目，这种用团队精神攻关的做法确实是需要的，同时要注意运用多种形式、恰当比例。千万不要一窝蜂，单打一。

赵忠贤：当然不能完全恢复，也不能冲击其他建设项目，不然我们又要吃亏了，只能是经过慎重研究、论证过的部分重大项目恢复，要两者结合起来。

卢　强：不能再从一个极端走向另一个极端。

张存浩：还是要以经济建设为中心，但要给基础科学研究以一席之地。这一席之地有多大？美国是20%，欧洲是百分之十几。当然绝对数字是没法比的，但相对比例要恰当。我们过去定的指标是到2000年基础研究投入达到10%，这几年只有6%，达标有一定困难。

另外，我认为我们的研究工作质量，包括一些产品的质量，都不能达到应有的最高度，总是差那么一点。这里边原因很多，但溯本追源常常还是基础研究的质量水平问题。往往我们的理解力并不差，但缺少原创性，有时和别人几乎同时起步，但逐渐就落后了，这与对基础研究在培养人才中所起作用的认识不够有很大关系。应该创造一个通过基础研究培养高层次人才的环境，同时在宣传和投入上给予适当的重视。

创新是民族进步的灵魂

白春礼：科教兴国、知识经济、科技创新已经是大家耳熟能详达成共识的热门话题了。

我赞成大家说的，关系到国家安全，关系到国家经济、社会发展的大项目，要集中各部门的优势支持，应该是国家行为。一些关键技术问题，必须立足自主创新。如我国的大型交换机大都是进口的，如果对方做一点手脚，我们就完全被动了。

我赞成学习借鉴“两弹一星”的精神和经验，但现在我们抓的毕竟不是“两弹一星”了。如何凝练出具有前瞻性的有战略意义的与“两弹一星”可以比拟的大项目，比如在资源、信息、生物技术等方面的重大突破性项目，应是国家和政府及有关部门共同论证确定的事。

就我国基础研究而言的创新，应该说情况并不是很好，这从自然科学一等奖的评选结果就可以看出。当然自然科学一等奖只是评价的一个侧面，但不可否认是代表了我们国家自然科学研究的标准、水平。一些带有基础性的，在国际上有一定影响的，凝聚力很大的项目还是没有得到充分的重视也没有取得重大突破。

甘子钊：创新是一个民族兴旺发达的灵魂，这种提法很鼓舞人，但实际上有一些现象却使人难以理解。如自然科学基金奖，80年代自然科学占一等奖的6%，90年代只占到了0.6%；国家发明奖，80年代自然科学占一等奖的1.5%，90年代则下滑到不足0.3%。

白春礼：1988年国家发明一等奖是4项，1991年只有2项，1992、1993年则为零。这说明重大科研成果水平下降，特别是基础研究领域在重大理论上的建树，或在科学前沿的重大突破、创新水平下降。

这种现象说明，在青年中提倡创新、培育创新很重要。科学院建立了“院长创新基金”，就是为了鼓励原始性创新。请年轻同志提出课题，不要你说国外或国内谁做了什么，就是鼓励创新尝试，鼓励那种风险极大、探索性极强的选题。成功不成功不是最终目的，10个人里有一个成功就不错了，但不能满足于小小的成功。现在的一些年轻科学家提出的新颖的想法不多，大部分是在已有的基础上做一些延伸、补充。我们是要呼吁加大资金投入，但更重要的是要努力营造一个有利于创新思维的氛围，鼓励原始创新思想的萌芽。要从小学、中学、大学的教育着手。人的知识基础、视野、推理能力和思维方法，决定着他的创新能力，这就是科教兴国中教育所起的不容忽视、不可替代的作用。

资源研究刻不容缓

刘光鼎：我在海上漂了30年，中国从南到北我都跑到了，我想多讲几句我国的资源问题。

现在我国年产石油和天然气达1.6亿吨，大庆占了5000万吨。但是大庆已经是二次开发、三次开发，实际上回采率只有百分之二十几，达不到30%，问题很严重。在“八五”期间我们曾申请立一个油储地球物理项目，就是想在摸清储集层的基础上把回采率提高10个百分点，使大庆年产5000万吨的水平还可以延续12年，这是一个很有价值很有贡献的提议。现在有人在给中央的报告中提出要“稳住东部开发西部”，我认为这个提法是错误的。从地球动力学的角度看，中国是三分的，东部的地壳减薄，西部的地壳增厚，鄂尔多斯、四川处于当中，从这一带到北部湾都是大气田，就不管了？只要石油，天然气就不管了？

赵忠贤：你应该明确指出，这是一种不科学的提法，是宣传的语言，不是科学的语言。

张存浩：早就说要扭转这种看法，到现在也没有扭转过来。

刘光鼎：油田点天灯的现象不在少数。

张存浩：现在国际的趋势是天然气的产量要超过石油，份额达到能源总量的40%，石油只占20%，煤炭的比例更小。中国如果长久把煤炭的比重定在70%，是要吃亏的。

刘光鼎：问题的关键在于观念的转变。我国的主力油气田都存在于新生代陆相碎屑岩的地层之中，这样的油气田已经给国家作出重大贡献，但并不能满足国民经济发展的需求，至少每年还要有3000万—4000万吨原油进口。“两种（国内、国外）资源都要利用”的提法原则上大家都是赞同的，现在国际油价已经降到了每桶10元左右，当然要买。问题是一旦有个风吹草动怎么办？这直接关系到我们国家的安全和稳定。目前迫切的问题是抓紧研究、开发前新生代海相残留盆地的油气资源，实现中国油气资源的二次创业。中国并不是像以前人们认为的那样没有海相油田，在古生代时期中国有广泛的浅海分布，海相沉积地层中存在着巨大的油气潜力；中生代时期，虽经过印支、燕山及后来的喜马拉雅造山运动的强烈挤压、改造，但仍有一些海相沉积盆地残留下来，并未遭破坏。最近，中科院地球物理研究所与胜利油田合作，应用叠前深度偏移技术重新处理了某地区的地震反射资料，进而查明海相古三千山内部结构。经钻探验证，可日产1059吨石油。

张存浩：在我们还不认识、没有想过的领域出了大成果。

刘光鼎：如果我们能继续扩大这样的战果，中国的油气资源还大有可为，陆相一口油井日产10吨左右，海相则是日产千吨，而且我们的技术完全可以达到。非常希望通过“973”能得到一些资金，我们可以拿出一套地震层析成像技术，组织渤海和中国东部沿海的扩大开发，这是一个很有价值的思路，我们嚷嚷了3年没有结果，朝鲜却在北黄海的白垩纪、侏罗纪找出了油气。

我们在塔里木投进了几百个亿，在那里打一口井要钻进6000米，钻杆在底下像面条一样软了。不是不可利用，但成本太高。

我国的矿产资源现状同样不容忽视，金属矿处于一种等米下锅的状态。总结国内外勘探经验，我国寻找金属矿床必须走“攻深找盲，寻找大矿富矿”的道路。我建议，对于金属矿床的调查研究，更应该采取地质、地球物理和地球化学的综合研究，以求得比较接近实际的深刻认识。要分层次寻求规律性认识，以指导实践。

资源开发是立国的基础，人口、资源、环境是我们的基本国策。无论是油气能源还是金属矿床的研究都已经是刻不容缓了。

培育、吸引、留住优秀创新人才是关键

张存浩：根据世界上其他国家的成功经验，科技进步、科技创新的关键取决于高层次人才的数量和质量。高层次人才要通过基础科学研究来培养，实践证明，通过大兵团作战，大规模生产的方式不是培养高层次科技人才的正确途径。

人才培养不能只到博士生为止，应从博士后延续到成为中高级研究人员直至终生。人的进取和提高是没有限度的，甚至获得诺贝尔奖也不是极限。

还有一点我认为也应引起我们的重视，就是对拔尖人才不能够惯纵。前些年我到伯克利加州大学看到一种现象使我深有感触。该校的物理化学学科是世界知名的，李远哲在那里得了诺贝尔奖，应该说是登峰造极了。但他们还不断从校外找来不少同一小学科的优秀人才，鼓励他们与李远哲竞争，也鼓励他们相互竞争。那种刚刚小有成果就被捧得高高的做法，只会使人丧失危机感、紧迫感，浅尝辄止，出不了大成果。应该说我们的舆论和宣传媒介在这一点上常常作得过了头，一些部门的领导也没有正确地把握好鼓励与鞭策的度。

白春礼：去年中国科学院和美国科学院组织了一次青年科学家的前沿学科研讨会，双方各选了40位年轻的科学家参加。每次会议所定的8个前沿领域的课题，由中美双方共同投票决定。每人讲半小时，答辩要一小时。不同学科的与会者可以自由提问，这种现场交流的方式对青年科学家的思维、表达应变能力都是一个很好的锻炼，所选议题的创新、前沿，决不能是国内一些人习惯了的大量引用、借鉴国外的文献，重新组织后再去讲，一定要有自己的独创性。如美方前年自己先开了个会，初选了8个课题。其中两个提出时并没有获过奖，一个是激光制冷，一个是疯牛蛋白，报告以后都获了奖。这说明他们在选择课题时就已经很前沿了。令我深有感触的是，在我国，这种对青年科学工作者成长很有好处的交流、研讨

活动很少，青年科学家接受挑战的机会也太少。今年这个会在北京开，美国科学院的院长要来，我们在选择国内参加会议的青年科学家的问题上还有一定难处。所选的40个年轻科学家，一要英文好，二要研究的项目必须有创新的成果。这些人大部分是刚刚从国外回来的，当然今年还可以选出来，但如以每年40个的数量选择替换，我担心以后是不是能接上。

去年6月9日国家批准了科学院的知识创新工程，这个工程应该讲是国家行为，是中央、国务院高瞻远瞩的战略部署。希望能从国家层面上吸引最优秀的国内外人才投入这项工作。

甘子钊：在当前国际形势发生了深刻变化的背景下，留住优秀人才的任务变得特别尖锐。尽管近年来实施了各种吸引、留住人才的措施，但仅以北大物理系为例，保守的估计外出毕业生也有70%，实际上还超过这个比例，学业成绩位于前1/3的，100%走了。解决这个问题不能光靠待遇的改变，应重新考虑我们的人才政策，尊重知识、尊重人才，尤其是尊重我们自己培养的人才，要真正落实到行动上。要使那些下决心奋斗在国内第一线的同志感受到关切和温暖。

现在我们的一些做法就不够科学、合理。如以SCI的数量评定一个人的能力，SCI对一段时期的科学学有统计的意义，但如果对每个人和单位的评价都与SCI的数量联系起来，就很成问题。另外一些青年科学工作者一旦被授予了杰出青年等称号，马上就给他安排许多职务，占去了他的大部分精力，这种使用人才的方法实际上是浪费了人才。

白春礼：现阶段留住和吸引人才在实际操作中常会碰到不少具体困难。如长江学者计划是因为有李嘉诚先生的捐款才开始启动的，科学院的知识创新工程，用于个人支出的部分只有500元和1000元这两个档。我这几年带过的学生也都陆续走了，其中有一些我很希望他们能留下来，他们也有留下的愿望，但因住房等一些具体困难实在解决不了，最后还是没能留下。我很惋惜，但也很体谅他们的难处。

科学院地球物理所在很困难的条件下为吸引人才专门留出了11套住

房，但这也只能解决一时的问题，要吸引100个人怎么办？现在各所都在挤出一部分科研经费盖房子，但总不能这样无限期地盖，科教兴国战略的实施不可避免地要涉及这些微观具体的事情，应该从整个体制的运作上解决根本问题。

提倡追求科学、追求真理

甘子钊：鲁迅先生在30年代写了杂文《沉渣的泛起》，距今已六十余年了，可沉渣泛起的现象依旧很严重。一些人仍然对极端愚昧无知封建迷信的东西津津乐道，而我们所看到的荒谬的现象还只不过是冰山的一角。如果这些现象的出现只是因为文化水平的低下还好理解，现在情况不是这样，一些大学生，甚至物理系的研究生也参加其中，这就要分析其中较为复杂的原因了。

现在我们谈的多是科学对生产力对经济发展的影响，而对科学作为人类追求真理的一种手段，科学对于破除迷信、认识自然的作用，对于人的科学的世界观、人生观的影响谈得太少。科学技术是第一生产力是对的，但科学技术不仅仅是生产力。现在是不是可以适当地倡导一点为科学而科学的思想，尤其是基础科学，它本身的动力就是追求真理，而没有任何的功利目的。人类的历史证明，这种非功利的追求从整体来说为人类带来了最大的功利。18世纪欧洲搞电学的都是一批莫名其妙的怪人，美国的历史学家、人类学家房龙在他写的《人类的故事》中，称这些人是“一批可爱的疯子”。现在我们常能看到一些英雄的雕像，这些科学家却永远没有雕像，但他们对人类的贡献比这些英雄大得多。

我们在思想导向上还应该高举现代科学的旗帜。我认为现在一些从事科学研究的人受后现代主义的影响太大，对一些问题的认识不能持科学的态度，带头说了一些属于哲学上后现代主义的话，把当代社会的缺点问题归结到自然科学本身，这完全是错误的。如污染问题，被认为是科学技术发展的必然产物，实际上这是一个社会问题，是人类还没有真正掌握自己命运的结果。另外在宣传中国的传统文化上，也应注意到古代文化中确实有一些不利于近代科学发展的因素。现代科学强调分析的精神，过分强调“天人合一”、“主客观合一”会不会带来消极的影响？

为学科间的合作创造条件

蒋丽金：我是研究生物光化学的，我工作中遇到的最大困难是跨学科的科学研究常会遇到障碍和阻力。如新生儿黄疸病的治疗，传统的办法是“全身换血”，使他在以后的生长过程中产生出所需要的一种酶。由于新生儿很多器官并不健全，这种办法风险很大。后经光化学等科学家证实，利用太阳光照射可以治疗小儿黄疸病。这就需要光学、化学、生物学、病理学等科学工作者的联手合作。还有我正在研究的利用第一代光疗药物“血卟啉”抑制癌症，这种疗法对健康组织损伤较小，无传统化疗的毒副作用，也是一个前景看好、探索性极强的课题，同样也需要医学、光学、药学、农学的跨学科协作，但在协作的过程中，因为涉及多学科，申请经费常会遇到困难，致使工作很难进行下去。

卢　强：自然科学基金会专门设立有交叉重点学科基金，就是鼓励这种研究的。

张存浩：但在实际操作中常会因一些学科过于注重自己的利益，如每个学科都希望向本学科倾斜，使这项工作在执行中还有不少缺欠。

张启先：蒋先生讲的跨学科研究问题，我也深有感触，我原来是教授机械原理的，后来转到了机器人的研究领域。从单纯的理论研究转到应用研究，思想上有所拓宽。我们北航机器人研究所和海军总医院联合研究的立体定向脑外科机器人系统，就需要脑外科、机器人、计算机等跨学科的交叉研究，现在也面临着经费的问题。希望自然科学基金会在基金的分配使用上，更加有利于开展多学科综合的创新研究。

蒋丽金：本世纪初以来，科学研究的过程逐步经历了一些思想观念的变化，不同程度地拓展了与之相关的多学科的合作。各个学科的学者除了致力于本学科的发展外，逐渐感觉到不能忽视学科的相互作用。他们的思路和研究方法完全可以移植和借鉴到其他学科，共同解决难以解决的问题，以推动各学科的快速发展。事实证明，不同学科之间的交流和合作，可以起到扬长避短、事半功倍的作用。

完善政策　狠抓落实

张存浩：以美国为首的北约悍然袭击了我驻南斯拉夫大使馆，引起了全世界人民的震惊，我们原来说21世纪是和平发展的世纪，现在看来恐怕不完全如此，我们的国防过去比较薄弱，今后在以经济建设为中心的同时，一些政策要相应调整。

甘子钊：为了国家安全，应慎重研究开发一批实用技术产品，以启动内需。

赵忠贤：不要单纯追求指标，要开发实用的，我们自己能掌握的，不受别国制约的技术产品。

张启先：这就涉及把一种研究成果转化成市场产品，要有人操作，要有经费。现在往往是有了创新思路，却要为申请经费经过相当复杂的论证过程，花费很长时间。我们为了节省时间和精力，宁可与一些可以先承担风险投资的公司合作，出了成果优先给他们转化成经济效益。要想扭转科技成果转化率低的局面，学校科研人员也要有观念的转变、拓宽。

刚才大家讲了创新基金很重要，我认为转化基金也很重要。一般的高校没有条件像清华、北大那样成立开发研究院，直接把科技成果转化为生产力，也没有科学院那样的创新工程体系。国家是否可以拨点钱协助在一些高校设立转化基金，因为非名牌大学也会有冒尖的创新人才，也应给他们以脱颖而出的条件和机会。

另外我国科技奖项过多过滥，这种情况是世界上少有的，现在已经看到了一些副作用。

刘光鼎：科技部目前对重点基础研究搞的招标的办法并不科学，往往是为了一个项目几个部门都来争，思路在这边，实力在那边，怎么办？申报、解答耗费了很多时间，最后两败俱伤。

甘子钊：我也认为项目招标提成的办法很不科学。科研成果是可以转化为生产力的，但科研成果本身并不是商品，宏观地讲，商品就是一分钱一分货，而科研成果的价值和它所花的钱是不等值的。我们对前苏联科研体制的弊端体会比较深，但是也应该承认正是在那个时代苏联科学家对世界科学做出了重大贡献，在许多领域有重大创新，始终站在当时科学的前沿。这种现象说明，要想出科研成果，除了体制的转换外，还有更深层次的问题值得思考。我们现在谈规划、想法、政策谈得特别多，而且过分把责任交给了领导。我认为现在的科技体制改革有些与市场经济背道而驰，成立了很多专家小组研究课题，但如果是人人都能认可都投赞成票的课题，原创性一定很小。市场经济需要合理配置资源，主要放在生产和进入市场的环节。而现在的科技体制改革越来越加大了机关的作用，具体的课题由领导定，对科学家的使用也是如此。

白春礼：我们目前面临着一个非常好的机遇，科教兴国被提到了一个从未有过的高度，但要真正落实还要在整个软环境上提供一个有利于科教兴国的最佳氛围。有一些问题确实不是一个部门所能解决的，如房改、人事制度、劳动保险等配套制度的改革，这些问题不解决，科研单位要想做到队伍精干、人员流动，很难。我们在制定政策时应考虑到目前我国从计划经济向市场经济转变过程中的许多具体问题。

（摘自《群言》1999年第8期）

“十五”系列谈——环境与可持续发展

编者按：2001年4月27日，《群言》编辑部举行《环境与可持续发展》专题座谈。座谈会由民盟中央副主席卢强院士主持，参加座谈会的有（按姓氏笔画为序）：

牛文元：中国科学院可持续发展战略组组长

王玉庆：国家环保总局副局长

刘文甲：国土资源部咨询研究中心副主任

李　皓：TEV中国项目协调员

李京文：中国社科院环境与发展研究中心研究员

吴良镛：清华大学教授，中国科学院、中国工程院院士

邹学勇：北京师范大学教授

罗哲文：中国文物学会会长

郭新彪：北京大学教授

梁从诚：自然之友会长

卢　强：环境与可持续发展问题实际上是本世纪世界各国上起政府最高决策人，下到普通老百姓共同关心的切身问题。我觉得在这个问题上任何宣传和呼吁都不算多，而且应该警钟长鸣。所幸的是现在从最高决策者到普通老百姓都逐渐认识到环境问题的严重性，并加以重视，但是还远远不够。记得几年前在全国政协常委会上，有位常委在发言中谈到中国的环境问题已经到了最危险的时候，当时还有人觉得这是危言耸听。从近年来

的情况看，中国的环境状况已经到了令人不能容忍的程度。民盟中央对这个问题一直都很关注，今天我们通过《群言》这个喉舌再一次向全社会，包括国家的决策者紧急呼吁：保护环境，节约资源，刻不容缓!

建立宜人的居住环境　发展人居环境科学

吴良镛：无论在中国古代还是国外，宜人的居住环境都是一个朴素、基本的要求。老子有“安其居，乐其俗”的说法，希腊亚里士多德也说过：“人们为了生活来到城市，为了活得更好，居住于城市。”但是，进入工业社会后，特别是20世纪以来，这个看似简单的愿望却越来越难以实现。

在20世纪60年代，西方社会提出SETTLEMENT的概念。在中国，我最早提出，并根据中国情况做了阐述。其总的思想与梁思成先生倡导的“体形环境”观念一脉相承，并进一步发展。事实上，在中国传统人居环境观中，对居住需要有着朴素而丰富的阐述。中国古代聚落是有等级体系的，中国区域地理对人居环境各类用地有很好的设想，《商君书》记载：“故为国任地者，山林居什一，薮泽居什一，溪谷流水居什一，都邑蹊道居什一（恶田居什二，良田居什四），此先王之正律也。”中国古代哲人、诗人的片言只语，代表了居民追求环境质量的种种侧面。如杜甫的“安得广厦千万间，大庇天下寒士俱欢颜”，陶潜的“结庐在人境，而无车马喧”在对适宜居住的环境的追求上，中国古代许多名城有着独特的创造。如绍兴城，以其基于自然山水的设计而著称，古代福州城巧妙利用城市周围的自然环境，城市广植榕树，有“醉吹横笛坐榕荫”、“暑不张盖”之说；常熟城“七溪流水皆通海，十里青山半入城”而现在，这些城市景观和格局都被高层建筑破坏了。所以，我们现在所居住的环境不只是房子，还是一种“场所”。创造宜人的居住环境，除了舒适的建筑外，还要有场所的意义。一个好的城市、街区、校园，等等，都要形成自己的环境特色。

为什么当今适宜居住的城市、人居环境不易找到？以北京为例，现在宣传北京50年的建设成就，宣传北京城在长高在长大，但是北京城在前进道路上的问题不容忽视，“摊大饼”式的发展多年来未得到有效的引导，一直还在继续“摊”。现在北京城“长”出来的是过去总体规划范围之外的，所以我提出应该修改总体规划，不要再总体失控。近年，北京的污染严重，环境质量下降，可怕的“小汽车浪潮”已经来临，交通拥挤现象日益严重，汽车尾气污染亟待解决，虽然有所治理并有所好转，但未能根本解决问题。北京面临的最大问题已不仅关系到这座历史文化名城能否有一个良好的“体形环境”，而且关系到整个北京能否有一个良好生活环境，能否为子孙后代留下较好的发展空间。

人居环境科学是一门复杂的科学，面对社会经济发展的新形势，我们必须进行整体思考，探索整体的战略和共同的纲领。80年代我提出广义建筑学，运用融贯的综合研究方法，从更大范围内和更高的层次上提供一个理论框架，以进一步认识建筑学科的重要性和科学性。在广义建筑学基础上，以建筑、园林、规划为基本核心，多学科共同建设人类聚居环境。人居环境科学是学科的前沿，在人居环境科学研究领域中，我们还提出五大原则：生态、经济、技术、社会、文化艺术；五大系统：人、自然、社会、居住、网络；五大层次：建筑、邻里、城市、区域、全球。以人为核心，人与自然相关的部分叫人居环境。

概括起来，用区域的观点研究城市，用城市的观点看建筑，用多学科的观点研究建筑与人居环境，用科学的方法论进行“综合集成”，这是我们在学术理论研究上做的主要工作。作为世界大都市，未来的北京将有更大的发展，质量上需要更大的提高。“大北京地区空间发展规划”研究，目的就是高瞻远瞩，为北京可持续发展的战略目标提供指导意见。不能眼睛盯着开发旧城，拆房子就是为盖高楼，世界上没有一个国家是这样破坏历史名城的，这等于用古代青铜器做原料化为铜铁，用古代的字画化浆做纸巾。北京的交通状况已经这样拥挤了，不去设法疏解，还在不断地盖高楼，进一步聚焦，以为交通是万能的，这很不明智。我们提出对四合院加以合理的保留、利用，不是一点不动，而是变为动态体系，实现小规模渐进式改造。菊儿胡同实验项目就是一个成功的例子，得到国际公认。

总而言之，我认为：不把建筑仅仅视为房屋，而是扩大到广义的建筑学与人居环境建设。把建筑当做复杂性科学，从社会、经济、科学、文化、技术等多个角度进行研究并加以整合，我称之为“融贯的综合研究”。要全球文化与地方文化相结合，并从传统文化的理念中汲取精华，进行新的探索，以立足世界文化之林。

保护文态环境和固态环境

罗哲文：人类在21世纪要做的最重要的事情就是保护环境，它比任何大开发都重要。实际上大开发如果不加以科学的论证和控制，那就是大破坏，而地球已经不起再破坏了。近几年环境问题逐渐受到人们关注，环保工作取得一定成效，但我觉得重视的程度还远远不够。吴先生谈了人居环境，这是非常重要的问题。我们的老师梁思成先生几十年前就提出“体形环境”，强调“以人为本”。梁先生还有一个思想当时叫“邻里单位”，即现在的社区，它是居住生活最基层的单位，强调首先要把生活环境搞好。这个思想在当前仍是非常重要的。

我从事文物保护工作50多年，走遍各地的历史文化名城、名山大川，目睹了盲目发展带来的创伤和恶果，在这里我想着重谈谈保护文态环境和固态环境的问题。

文态环境可分为物质的和精神的两方面，物质的指文物古迹、有体有形的遗产，如古建筑、古遗址、历史纪念建筑、金石、碑刻、书画等等，一些国家也称为有形文化财产。精神的是指，不具具体形象的文化，如诗歌、音乐、戏曲、工艺技法，民俗风情及道德风尚等，有的国家称之为无形文化财产。文态环境是经历了几百年、几千年甚至上万年而形成的，其中一些东西是不可能再得的，如古文物、古建筑、戏曲唱腔、能工巧匠技艺等，一经破坏或失传就不可能再得。

中华民族有着悠久的历史和灿烂的文化，多民族团结凝聚的物质和精神文明，经历了多少年而形成的文态环境，必须加以保护和弘扬。最近，我应邀参加一些民族文化艺术节，看到当地花了很多的钱演出一些很不像样的节目，感到与历史文化氛围很不协调，而诸如此类的事情还很多。

中国有很多文化传统，尤其是一些地方的很有特色的文化遗产，如果不及时抢救，就会像物种灭绝一样，永远消失掉了。不久前文化部开会讨论经济全球化文化怎么办？我认为，文化最不能全球化，文化全球化就等于没有文化了。比如，建筑都全球化还有什么建筑艺术？保护文态环境很重要，这也是可持续发展的重要方面，否则，就没有发展了。

王玉庆：有句话用在这里非常合适。在瑞士著名的达沃斯世界经济论坛的年会上，其创始人施瓦布在提到全球化带来的社会大变化时说：一个社会需要依靠变化和稳定才能够繁荣，迅速变化的社会需要由保留的文化传统和共享的价值取向提供的社会黏合剂。我觉得他讲得很好。没有文化传统，很难增加凝聚力。我们的社会正处在大变革时期，不断产生新的思想和观念，要维护社会的稳定和繁荣，需要发扬我们优良的传统文化和共同的社会主义的价值观，以增强凝聚力。

罗哲文：传统文化具有民族特色，它是经历了5000年的积淀形成的，如何保护和弘扬，至关重要。在此我想谈谈国家大剧院的设计方案。国家大剧院将建在首都北京的中心，天安门和紫禁城旁边，又因其代表国家和国家文化的特殊的标志性意义，应该比其他建筑更多地体现中国文化精神，并与周围环境高度协调。然而由法国建筑师安德鲁设计的方案，建筑形象缺乏中国文化特色，没有继承和发扬中华民族优秀建筑文化传统，没有反映历史的延续传承，是一个完全西化的外来的形象，与环境极不协调。由于用一个巨大的穹隆顶覆盖四座剧院，坐落在大水池中，穹顶与剧院之间没有任何功能上、结构上的关系，并使许多观众厅深处地下，将会出现一系列严重的功能和安全问题，如进出场的方便迅速，消防与抗震，防火与防空等。此外，大穹顶本身的构造、观众厅深处地下引起的造价增加，大穹顶的维护和它所包围的巨大空间的降温、防寒、通风、除尘、照明所消耗的巨大能源，将使建设投资及今后的运营费用大增。这既不符合勤俭建国的精神和建筑学的基本原则，更不符合我们今天的国情。一些建筑师和规划师在给中央的上书中提到：（方案）与社会发展要从资源消耗型转变为资源节约型，与保护环境，走可持续发展战略背道而驰。因此希望中央慎重考虑重新组织方案设计招标评选。

还有一个固态环境，它是指整个地球形成的大江大河、大山大岭以及地球内部的结构体态，如固体矿藏、地下水体、石油、天然气等，它们是经过亿万年形成的。特别是矿藏，它们是不可能再生的，挖一点少一点。有的矿藏如石油的储量已经推算出还有几十年的时间可采，煤炭也没有多少年可挖了。目前已经认识到不可再生资源的保护，但只是从利用的角度，而未能重视超量采挖对地球所造成的破坏。这样做的结果一是把地球内部的结构破坏了，使它失去体内的平衡，会引发天灾；二是挖采出来的煤、油、气等燃放的热量会使地球表面温度急剧升高，臭氧空洞增大，冰山融化，使人类及一切生物难以存活。大山大河的改变造成的后果也十分危险。例如近几十年的围湖造田，危害越来越显示出来。

可持续发展的方方面面

王玉庆：可持续发展的思想是建立在这样一种道德观念之上的，人类是地球生命系统的一部分，人和自然要和谐相处。

可持续发展是建立在这样的价值观念之上的，即必须维持资本的存量。这个资本的概念，是英国著名的经济学教授沃夫德提出的，即对一个国家来讲，要维持持续发展必须以国家总体资本不枯竭为前提，总体资本既包括物质资本、人力资本，也包括环境资本。可持续发展就建立在总资本增加的基础上。别看盖了很多高楼，有很多物质财富，人的文化程度也高了，但资源却不断减少，环境不断恶化，总资本处在减少的状态，发展就不可能持续。世行现在的报告又加了一个社会资本，但没有具体测算，因为测算很困难。

可持续发展的基本目标是既要满足人民生活的基本需要，又要使各国、各地区，以至每个人都享有平等的发展机会。不但我们这代人，还要让后代人与我们有同样的发展机会。

可持续发展是建立在资源得到合理利用的基础上。人类发展肯定要利用资源，而资源要合理利用，必须遵循经济规律和生态规律，特别是生态规律。资源可分成几类，通常分为：可更新资源和不可更新资源，有限资源和无限资源。比如太阳能至少在我们人类可看到的未来是无限的，再如潮汐和风能这些能量可以理解成无限的；有限资源就是各种化石燃料和生物资源、矿物资源等，矿物资源和化石燃料是不可更新的。可更新资源，像动物、植物、微生物、水资源等。对于无限资源要充分利用，对有限资源要合理利用。对可更新资源要永续利用，使用量要小于可更新量，让它不至于枯竭，不断更新、不断利用。对不可更新资源我们要节约和综合使用，这就是合理利用的原则。可更新和不可更新是在一定意义上讲，如矿石资源，铁矿石、铜矿石，通常我们讲是不可更新的，但是铁这种元素总是存在的，虽然矿石完了，我们还可以用废铁炼钢，实际上铁不会消失，还存在，铜也是一样，金属矿都是这样。真正意义上的不可更新资源主要是化石能源如石油、天然气、煤等。生物资源虽然是可更新的，但是一种物种如果灭绝了就永远不可更新了，从这个意义讲，生物资源的合理利用是更加重要的，它对环境的影响更大，在环境中也是最活跃的因素。

可持续发展需要不断探求经济发展与环境保护之间积极的联系，制订使双方都受益的政策。可持续发展并不是突出强调环境，或是突出强调发展，或是强调两者之间的矛盾，而是着眼于它们之间积极的联系，一旦发现就要积极推广，促进实施既利于发展又利于环保的政策，这方面有很多例子。总之，可持续发展的落脚点是要发展，关键是发展方式不同，不应是简单的数量增长，而是发展质量的提高。

对这些观点也有不同看法，有些人说，可持续发展是赶时髦，历来不存在所谓可持续。他们认为技术进步可以决定一切。你说资源短缺吗，技术进步可以发现新的资源、新的能源，人类历史从没因为资源短缺而停止发展。还有一种看法，一些经济学家认为，市场决定一切。你担心耕地被破坏了吗？没必要。经济规律决定。当农民了解到这块土地如果种小麦比搞停车场更合算的话，他就会把停车场拆掉去种小麦。这是由价值规律决定的，不用担心耕地减少。现在粮食便宜，耕地减少到一定程度，没有粮食吃，粮食价格高了，自然会不修停车场而种粮食。由此可以看出对可持续发展思想的认识并不是统一的。

最近荷兰环境部长有一篇文章中的观点很有新意，他说可持续发展主要要控制三个变量，一个是能源，一个是生物多样性，一个是空间。因此，能源是可持续发展中非常关键的因素。它对环境的影响非常大，对经济发展影响也很大。第二是生物多样性，他认为在可持续发展中生物多样性是很重要的一个问题，我很赞成他的观点。关于全球环境问题有各种说法，我认为主要有四大类全球环境问题，一个是二氧化碳，就是温室气体的排放，带来的是气候变化；一个是臭氧层的破坏；还有就是生物多样性减少和海洋污染，特别是国际海洋的污染。只有这四个问题涉及世界上每一个国家，是全球性的。而酸雨、热带雨林、荒漠化，都是局部地区，部分国家的环境问题。前面说的四个问题其中三个问题人类最终都能找到解决办法。唯独生物多样性问题找不到更好的解决办法。随着人口增长，社会发展，生物多样性一直在减少。一个物种的产生是非常困难的，而物种的消失是很容易的。这里涉及生态系统很重要的规律，物种丰富了，生态系统就比较稳定；物种简单了，生态系统就比较脆弱。举个例子，农田非常容易受病虫害的侵袭，植树造林如果只种一种树木，就容易让病虫害侵袭。自然的树林和草地很少有成灾的病虫害，例如一块杂草地或荒地，没听说病虫害把草都吃光了。但水稻、小麦如果不打农药就可能让害虫吃光了。非常单纯的系统就不稳定，系统复杂就比较稳定，这就是多样稳定性。生物多样性是人类面临的一个很重大的问题。现在物种减少的速度非常快，这个物种不是我们简单理解的如大熊猫、白鳍豚、金丝猴，这些只是濒危物种。森林被砍掉了，在森林中成千上万的低等植物、微生物和各种动植物同时消失了，这些物种的灭绝比珍稀物种灭绝更可怕。现在癌症药物的研究包括艾滋病药物的研究大都在植物和微生物中筛选提取。

他文章中提到的第三个变量是空间的概念。就是说人类在地球上生存的空间很有限，特别是城市的空间就更有限。100平方公里，1000平方公里有几百万人，甚至上千万人生活，空间怎么利用？通俗地讲，你是盖房子还是搞绿地，是造森林还是搞农田，这都涉及空间的布局。人占的空间多了，自然的空间就少了。空间的合理布局涉及人类可持续发展。他还提到时间和质量的概念，现代社会时间越来越珍贵了，生活节奏越来越快了。从骑车到乘火车到坐飞机，时间用的越来越少，但能源和资源的消耗越来越多。这是我们想快节奏生活，所付出的代价。可持续发展是从数量到质量的转变，经济增长可能放慢但不是停滞。世界范围内的这种转变是我国经济发展的机遇所在，如果我们单纯追求经济增长的数量并且靠消耗大量资源和能源支撑着，还是走老路，我们就没有抓住这个机遇。

现在提倡生态城市，即要做到社会经济和自然能够协调，能量、物质、信息能够高效利用，生态能够良性循环。在这里技术和自然能够充分融合，创造力和生产力得到最大的发挥，人的身心健康能够得到最大程度的保护。这是专家提出的较全面的概念。生态城市与绿色城市还不完全一样，不光是增加一些绿地，而是强调城市与自然之间的和谐，强调可持续发展。

我建议北京市还是要讲可持续发展，搞生态城市有很多制约因素，客观条件不具备。北京是个特大型城市，人口密度大，本身缺水，又是干旱地区，空气中悬浮颗粒物含量非常高，很多自然条件限制了环境方面更高的要求。北京的地形条件也不利于扩散，北面是山，向南开，而主导风向是西北风，到冬天不利于空气疏散。所以我们要面对现实，实事求是。

我国风沙灾害加剧的原因与防治对策

邹学勇：我国是世界上风沙灾害最严重的国家之一。全国沙质荒漠化土地面积达36.7万平方公里，沙漠面积59.9万平方公里，戈壁面积57万平方公里，它们集中分布在我国北部和西部地区，是最主要的沙尘源地。目前，风沙灾害已成为制约广大沙区经济发展的主要因素。从20世纪后期的监测结果来看，沙质荒漠化土地平均每年扩展速度由70年代的1560平方公里、80年代的2100平方公里到90年代的2460平方公里，加速之快令人吃惊。此外，沙尘天气造成了环境污染面积至少在200万平方公里以上，少数强沙尘暴天气的影响范围可达长江以北的广大地区。我国每年因风沙灾害造成的经济损失估计达540亿元人民币，生态服务价值的损失难以估算。

2000年春季，我国东部地区特别是北京地区频繁出现沙尘天气，在社会上产生了较大的震动。近50年的统计结果表明，广大沙区出现沙尘天气次数有逐渐减少的趋势，但出现强度较大的沙尘天气的次数显著增加，从50年代的5次、60年代的8次、70年代的13次，80年代的14次，到90年代的23次。就目前的认识水平来看，强度较大的沙尘天气次数增加，并不意味着沙区风力增大或大风次数增加，而可能是因为沙质荒漠化土地（即主要沙尘源区）面积扩大，沙尘物质来源大为丰富，更容易形成较强的沙尘天气。

作为沙尘物质的主要供给源区之一，我国北部极端干旱至亚湿润干旱区的旱作农田，面临的土壤风蚀和土地肥力下降问题十分严峻。已有的研究结果显示，内蒙古后山和河北坝上地区旱作农田的年平均风蚀深度1—2毫米，陕北长城沿线在1.2毫米以上，山东黄淮海平原也在1毫米以上。国内外的大量研究和试验证明，当土壤年平均风蚀深度达到1.5毫米时，土地就失去持续利用价值。可见，分布在我国干旱区的约1000万亩农田已接近和部分达到失去持续利用价值的境地。根据90年代中期的调查和试验，上述风蚀区的旱作农田平均亩产粮食约60公斤，不足水田单产的1/7。

我国风沙灾害加剧的主要原因是气候干旱多风、生态用水不足和沙质荒漠化土地面积增大。近50年来，受全球气候变暖的影响，我国北方大部分地区气温明显增高，降水量减少，呈现出暖干化现象。我国北方地区近年冬春季温差增大，强冷空气活动频繁。这种气候背景为沙质荒漠化土地的扩展和沙尘天气形成提供了充足的动力条件。

随着沙区人口剧增，取用地表或地下淡水资源量明显增加，维持植被正常生长的水资源不能得到保证，即生态系统用水严重短缺，造成植被枯死。原来被固定的沙质地表失去植被保护后，加快了沙质荒漠化土地的扩展速度，一遇大风极易起沙扬尘，这是人类不合理利用水资源的结果。经济发展与生态保护用水竞争激烈，是我国干旱区最突出的问题。

我国北方大部分地区，特别是农牧交错地带，生态系统脆弱。当地居民为了增加牲畜量，获得耕地、燃料和木材，草地超载放牧、耕地撂荒、砍伐树林和灌丛现象十分普遍，则是导致沙质荒漠化土地面积扩大的主要原因。

近30年来，我国沙质荒漠化土地扩展速度不断加大，由于自然的惯性作用，估计在未来10年内不可能完全控制其发展势头。沙尘天气高频出现的统计结果似乎存在百年尺度的周期性，而目前正处于一个高频期的开始，这预示着沙尘天气有可能会持续较长时期。目前总体来讲，我国风沙灾害局部得到治理、整体恶化的趋势还在延续，“沙进人退”的局面没有从根本上得到遏制。

风沙灾害的防治工作是一项复杂的系统工程，涉及生态、经济和社会多方面问题。因此，必须“科学规划、先保后治、提高效益、发展产业”。具体可归纳为：（1）整体布局、长远规划。由局部试验示范技术转向整体控制，制定整体方案，做好长远规划。（2）分区治理、突出重点。针对我国风沙灾害的地域差异，重点抓好首都圈和农牧交错带的防治工作，兼顾草原带和荒漠绿洲带。防治技术体系的研制要从控制流沙，转向控制沙源与减少尘源。（3）先保后治、以保为主。沙质荒漠化土地治理费用约为保护费用的20倍，为了实现总体控制、局部重点治理的目标，必须改变“重治理、轻保护”的旧观点。对亟待解决的地段，采取有效的治理措施重点防治。在自然条件相对较好的区域，加快发展集约化生产——经营模式。（4）除害兴利、治用结合。大力推广“生态建设产业化”模式，提高治沙的经济效益，加强沙区水资源、太阳能、风能高效利用，以及沙区集约化生产——生活——生态模式研究。（5）开源节流，合理调配。水资源利用的合理与否是防治风沙灾害的关键，在提高水资源利用效率和效益，广泛推行节水技术的同时，做好流域水资源规划和利用，妥善处理生态、生产与生活用水的矛盾，上、中、下游用水的矛盾，城市与农村用水的矛盾，探讨增加水资源的新途径。

针对风沙灾害防治工作的复杂性，首先，要制定防沙治沙产业政策、建立新的激励机制。其次，加速科技成果的推广应用。第三，加大科技投入，使风沙灾害防治有坚实的科技支撑。

我国城市环境建设中的问题和出路

李　皓：目前城市环境建设中出现以下值得关注的问题：

城市土地荒漠化。土壤有机质流失就会引起土地荒漠化，而土地荒漠化并不都在遥远的西北。北京城市中就有土地荒漠化的现象。这主要是由于不合理的环卫管理方法引起的，如拔除野草，清扫落叶，再把它们当做垃圾运往城外垃圾场。这种错误在于把落叶和野草这些富含有机质的自然物质当成了有害物质处理，结果使城市有机质严重流失。目前北京市内土地沙化已十分明显，它与北京的就地扬尘很有关系。国际上绿色城市解决了这个问题，用的是中国自古就有的落叶归根法。而对野草，则改变看法，把它们当成绿化城市的天然资源，或任其生长，或修剪成人们可以在上面活动的天然草坪，剪下的草渣撒回土壤，就地变成有机肥料，这些做法能节省大量的财力和物力，又有很好的生态效应。

改善城市空气质量要重视给城市降温。北京空气中的主要污染物以可吸入颗粒物为主，而要减少空气中这类颗粒物的悬浮，一个重要措施就是要帮助城市降温，减少城市地面向上升腾的热空气流，使颗粒物降落下来，附着于植被中。目前国际上有多种给城市地面降温的做法，总结起来主要有：树木遮阴、路面透气、多层植被、绿藤上墙、减少耗能等。遗憾的是，与此相反，我们近年来大规模开展的“环境工程”却是给城市增加热效应的，比如砍树铺草坪工程、路面硬化工程、建高楼大厦工程、让城市亮起来工程、大量架立交桥工程，还有市场和媒体大肆炒作的空调大战等，这些工程完成后都会加剧城市的热岛效应，把城市环境推向越来越热的境地。热岛效应减少不了，城市的空气质量是无法改善的。因此，城市的空气质量问题涉及城市规划、园林措施、道路建设、社区绿化、楼群设计和消费导向等多个方面，这些方面的决策、设计、施工和享用者们对工程的环境效应一无所知，仅限于少数大气专家的努力是很难解决城市空气质量问题的。近年，砍树种草坪的最大最深刻的教训就是故宫。为了使故宫城墙亮出来，把城墙外的几百棵柳树砍了，故宫光秃秃、孤零零地立在那里，失去了中国文化艺术的魅力。而且树木有非常好的局部调温功能，几百棵树被砍掉，对故宫周围气候调节与降温有一定影响。另外故宫城墙裸露出来，紫外线直接照射对古城砖保护非常不利，风吹日晒雨淋加速城砖的风化。另外，种草坪还要浇水、施肥、撒药、修剪，带来一系列生态环境负面效应。

吴良镛：这两年砍树种草坪之风盛行，某北方海滨城市种大草坪，媒体宣传一时甚嚣尘上，全国各地纷纷效仿。于是，西部某古城将一条林荫道两旁大树全部砍倒，改种草坪，但因地处西北，干燥缺水，草坪无法成活，致使百姓侧目，怨声载道。

王玉庆：有些专家建议大量引进国外草种，这些草看起来很漂亮，但成本很高，病虫害多，维护费用高又浪费水。城市和郊区绿地既要考虑有自然的生态群落，又要有人工的群落。古树名木和乡土物种表现了自然选择和历史选择的结果，它适宜当地的自然条件。

李　皓：在城市环境建设中应多搞自然植被区。“绿化”一词使用多年，但我们的城市中植被覆盖状况仍然很不好。这与人们对“绿化”一词的误解很有关系。“绿化”让人把自然界丰富的色彩单一化了，使人以为只要颜色“绿”就行，结果出现了种草只选色绿，而不问其对环境和生态的效应。在北京的中心地带，甚至还发生了给草坪喷绿色染料的事情，不知这种染料是否符合环保要求。另一方面，“绿化”使人误以为植被一定要人工栽植，自然界生长的野生植物是没有价值的。因此，每年城市园林部门一面花大钱栽种植物，而另一面又花大力气毁掉天然植物。这样违背着自然规律来搞城市绿化，越搞问题越多，越搞越偏离保护城市生态的原则，结果是“绿化”成了个投钱的无底洞。随着国际上城市恢复自然植被实践的成功，人工种植草坪的做法被越来越多的国家否定。我们应当渐渐淡化“绿化”的提法，而向社会和决策部门输入“恢复自然植被”的观念。“恢复自然植被”的说法直接而准确地传达着实际操作方法，它有着深厚的环境科学研究基础，具有花钱少、植被特色好、生态效果好，可持续性、利于保护城市生物物种等多种好处。最近北京划出了大面积的绿化带，除了树木的栽种需要人力外，地面草地和灌木就可以借助恢复自然植被的做法使其天然形成。这样做可以迅速提高北京建设生态型绿色城市的速度，缩短与国际环境科学要求的距离。

近两年城市绿地建设中还出现一个大误区就是在绿地中搞灯光工程——安装射灯。有时围着一棵树就有几盏灯。这种做法对环境明显的危害有两个：一是射灯整夜开着，浪费能源，增加光污染和温室气体的排放；二是植物在夜间发生的“暗反应”会在射灯的光照之下受干扰，因而其生理活动受到影响。城市中的昆虫和鸟也会由于灯光的照射而没有了栖息地。因此，布满了装饰灯的绿地是没有生态的绿地，专家称为“绿色荒漠”。

从前年开始，北京花了很大的财力去治理河道，把河床硬化了，其理由是此河为输送饮水的渠道，硬化为的是防止水渗漏。然而恰恰是为了保障水质和饮水安全，国际环境科学研究的结论是：城市饮用水最好取自渗入地下的河水。因为渗透性的自然河床是一个安全的防护层，它能过滤掉河水中多种杂质，甚至有害物质，起到净水作用。相反，把河床硬化了，城市饮用水只能直接取自河中的地表水，如果突然出现意外的污染事故，河水的安全就成了大问题。因此河床渗漏这一重要的屏障作用不能忽视。硬化河道是没有任何理由再争辩下去的错误的“治水工程”，中国的其他城市万万不能效仿。

要纠正上述这些带来环境破坏的所谓的“城市环境工程”，唯一的出路就是：社会各界都要学习保护环境和保护生态的科学知识和基本原则。上周我参加一个国际生态学的会议，一位来自香港的先生对我说：这次来到北京，看见北京的城市建设模式与二三十年前的香港几乎一模一样，有不少工程已经被证明是不利于城市环境的做法，在北京却正干得热火朝天。这位先生问我，为什么不能避免香港和西方国家的弯路，而一步到位地走21世纪高水平的对环境友善的建设城市的近路。我能想到的回答仍然是：全社会对近十年来国际上建设生态绿色城市的科学知识缺乏了解。因此，我认为，城市建设决策者，城市管理者、工程设计者、施工部门和普通市民都需要大补课，赶紧学习现代城市环境和生态保护科学知识，努力掌握已被当今国际证实的省钱、省力、生态效果好的城市环境治理方法。

正视环境恶化现实　加大治理力度

李京文：我很赞同大家的意见，中国的环境问题一方面与广大群众包括干部的知识水平较低有关，另一方面则是对环境问题重视不够，因此，解决中国的环境问题，应大力普及环保科普知识，但更为重要的是提高重视程度，关键在领导，在政策。

第一，要正视环境恶化的现实。新中国成立50多年来，特别是改革开放20年来，环境状况有所改善，在90年代我们较早地提出《中国21世纪议程》，并取得一定成绩。然而我们也应清醒地看到，我国的环境状况从总体上看并没有大的改善，而且某些方面还在继续恶化，由于生态和环境遭到破坏，引发的各种灾难越来越多，且一年比一年严重。据官方统计，灾害的损失从50年代480亿、60年代500多亿、70年代600多亿，上升到90年代1000亿以上。所以，在环保问题上，不能光看到成绩，从微观上看，污染物排放，粉尘废水污染得到一定控制，有些城市的空气质量有所改善，但从宏观上看国家环境问题仍相当严重，还面临着严峻挑战。第五次全国人口普查情况显示，我国人口还在继续增长，据人口问题专家分析，中国人口维持在7亿—10亿是最佳状况，但已经不可逆转了，而我国人口的最大容量是16亿。人口不断增长，只好拼命盖高楼，简直是见缝插针了。这里还有个错误观念，认为盖高楼大厦就是现代化，其实不然。我国人口多，负担大，对环境的破坏作用是不可低估的。现在我们的环境已非常脆弱。如：我们的水资源只有世界人均水平的1/4，但浪费却是惊人的。刚才几位同志谈到城市环境的破坏，许多城市已成为水泥城市，人们生活在这种没有文化氛围、没有适宜健康的环境中。所以对环境问题的严重性应充分重视，不断呼吁，警钟长鸣！

第二，要对现代化有正确的理解。经济发展了并不一定就是现代化，什么是现代化？现代化包括几个方面，没有国防现代化哪有经济现代化？没有政治现代化怎能保证经济现代化？没有好的生活环境和生态状态能是现代化吗？对现代化不能片面理解，要抛弃经济发展就是现代化的观念。

第三，要制定政策。中国经济必须加快发展，不发展不行，但怎么实现既满足经济需求，又保护环境的可持续发展？据社科院环境发展研究中心测算：我国由于污染造成的经济损失占GDP8%左右，加上污染导致的各种间接损失，如灾害、疾病等，则要翻一番即达到16%左右。美国每年要用GDP两个百分点治理污染，才能维持目前的环境状况，使之不再继续恶化。而我们现在用于防治污染的资金远远不够，只占GDP 1%。今后应统一认识，加大投入。同时，要进一步制定有利于改善环境，限制对环境破坏的政策措施及法规。现在我们很多政策措施都是事后惩罚性的，没有从根本上解决问题。应从广度和深度制定更加积极的有利于鼓励节约资源，保护环境的政策。

慎重对待和解决生态赤字

牛文元：今天我想着重谈谈可持续发展战略和生态赤字。我国的经济发展速度非常快，但社会财富的积累中，相当程度是在生态环境赤字状态下进行的。首先发展有四大成本：一是基础成本，无论如何发展，基础成本都是要付出的，它与自然环境、区位、地形等因素有关，也就是说平原与高原的发展成本不一样。由于中国65%以上是山地、丘陵，1/3是荒漠、干旱地区，平均海拔高度1470米，是世界大陆平均高度830米的1.77倍，所以我们的基础成本是世界平均成本的1.25倍，也就是说在世界平均1美元能够干成的事情，在中国要多花0.25美元。我们生存在这块土地上，基础成本也是不可改变的。二是运行成本，把生产要素组合起来，生产产品进入市场，运行过程中必须要付出成本，该运行成本中的问题是用什么样的方式生产。三是损失成本，即在运行中并不是按最优化的工艺技术，而是以过多地消耗资源、过多地破坏环境换取的产品。比如工厂排放的污染物由社会承受了，工厂本身并没有付出这个成本，但从总体上看这个成本是必须算上去的。四是借用成本，当代人把属于子孙后代使用的资源借用了，现在预支这部分资源，将来就是倒贴现率。如地下水是经过几千年、几万年，甚至是几千万年的水渗透形成的，现在拼命地超采，使华北地区形成世界著名的大漏斗，把后代的水资源提前使用了。正是这后两种成本构成的生态赤字，是非常严重的问题，也是国家管理中须慎重对待并亟待解决的问题。

目前世界上逐渐采用绿色GDP的计量方法。以往各国GDP增长多少都是国民财富，实际上有虚假成分，把不该作为财富的那一部分也算了进去。例如：过分利用资源、过度消耗环境创造的财富纳入了GDP，与此同时，环境和健康出现了问题，再去治理环境，治疗疾病，这些消耗损失成本、借用成本又被作为财富，统统纳入GDP，结果GDP很高，实际上是一种虚假现象，这个债要父债子还。环境和生态被破坏，对整个国民财富带来很大影响。现在国民财富是由自然资本、生产资本、人力资本、社会资本构成，社会资本实质上是一个社会有序性和组织性的度量，是对于形成共识的文明的认同程度。现在大家都希望用真实储蓄率衡量财富，尤其注重对人的培养和人的素质的提高，教育储蓄成为储蓄的主要组成部分。这又涉及什么是现代化。其实只讲经济发展不是现代化，真正的现代化是多方面的，包括生活质量、物质享受、能源消耗、环境保障、社会公平、人的道德文明等综合因素，这里对不同的人做了一个对比：第一种人是只有体能，第二种人是既有体能又有技能，第三种人是既有体能又有技能，还有智能。假如社会对第一种人的培育付出是1，对第二种人的培育为3，对第三种人的培育是9，即1∶3∶9。那么他们对社会的回报和贡献分别为1∶10∶100，这就说明教育是回报率很高的投资，而且是真实的储蓄，社会对他的投入越高，他对社会的贡献越大。可持续发展无论从哪个角度出发，都要考虑人，人的文明道德和知识智慧是可持续发展中的基础，中国从1985年到2000年的15年间，是一个高速发展期，平均GDP的每年增速达8.5%。此种增速中的财富积累，包含了某种程度的虚假，即使用了一定的“生态赤字”换取了现实的增长。根据初步计算，15年间的真实国民财富只是GDP统计的78.2%，此外的21.8%是通过“损失成本”和“借用成本”换取的。这种占名义财富约1/5的虚数，最终还是要通过向自然的补偿和对环境质量的养护回馈出来的。由此可知，生态赤字的消除，绿色GDP核算体系的建立，是可持续发展中的重要衡量标准。

经济发展中更加关注环境与健康

郭新彪： 改革开放以来，我国的经济持续高速发展，人民生活水平不断提高。在发展经济的同时，我国政府采取了有效的措施保护环境，使环境状况有了极大的改善，全民的环保意识也与日俱增。然而，我们也应看到，由于我国仍属发展中国家，环境卫生基础设施条件明显不足，广大农村地区由于安全饮水得不到有效保障，人畜粪便未能无害化处理而污染饮用水、食物引起的中毒事件屡有发生。使用煤炭和生物燃料引起的室内空气污染也严重威胁着人民群众的健康。另一方面，经济发展带来的现代环境问题也日渐突出。工业“三废”、农药化肥、城市生活垃圾以及机动车尾气造成的空气、水和土壤污染等也严重制约着我国经济的可持续发展。在这两类环境污染的双重压力下，如何采取有效措施保障人民群众的健康，预防环境污染引起的各类健康危害是摆在我们面前的紧迫课题。为此，建议今后应下大力气抓以下方面工作：

在环保政策制定和实施过程中强调以人为本，把保护人民健康放在更为突出的位置。目前，环境与健康问题受到日益广泛的关注，广大群众的环境与健康意识空前提高，而许多环保纠纷都涉及环境污染引起的健康损害问题。由于我们目前的环保法律、法规没有把保护健康放在最突出的位置，在制定过程中对环境与健康问题的考虑明显不足。随着我国加入WTO的临近以及西部大开发战略的具体实施，有关内容不健全而引发的矛盾会日益突出。因此，在制定环保法律、法规时应进一步强化保护人民健康的原则，加快充实环境与健康的法律、法规内容，以适应可持续发展的需求。与此同时，应加强与卫生部门、劳动保护部门的协调，使这三个部门有关环境与健康内容的法律、法规相互渗透、相互补充、相辅相成，构筑具有我国特色的环境与健康法律和法规体系。

大力开展有计划、系统的环境与健康基础调研工作。与发达国家相比，我国的环境与健康工作仍未受到应有的重视，一些基本的环境与健康数据严重缺乏。以往进行的环境与健康方面的调查研究多以分散型的为主，内容重复且效率低，所得的结果很难在宏观水平上进行客观的比较，也无法为国家制定环保政策提供足够的信息支持。环境污染对人体健康除产生急性影响外，还会带来一系列的远期危害，甚至可能影响到子孙后代的健康。如果没有基础调研工作，很难阐明环境污染物对健康影响的特征，也就无法提出保障人民健康的有效措施。因此，应建立环境与健康调研工作的全国或区域协调机构，规范这方面的工作。

支持环境与健康的超前性基础研究，建立公开与共享的环境与健康信息体系，为预防性决策提供科学依据。世界各国的实践表明，加强环境与健康的基础研究有着防患于未然的重要作用。事实上，忽视基础研究的重要性，缺乏环境与健康科技信息系统的支持，已经给我国的环境与健康带来了严重的影响。调查表明，在我国曾使用了20年的致癌农药杀虫脒使接触该药的农民中的膀胱癌死亡率上升了4—7.5倍。从20世纪60年代起，环境内分泌干扰物质五氯酚作为灭钉螺药物在我国血吸虫病区大量使用，其结果是不仅对当地的环境造成了严重污染，而且进入人体的五氯酚也严重危害了当地居民的健康。此外，作为五氯酚产品杂质的剧毒化学物质二恶英也随之进入环境，严重威胁着当地居民的健康。因此，我们应认识到基础研究的预见性作用，在现有环境影响评价体系的基础上，建立与之配套的环境健康风险评价体系，预防和控制环境污染可能带来的健康危害。

王玉庆：有一些重要指标国内一般没有监测或没有公布。一个指标是颗粒物现在报PM10，全国原来用TSP（即悬浮颗粒物）就更大了，PM10颗粒物直径是10微米。但国际上已做到2.5微米，更小的颗粒。现在锅炉安装简单的消烟除尘设备一般除不掉这么微小的颗粒。为什么做得更小，因为大的颗粒在气管部分就被截住了，对人的危害不大，而微小的颗粒可以吸到肺很深的地方，可以附着许多污染物，对人的危害更大。中美有个合作研究项目，进行儿童肺功能的研究。中国的大气污染较严重，对人体健康危害到底有多大？人体健康最主要的呼吸系统是肺，儿童的肺最敏感，所以搞儿童肺功能研究，已经搞了很多年了。在4个大城市8所小学做的试验，年均值平均高于美国的推荐标准的2—8倍，日均值高14%—87%，跟美国城市学校相比，儿童的肺功能已经看出明显的差异。这项研究表明，在被污染的环境下长大的孩子，肺功能比较差。

调整土地利用结构　保障可持续发展

刘文甲：“十五”期间，我国将以经济结构调整为主线，以改革开放和科技创新为动力，继续推动经济社会的进一步发展和人民生活水平的进一步提高。与此同时，必须进一步协调人口、土地、环境的关系，调整土地利用结构，实现土地资源的永续利用，保障国家的可持续发展，即实现土地利用结构的优化。

实现土地利用结构优化，应从土地利用的定性、定位、定量、定序、定主五个方面做好调整。

定性——根据土地的客观状况和经济社会可持续发展的需要，确定土地作什么用。

当前，土地利用定性结构调整的主要内容是退耕还林（草）、退田还湖。在人口快速增长，生产力水平低，吃粮靠垦荒，烧饭靠砍柴的年代里，把土层很薄，坡度很陡（一般为25度以上），长满林（草）既可改善生态又能防止水土流失的山坡开发成了“大字报田”；把风沙侵袭严重的草地开发成了旱田；把起蓄洪滞洪作用的湖滩围垦成耕地，严重影响了生态，破坏了环境。因此，恢复这些土地本来应有的功能，这是协调人地环关系，保障可持续发展的实际行动。

退牧还草也是土地利用定性结构调整的一项重要工作。现在我国40亿亩左右的牧草地中约有20亿亩退化，这种退化除自然因素外，主要是过度放牧造成的，退化的结果又使牧草地承载能力严重下降，有的牧草地50亩甚至75亩养不了一只标准羊，造成当地经济、环境的恶性循环。退牧还草是恢复生态、发展畜业和使牧民进入现代社会必须作出的选择。大量严重退化的牧草地退牧之后休养生息，恢复自然生态。畜与牧分离，畜业与草业结合，畜业与农业结合已经被实践证明是越走越宽的路子。山东省牧草地很少（全省只有牧草62.6万亩，相当于内蒙古的0.06%），却是畜业大省；河南省牧草地更少，只相当于内蒙古的0.02%，靠秸秆过腹还田，成了养牛大省和农业强省。

土地利用定性结构调整中，要实事求是地坚持宜荒则荒。我国西北干旱地区仅河西走廊、准噶尔盆地、塔里木盆地、柴达木盆地及周边地区，总面积达250万平方公里，占全国土地面积的26%，这里水资源总量只有900亿立方米，占全国水资源总量的3.3%，把这里的水资源百分之百地利用起来，按现在的节水灌溉水平，发展起来的绿洲也只能占这里土地面积的10%左右，剩下的90%左右的土地还应宜荒则荒。万万不要再轻率地搞“荒漠变良田”、“沙漠变绿洲”的开发利用活动了。

此外，千万不要把农田排斥在“绿色”之外，华北地区麦田、油菜田是生态中的积极分子。

定位——根据用途确定用什么地。

土地利用定位结构调整，最主要的是要下大决心、用大气力将山区城乡建设以占坝子地为主转向以占用坡地为主，平原地区应由占用优质农田转向合理开发利用荒河滩、海滩、沙漠、戈壁及劣质农田。明知这是难度很大的结构调整，但不这样做不行。占坡不占田是落实土地基本国策的需要，也是城市自身的需要。怎样才能实现城市规划建设占坡不占田？最主要的是克服“摊大饼”这种习惯势力，城市规划建设不走单中心无休止地蔓延、漫涨、无序发展的模式，下决心坚持多中心、分块、有序发展的模式，规划建设分散集团式城市。“摊大饼”式的发展，不断吞食城市周围的优质农田、菜田、果园，直接违背土地基本国策。常说的“城市病”，病根在于“摊大饼”，几百平方公里的“一张大饼”，聚集着千百万人，各种城市车辆都在这张大饼上行驶，生活在这张大饼上的人们怎能不承受交通堵塞、人满为患、嘈杂和各种污浊？城市建在山坡上，可以规划、设计、建设更美的城市体形，形成优美的城市景观，城市座山面水、座山面田，建成名副其实的“山水城市”、“田园城市”。

定量——根据用途和项目规模确定用多少地。一定要扭转以往划拨用地项目要多少地就给多少地；有偿用地项目要买多少地就卖给多少地的现象，要按已有的项目用地定额严格控制供地数量，努力提高土地利用的集约化程度。

定量结构调整，最主要的是调整城乡建设用地定量结构。在我国城市化过程中，做好城镇建设用地（包括开发区、工业园区及应计入的工矿用地等）总量的不断增加和村庄（包括分散在村庄及村庄以外的乡镇企业等）建设用地总量不断减少的调整。根据我国城乡建设用地的现实情况和城市、村镇规划建设用地标准，经过调整，应该做到城镇建设用地增加量小于村庄建设用地减少量，城市化进程成为节约土地的过程。

定量结构调整的另一个极其重要的目标是耕地总量动态平衡，这里动态二字就有调整的本意，即在有增有减的变动过程中实现耕地数量不减少，质量有提高。据预测，2030年前后，我国人口将达到高峰16亿。那时，我国必须有19亿亩左右的耕地，且需大幅度提高耕地质量和科技在粮食增产中的贡献率，才能保证我国的粮食安全。因此，对实现耕地总量动态平衡这个战略目标不能有任何动摇和松懈。

定序——按土地利用规划合理确定的土地利用的定性、定位、定量来开发利用土地。新一轮土地利用规划多数已经法定程序批准实施。国家实施积极的财政政策，扩大内需，拉动经济增长，尤其是实施西部大开发战略，加大了生态建设、基础设施建设的力度，这样会使各级土地利用规划加快实施，使十年规划提前实现，使规划中“远期展望”提前进入实施阶段。要把土地利用规划中“远期展望”部分做深做细，以备提前实施。

定主——确定土地利用的行为主体。要服务于经济结构调整，执行国家产业政策、项目供地目录等。对该控制的项目认真控制；对禁止的项目，坚决不供地。要积极发展和规范建设用地市场和农业用地市场，发挥市场对土地资源的配置作用。坚持按项目认真审核，合理供地，前几年那种由开发商大面积土地开发，“引鸟筑巢”，垄断经营，使国家失去主动权的现象，要坚决克服。

保护环境要靠公众的普遍参与

梁从诚：关于西部大开发我曾多次讲过特别不赞成“大”字。小平同志在80年代提出西部开发时没有“大”字。纵观几十年来的经验，凡是带“大”字的运动最后都是灾难，从“大跃进”、大炼钢铁到“文化大革命”，无不如此。再说，中国人开发西部不是现代的发明，少说也有两千年的历史，张骞通西域干什么去了，就是去开发西部。开发西部的结果如何？当年的丝绸之路是绿洲连绿洲，现在这些绿洲全都成了沙漠。那些写进唐诗的古城，当年都是在水草最丰美的地方，不然也不可能建城。这些城市现在都成了沙漠的中心。道理很简单，过度开发造成环境恶化。西部开发唯一一个制约因素就是水，有水就有生命，没有水就是灾难。所以我不赞成“大”字，我同意刘文甲同志的意见，有的地方可以大开发，有的地方适宜中开发，有的地方只能小开发，有的地方根本就不能开发。这就是因地制宜，而不能简单用一个“大”字来概括，一哄而起。

应该加强和培养全社会的环保意识，尤其是对领导干部。现在有些领导同志也在讲环保问题如何重要，但实际上是两只眼睛就是盯着经济发展，至于什么子孙后代，什么借用成本、损失成本，根本不在乎。而且为官一任5年，盖大楼、修马路就是政绩；而保护环境是看不见的成绩，升不了官。GDP中的增长已不能说明真实情况。比如长江，所有的投入包括防洪救灾都要算在GDP中，“豆腐渣工程”也统计在GDP中。我们强调的发展，是经济、环境、社会的协调发展，而不是以牺牲环境为代价的发展。环境污染了，生态破坏了，人民群众的健康损害了，经济能发展起来吗？即使一时发展了，又有什么价值？所以，现实的发展，应该为未来的发展提供更具发展潜力和空间的基础。当代人不能一味地利己主义。我们自然之友经常到各地，尤其是中小学和大专院校搞环境讲座，我们还非常想把讲座和培训办到中央党校，因为那里的学生都是父母官，他们对保护环境将负有重大责任。

环境教育的另一头在下，要教育老百姓，个人的消费行为引导市场导向，13亿人口的消费行为可以影响整个国家经济发展的导向。因此不可低估对公众进行环境教育的巨大作用。现在我们的消费者一方面骂汽车尾气污染、空气污染，另一方面赚了钱都想买汽车；一方面喊森林面积锐减，水土流失，另一方面家庭装修要用高级实木地板。还有现在每个家庭都用洗衣机，而手工与机洗耗水量至少要差3倍。过去洗澡要到公共澡堂，现在家里用上热水器，一天洗多少次都可以。虽然这些都是伴随着现代生活而来，并且是不可逆转的。但是居民们必须认识到：不能空喊城市缺水、空气污染，应反省一下自己在干什么，你对保护环境负有哪些责任。不然总以为责任都在别人。自然之友提出两个口号：不唱绿色高调，不以绿色救世主自居。如果坐在那里空谈还我青山，还我绿水，还我蓝天，垃圾照样乱扔，一次性筷子照样使用，野生动物照样吃，保护环境从何谈起？所以还要从自己做起，在生活中厉行节约，防止浪费，珍惜资源，要经常想想你的消费行为靖环境的影响，不断增强环保的自觉性。

保护环境要靠公众的普遍参与。刚才邹教授谈到沙尘暴，赤峰市市长曾经告诉我，解放初期赤峰市没有出境的羊肉，现在每年出境30万头，还不是供应北京、天津等大城市，还不是变成了羊肉串、涮羊肉？有多少人想过吃羊肉与沙尘暴的某种内在关系。当然我并不是说不能吃涮羊肉，而是养羊要想其他办法，如圈养。要使全民意识到重视环境，保护自然生态，实现可持续发展，是人类社会的必然选择。人类在发展经济的同时，要更加注重自己的生存环境，更加注意保护自己的家园。

但作为民间组织，要认识到我们的作用和影响的局限性。很多问题，还必须通过政府行为才能真正解决。

（摘自《群言》2001年第7期）

新世纪社会科学工作者的责任

编者按：2002年7月26日，《群言》杂志社和民盟上海市委会，在上海联合召开“新世纪社会科学工作者的责任”专题座谈会。会议由民盟中央名誉主席费孝通主持。出席座谈会的有（以姓氏笔画为序）：

王文英：上海社科院文学所所长

王安忆：上海作家协会主席

邓伟志：上海大学社会学系教授

叶　辛：中国作家协会副主席、上海大学文学院院长

朱立元：复旦大学国际文化交流学院院长

李友梅：上海大学校长助理

陈思和：复旦大学中文系主任

徐中玉：华东师范大学教授

钱谷融：华东师范大学教授

葛剑雄：复旦大学历史地理研究中心主任

谢遐龄：复旦大学社会学系主任

费孝通：今天能有这么多位专家学者出席我们的座谈会，我感到很高兴。去年《群言》杂志曾邀请在京的部分社会科学工作者以“重视社会科学　提倡创新思维”为题进行座谈。今天，我们又在上海召开“新世纪社会科学工作者的责任”专题座谈会，作为哲学社会科学工作者，我们应努

力创造出无愧于时代的学术成果和学术精品，服务于改革开放，为建设具有中国特色、中国风格、中国气派的哲学社会科学添砖加瓦。下面请大家各抒己见，畅所欲言。

吸取历史教训，贯彻“双百”方针

徐中玉：我们学校50年代有社会学、心理学、教育、人类学……后来都取消了，到“文革”时期，连英文也不要读了，文科大学都不要办了。以阶级斗争为纲，向苏联一边倒，其他什么也不要。这个教训太严重太深刻了。那时谁有点怀疑，不赞同，就是反党反社会主义。

党的十一届三中全会以后，那些被取消的学科如社会学，就起了不少作用。费老在这方面默默地做，身体力行，为良知办事，起了表率作用。

现在想来，有些事情非常可笑，譬如当时取消心理学、社会学、人类学……现在许多学科应该恢复本来面目，让它正常地发展。为了使过去犯过的错误不至于再犯，需要认真地总结过去的历史。不要怕痛，更不要还认为一贯正确，什么事也没发生过。而是创巨痛深，以至今天社会风气败坏、贪污腐败，假冒伪劣现象严重。掩饰，淡忘，是对人民的犯罪。现在我们已取得许多成就，应该有信心、有能力直面和否定过去错误的那一套。江总书记关于哲学社会科学发展问题所作的三次讲话很重要，说明中央看到了这些问题，接下来还有很多事情要做。具体怎样深化，怎样重新认识，确实有许多事情可做。不但要做，而且要做好。现在已有一个很好的起点，人民对此有许多期待，我们做的应比说的多。

钱谷融：今天的社会正在进入一个政通人和，人民安居乐业的境界。换而言之，我们正在向过去告别。过去是只要一个人动脑子，什么都安排好了，不能发挥每个人的积极性。其实，为政者最重要的是让人民都能发挥自己的积极性，做到各尽所能，安居乐业。

过去，我们国家经历了太多的折腾。1957年以后，我觉得这样搞法不行。当时听了校内外的“右派”言论，觉得那些言论有不少都对呀，为什么要批判？如果真能从善如流，我们这个社会不是会更好吗？希望我们的社会能让人民各得其所，安居乐业。

邓伟志：我是1960年毕业的，至今已有42年，42年相当于费老学术生涯的一半。因为出身比较好，一直比较“左”。过去写过很多错误的文章，甚至“文革”结束以后，我还在《红旗》上写过一篇被新华社转发的文章。现在我自己连看都不敢看。其实，我一直很想把这段不光彩的历史说出来。这些教训，对于自己来说很痛苦，如果不能讲就更痛苦！

现在学术界总的气氛比过去好，但许多旧的影响还没有彻底消除。而这些旧的、已经成为历史的东西确实应该好好总结。譬如60年代，今天肯定，明天批判：今天批判别人，明天自己受批判。记得那时先是邓拓、廖沫沙奉命批吴晗，以后邓拓又批廖沫沙。邓拓后来的自杀，反映了他当时内心的矛盾和痛苦。其中还包括我的导师沈志远，忽然之间，一个才华横溢的人，就被打成了右派。

植物生长要靠阳光雨露，学术上同样如此。说到底，还是一个怎样贯彻落实“双百”方针的问题。那些年来的错误就在于，很多人贯彻别的东西积极，贯彻“双百”方针不积极。学术问题要积极开展批评和争论，但不能搞政治打击。说实话，那些年里，我是亲眼看着自己的老师一个个倒下去，同事、朋友一个个倒下去，真是历历在目，终生难忘啊！

要真正贯彻“双百”方针，让大家说话。一花独放，总不是春天呀！抓住真理，所向披靡。但对被认为是谬误的，也要留有余地。给自己，给历史留点余地。让历史来裁判，不能搞一言堂。

时代的发展，为社会科学研究提出新课题

李友梅：当今世界的科技进步日新月异，经济全球化进程加快发展以及我国继续深入的改革开放，不断地影响着人们的社会生活方式与组织合

作机制。由此带来的新变化为社会科学的研究提供了许多新课题。我们深感有责任去面对这些新变化和新课题，并作出积极而有效的反映。这就要求我们能够坚持科学的世界观和方法论，走到社会发展的最前沿，对重大的现实问题具有敏锐的洞察力。然而，我们却又感到自己有些力不从心。我们已经意识到单一学科的力量越来越难以解释清楚当代社会中的复杂现象，而我们又缺乏多学科合作研究的经验。

当社会需要社会科学有所作为时，我们却又准备不足，正如费孝通先生指出的那样，我们需要“补课”。我觉得，我们的研究任务很重，我们的学习任务更重。

叶　辛：今天的社会给文学家、社会学家提出了许多需要深入研究的课题。

记得前些年参加全国人大会议，当时小平同志提出让一部分人先富起来，人大代表们有些疑惑。20年过去了。前两年的说法是，中国土地上百万富翁为全国人口的2%，现在的说法是，年收入100万以上的为全国人口的2%—3%。而另一方面，6500万为贫困人口，标准是年收入600元以下。巨大的差距造成了光怪陆离的生活，造成了新的社会现象，涉及教育、人文、婚姻等方方面面，很值得我们好好研究。

这几天高、中考都在发榜，街头巷尾到处听到有关这方面的议论。

社会学比较关心的还有中国人的婚姻现状，不断有文章涉及。我对此十分关注，但又不满足。生活的复杂性、多彩性在社会学领域还没有进入到深入研究和关心的程度。当然有难度，条件也差，是不是在这些领域还可以再深入一些。

王安忆：社会学这门学科对我来说是很陌生的，所以来之前很惶恐。小说很具体，社会学很抽象。我们这些80年代开始写小说的人，已经享受到前辈的思想劳动成果，在此之前，前辈们为了求得思想的解放付出了艰苦卓绝的劳动，其中的残酷性和艰巨性都超出我们的体验，所以我们是很幸运的一代。

当时我积极在新开拓的人性的领域里进取。我们非常单纯地要求给予人性的正视，将人性的每一个细节都给予肯定的展现，这包含着我们对长期以来受压抑的人性的重新革命。于是，人性从浅至深一层层地被剥离开来，存在于世。我们特别强调它的合理性，认为凡是存在的都应该给尊重。20年过去了，突然发现人性处在完全没有约束的状态之下。这是不是跟社会科学工作的不够严谨有关？我想，其实思想的弘扬应该是严密的、科学的，它自身存在着逻辑性，有着自身发生发展的轨迹，而我们是不是偏离了轨迹，走向了不期然的歧途。我们放纵了我们的感性，这些恐怕就是社会科学工作的疏漏。

重视社会科学创新，肩负历史重任

陈思和：我最近一直在想，为什么近一二年来中央领导这么重视哲学社会科学的发展？改革开放20年，前10年我国的哲学社会科学的发展是很活跃的。那时候拨乱反正就是从讨论“实践是检验真理的唯一标准”开始的。上世纪80年代的思想文化都在激烈斗争中发展变化，我是在那个时代成长起来的，当时的思想领域之解放深深影响了我们这一批青年学生，可以说，培养了一代新的知识分子。那时候知识分子关心国家大事，愿意充当社会良知的角色，我们当时思考问题和辨析问题都觉得国家发展的目标很清楚，都是把自己的学术研究和国家的命运联系在一起的。到了90年代，中国社会向社会主义市场经济转型以后，一种更加与切身利益有关的观念慢慢上升为主导地位，指导和制约人们的行为，那就是经济挂帅，个人利益挂帅。所有的人，从民工到各级官员，也包括知识分子，甚至是从事人文科学和社会科学研究的学者，都在为获取个人利益而努力奋斗。这当然没有什么不好，我们过去实在太穷嘛。问题是在于，人人都要追逐富裕生活，各个单位都在追逐经济效益、市场效益，道德上必然会陷入虚无状态。整个社会倾向都有意无意地对人文精神采取轻视的态度，甚至主张彻底放弃人文理想的倡导。1993年我们在上海讨论人文精神寻思，许多人都嘲笑说这是知识分子的酸葡萄，是唱高调。90年代理论上不争论姓社姓资的问题是中央领导英明的决策，避免了理论上纠缠不清的摩擦，但不争论不等于就不要哲学社会科学的发展，不去探索新出现的问题。从提出理论上“不争论”到现在对哲学社会科学理论创新的重视，都是根据我国改革开放的现实需要提出的，有明确的针对性。90年代初的中国市场经济转型是社会主义运动史上史无前例的实践，许多问题马克思主义的经典作品并没有现成答案，所以我们必须要强调实践的重要性，不能用先验的理论模式来束缚思想。一方面是站在马克思主义的立场上给以说明、辨析和指导，另一方面也应根据实践的经验来丰富和发展社会主义的理论。中国加入WTO以后，全球化的趋向会有很大的发展，过去那种封闭式的国家管理模式会很快发生变化。从以往的经验来说，在国际关系上，经济的强势和弱势必然会导致文化上的强势与弱势，中国是个具有悠久历史传统的文化大国，如何来加强和提高全球化经济体制下的民族自信心和民族凝聚力，是非常严峻的考验，对每个人文学者都是一个考验。现在文化上追所谓的国际化和全球化是一阵风，但这样的风吹过以后，真正给中国的发展带来什么，也是值得思考的。21世纪中国将处在非常严峻非常重要的时刻，从这个意义上理解中央领导对哲学社会科学创新的重视，就会清楚地看到，这远不是一个权宜之计。

哲学社会科学要担当起这个时代的重任，光有中央领导的重视和提倡是不够的，还需要全体人文学者、社会科学工作者改变目前的学术运作方式，从空洞的形式的学术研究转向现实，要有面对实际、开拓理论的勇气和热情。

改革管理体制，营造良好学术氛围

王文英：我们党历来关心知识分子，但重要的不仅仅是关心几个人，关键是建立一个社会科学的体制，体制不建立，社会科学研究就进行不下去。这里还涉及官本位和社会科学研究的关系怎么处理，一个比较突出的问题是对基础研究怎么认识。

对一些老学者，有人说“把这些人养起来”。社会科学工作者用毕生的精力从事研究，用“养起来”这样的说法不公正。他们有今日的成就，都是长期积累，艰苦研究的结果。问题不解决，很难落实。

陈思和：近10年来，中国知识分子几乎回避了社会发展中最敏感的问题，把眼睛都死死盯着国家的各种项目经费和社会的生财之道上。国家人文学科和社会科学的项目研究计划运作严重脱离实际，以空洞宏大的研究内容来获取国家大量的项目经费，却不解决任何实践中的理论问题；以总结前人成果的形式从事大量无创新意义的研究，甚至是互相抄袭剽窃，而真正面对社会现实提出问题解决问题的理论创新少而又少：另外，一些项目评审的方式与评奖制度完全脱离了真正的学术创新的意义，成为一种社会庸俗风气弥漫的利益分配会议。这样的管理学术局面不改变，知识分子的责任心和学术良知就很难被调动起来。现在一个真正的学术能力的学者，每年申报各种项目和应付各种检查所耗费的时间要比从事研究的时间多得多。

中国历史上，没有宗教的传统，所以历来是依靠人文学科和社会学科来维系社会稳定和道德传承，在这样的社会传统中哲学社会科学的工作就显得非常重要。驱动人文学科和社会学科的发展当然需要经济利益，但更重要的是给以知识分子关心社会发展的权利，让知识分子将人文精神和社会科学知识普及到社会上去，在民间社会确立某些道德原则。这些传统本来是源远流长的，不需要特别去加强，但中国近半个世纪以来，一是受到“文革”时代丧心病狂的摧残，二是在经济改革年代没有及时加强人文精神的建设和传播，导致了社会良知的弱化和对人性欲望等因素的误导，使整个社会上下都在为利而生存，丧失了精神性和批判性。现在弄得连许多基本的是非原则也变得渺茫不清。前些日子看中央电视台播出一个节目，说是东北一中学有教师打了学生，造成学生精神受刺激，家长告到法院。可是学校方面就是不认错，法院作了判决，那个校长还是不认错。教师的职业是培养教育青少年，他的职业道德就规定了不能打学生，如果连这一点起码的道德都没有，还要这样的学校干什么？这样的校长不觉得羞耻还在电视作蛮横无理的辩解，这样的人还有什么资格当校长？学校应该是社会上最有道德的场所，社会风气不好，要靠学校的教育来移风易俗，充当社会良知。如果学校的机制都搞坏了，那么社会的风气就更成问题。

我一直觉得，中国需要有高于经济利益的东西来制约和平衡社会的不良趋向，这个角色应该由人文科学、社会科学来担当。这是一种整体性的力量，只有充分认识到这一点，才能理解当前中央领导对哲学社会科学发展的重视。要真正发展人文学科和社会学科，不仅仅需要有社会鼓励，还应该有法律保障。知识分子必须有通过学术研究表达自己对社会发表意见的自由和权利，这才是根本性的发展哲学社会科学的途径。

在全球化背景下倡导社会科学中国化

谢遐龄：世界历史正住进入一个新时代。这个新时代大约开始于上世纪70年代。有的学者称这个时代为全球化。全球化是这个时代的一个特征，但不是全部特征。这个时代正好与中国社会改革开放同步。对于全球化，我国的正规提法是经济全球化。这是一个谨慎的提法。事实上，全球化一定是全方位的，因而不可能是单纯的经济全球化。作为社会科学工作者，首先要弄清楚全球概念与世界概念之区别。应当清醒地看到，全球化意味着人类社会结构、政治结构和生活方式根本改变。这就是说，全部社会科学的基础理论面临着要改写、重写的历史性使命。这是今日人文社会科学工作者的难得机遇。

后现代是个思潮名称，包容了众多不同的乃至相互抵触甚或相反对的流派。但其中有着一种共同的趋向或曰共同的态度。我曾在1999年写的一篇论文中称之为“消解目的论”。从另外一个角度说，也可称之为对个人价值的强调。

在我们推进中国社会科学发展和做出理论创新时，有两项重要原则必须留意。我国的前辈学者，从吴文藻、潘光旦、费孝通、雷洁琼、家师徐雍舜等起始，一直倡导社会科学的本土化，中国化，强调从中国社会的实际出发作研究，构成了现代以来我国社会科学的传统。一是要认识中国社会的独特性，二是要坚持社会科学的实证性。这是开展社会科学研究的两条基本原则。

中国社会是个十分独特的社会，与西方社会相比有着根本的不同。接受这个判断与否，会有全然不同的后果。我提出这个命题已经十余年，至今未得到多数同行支持。我坚持认为这是基本前提。这个问题不明确，研究无法开展；对这个问题的回答不正确，所作研究就会事倍功半。这应是首先讨论清楚的题目。

社会科学中国化、本土化，不仅仅是把西方理论搬来配上中国社会的数据，作为修正、补充即可奏效。这是要做的，但决非主要的。主要的是发现出中国社会自己的特性和规律，讲清楚中国社会到底是怎么回事。根据中国社会的实际情况提出全新的、有充分说服力的理论观点和有效的研究方法，才正是社会科学的中国化、本土化。

这就要求强调社会科学的实证性。现在的情况是，我们的社会科学工作者对不少现象视而不见。这里有水平问题，但更重要的是思想不够解放，还束缚于西方社会科学的观念之中。不但要会说实证原则，会说从中国社会的实际情况出发，更要真正注意到一直遭到自己忽视的中国社会的实际现象。例如市民社会问题，美国人讲市民社会，我们有些学者也跟着讲。所以我们要提倡正视中国社会的实际现象。认识了中国社会的独特性，就能发现许多过去视而不见的现象；发现中国社会的特有现象，积累到一定程度，就会体会到中国社会的独特性，做出的理论自然而然就是中国化、本土化的产物。两个问题其实是一体的。

朱立元：市场经济的核心是利益驱动，如果两个文明建设出现跛足，问题就很大。90年代以来，在现代化建设过程中，经济发展很快，民营经济在市场经济和国民经济中所占比重越来越大。市场经济进展过程中，在经济发展的同时，两极分化现象很严重，带来了一系列社会问题，这里面还存在一个人的精神问题。从开始呼唤人性复归，到后来收不住，很多恶的东西出现。社会科学如何在这方面做些工作？

人文社会科学工作者的工作就是弘扬善遏制恶，而上一个时期这方面做得很不够。现在都讲法制社会，可是法律意识、民主意识在哪里？当年从“四人帮”桎梏下解放出来，好像很民主，实际上真正的民主意识还很差，体制上很多东西还没有得到保证。五四时期、80年代都讲启蒙，现在不讲了，认为不存在启蒙不启蒙。我认为，从“五四”至今，真正的启蒙任务还没有完成，应该引起重视。

我们这个年龄层的，都没有直接经过“反右”斗争。毛泽东对哲学、社会科学很重视，不过，当时只是把人文科学，社会科学作为工具，开展大批判，譬如关于一分为二、合二为一的争论，关于时代精神汇合论的争论等等。

建立健全学科体系

葛剑雄：这几年我一直在思考一个问题，为什么人文社会科学一直处于“另类”的地位？

最大的制约和障碍，就是认为自然科学没有政治性、阶级性，人文社会科学则反之。这一说法实际是错误的。以历史学为例，不管是无产阶级，还是资产阶级，任务都是复原历史的真实。了解历史的真相和规律后才能为本阶级的利益服务。

譬如一些地理历史中某地域的归属，核心问题是研究事实本身。之所以混淆起来，就是先把结论下在前面，这样的结果并不好。所以不能先有概念，再看事实。正确的方法，是先看事实，进行客观的研究，然后考虑怎么解释，如何运用。这个认识一定要解决，应该进行反思。

不仅是历史学，其他学科同样如此。什么都从阶级性出发，而忽视了它自身的地位，结果恰恰影响了它具有应用性的重要一面，不能发挥人文社会科学的先进性。科学发展的基础是健全的学科体系的建立，而这正是我国的薄弱环节。中国的现代学科体系基本是模仿外国的，因此不同阶段有不同的却相当鲜明的外国色彩。如早期的社会科学体系，主要的名词都由日本引进，人文学科则较多受西方影响。从20世纪50年代起又全盘苏化，60年代中期开始片面强调“自力更生”。改革开放以来，一方面是国外，主要是西方学术思潮的大量涌入，但由于真正能够系统而准确理解的人并不多，还停留在盲目的、一知半解或实用主义的阶段。另一方面，为政治和现实服务的影响依然存在，加上初期市场经济的作用，造成权力和钱力对学术的过多干预。所以，要使中国的人文社会科学符合代表最先进的文化发展方向，还需要从根本上作出努力，建立起完善的学科体系。

人类已经形成的学科应该划分为人文科学、社会科学和自然科学三个部分。长期以来，我们沿用的哲学社会科学、文科、文史类、社会科学概念都不够完整和准确，把人文和社会科学排除在科学之外更是不妥。人文学科至少应该包括哲学、文学、史学等学科，并非哲学一门所能涵盖，而就学科分类而言，哲学也没有高于其他学科的地位，称“人文社会科学”要比现行的“哲学社会科学”更全面。文科、文史类则是沿用了传统的、狭隘的学科概念，也不能涵盖全部学科。这种不规范的现象还普遍存在，如“文联”（文学艺术家联合会）中的文学实际上是以文学创作和评论为主，又以现代、当代为主，艺术也是如此，实际偏重于创作或运用。技术不等于科学，工程技术人员自然不同于科学家。技术有高低、新旧之分，科学没有。中国科学院不包括社会科学和人文科学本身就不够科学。如果一定要分，现在的科学院应改为自然科学院，同时建立人文科学院，或将现在的社科院改名为人文社会科学院。

这三门科学不能截然分割，但应有明显的界限。人文科学侧重于人类自身的完善和素质的提高，社会科学探索人类社会的规律，自然科学探索自然界的规律。自然科学有相应的技术和工程技术人员，人文科学和社会科学同样如此。在人文社会科学家外，也有相应的推广和运用人员。科学离不开思想，技术和运用则不需要思想。自然科学家需要独立思考的权利，人文和社会科学家同样需要，这样才能有所创新。

既然都是科学，它们的基本性质就应该是同样的。科学本身都是没有阶级性的，都是没有国界的，从来没有只能为哪一个阶级或政治势力服务的特点。但科学家能为不同的阶级、不同的国家、不同的政治势力所运用，三门科学概无例外。

既然都是科学，对人文社会科学工作者，无论是研究人员还是运用人员，也应该像对待自然科学工作者一样，以实事求是的态度对待他们工作中的失误。产生一个错误观点与算错一道题，动错一次手术本质上是同样的，至多只有社会影响的不同；但如果这仅仅是内部的探讨研究，本质就完全是一样的。

哲学社会科学的春天

费孝通：近年来，因为年龄的关系，我的眼睛、耳朵都不大灵了，这些接收信息的器官出了问题，信息交流就发生困难，导致我的精神反应变慢，思维能力开始退化了。这大概是老年人的一种痛苦吧，然而这种现象是一个人、一个生物肌体逃不掉的自然规律。由于这个原因，我不能保证把刚才各位讲的话全都听清楚，但是我还是听出大家提出了一个关于社会科学研究中“实用”和“理论”两者如何统一的问题，也就是“认识”与“行动”之间的关系的问题。

科学的基本任务是要认识事物的本质，要达到这个目的需要很多条件。社会科学研究者要认识的是人类社会，这是比较复杂的事。大家知道，在自然科学的研究中，科学家可以借助望远镜、显微镜等各种仪器、仪表的帮助来“接触”自己研究的对象，也可以在实验室里重复自己的试验。可是社会科学研究就没有这种条件，搞社会调查只能问、听、看，靠我们的嘴巴、眼睛、耳朵来收集资料。要问、要听，就牵扯到语言，问题就更多了。人们交谈首先要听得懂人家的话，要理解人家话里的意思，很难。拿我来说，早年就感到自己的耳力不灵，与音韵之道无缘，年龄越大越觉得同自己熟悉的人，或者同乡说话容易懂，反之，听起来就感到很吃力。我举这个例子，是想说明社会科学研究者在收集材料时，会受到自然方面、生理方面及其他方面的种种限制。

长久以来，社会科学多少有点让人看不起，在学术界的地位也好像低一点，在人们眼里自然科学要高一等，社会科学次一等。在我们制定的制度里也可以找到这种表现。解放初期，我还算科学院哲学社会科学部的一个委员，后来就不是了。我只能当外国的院士，中国的院士却当不成，因为没有这个制度。

由于历史的原因，人们对社会科学有点“怕”，形成了一种心理压力。比如“反右”问题，尽管说这段历史已经过去多年，但是人们心里还是“怕兮兮”的——弄不好会不会再来？以前“打”你究竟对不对？搞不清楚，算了，就当没这回事吧。但是心里还是觉得这“东西”麻烦，别去碰它。群众心里的压力没有彻底解决，事情就不好办。

令人高兴的是，现在党和政府明确指出社会科学和自然科学应当是同等重要的：并且强调各级领导干部要高度重视社会科学的发展；指出社会科学是其他科学不可替代的。

那么，怎样才能取信于民，让群众接受这门科学呢？这要靠我们社会科学工作者做出成绩来，让大家看到我们的工作确实为人们解决了实际问题，为人们提供了方便。一个人关起门写写文章，这容易，但是你写的文章的内容能不能够在社会生活中实现，就比较难了。

社会科学工作者要联系实际，好好研究当前的社会变化，从中发现问题，并且讲出个道理来。要做到不容易。拿我自己来说，靠了从小学到大学，到研究院，留学，这一段系统的学习和后来在社会学、人类学领域里的工作，所以在停顿了20年，一旦解除“右派”帽子之后，我能够马上回到原来研究的老路上。如果没有前面打下的基础，是不可能转过来的。

最近我参观了浙江河姆渡和良渚文化在考古方面的发现，了解了不少关于中国中部地区的历史。大家都知道中国是个古老的农业国家，从这两个地方的考古发掘中证明了几千年以前，我们的祖先就已经食用谷子、会用耕犁；现场发现的纺轮和养蚕的痕迹、盖房的榫头，都说明他们在衣、食、住方面已经达到相当高的水平。这样一个历史概念，人们都不太了解了，甚至学社会学的年轻人都不大知道。我看了这些展览之后，心里产生了一些感觉，感觉到了历史的延续性，从人类学的角度说这种感觉很重要，就是人类文化自觉的问题，就是自己认识自己的问题。

人是会死的，但是人所创造的文化却能够长久地延续下去，靠的是什么？中国人心里有个“上有祖宗，下有子孙”的观念，这种思想认识的基础不在个人的生死上边，而是在思想、事业上，所以中国古时候就有“三不朽”的说法，讲求立德、立功、立言，这就使文化得以一代一代延续下去。这种几千年延续下来的，教人怎样做人、做事的传统思想，直到现在还影响着人们。如果讲中国历史悠久，大家都会点头称是，但是在这漫长的历史过程中发生了什么变化，就不甚了了。其实对搞哲学社会科学、人文科学的人来说，这是很重要的。

我们必须加强历史意识（不仅仅是知识），使我们在看待眼前的事物时，会联系上延续了几千年的中国文化。从整体上讲，中国人是讲究文化的延续性的。搞社会科学的人更需要有这种意识，上有祖宗，下有子孙，我们只不过是其中的一个环节。可是每一代人都在创造着文化，文化是一个人一个人创造的，并且一个人一个人传递下去。我现在越来越感觉到我这一生就像住在旅馆那样，最终是要走出旅馆门的，但是我走了以后，还会有新的客人进来，连续不断，这个新来的人和我是什么关系呢？这就是死亡和不朽的关系。

死亡和不朽的这种思想意识，在人类的头脑里是有条件建立起来的，在中国的传统文化里这种意识还表现得很强烈，并且把这种意识应用到实际生活当中，我认为这就是中西文化根本区别之处。但是中国近代有一百多年殖民地半殖民地的历史，受到了殖民文化的影响，不少人抛弃了我们传统的东西，甚至连原来的一套语言都不懂了。因此现在的年轻人跟不上我们旧的文化底子了，然而恰恰是这些旧的文化底子，在今天还可以发挥出作用。假定能够把我们的传统文化中好的东西挖掘出来，应用好，我想就能够从容应付今后“不朽”的局面。

上面讲了一些我近来思考的问题，虽然上帝给我的时间可能不多了，但是我还是想把它讲出来、写出来，这些东西可能会有用。这就回到了大家讲的社会科学研究与政治宣传的关系上了。政治是人类认识的一部分，权力是政治的一部分，人们要借助权力用一套思想来控制另一套思想。江主席的讲话就是想要利用政治的力量，达到建立起一个社会科学同自然科学平等的地位的目的。实际上背后是一个文化继承、延续、发展的大问题。

趁这个机会向大家讲了一些我最近的想法，希望大家了解这些想法。

（摘自《群言》2002年第11期）

旅游与自然文化遗产保护

编者按：2002年6月11日，本刊邀请在京的文物、城建、旅游、遗产保护等方面的专家学者，以《旅游与自然文化遗产保护》为题进行座谈。座谈会由民盟中央副主席袁行霈主持，与会人员有（以姓氏笔画为序）：

张　兵：中国城市规划设计研究院高级规划师

郑孝燮：国家历史文化名城保护专家委员会副主任委员

罗哲文：中国文物学会会长

徐苹芳：中国社会科学院考古所所长

韩克华：国家旅游局原局长

谢辰生：国家文物局原顾问

谢凝高：北京大学世界遗产研究中心主任

傅熹年：中国工程院院士

袁行霈：改革开放以来，我国旅游业得到了迅猛的发展，取得的成绩应该充分肯定。中国加入世贸组织，为旅游业的下一步发展带来新的机遇和挑战。如何加快旅游业的健康发展，是摆在我们面前的一个值得注意的问题。具体地说，例如旅游和环境保护的关系，旅游和自然文化遗产保护的关系，旅游和文物保护的关系，旅游的经济效益和社会效益的关系，旅游景点的管理问题，旅游行业的规范问题，如何保护消费者权益的问题，如何增加旅游中文化内涵的问题，等等，这些都值得我们进行深入的研究。民盟一向遵照费孝通先生的指示开展工作，为两个文明建设出主意，想办法，做好事，做实事。旅游是一个很实在的议题，各位都是有关方面的专家，希望能畅所欲言，提出宝贵的意见和建议，为推动我国旅游业的进一步发展，为使它更有力地促进国民经济的增长，进而推进国内外文化的交流，尽一份力量。

严格保护　永续利用

罗哲文：我国旅游有非常悠久的历史传统。古代的文人主张“读万卷书，行万里路”，要把读书和增加实际知识结合起来，旅游就是“行万里路”的一种方式。文物古迹是中华文明的瑰宝，是人类共同的财富，我们除了很好地保护它，还要发挥它们在两个文明建设中的作用，一个非常重要和关键的途径就是旅游，到现场去参观。文物资源，就其存在形态来说，可分为可移动的和不可移动的。那些可移动的，你可以想办法搬到眼前来看，可以搞巡回展览。而那些不可移动的，要想看到它，了解它，研究它，就必须走到当地去看，要想让更多的人看到它，看得真，看得好，就必须首先把文物资源保护好，再把旅游活动开展好。这两个方面，应该是可以统一起来的，可以相得益彰，相互促进。这是我的一个基本观点。同时，我还有一个观点，就是在这两个方面里，要以保护为主。

文物古迹是历史造就的，一经破坏，无法挽回。旅游业的兴起和发展，要以旅游资源的存在和利用为前提。如果旅游资源得不到很好的保护，甚至受到破坏，开展起来的旅游也持续不下去。目前国家对文物保护的方针是“保护为主，抢救第一”。对风景名胜的方针是“严格保护、统一管理、合理开发、永续利用”，都把保护放在第一位。这里边的道理并不复杂，文物古迹是历史造就的，一经破坏就不可能再得。再造的复制品，没有什么价值。就是一些风景名胜，古树名木、山石景观，一经破坏也无法挽回。文物古迹、风景名胜的主管部门在以保护为主这一点上，认识是一致的。

现在有个很大的问题，就是旅游景点的文物现场常年处于超负荷接待状态。比如故宫，按照科学的测算，比较合理的人员容量应该是一两万人，可是目前在高峰期已经达到了八九万人。八达岭也存在这个问题。环境容量是有限度的，超过限度，必然会破坏环境。现在一些名山的环境容量也大大超过了指标。太多的旅游者在同一段时间集中到同一个地方，这种情况应该尽量避免。

需要国家来调控。现在已经有人提了建议，不要把假期都集中在一块放，尤其是春节、“五一”、“十一”等长假，但这需要国家来调控。

对旅游景点和文物保护，首先要着眼于保护，在这个基础上，以适度控制接待人数为原则，搞好规划，包括旅游发展规划、风景名胜保护规划。现在，这两个方面的规划可能有些脱节，有的旅游发展规划还没有很好地按照保护的要求来制定和实施。比如故宫，一方面可以多开放一些路线，有助于疏散人流；另一方面，要控制人数，一天进10万人，路线再多也不行。所以我想，规划最好是旅游部门和文物保护部门联合起来搞。

建议国家成立一个协调机构。因为旅游方面的有些专家对文物保护和风景名胜保护不一定很了解，所提建议不一定完全适用。旅游作为产业，要讲经济效益，但是不能以损害旅游资源为代价，更不能以损害群众的高尚文化品味为代价。再如天水的大地湾遗址，据说当地要搞开发。遗址怎么能开发呢？它的科研价值很高，可是它的观赏价值并不普及。真要是搞了开发，不仅吸引不了旅游者，还会破坏遗址原貌。我们有责任帮助当地同志认识这一点。敦煌就走过一段弯路，后来想了个办法，把一些价值高，又很容易受损的洞子封闭起来，换个地方搞成原大的、原状的洞窟，专门供人观看，据说效果不错，可供大地湾这一类的文物古迹保护单位参考。

把规划搞好了，合理安排好资源保护和游客交通、住、吃、游、娱乐、购物等方面的要求，文物古迹的保护与旅游事业的发展是可以两全其美，相互促进的。

功能分区　合理开发

谢凝高：崇尚自然，重视人与自然的交流，表达这种交流的感受，在我国历史上有悠久的传统。魏晋以来的山水画、山水诗，都形成了我国文学艺术领域里的独立门类。西方国家公园的出现，才不过一百多年历史。古人的游历，现代人的观光，看中国的名胜或看外国的风光，直接的功能是人和自然的交流，是精神性的活动。旅游带动了消费和经济发展，是间接的功能。这点要十分清楚。

一些在旅游方面参与决策的同志，对国家风景名胜区的文化内涵缺乏理解。我国风景名胜区的特点，是以具有科学、美学价值的自然景观为基础，自然与文化为一体，主要满足人对大自然精神文化活动需求的地域空间综合体，属于自然文化遗产。它们是古代名山大川的延续和发展，相当于现代意义上的国家公园，而不同于一般的旅游地和景点。

我国现有的风景名胜区，80%左右唐宋时代就很有名气了，许多名山在漫长的历史中积淀了深厚的山水文化内涵。自古至今，这些名胜始终以自然景观为主，是自然与文化的融合，而不是文化的强加。一般都具有自然科学价值、自然美学价值和历史文化价值。

这些风景名胜属于保护性的遗产，而不是经济开发性的资产；是社会公众的资产，而不是属于少数人特权独享的遗产。从功能上看，它有科学研究的功能，教育的功能（即爱国主义教育和科普教育），大众化观光游览功能以及创作山水文化体验等精神文化活动功能。

现在社会上对自然文化遗产的保护和发展旅游的关系，认识比较模糊、甚至一些决策部门也把自然文化遗产单纯当做旅游资源去开发。这是个错误的认识，我始终坚持遗产不等于旅游资源的观点。从旅游部门的角度看，把它当做资源也有道理。比如黄山，从旅游部门或旅游角度看，黄山是重要游览地，可称之为旅游资源。可作为政府，要从世界文化遗产的角度为它定性、定位，就不能这样去看。黄山作为世界自然和文化遗产，具有科研、教育、游览等功能，旅游只是其中一项功能，非唯一功能。弄不清楚这个问题，就不可能处理好保护和发展的关系。

研究遗产保护常常被认为保守。政府部门有的人说：一听到保护就头疼。他们觉得讲保护就是限制发展，而没有意识到保护是发展的前提条件。风景区的保护，就是防止、限制、禁止在风景区内进行破坏性的经济开发，使风景区的精神文化功能得到可持续的发展，以便带动区外的经济发展。保护和发展并不矛盾。最好的保护，将会带来最大的环境效益、社会效益和经济效益。

“功能分区，协调发展”是个好办法。要达到“保护”和“发展”的双重目的，我认为“功能分区，协调发展”是个好办法。

“山上游，山下住”。这就叫功能分区。所谓山上游，山下住，就是把旅游的服务设施安排在山下，山上保持一个完整的，真实的自然文化遗产，让人游览。如果风景区不讲分区，就会弄得一团糟。许多国家的“国家公园法”规定实行分区制，就是这个道理。我国在这方面搞得最好的，是四川的黄龙，它叫“沟内游，沟外住”。我80年代初去看过，去年又去看，那里的分区工作一以贯之，区内的自然景观保护得很好，区外的社会效益和经济效益都很好。

九寨沟当年做的规划在思路、原则上和黄龙沟一样，我是参加过考察的。遗憾的是规划中的“沟内游，沟外住”没有执行，而是沟内游，沟内住，把宾馆建在沟内，结果走了弯路，吃了苦头，造成了水污染。九寨沟的第一美就是水美，水被污染了，还去看什么？国内外有关方面的意见很大，后来省里专门开会解决，往外搬迁宾馆，可是沟里盆景海的景观已受到很大的影响。这是一个深刻的教训。改了，就值得赞扬，这是对人类负责的表现。

自然风景区的人工化、商业化、城市化，是我国现在普遍存在的一个严重问题。黄山受到的破坏是有史以来最严重的。这“三化”使风景的自然度，美感度和灵感度严重下降。“三化”表现之一是建星级宾馆。我是反对在风景区搞星级宾馆的。这种宾馆每个人占有的空间大，用的水多，消耗的电多，所需的服务人员多，产生的污染大。另外，建筑体量大了，造成严重的视觉污染。

类似的问题在其他地方还有很多，甚至更严重，解决起来难度更大。现在一些恶俗口号很流行，比如“包装遗产”、“打造山水”等等，还要创什么“品牌”。这都不符合保护世界遗产公约的要求。脑子发热，蛮干，根本不想想，国家风景区，自然遗产，不是能“打造”或是“包装”出来的，只能越“打造”越糟糕，越“创造”越糟糕。要真想创造，就去风景区以外的大城市郊野，选择适当环境创造现代旅游景观，而不是把祖宗留下的好好的风景区，遗产地给破坏掉。

纯粹的经济观点，造就了违背客观规律的“错位”、“超载”开发。错误的指导思想造成的最严重后果有两方面，一是错位开发，二是超载开发。错位开发即搞错了地方，把应该放在风景区外的旅游服务基地建在了区内，把应该放在山下的东西弄到了山顶。比如泰安的决策者提出“要把岱顶建成热闹非凡的天上城市”，“要把自然的泰山改造成为经济的泰山”。这样的指导思想，不是要把泰山的自然文化遗产毁掉吗？

超载开发。泰山现在已经搞起了三条索道，山顶0.6平方公里的地方，1987年建筑密度已经达到25%。去年5月2日，我去八达岭长城做调查，一天的游客就有13万。13万人挤在那里，动都动不了，还能看什么长城风景，还有什么味道？

失控的重要因素就是纯粹的经济观点。为了赚钱，不惜糟蹋自然环境，违背客观规律。国家风景区的环境容量，经过科学计算，有个饱和度。按规范规定，按线路法计算，平均每两个人之间有5到6米的距离比较合理。按面积计算，可游览的地方应该保持在人均50到100平方米。可是黄山的旅游规划，5到6米的指标缩减为3米，50到100平方米的人均面积缩减为5平方米。这样做的目的，是创造更多经济价值。这是违背国家规范进行超容超强度利用的行为，不是风景名胜区该走的正道。

唯利是图不仅表现在超载开发，甚至还可以出卖风景区。发达国家现在正在把有景观价值的私人土地逐渐买下，作为国家公园，让全民享有。我们却要把本来属于国家和人民的景观卖给个人！

他山之石。我们可以借鉴国外的成功经验。一些发达国家，如美国规定，在国家公园里不能搞豪华宾馆。他们认为，在这样风景绝佳的地方搞商业性的旅游开发，是极大的浪费，只搞比较简单的过夜设施，安全、卫生、简朴，还有野营设备，形成暂时宿营地。韩国的经济发展比我们早，可他们在旅游地也不搞豪华宾馆，多是通铺，每个铺位不到一米宽，自己带睡袋，或者租给你一条毛毯。睡觉的房间没有任何卫生设施，公用的卫生间和化妆间连在一起。另有一个小平房，有电和饮用水，带饭的可以加热。这样做，有效地减少了建筑面积，减少了污染。

我们的黄山，只有154平方公里，却建了许多大体量的豪华宾馆，破坏了黄山自然风光的真实性、完整性。其实，真正喜欢自然景观的人，到了他向往的自然美景中，住得简单一点是不在乎的。那么美好的自然景观，还不能吸引你的身心吗？那些并不真正热爱大自然，也不具备欣赏大自然的能力，懒得爬山走路，只想住宾馆，趁着旅游热，表示“到此一游”的人，最好到大城市去旅游，或在风景区外的旅游基地住。

目前世界遗产面临四大威胁（除自然因素）：国际战争，地区冲突，大型工程，失控的群众旅游和旅游开发。这里所说的失控的旅游，主要指“人满为患”。我则认为在我国的自然景区“屋满为患”更为严重。“人满”还好些，淡季到了，人就会少。人走了，草还会生长出来。可是钢筋水泥的屋子建在那里，不仅破坏了原来的生物栖息地，而且想拆也没有那么容易。

几条对策。第一，改革管理体制。世界遗产，要有国家级的专家参与评价、鉴定和进行决策咨询。县或地区一般没有这个技术力量，需要国家来组织管理。按现在的管理体制，文化遗产是国家文物局管，风景名胜区是建设部管，自然保护区是林业系统管，宗教场所宗教局管。多头管理，政出多门，九龙治水，管不好。

建议建立国家遗产管理局。历史上的五岳，就是朝廷命官直接管理的。现在各个国家的国家公园和世界遗产，也都是由国家直接管理的。韩国负责管理国家公园的中央级机构有67个人，我们119个国家级风景区，建设部只有3个人的风景处，而且只管业务。如果我们建立国家遗产管理局，第一步可以先把28个世界级的遗产管起来，管好它。第二步与世界接轨，国家级和世界级遗产由国家直接管理。

第二，加强立法。立法是当务之急。我国的立法程序，起码要走三年，这就需要赶快动手。

第三，建立遗产专家委员会。专家应该参加科技决策咨询。联合国教科文组织驻中国的代表说，希望你们国家给专家一定的权力。因为这个事情专业性很强，科技含量很高，不能靠拍脑袋。

第四，立即开始整治。凡违背世界遗产公约的建筑，无论民间官方都应拆除。

第五，要有国家财政支持。很多国家的国家公园都有国家财政支持。比如美国，2000年一共有43亿美元用于国家公园，包括保护、科研、管理等开支。其中政府拿出20亿，23亿由民间团体捐助。

最后一点，加强培养人才。只有用遗产科学文化知识武装起来的决策者、管理者和广大利用者，才能保护好利用好世界遗产。世界遗产公约中最核心的原则是，保护遗产的真实性和完整性，使之世代传承，永续利用。

提高品位　信守诺言

郑孝燮：旅游这种文化活动，从来就带有大众化的特征。中国历史上，很多文人喜欢旅游。皇帝旅游，亲去五岳之首的泰山举行封禅祭天大典。老百姓也会旅游，如逛庙会，朝山进香等。民间的习俗，民间的文化，往往是在群众性的旅游活动中，表现得丰富多彩，千百年来为名山大川的自然之美注入了丰厚的人文内涵。这样的环境使人赏心悦目，我称为“三境”：物境、情境、意境。

这“三境”，也可以说是三重境界，一重比一重显得深入。首先是物境，即直接用眼就看到的物象、景象，非常直观。接着是情境，是入目的景物引起主观上的感受，也就是常说的见景生情，情景交融。再就是有些人能够进一步感受到更深层次的意境，达到所谓“入乎其内，出乎其外”的感悟，引发某种遐想……要获得这样的感受，需要有更高些的文化修养或灵感。

旅游资源不是“摇钱树”。旅游不是现在才有的，我们需要从中认识和欣赏自然遗产和文化遗产，特别要了解我们自己的东西，进一步认识我们的文化传统。如何看待和把握风景名胜的品位，十分重要。如果我们不知己知彼，只把自然遗产和文化遗产的旅游资源看成“摇钱树”，比如把城市化搬到名山上去，搞得不伦不类，还以此作为是政绩，作为贡献，后果往往是相反的。旅游给国家创收、创汇的成绩很大，应该肯定并且赞扬。可是不能因此把旅游过分渲染得商业化、商业味。我们的旅游事业不光是为了赚钱，还要体现寓教于游。饱览大好河山，了解历史文化，增进爱国教育，这方面的作用应居于旅游事业的第一位。究竟什么是旅游事业的本质目的，是应该探索和进一步明确的。

联合国每6年检查一次。武陵源被批准成为世界遗产之后，吸引了很多开发商都往那里去。你盖一座楼，我建一个星级宾馆，还一再扩大招商引资，以致愈演愈烈，违反了联合国公约，受到“黄牌”警告。湖南省花了10个亿整治，教训足以引起我们的重视。如果等到联合国来摘牌子，那影响就不只是湖南省，而是我们国家的形象。

现在中国已有28个世界遗产项目。报载联合国教科文组织规定每6年要对世界遗产检查一次。我想，人家来之前，我们自己要先看看各自保护得如何。在保护与利用上，是无序是有序，是守法、守约还是相悖?

山西平遥的整治思路很合理。山西平遥总的来看，保护得比较好，也整治得好。它的周围凡是污染环境冒烟的工厂都已关停。古城区原有的工厂，即使无污染，但因破坏历史文化环境，也都一一外迁。再就是向新区疏解老城区的人口，缓解古城区的人口压力，改善居住条件。商业中心，医院、学校等也相应地分迁到新区，腾出的地方有的为绿地。平遥这种“保护古城区，开发新城区”的思路很合理，很有成效。

这些年，平遥还完成了一些新建设。例如古城内的旧县府衙门，原来只剩下后院几栋清代老房子，前些年县里决定按清代的建筑形式，修旧如旧，把平遥的老县衙门完整地恢复重建起来，成为重要景点开放、展览。另外，在城南的新区，新建了现代化的多层大楼，把现在的县政府机构搬到了新区。“文化大革命”中古城内被毁坏的城隍庙大戏台，现在也已在原址原样重建恢复。古城内几条商业大街，晋中地方建筑特色浓郁，原来沿街的电杆和架空电线，均已改成地下电缆，使大街古色古香的文化环境空间，显得清爽干净。其余小巷的路面及排水等基本上得到整治改善。这些新的建设都属于保护性的。平遥列为世界文化遗产，为国争光，县政府十分清楚不能背离世界遗产保护公约，必须尽到世界遗产证书上规定的义务，信守自己的承诺。这些并不是他们自己说的，而是从实地眼见目睹所反映出来的。

成绩很大　问题严重

韩克华：总体评价这几年看我国的旅游事业，应该是两点论，成绩很大，问题严重。成绩很大，是建国几十年来，对旅游资源的修复、建设、发展、管理，做了大量的工作。

旅游资源是发展旅游事业的基础。世界上文明古国不止一个，但在五六千年里保持连续发展而不中断的，只有中国。悠久文化的古迹和自然遗产，是外国人来中国要看的主要内容，也是我国游客要看的主要内容。

再过几年，旅游业将成为一个支柱产业。现代化建设，也增加了我们的旅游资源。像长江三峡大坝，建成以后，国内外的游客是会去看的。南水北调，这么大的工程，同时也是一种新的旅游资源。

我们现在拥有的世界遗产，从哪个方面解释它、保护它都是对的。破坏文物古迹，就是破坏旅游事业。说保护是第一位的，这话完全正确。这是发展旅游业的基础，旅游资源破坏了，还谈什么旅游事业？但从旅游角度来看，它们都是旅游资源。正因为有这样丰富的资源，我们的旅游事业才得到很大的发展。再过几年，旅游业将成为一个支柱产业。我说成绩很大，就在这里。这不是一个旅游部门的事情，而是党、政府和人民共同努力的结果。

从1985年到1989年，中央政府每年给国家旅游局5个亿，当时我是国家旅游局局长，把这笔钱全部分到各省市自治区。凡建宾馆饭店的均不给拨款，全部靠贷款。这笔钱，确确实实在各地文物古迹的修复保护上发挥了作用。

我国的古代建筑和欧洲的建筑比起来，有很大差别。不光样式有差别，材料也有差别。欧洲的建筑材料，很多是花岗岩、大理石。中国的传统建筑，多半是青砖灰瓦，经过历朝历代的维修，得以长期保存下来的。对古文物的保护，不能是消极的办法，要本着修旧如旧、原汁原味的原则，高标准，严要求，积极修复。文物古迹有了真实性，才能有趣味性和观赏性。

时代不同了，还用过去的办法不行了。修复、保护历史文化古迹，这个工程量是非常大的。光叫政府拿钱，也有困难。可是政府绝不能为了一时的经济利益，出卖文物古迹。发展得再快，也不能走这个路子，这可是祖先传下来的国宝。

我的意思是，我国的旅游资源，不修复，不建设，就不可能发展起来旅游事业。同时，如果不严格管理，不爱护好文物古迹，就会破坏祖国文化和旅游资源，影响旅游事业的发展。资源是第一位的观点，永远是正确的。

保护文物　发展旅游

谢辰生：关于旅游，于光远同志说过的一句话给我的印象很深。他认为，旅游活动既是一个经济性质的文化事业，同时也是文化性质的经济事业。他对旅游活动中的文化含量理解得很深。我们怎样通过健康的旅游活动，弘扬我们民族优秀文化，逐步提高人民群众的科学文化水平、认识水平、审美水平，并且促进中外文化交流，这才是我们国家旅游事业发展的一个重要内容。我们要发展的是有中国特色的社会主义性质的旅游事业。因此，我们的旅游不能跟西方的旅游完全一样。

旅游是第三产业，文物保护和风景区是社会公益事业。两者之间有质的区别。如果正确地理解旅游、遗产、文物和风景区，就可以看到，它们之间本来是相辅相成、相互促进、共同发展的关系。但是定错了位，就处理不好相互之间的关系，也容易出现两不利的结果。

旅游热势不可当。我们要做的是引导，是疏导。首先认识上要清楚。比如故宫每年两亿的收入，是算旅游收入呢，还是算故宫的收入？到底是谁养活谁，不好说，没有必要争论这个问题。但是它对地方经济发展确实是有好处，这是事实。

文物保护和发展旅游，是性质根本不同的事业。旅游是经济事业，是第三产业，文物保护和风景区建设则是社会公益事业。两者之间有质的区别，不能混淆。今天很多问题的产生，根子就是混淆了文物保护和发展旅游的基本性质。但文物保护和发展旅游，又是相辅相成，只能合作，不能合并。

从事文物保护事业的人，应该有旅游意识。没有旅游，没有人来看，就失去了保护的目的。旅游部门的人，也应该有文物意识，遗产意识。大家都有了这样的共识了，事情就好办了。当年谷牧同志领导着一个协调小组，我们两方面的同志在一起合作得很好，那是两个部门合作的一个黄金时代。

历史经验证明我们在这方面可以搞得很好。为什么今天出现这么多问题，我看首先还是认识上出现了差异，应该重新统一起来。比如，对旅游资源的认识，它是前提条件。没有这些资源，就谈不上旅游，也就没有所谓旅游事业。作为文物保护来说，可以通过健康的旅游活动，更充分、更广泛地发挥文物在各方面的积极作用。精神文明建设也可以通过旅游活动得到促进和发展。

并不是一切文物都是旅游资源。今天我们涉及的问题和矛盾，主要不是理论上，而是实践上的。实践上出现的问题和矛盾，可以通过认识来解决。比如，并不是一切文物都是旅游资源，一些文物有很高的价值的，但不一定是旅游资源，因为它没有观赏性。最近我到安阳去，他们要打殷墟的品牌。殷墟就是一片土地，人家来了能看什么？你可以宣传这个东西，可以请考古专家来，但是为了研究，不是旅游的。如果没有其他的配套景点，仅靠殷墟是发展不了旅游的。

文物中那些确有观赏价值的部分，才能成为旅游资源。只是在这一点上，才是文物跟旅游的结合点。但是要结合得好，就必须掌握一个度。这个度是什么？就是保护为主。在保护的前提下，来发展旅游。超过了这个度，就可能造成破坏，既不利于文物保护，更不利于旅游活动的可持续发展。现在的问题是，这个度谁来掌握？我认为，这个度应该由文物部门来掌握。考古和古建这样专业性很强的工作，旅游公司实际上是管不了的。旅游是第三产业。第三产业是服务性产业，不是掌握资源的产业。旅游业应该严格按照行业的规定性去做应该做的事情。文物部门应该支持旅游业的发展，并按照科学规律办事。能办的，符合文物工作科学规律的要尽量办；有些不能办的，也不要对文物部门太苛求。

加强指导 健全法制

徐苹芳：我们今天面对的历史文化遗产保护和旅游事业发展之间的关系问题。是多年的老问题，错综复杂，解决起来似乎很困难。其实也不尽然。只要明确了几个基本概念，文化遗产保护与旅游业之间是鱼和水的关系，在今后的实践中是完全可以做到双赢的。

千万不可为一时小利，竭泽而渔。首先要明确历史文化遗产的保护，在大的方面，如历史文化名城的保护、大遗址的保护，小的方面具体到一个文物保护单位，既然已经政府公布为文物保护单位，从中央到地方各级人民政府都有责任加以保护。这是国家大法规定的事，只有执行。其次，旅游业在今后的发展中，不能只停留在看热闹和购物的水平上，要向有丰富历史文化内容和自然景观的观赏的方向发展。保护好历史文化遗产和自然景观，不只是历史、自然文化遗产保护的事，也是旅游业能够持续发展的大问题。保护好我国的旅游资源，在目前是一件很重要的大事。中国的旅游业千万不可以只图眼前的小利，杀鸡取卵，竭泽而渔。在这个问题上，历史文化遗产保护工作和旅游业的利益是一致的。

问题在一些地方政府。从近年的若干实例中可以看出，一些问题不完全出在文物保护和旅游部门，而在一些地方政府。个别地方为追求一时之小利，未经国务院批准，便把全国重点文物保护单位拨交旅游部门管理，甚至要“捆绑上市”。把全国重点文物保护单位的门票收入全部归旅游公司。这是严重违反文物法的。中国现行政体是条条和块块，有时条条管不了块块。个别地方政府目无法纪，以人治代法的事屡次发生。

目前，在法制还不健全的情况下，我们有时只能寄希望于好的领导。但是，从长远看，解决问题要靠法制。譬如尽快制定历史文化名城保护法，加强文物保护法的执法力度，建立国家历史文化和自然保护区与旅游业之间的经常性的协商制度，共同做好国家历史和自然遗产的保护工作，也利于旅游业更好地发展。

尊重文物　理顺关系

傅熹年：前年我去了欧洲，看了一些发达国家。今年春天，又去了土耳其、希腊、埃及，都是参观重要的文化遗产。总的有这么一种感觉，无论是文物保护的水平，还是旅游的水平，我们跟发达国家甚至一些不发达国家都有很大的差距，基本上属于“第三世界”水平。

欧洲一些国家，你去看他们的文物，会有一种强烈的感受，感到他们对文物非常尊重，绝对不会给你利用文物赚钱的感觉。商业性的经营点被隔得很远。基本没有视觉、听觉的污染，更没有人为的干扰。

关键是要拿遗产做什么。这里有个基本认识问题，我们要拿我们的遗产做什么用？尤其是对外国人，在经济效益之外，首先让他们感受到的是我们对传统文化遗产的尊重和爱护，并借此宣传我们的优秀文化，帮助他们了解中国。通过我们对自己文化的充分尊重，让外国人也肃然起敬，进而对中华民族的文化地位产生认同感。

没有这样的认识，就会做出亵渎神圣的事情。比如嘉峪关，那是个边关，应该给人以苍凉、悲壮的感受。可是现在嘉峪关旁边堆起了假山，弄了水池子，还有小鸭船、转盘椅，弄得一塌糊涂。我提出了批评意见，建议嘉峪关周围三里之内清场，后来添加的东西统统拆掉，游人到此只看关城。

有些问题不完全属于认识问题，说重点儿就是利益驱动，利益驱动又会导致权力干预。

今年我去了陕西，给我的感觉是，有的地方把真东西弄成了假东西。当地文物部门也有口难言，一声长叹。为什么呢？有关部门整个把这些交给旅游公司管理了。公司收门票，大头自己留下，小头给他们，叫做“返还”，算是公司赞助，作贡献。什么道理呢？我们了解到，假如这些地方由文物部门管理，收入的每一分钱都得入账。正常开支之外，都要上缴国库。交给公司管理，就是两回事了。乾陵当初也要这么干，提出一些理由要发掘，最后通过工程院士们的论证，证明这些理由不能成立，被坚决制止了。这不是认识问题，而是利益驱动。

注意引导　加强管理

张　兵：我搞的主要是历史文化名城保护方面的工作，各位老前辈谈的这些问题，今后在我们的工作中可能会经常碰到。我觉得责任很重。

历史文化遗产是我们的文化出身、文化归属的一个标记。随着现代化进程的迅速推进，我国目前在自然遗产保护、文化资源的利用方面出现的问题和矛盾，其激化程度要比上个世纪90年代更为严重。我想原因是多方面的。除了政府职能的界定上有很多不清楚、不明确的地方，还暴露了我们在经济监管机制方面还有很多漏洞。同时也从中看出，社会大众的文化素养方面存在缺陷。

在我国，旅游日渐成为一种生活时尚。今年“五一”七天长假，深圳的旅游收入达18个亿。这个没有太多历史底子的新兴城市尚且如此，那些有历史文化遗产的地方有多大的旅游压力就可想而知了。

对自然遗产和历史文化遗产的价值，过多地用经济的尺度来衡量，是非常有害的。第一，如果发现它的经济价值不高，就会直接导致对它的忽视，毫不吝啬地将其破坏，第二，如果从经济角度对它的评价很高，就会有人把它当成摇钱树，过度开发也会导致破坏。自然和历史文化遗产有它的特殊性，它是我们的前人留给我们的，是我们文化出身、文化归属的一个标记。过多地用经济尺度去看自然和历史文化遗产，是基本概念上的误区。

对发展旅游应该辩证地看。既要看到它所产生的经济效益，还要看到它产生的负面影响。大量外国游客带来了国际化的生活方式，会慢慢地改变我们的生活方式，改变人们的价值观念。观念改变了，对事物的理解就会产生变化，对他本身拥有遗产的理解和利用也会有变化。这种变化中，肯定有负面的东西。渐渐地，只觉得美国的大峡谷很美，法国的森林很美，偏偏忽略了我们民族生存环境中的自然之美。同样，国内大城市的游客把他们崇尚的生活方式和追求带到偏远的名胜，也改变着那里人们的生活方式和价值观。这些对当地的自然环境和历史文化环境的保护有时也会形成压力。

对旅游，我认为首先要有健康的指导思想，要设计和推动符合中华民族遗产特征和文化传统的旅游方式。现在谈旅游经济太多，谈旅游的文化含量和文化精神太少。这会带来一系列问题，比如在景山公园的旅游项目里，就没有想景山这个地方的特殊性，不懂得利用它的特殊文化内涵。

单纯依靠游客的觉悟，完全依托好官员，都不是治本之策。从几位前辈的发言可以看出，我们今天讨论的问题，有三个方面的关系需要协调。一方面，是专家学者谈历史、文化和自然遗产的保护。他们远见卓识，是真正从长远的、对历史和人民负责任的立场来考虑问题，提出问题。另一方面，是旅游的主体和服务对象，即我们的老百姓。第三方面，是政府和企业，是旅游经济效益的监管方和受惠者。在这个相互关系中，政府扮演的角色非常重要。

政府首先应该发挥引导和调控作用，旅游活动不能搞成纯粹的经济活动。但是，现在所谓的旅游产业化却有这个趋势。到处都在开发旅游资源。本来开发可以理解为发展，但很多地方的开发明显带有一定的掠夺性。一些地方的领导不懂得自己所在城市的真正价值，盲目开发，为出政绩而造成自然遗产和历史文化遗产的破坏。我们做规划的人，现在听到“开发”二字就害怕。中央政府应该明确，把是否保护好当地的遗产作为考核干部政绩的一个重要指标。

在遗产保护工作中，专家的作用应该加强，政府的监管力度应该加强。现在我们既不能单纯依靠游客的觉悟，也不能完全靠碰上一个对自然文化遗产价值理解透彻的地方官员，那不是治本之策，还是要着眼于制度的建立。建立起一个完备、协调、高效的自然文化遗产保护体系。

南头古城的启发。深圳有一个南头古城，是最早的深圳，也是最早的香港，香港以前就归它管。后来这个地方逐渐成了一个村。建立特区以后，这个村子的村民利用自己的宅基地盖起楼房，密集得很，完全没有阳光和空气的概念，把原来的风貌整个破坏掉了。1997年，我们接手了这个文物保护项目，发掘和恢复了一些很有价值的古城街巷。这项工作在当地引起了震动。深圳大部分外来移民对这里的乡土文明不了解，更谈不上认同和重视。现在看到深圳也有自己的历史，自己身边还有这么一片古老文化的境地，文化的自信心就会慢慢建立起来。

现在大家把遗产作为资产，就应该有一个自然文化遗产的评估体系或者评级制度，严格执行，坚持原则。牌子挂在那里，是身份证明，也是一种警告，一旦不符合标准，就摘掉牌子或黄牌警告，以体现和维护政府执法的严肃性。

（摘自《群言》2002年第8期）

关于SARS的人文社会科学思考

编者按：2003年6月17日群言杂志社举行“关于SARS的人文社会科学思考”座谈会，邀请人文社会科学研究的专家学者，就SARS引发的政治、经济、文化、法律等问题进行专题座谈。座谈会由民盟中央副主席、北京大学人文学部主任袁行霈教授主持，参加座谈的有（以姓氏笔画为序）：

毕淑敏：作家

陈　来：北京大学哲学系教授

李书磊：中共中央党校教授

范敬宜：清华大学新闻传播学院院长

周孝正：中国人民大学社会学系教授

黄　平：中国社会科学院社会学研究所研究员

秦晓鹰：《中国财经报》主编

梁晓声：北京语言大学人文学院教授

蔡定剑：北京大学法学院兼职教授

袁行霈：非常感谢大家来参加今天的专题座谈会。SARS疫情已经基本上得到了控制，但是SARS引发的一些问题还值得深入思考。例如人与自然的关系，人与人的关系，经济发展和社会进步的关系；又如公共道德的建设，公共秩序的完善，社会心理等问题。今天与会的都是人文社会科学方面的专家，还有我们的作家，我想大家一定有很多深刻的思考和见解，希望各位充分地发表出来。我们讨论的题目是关于SARS的人文社会科学思考，请大家畅所欲言。

非典引发的哲学与文化反思

陈　来： 随着疫情的控制，2003年春夏之交引发的全国性恐慌与危机的非典，正在逐渐淡出我们的生活。无疑，在过去的两个月中，人文社会科学学者与各行各界一起，对于全民救治非典投入了自己的关怀，贡献了自己的力量。然而，在今天这样一个面对后非典时期来临的阶段上，来谈论人文学科如何“面对”非典，显然已经不再是要求人文学科如何“当下地”为救治非典疫情献策出力，事实上，人文学科在整体上对于社会的意义，本来也不在于对于某种突发的自然灾疫提供直接的对策（当然此次非典造成的灾害不完全是自然原因），而在于在学术研究的同时，长远地促进社会的进步、价值的稳定、文化的发展、精神的提升。因此，在此次非典暴发行将过去之后，我们人文学者亟须就此次危机事件所暴露的深层次的文化、社会议题加以反思，以促进我国政治经济、社会文化的全面健康发展。我就这个问题谈一点个人的认识。

重新认识人道主义与人本主义的重要性。 在非典暴发的时期，每个人都以同样的本然生命面对非典病毒，在这里，人与人的社会差别，如政治立场、宗教信仰、教育水平、财富差距都变得不重要甚至没有意义，非典病毒的传染不考虑社会的差别甚至种族差别，人的一切社会符号在非典感染面前已经变得没有意义。虽然，社会回复常态以后，所有社会符号会恢复其意义，但非典带来的生命危机确实以极端的方式逼显出，什么是人的本然存在，什么是人的本然生命，揭示出了人在本然生命上的平等。在这个意义上说，非典以一种特殊的方式点醒包裹在政治结构和意识形态之中的习惯思维：“人的生命和生活永远是第一位的。”在这个意义上，非典的暴发对于人文学科的反思富于哲学的启发意义，如在我国现行的哲学体系中，重视“物”，而始终未能突出“人”的地位，关怀人的价值立场往往得不到主流哲学的辩护，人道主义和人本主义不能理直气壮地捍卫自己。非典将促使我们重新认识人道主义和人本主义在哲学体系中的基础地位，从而理解“人”的问题应当始终是哲学的第一要义。又如在人类历史的发展中，病疫曾数次夺取成千上万人的生命，病疫对人类的破坏大于战争。但在史学领域，我国出版的世界通史中，完全找不到有关大病大疫及其危害人类的记述，暴露出我们史学观念中“人本主义”的缺乏。在非典之后，我们期待着，突出“以人为本”的人文思潮将能在人文学科中成为主导的观念。

深刻体会现代化与全球化的生存方式。所谓“人的本然生命”是赤裸裸的，是我们抽象掉人的一切社会文化符号后得到的一个哲学认识，它被定义为一种本体的存在。而现实中的生命总是在一定的历史条件下存在和表达，这些历史条件既构成了对生命的具体制约，也造就了生命现实化的平台，构成了我们的基本生存方式。什么是我们当下的生存方式？目前我们生活在一个现代化与全球化的时代环境，这个时代环境的一大特点是，高速、巨模的“流动”、“交往”成为时代标志和生活经验，人力、文化、资本、商品更密切、更加速地在每个社会并进，并在全球中流动和交往，成为这个时代人的基本的生存方式。疫病超过以往任何时代而可能大规模暴发，频繁暴发，正从一个特定方面显示出这一特点。从哲学上来说，我们以往强调生产方式的重要，而相对忽视“生存方式”，忽视生存方式对于上层建筑的“基础”作用，这是非典之后我们应当重新认识的。应当说，人们的一定的生存方式要求着与之相适应的政治文明及其他行政制度，要求与之相适应的文化观念，如政治文化、行政文化。在当今的现代化和全球化时代，信息的开放和自由交流，既是实然，也是应然；既是我们生活的现实，也是我们基于现代生存方式而产生的基本要求。我们要依据现代化与全球化下的生存方式来重新理解经济基础和上层建筑的关系，破除旧的不适应现代生存方式的各种习惯性观念。

改革开放是未完成的计划。哲学上的“以人为本”，表现在制度文化上就是要体现“以民为本”。这次非典成灾中的人为因素，突出地表现出我国当前新闻制度与行政制度落后于时代的发展。在制度文化的理念上，最根本的是“向谁负责”的问题。“为人民服务”和“三个代表”在理论上都已表明“向人民负责”是政治与行政管理的基本价值。但是，如何从制度上落实和保证“向人民负责”，而不是向领导机关负责，是改变“报喜不报忧”的行政运作心态和“只准报喜不准报忧”的新闻管理心态的根本途径。这次处置非典暴发中的行政失误突出地暴露了我国现行制度中的缺陷，必须下决心加以改革。进入21世纪，“改革开放”似乎慢慢成了历史名词，似乎改革开放只是建立市场经济，只是市场导向的经济改革。这在相当程度上妨碍了改革意识的深化。我们应当以此次非典暴露的问题所引起的改革呼声为契机，扩大新闻和行政改革的社会基础，把改革开放全方位地加以推进，为中华民族的伟大复兴和长治久安作出新时代条件下的贡献。

多从历史想问题

范敬宜：从历史的角度，认识与疫病斗争的长期性。据我了解，对于这场突如其来的非典，社会上很多人很不理解：我们是一个社会主义国家，而且早就宣布已经消灭了烈性疫病，怎么会发生这样一场大规模的非典？产生这个疑问，是由于对我国的历史缺乏了解，因此，需要从历史的角度作出回答。

从历史上看，我国是一个多灾的国家，灾害之频繁，为世界所罕有。最近读邓拓同志在1937年抗战前写的一部《中国救荒史》，它记载了从商汤二十四年至民国二十四年近4000年间发生的各种灾害，包括水、旱，雹、虫、地震、霜雪以及烈性疫病，几乎年年有灾。特别是瘟疫，每发生一次，死亡人数动辄以百万计。以距今最近的1935年为例，苏北发生黑热病，几个县的患者即达十万之众。每次瘟疫过后，哀鸿遍野，饿殍千里，妻离子散，十室九空。这是历史的事实。

新中国成立以后，党和政府领导人民同自然灾害和各种疫病进行艰苦的斗争，取得了伟大的成绩。同时，由于综合国力的增强，卫生条件的改善，国民体质大大提高，大规模发生的疫病大大减少。这也是历史的事实。但是，由于宣传上的片面性，使群众产生了一种错觉，似乎所有严重的自然灾害和疫病只能发生在旧时代的封建王朝和反动政府统治时期，恶性疫病大流行的日子在新中国已经“一去不复返”了。比如，建国初期在我国南方流行的血吸虫病，经过大力防治，到1958年就宣布血吸虫病已经彻底消灭。毛泽东还为此兴奋得夜不成寐，写下了著名的诗篇《送瘟神》：“借问瘟君欲何往，纸船明烛照天烧。”既然“瘟神”已经“送”走，自然不能再提存在血吸虫病了。事实上，血吸虫病并没有绝迹。对传染性疾病的认识，不能割断历史，不能以为制度变了，疫病也会随着旧制度一起彻底消灭。经过这场与非典的斗争，我们一定要认识到，同各种烈性疫病的斗争将是长期的，各种尚未查明的、更为凶险的新病源还会不断产生。这种疫病是无国界的，我们必须保持高度的忧患意识。

从历史的角度，认识重大突发事件报道的复杂性。客观地说，这次疫情刚开始时没有及时公开报道，延误了时机，造成了重大损失，这是不争的事实。但是当初为什么不报，也需要从历史上来研究原因，如果只是认为个别部门，个别人为了“保官”，故意隐瞒，就可能把事情简单化了。做过新闻工作的同志都知道，从新中国成立以来，我国对重大突发事件（包括重大疫情）的宣传报道，是有一套严格的管理制度的。对于重大灾情、疫情，哪些能公布，哪些不能公布，哪些可以及时报道，哪些需要最后报道，都要遵守宣传纪律。而宣传纪律又要服从于大局，要看事件对国内国际的影响，权衡利弊。这样做，对今天来说是否适用可以研究讨论，不过这是历史事实，同样不能割断历史来看问题。过去，凡是对我国不利的新闻，可以不公开报道，以免“授人以柄”。过去几十年有关疫情的报道，就是根据这样一个总的原则（也可以说是“老规矩”）办的。在封闭的时代，这个老规矩行得通，而到了今天这个信息时代，信息的交流可以说已达到“呼吸万里”的境界，如果固守这样的老规矩，恐怕就不行了。至于新规矩怎样建立，我看也是一个很复杂的问题，不那么简单。讲透明度当然是对的，但本身也还有一个如何把握“度”的问题。事实上，世界上没有一个国家的做法是绝对“透明”的。讲知情权也是对的，但也要考虑不同层次群众的心理承受能力。在非典时期，有的人初期抨击政府隐瞒真相，后期又埋怨“宣传过了头”。这就说明新闻宣传上“度”的把握是十分复杂的问题。我相信，通过总结抗击非典的经验教训，对有关突发事件新闻宣传的改进，一定会有所推动和促进。事实上，这种改进现在已经开始并已见到成效，但也要防止不切实际的预期心理。

从历史的角度，认识综合治理的紧迫性。我国生态环境的破坏也是有历史性的。从历史上看，从元、明、清开始，有些开明的君主和有识之士已经意识到，生态环境的破坏是疫病频仍的重要原因，并提出不少相应的防治对策。但在封建社会的任何时代，这些都是不可能实现的。新中国建立后，我国发生了翻天覆地的变化，但是在经济高速发展的过程中，生态环境遭到破坏的严重性，也达到了触目惊心的程度。一些新的社会问题的出现，进一步加剧了生活环境的污染。

从根本上防止烈性疫病的大发生，必须进行综合治理。综合治理既要大处着眼，又要小处着手。既要做好大规模的治山、治水、治土、治沙、植树造林、治理工业和生活污染，又要狠抓公共卫生工作，建立起医疗和科研体系。对“小事”也不能忽视，特别是对中国人长期不讲卫生的生活陋习，必须进行一番彻底的治理和改造。比如随地吐痰、便溺、乱倒垃圾、饭前不洗手、乱吃野生动物等等，这些看来似乎都是小事，却极大地影响了人们的生存环境。最易往往是最难。我们已经习惯于把最重要的事情当作可以应付的“任务”走过场，习惯于把最难做到的事情当作最容易的事情掉以轻心。这场非典成了我国人民移风易俗改陋习的无声命令，但是究竟能不能永远不忘非典之痛，持之以恒，使之成为一场真正有实效而不是形式主义的爱国卫生运动，端赖政府能不能坚持倡导到底了。《解放日报》提出："非典过后，如何留住文明习惯？"这确实是全民族等待回答的重要问题。

培养面对危机的健康心理

毕淑敏：这次防治SARS的过程，让我时常想到一个问题，就是中国文化传统中对死亡的话题谈得很少，从我们的老祖宗开始就是这样。这就使很多人缺乏对死亡的心理准备。我做过一个小规模的调查，问了很多朋友：如果SARS没有致死的可能，还会不会有现在这样全社会的高度恐慌？听我这样问，所有人都显得释然，说那就不慌了，咳嗽就咳嗽吧，发烧就发烧吧，住院就收点鲜花或者巧克力吧。也有人说，平时特别忙，这样反倒会有一个休息的时间。

我想，前一个时期SARS造成了整个社会的高度不安，跟它的致死率有密切关系。但是，这样的死和我们偶尔会谈到的死，是不一样的。在我们传统中，那些被肯定了的死或表彰过的死，是富有意义的。比如封建社会贞烈的死，孝忠的死，为把守疆土的死，是可以接受的，因为它具有丰富的社会和人伦意义。但是，大多数人的死是一种生命的自然现象，或属于寿终正寝，或者是因病而夭亡，没有太明显的附加意义。在这种情况下，人们往往会对死亡有一种莫名的惊慌。

我开设了一个心理咨询诊所，在SARS没有得到有效控制的时候，深刻体会到了那种全社会的高度恐慌状态。所里的工作人员说，深夜两三点钟还有人打电话，从小孩子到老人都有，情绪特别恐慌。有人不停地洗手，一天能洗上百次。有人每隔五分钟量一次体温。这种举动，从好的方面理解，是爱惜生命。可是，客观上看，不少人还不懂得怎样从大处爱惜生命。我在想，随着现代文明的发展，随着人们寿命的延长，应该有一种更加达观的面对生死的态度，使我们在遭遇意外灾难时比较镇定、比较从容，而不是在惊慌中生活或者死去。这不是“创可贴式”立等见效的方子，而是需要长期建设的心理文化系统。这方面，需要人文和社会科学学者来呼吁，来引导。

从人本主义的观点来看，人的需求有不同层次。首先是解决温饱，温饱之后就是安全。我国目前从整体上讲是基本解决了温饱问题，开始进入对安全问题高度关注的时期。至于爱、尊严、自我价值的体现、创造性，等等，也许离我们还有一段距离，但是现在应该开始关注。要争取活得有尊严，有爱他人的能力，有被爱的权利，最后达到精神上的高远状态。现在，我们社会的安全状态不太理想。车祸、欺诈、构陷、抢劫、凶杀等信息，传递着人的命运的不可知性，包括这次SARS，突然让我们感到极度的不安全。这种情况提醒我们，安全实在是太重要了。单纯的经济发展和很高的增长速度，并不能给我们足够的安全感。我认为，这应该是SARS带给我们的一个最重要的启示。

我们特别习惯满足于国民经济的增长速度，甚至在防治SARS最紧张的时候，还有专家出面预测这场灾难不会影响我们的增长速度，把这个指标当成一个令人兴奋的事情来谈论。我走访了一些机构，问他们对人民的心理安全问题有没有预案，他们说没有。有的只是战争预案、洪水预案，等等。我觉得，在SARS危机中，在整个社会和民族内部，加强心理安全的建设工作，提高全民族应对突发灾难的心理准备和承受能力，整肃使人不安的各种因素，是非常重要的。就算有一天，我们的经济增长速度达到了更高的百分比，可是人民的生命却处在危险之中，现代化又有什么意义？连安全感都没有，会有幸福感吗？

还有一个问题，就是政府和民众之间的信息交流和沟通。北京是人口高度密集的大城市，在现代化、全球化的背景下，我们的治国安邦之策，不能再像封建时代那样，对小民只可使由之，不可使知之。现代通信工具这么发达，手机信息这么频繁，互联网无孔不入，这么大的事情，如果没有正面的、正确的信息发布和评说，就会有变形的、误导的信息暗中流传。这样的害处，不光是误导，还会使人连出自政府的正确信息也不相信了。这场灾难为我们提供了大量的反思素材。我们真是应该好好想想，从对人民负责、对人负责的立场上，改进相关方面的工作，使我们在今后的灾难中变得更有经验，更加从容。

共同为国家出主意想办法

梁晓声：中国文化的两个主要方面，即文艺和传媒，往往有一种近乎本能的配合欲望和冲动。它有时是由于被指示、被要求或被暗示，所以那样；而有时，并没有哪一方面指示、要求或暗示，它也会一厢情愿的那样。它一旦那样起来，就往往会在全国形成一种滚雪球现象，仿佛找到一个兴奋点，陷于自身亢奋。于是，无论给国际，还是给本国人民都留下深刻的，但又是不良的跟风造势的印象。所以，我特别希望，在后非典时期，文艺和传媒是冷静的。尤其文艺，再不要出现以往那样一哄而上争相排演，然后评优秀节目，然后接见，然后在表彰一批先进单位和个人之后，再表彰一批节目，向一些演员和歌星、作家颁奖。我个人绝不反对有节制的，质量较高的文艺活动的必要性，但以往的经验，使我对此心怀忧虑，不愿看到又一波热闹、泛滥、质量不高、效果也并不多么好的文艺亢奋现象。为了这一种文艺大配合，如果还不惜经济投入，效果将更不好。据我所知，人民大众是很反感这样的文艺现象的，国际上的反映也是愕然而已。当然，缅怀要有，纪念要有，表彰要有，总结要有——但希望形式上是另一种状态。何况，非典还有卷土重来的可能，目前断不该是欢庆之时。

关于非典和人文社会科学的关系，我认为，确有值得人文社会科学工作者去促进、去配合的工作要做。我们这样一个人口众多的国家，应当有前瞻性的医学研究和成果。比如，广大农村现在和今后的医疗体系，直接关系到千千万万农民的健康，以及防备疫病再次袭击的能力。就目前的情况看，仅仅依靠农民自己是不切实际的，需要社会学工作者、医学工作者，共同为国家出主意、想办法。

非典袭击中国的过程，体现了这样一种现象，我们的领导人高度重视，指示严厉，才有了后来扭转有力的欣慰局面。否则，后果真是极为严重，不堪设想。由此又引起我一种思考，那就是全世界正在过渡向人类的后人文时期。中国近年来谈人文很多、很经常，从房地产广告到旅游宣传到文艺炒作诸方面。但如何更好更周到地在政治理念上体现替人民着想这样一种人文关怀，我在我们的领导人身上看到了这一点。

政治的思想、主张，要通过文字和话语来体现。但如果有谁认为，直接将政治的话语、文本，充填向人们生活的各个时空，便会收到良好的政治效果，那是错误的。政治的思想、话语，要通过必要的转化，使广大民众易于接受。各行各业都有形象代言人，选择的标准是广大民众乐于从亲和度上认可的人。各级各领域党的领导者，亦是党的形象代言人。形象代言人最起码的一条，就是在话语水平上对广大民众有亲和力。我认为，培养一批善于将党和国家的政治性理念转化为广大民众乐于接受的平素意识的优秀代言人是当务之急。

决策和研究的互动十分必要

李书磊： 这次应对SARS的过程，对所有人都是一种历练，也是一个反思的机会，有可能引发国民对现代生活危险性的认识，包括对现代化的某种警惕。这应该是一个比较重要的收获。

第一个比较深刻的感受是，在近代以来的中国文化里，对现代化生活一直是做幸福观的。要求得太迫切，所以容易把它理想化。往往只想它好的一面，描绘的前景也比较单一。这样一种进步观在暗中塑造着中国人对现代化的认识。SARS对我们的袭击，使政府和国民，尤其知识分子，对现代生活方式的另外一面，例如它的危险性、社会组织的脆弱性、对人群构成伤害的可能性，又如人的欲望的无限膨胀，消费主义的过度泛滥，对生态环境的无尽索取，现代大都市人口的高度密集等等，有了新的认识和觉醒。

表面上看，现代社会组织越来越健全，事实上，这种健全是现代生活方式脆弱性的一种反映。4月底5月初的时候，我非常担心：一旦人们的心理失控，行为会马上扭曲，躲避危险的本能将导致大规模的人口盲目流动，社会很可能陷于崩溃。现代交通工具空前发达，盲目流动更有条件了，现代生活方式和技术条件增加了社会的某种脆弱性。虽然SARS没有造成崩溃之象，但可以引发我们对这种近忧远虑的警惕，提高我们对现代生活方式的觉悟。这对国民的心理成熟和心理健全，从对现代化的浪漫憧憬进入到面对真实问题的现实主义阶段，是一个很好的契机。

第二个比较深刻的感受是，这次处理SARS危机的政治运作方式。一开始，没有公布疫情，后来做到了及时公布、详细公布。事实上，信息透明了，危险程度和不可控因素就降低了。这是危机促成的一种新的政府管理方式。很多政治上的革新，就是在危机状态中出现的。平常的社会条件中，人们不愿意冒大的改革风险，也没有这样强烈的冲动。一旦危机到来，革新的冲动就大为增强。而且，因为必须打破成规，在最短时间内把局面控制住，这就激发出了平时出不来的改革措施和政治智慧。

同时，也应该看到，我们很快就有效控制了SARS，除了自然因素外，在社会组织运作方面，过去年代群众动员的传统方式也发挥了很大作用。应该注意到，类似“群防群治”的方式中也包含着现代因素。由此想到，我们的政治革新和新的政治运作模式的构建，既需要借鉴国外的文明成果，也需要根据国情，开发我们在过去的年代积累起来的行之有效的政治资源。尤其是在社会转型期，还没有完全进入到比较成熟的现代生活条件之下，两种政治资源在新的政治构建中怎么对接，怎么磨合，怎么互相补充，是一个值得重视和研究的课题。

想到的第三个问题是，这次政府的管理应对和学者的思想应对，成为一种非常引人注目的现象。从政府的应对来看，一是制定了预警机制，懂得了应对效率的重要性，提高了应对理性程度的重要性。这其中需要有学者的参与，政府决策需要与人文智慧结合起来。

过去，在政府决策过程中，学者的参与机会不多，不充分，也没有制度化。与国外很多比较成熟的政府决策模式相比，是有距离的。从政府决策的理性程度来看，这是一种损失。如果提高政府运作的理性程度，加大学者对决策和操作的参与程度，并使之制度化，非常有必要。更深层的一个问题是，在加大学者介入力度的同时，还要强调介入方式需要車新的重要性。

过去这些年，尤其是在经济决策中，事实上已经有不少学者介入到了决策过程中。例如党委部门的政策研究室，政府部门的发展研究中心，汇集了一批学者，有的水平很高。但是，由于他们所处的位置，要考虑上边的意志，有时会导致研究成果的扭曲，因为部门利益的因素，有时会导致提出的可选择方案带有先天缺陷。例如这次有的部门，它也有学术研究能力，也有水平非常高的专家，但因违反了学术规范，没有经过真正学术程序上的认定，包括时间上的等待，就仓促宣布所谓的“衣原体”。其中必有部门利益因素在作怪，这显示出单一方面的学者通过单一渠道参与政府决策的弊端。所以，一方面学者要参与，这已经是共识，另一方面，学者怎么参与，也应提上议事日程。怎么能让不同领域、不同层面的学者参与，怎么能让他们独立参与，摆脱长官意志、既得利益等因素的干扰，真正对事实负责，对人民负责，充分而真实地发言，减少研究成果被扭曲的可能性，以求真正增加社会公共管理决策的理性程度，增加政府管理社会事务的科学基础和群众基础。我想，这也是我们应该从这次SARS危机中得到的一个重要收获。

总之，政府决策和学者研究的互动，在政府面对现代社会管理操作高度复杂的历史情境时，变得格外重要，由于历史的原因，双方一时还都欠缺足够的自觉，也没有充分的磨合渠道。这个问题，应该尽快有所警醒，有所革新，有所进步。现在应该是不断拓宽磨合渠道，增加政府决策理性程度的重要时刻。这不仅对政府重要，对学者也同等重要。如果学者的研究长期不与社会的真实问题结合，不与政府关注的现实问题结合，就慢慢变得只会翻译、借鉴西方的学术概念，而失去对中国社会问题的领会、认识和理解的能力，使学术变得空洞。事实上，真正的中国学派，必须建立在对中国问题的真实描述、真正认识和深刻解说的基础上。现在引进的许多学术概念，是描述西方社会的东西，对中国问题虽有一定的适用性，但缺乏对中国问题的深刻洞察，所以会有许多扭曲、歪曲和遮蔽。中国学界应怎样真正认识中国问题，发展中国的学术流派？我觉得，下一步，对社会真实问题的深入研究，形成真正的理解，将是一个重大的学术发展。

我所期望的磨合，既增加政府决策的理性程度，也能增加学者学术研究的深度。学者和政府双方都应该做出足够的努力，其中处于更主动地位的是政府。

把公民意识放到整个经济运行中

秦晓鹰：我是学历史的，现在搞新闻。我是把新闻当成历史的草稿，把历史当成新闻的背景。最近我集中注意了世界历史上的重大疫情对经济和社会发展的影响，也到重症病区做了采访，为此被隔离了15天，有了切身体会。

刚才陈来先生说，在中国人编的世界通史中很少有关于疫情的记录，甚至包括黑死病。美国人编的同类史书中，对黑死病有很多的记载。欧洲14世纪发生的黑死病，实际上是欧洲经济和社会发展发生巨大变化的一个外在推动力。拿文学来说，《十日谈》就是为了躲黑死病而写出来的。《坎特伯雷故事》也是在躲避黑死病的过程中创作出来的。黑死病暴发的时间大概是三四年，但是延续的时间达到了一百多年。这段时间，恰恰是文艺复兴崛起的时期。巨大的瘟疫，造成了一些人的醉生梦死，也导致一些愚昧者的疯狂。而另一方面，神权和王权在人们心目中的无上权威也崩塌了。社会公众心里想：你们能解决什么问题呀!那些过去的所谓“上帝的使者”，在疾病面前无能为力。所以，王权、神权对人们的束缚松动了。人性的觉醒奠定了文艺复兴的基础。

黑死病对当时经济的影响可以从事实上看。当时，欧洲因为这个病死了一半人。人口大量减少，粮食突然变得多起来，于是不再种粮食，改种其他作物，这就促进了经济结构的调整，也加速了商品交换。现在的复式记账法，就是那时出现的。最早的股份公司，也是那时候开始的。总之是经济上大大发展起来了。所以，危机是一种灾难，也是一种机遇。

这次防治SARS证实了一个问题，就是应对灾害要有经济实力。如果没有现在的经济实力，恐怕不会很快控制住疫情蔓延。但是，有了经济实力，不等于没有问题。我们如果能把这些问题解决掉，现有的经济实力将会发挥更大的作用。例如，我们的资金结构就存在很大问题。一个是我国的资金应急机制比较差，对公共财政的范围尚须扩大。特别是农村，防疫机制改革开放以后基本处于解体状态。每年平均在一个农民身上的防疫资金非常可怜。这里有一个基本认识问题，农民是不是公民？如果是，他们就应该和城市里的公民一样，享受公共财政中用于防疫的同等资金。我们的人均防疫资金水平甚至低于一些不发达国家。这是一个非常大的问题，后果严重。

前些年上海流行甲肝，原因出在江苏的启东县。农村实行联产承包责任制以后，渔民已经没有大规模的远海捕捞能力，只能在近海捕捞。近海捕捞，一去就是一个星期，吃喝拉撒全在近海。毛蚶恰恰全部在近海生长。启东县是肝病高发区，当地患有肝炎的人占人口比例很大。渔民把粪便全都排放在近海，海水里的毛蚶就把肝病的病毒积蓄在体内。人们把毛蚶打捞出来，很便宜地卖到上海，结果是10万人感染。这说明，疫情的扩散跟农村乃至全社会的防疫体系薄弱有关，而防疫沐系的薄弱跟资金使用不尽合理有关。这不是国家有没有钱的问题，关键是要把人文精神和公民意识放到我国整个经济的运行当中。非得做到这样的地步，才有效。所以，这次防治SARS，国家一下拿出20亿。这就是实力，有实力就起作用。同时，老百姓的生活习惯也发生了变化，突然文明了，城市也变得那么干净。从这点来说，这是坏事变好事。

我希望，这瞬间的文明能变成永恒的文明。SARS被控制了，我们在防治SARS时坚持的文明生活习惯，应该继续下去，延伸到今后的长远的生活中。怎么延伸呢？从生活小事做起，从很实际的事情做起。刚才范老说的我很同意，我们容易把很实的事情做得很虚，虚的方面又特别认真地去做。这样，事情就颠倒了。通过这次防治SARS，一些过去颠倒了的认识被颠倒过来。突发的灾难让我们回到事物的本源，回到常理。只要我们能全面地完整地认识可持续发展，把社会文明和人的文明也作为发展的基本目标，那么，瞬间的暂时的文明就会变为持久的永恒的文明。

从法制角度保障人民合法权益

蔡定剑：这次抗击SARS，给人留下许多思考，确实有许多东西需要反思，但是，反思最重要的东西是什么？应该通过反思解决点什么问题？如果反思的主流话语只停留在反思改变老百姓的一些生活陋习、建立文明的生活方式上，是远远不够的。其实，SARS与百姓的生活陋习没有太直接的关系。

我想，从制度层面上的反思非常重要。反思什么呢？法学界长期以来呼吁的几个理念，核心都是人本的精神、人文的精神，动机是想从法律制度层面上保护人的权利。例如自由、平等、生命权和追求幸福的权利等，是法律的基本精神，也是我国宪法的基本精神。

法学界在SARS以后，反思的第一个问题就是信息公开和公民知情权的问题。信息公开是我们政府的责任。学法律的人都知道，作为一个人民主权的政府，它是为人民服务的，它的活动应该被人民所看见，政府的信息就应该是天然公开的。大概上个世纪六七十年代以后，“阳光下的政府”成为世界潮流，很多国家都制定了信息公开法。意思是政府应该是透明的，对人民不应该有什么隐秘的东西。这些话语，过去是法学界的话语，现在变成了公众话语，这是SARS之后一个可喜的事情。

信息公开和知情权是一件事的两个方面，从政府讲信息公开是义务，从老百姓讲有知情权是他的权利。在很多国家，知情权都是作为一种宪法的权利加以保障的。老百姓应该有知道社会、政府信息的权利。目前这个权利在我们现有的制度层面上还没有得到充分肯定。SARS后，我们应该重视这一制度建设。处理SARS事件已证明，信息公开才有利于人民与政府一道共渡难关。

SARS反思的第二个问题是我们要建立一个负责任的政府，官员要真正对人民负责。从SARS事件开始，一个负责任的政府，就应该冲在第一线。现在有人建议建立对政府的问责制，这是应该的。这个“责”，不仅是群众要问，人大代表要问，政协委员要问，首先是政府官员自己要问。所以，怎么建立一个真正对人民负责任的政府，这次党中央、国务院在处理不负责任官员的问题上，反映了这种决心。

第三个问题是要反思我们有的政府部门决策机制迟缓的问题。从应对SARS这个事情处理上，我们感觉到，有的政府部门决策总是比需要的速度慢半拍。比如很多北京的大学生和外地人逃离北京的问题，舆论有对大学生的批评，我认为不该责怪他们，他们并没有太多的过错。因为我们的政府有关部门没有告诉他们那个时候该怎么做，也没有要求他们不能回家。等人都已回家了，有关部门才发出通知说不能返乡。在很多问题上，政策的决策有些滞后。在这么大的灾难面前，连政府都没有经验，情况来了，他们离开校园也就无可非议了，因为趋利避害是一个人正当的道德。事实说明，政府告诉他们怎么办以后，学生没有再返乡，是非常配合的。

第四个问题是从SARS问题的处理上反映了一些体制上的弊端。比如一些重大的问题，如果发生在其他城市或地区，问题也许不会这么快地引起重视。广东的SARS闹了那么长时间，一直没有引起足够重视。北京出现疫情后，才引起各方面高度重视，调动了全国的大量资源，很快把疫情控制住了。如果情况不是发生在北京，还会采取那么多有效的措施吗？

法学是一门保护人、保障生命、保障人权、保障财产的学科。SARS是一场自然灾害，可是我们过去一些不合理的制度带来的对群众权益的伤害，要比一些自然灾害严重得多。我们的责任是要从法制的角度纠正制度偏差，保障人民的合法权益。

最近有法学专家呼吁，建立违宪审查制度。什么叫违宪审查制度呢？过去老百姓觉得政府是天，自己是臣民。很少有人清醒地知道政府是人民的公仆。怎么才能让政府成为人民的公仆？反映在制度安排上，要保证政府对人民真正负起责任。过去我们认为违法的只是老百姓，政府是立法执法者，不会违法，现在我们认识到，政府的行为也有可能违法，所以搞了行政诉讼法。有了这个制度，民可以告官，这就进了一步。但还有一个更深层的问题，政府行为有可能违法，难道立法都是公正的吗？立法本身也可能违法，像收容审查制度，就成了损害老百姓的东西。所以应该有制度来保证立法本身的公正性。怎么做到这一点？根据西方法制社会几百年的经验，特别是二次世界大战中出现了法西斯以后，发现最好的办法就是建立违宪审查制度。应该有一种机构，有一种机制，来审查政府制定的法令是否跟宪法的基本精神和理念相一致。这是个非常重要的问题。这个制度不建立，真正的法治社会就不可能建立。所以，要谈反思，应该在重要的制度建设上反思。应对SARS的过程，反映出了一些法制建设的缺陷。我们从这些缺陷带来的后果中，也能受到教育。我们如能真正从中吸取教训，在SARS灾难以后，重视有关制度建设，在灾难中我们还是有所收获的。

依靠人文精神和人文关怀

周孝正：突如其来的SARS危机，直接挑战整个社会的应变和承受能力。面对病毒对社会肌体的侵蚀，重提人文精神，无疑是一种理性而明智的选择。因为SARS危机，已经不仅仅局限于人们的生命、健康和安全，而扩展至人际互动、社会关系和制度结构层面。人文精神倡导的相互尊重、关爱互助、自律奉献、积极参与，能促进不同层面上社会关系的整合与维护，为危机的消解提供多元化的可能途径，早日实现社会的良性运转。

关注弱势群体——化解社会紧张，协调社会关系。弱势群体与一般人群相比，他们拥有的社会资源相对贫乏，缺乏表达自己意愿的能力，自身利益往往得不到应有的保护。因此，在面对社会风险——尤其是社会突发事件时，抵御风险的能力相对较弱，从而更加容易陷入困境。在危机中，这样的人群主要包括农民工、城市贫困人口、经济落后地区和农村地区的患者，以及受SARS影响严重的服务业从业人员等。

他们可能会由于负担不起昂贵的救治费用而得不到及时有效的治疗；由于缺乏获得救治知识和信息的相应渠道，暴露于病毒感染的威胁之下，由于居住和医疗卫生条件差而增加感染的风险。同时，SARS对宏观社会经济的负面影响，会大大增加部分弱势群体的生存成本和风险，严重时可能导致他们丧失基本生活保障。弱势群体作为防治链上的薄弱环节，其个人利益早已与公共利益密切相关。处理不当将会引发冲突，加剧危机。他们迫切需要、也必须得到来自社会的支持和帮助。

最近国家拨专款建立防病基金，并出台了一系列关于减免医疗费用和相关行业税的条例法规，体现出强烈的人文关怀。在制度层面上，对危机关头各个阶层的利益平衡和关系调节，产生了积极的影响。同时，这些举措的实施，也增进了社会成员之间的相互理解和团结互助，调动全体社会成员的力量和热情，对于危机的过渡与克服将会影响深远。

在国家政策干预之外，我们还希望看到更多民间力量的介入，更多人的身体力行，把互助关爱的精神带进危机中的各个生活社区，通过邻里互助、社区共建、社会捐赠等形式，帮助弱势人群解决现实的生活困难，使他们更加从容地顺利渡过危机时期。

提倡道德自律——危机管理以人为本。作为一种突发性传染疾病，防治SARS的关键，是对传染源和传染渠道的有效控制，这有赖于一个成熟、健全和完善的危机管理系统。单纯依靠行政指令的防治措施，往往事倍功半。只有那种充分调动和利用资源，不断实现制度创新和自我维护的管理系统，才能有效地化解矛盾，疏通渠道，处理纷争。

危机管理是一门科学，其法律地位可以追溯到宪法。宪法最重要的规定是保障公民的生命、财产和自由，危机则是对公民生命、财产和自由的最大威胁。所以，进行危机管理的最高目的是保障公民生命、财产安全，让公民免受恐惧。这一点，也正是人文精神的基石：对人的尊严、价值、命运的尊重、维护、追求和关切。

基于此，在SARS危机管理的制度建设过程中，突显人文精神的价值体现在两个方面：一是保证应对危机的方法、手段和规范，要以社会成员的根本利益为出发点和最终目的，二是在确保危机管理合理性、有力支持管理实施的同时，提供新的管理思路。

以“隔离”措施的施行为例。隔离的目的是为了切断传染链条，避免因为人际传染造成危机的扩大化。隔离分为两种，一种是政府行为，强制性隔离；另一种则属个人行为的志愿性隔离。对于被隔离者而言，隔离意味着社会生活的暂时性中断，由此带来的孤独和禁闭将会在一定程度上妨害个体的自由权利，激化个人权益和集体权益的矛盾。因此，政府采取的强制隔离，意在通过外在压力的强制力量，以牺牲小部分人的利益为代价，换取社会整体的安全。但是，不能忽视在面对SARS这样规模大、范围广的危机时，强制隔离的成本、代价是相当大的，同时其成效也会大受影响。因此，提倡每一个公民发扬自律精神，尽其所能最大限度的做好自我隔离，从约束个人行为做起，适当限制自身的行动和活动。

此外注意培养健康的生活方式和卫生习惯，更加成熟和理性地处理人与动物、人与环境之间的关系。这不仅有利于保证个人健康、社会安全，而且对整个社会的风险防范和可持续发展都具有至关重要的意义。

培育公民意识——危机应对的资源和制度创新。危难时期，公民意识的醒觉、公民对社会责任的主动承担，是战胜危机的关键和决定因素。身处危机旋涡的每一个个体对防治工作的积极参与，不仅能大大减轻危机给国家造成的压力和负担，使危机的处理和防范更加从容有效，而且大量民间资源的聚集和整合，也为危机的应对工作提供了新的力量和方法。

危机总会过去，然而公民意识的醒觉、社会参与习惯的养成和协作经验的积累，应在危机中日趋成熟，并在危机过后为社会的重建工作提供积极的支持。一个公民意识强的成熟社会，会促生一系列制度的创新和改革。政府不必事事躬亲，就能大大增强运作效率。公民意识的社会性成长和成熟，对社会的发展进步而言，有着不可替代的重要作用，危机提供给我们的，恰恰是一次锤炼的机会。因此，就此次SARS危机而言，我希望能有更多的社会组织、社会机构，以更活跃的姿态参与其中，和政府一道共渡难关。

此外，在全社会广泛的危机参与过程中，公民意识的聚合，还将体现为一种集体合力和向心力。当人类社会遇到危机时，依靠社会集体的力量仍是最有效的方式。在过去技术力量低下的情况下如此，在科学技术已高度发达的今天仍然如此。因此，注重培养危机意识和参与精神，对于危机中社会实现高度整合、相互信任，意义重大。中文中“危机”的寓意双关，危难和机遇并存。要实现两者的顺利过渡和转化，变危难为机遇，靠的是人的理性，靠的是人文精神和人文关怀，这是其他任何力量都无法替代的。

还须在制度上加强保证

黄　平：关于SARS，既是个危机，也是契机。应该吃一堑长一智，而不是大灾过去万事大吉。我想从理念和制度两个层面来谈。制度问题，除了法制角度，还有一个公共管理和公共服务制度，这是政府工作一个很重要的方面。

不仅是政府，也不仅是学者，所有的人都应该由SARS来重新审视我们的生活方式和生活理念中的问题。不能只批评政府官员，我们自己也要反思，因为一些部门负责人当年就是我们的学生，他们的观念当时就是我们讲给他们听的。20世纪80年代初的发展战略中，就有线性的、阶段的、代价的理念。所以，比较单一地强调GDP的增长，把污染问题、健康问题等等当作不可避免的东西去理解。

现在，所有的研究，不管是什么学派，也不管什么方法，都发现先污染后治理，牺牲环境和健康求增长，是不划算的；单纯算经济账，从成本和效益分析也是不划算的。于是我们有了调整，提出可持续发展战略，这是一个进步。

最近，温家宝总理提出，应对SARS的过程给我们大家指导思想上的最大启发，就是发展一定要协调。他讲了三个协调，城乡要协调，经济、社会要协调，人与自然环境生态要协调。怎么实现协调？除了有新的理念来推动，还应该有制度来保证。我想谈一下农村医疗防疫制度的问题。

回顾我国农村医疗事业的发展，可以看到，20世纪50年代到70年代，农村的疾病防疫和基本医疗做得比较好。但是到了80年代，农村的医疗和防疫系统分开了，防疫的地位远不如医疗，许多县级防疫站也名存实亡，乡、村更是垮掉了，肝炎、结核、痢疾等传染病在有的地方死灰复燃。到了90年代，医药又分开了，药业率先商业化，医院和医生变成药商赚取病人钱财的中间环节，县、乡医院都要靠卖药来支撑。村的医疗点很多已经难以为继了。不少农民是小病拖，大病抗，有的甚至因病致贫，因病返贫。

我国改革开放20多年，解决了广大农村地区的温饱问题，但是有很多农村地区的基础教育、基本医疗，特别是防疫和保健问题，还没有得到根本解决。这次SARS疫情为我们敲响了警钟，使我们重新思考，在市场经济快速推进的条件下，在中国农村流动人口越来越多的情况下，究竟需要建立什么样的医疗防疫保障体制，才既适合国情，又适合时代要求。

第一，政府担心SARS向农村蔓延是对的，因为农村缺乏健全、完善的公共卫生防疫系统。农村地区一旦出现SARS疫情，控制成本将会更高，难度也更大。当前社会是以市场为杠杆配置资源的，但基础教育、公共卫生（尤其是防疫和基本医疗，妇幼保健）、社会治安、治水等都需要政府提供服务的，属于政府责任，不能简单甩给市场。

第二，总结历史经验，中国还是要搞全民爱国卫生运动，还是要以预防为主，尤其是对广大农村地区，要进行经常性的健康教育。这不是花多少钱的问题。过去用很低的成本就在全国范围内消灭了鼠疫、天花、霍乱，基本控制了结核、血吸虫、麻风、肝炎等。现在经济总量、经济实力比过去高出许多倍，没有理由让这些疾病再度肆虐。现在一方面是投入不足，基层财政困难，资金短缺，一方面是有限的资金没有合理、有效、公平地使用。

第三，建立新型的农村合作医疗防疫制度，既要适合人口大量流动和市场经济的特色，又不能过于市场化，更不能仅仅以赢利为目的，甚至为牟取暴利，不惜制造和贩卖假药。应该积极探索适合中国农村特色的防疫医疗制度，比如对富有群体加大税收力度、转移支付等来解决资金问题，通过村社的合作医疗解决农村的妇幼保健、传染病防疫和基本医疗问题等等。

第四，要建设包括农村地区的低成本、高效率的卫生防疫网络和应急体系，面向全民，预防为主，而不是仅仅在大城市建几个高规格的防疫中心。这个网络和应急体系应该是动态的，不只是针对SARS的防治，也能针对痢疾、肝炎、结核、艾滋病、血吸虫等传染病的防治，以及在没有疫情的时候对常见病、多发病的控制。

目前这种城乡分割的体制，使得在城市里生活、工作、消费的一亿两千万农民工没有医疗、子女教育等方面的制度保障。如何从城乡一体化的思路来通盘考虑这些问题，建立起社会化的防疫和医疗网络，打破单位壁垒和城乡分割，逐步把中国社会的防疫、基本医疗、基础教育、社会福利与社会保障等等从整体上加以解决，是当前和今后的制度创新以及政策制定方面特别要注意的问题。

（摘自《群言》2003年第8期）

科学和技术——创新与体制改革

编者按：2003年9月5日，群言杂志社约请部分两院院士和专家，就科学和技术创新与体制改革，以及未来科技发展规划等问题进行座谈，座谈会由民盟中央副主席卢强院士主持，出席座谈会的有（以姓氏笔画为序）：

丁伟岳：北京大学数学研究所教授、中国科学院院士

巴德年：原中国医学科学院院长、中国工程院院士

甘子钊：北京大学理学部主任、中国科学院院士

田　静：中国科学院声学所所长

严陆光：中国科学院电工所学术委员会主任、宁波大学校长、中国科学院院士

陈　浩：中国科学院北京基因组研究所副所长

张新时：中国科学院植物所研究员、中国科学院院士

张楚汉：清华大学水利水电工程系教授、中国科学院院士

赵忠贤：中国科学院物理所超导国家重点实验室学术委员会主任、中国科学院院士、第三世界科学院院士

郭　雷：中国科学院系统数学所所长、中国科学院院士

卢　强：我们今天探讨的主题是科学和技术——创新与体制改革，以及我国中长期科学与技术规划等问题。我想科技体制包括科技结构、科技投入、科技规划，以及一系列科技发展中的问题。总而言之，凡是与中国

科技发展有关的问题都可以谈。

体制问题阻碍科技发展

田　静：做中期科技发展规划，最终要落到项目上，项目提出来，怎样才能够保证完成得好，就要靠体制机制了。大家现在做中长期科技发展规划，经常拿“12年规划”做标杆，“12年规划”是比较成功的，在我国的科技发展史上写下了光辉的一页，对国家整个的发展发挥了很大的作用。这次的规划能不能像“12年规划”那样成功、有效、发挥作用？仔细分析一下，我们现在面临的形势、任务与当年完全不同，“12年规划”的制定以及投资、投入包括队伍组织完全是在计划经济体制下完成的，科技目标很明确，投入方式也很单一。而我们今天处于计划经济向社会主义市场经济过渡的阶段，要做的规划，特别是一些经济牵动性的项目，资源投入不完全靠国家经费的投入，当然希望通过国家项目的带动，吸引社会资源、市场的资源进来。我们今天的目标，是全面实现小康社会，在国防上，是新军事变革，我们面临的任务要复杂很多，所以今天我们再讲中长期科技规划，讲体制机制都应有相应的新的考虑。围绕一个项目由中央从全国组织一批人，从各个单位围绕一个目标去做的年代过去了，这种调控力度也不可能像计划经济时那么有效。

过去的一段时间，我们的研究所一直在做全成本核算，做课题的核算制，现在一些承担国家重大项目的研究所，开始把体制机制往回收，收到研究所的层次上，但实际上大部分的单位还没有真正收上来，很多单位还是由课题核算。以科学院为例，研究所大部分的经费都来自竞争，来自其他渠道，真正院里下拨的事业费只有很少的一部分。经费来源多元化，包括研究所为了谋生自发进行的各种探索，使得科学院的调整力度也相应地小了很多。底层发生了那么大的变化，但是从顶层看，国家层面的变化却很少。例如出差补贴这种看似很小的事情但却比较典型，实际上现在不可能有哪个单位仍按国家规定的那样去做，因为按规定的标准恐怕连招待所也住不了。另外，很多研究所都还是“12年规划”时的产物，一干几十年，有的还符合国家的需求，但学科发展的情况已经发生很大的变化，有些研究所干脆就应该转向市场变成公司，而基础性科学的研究所，仍需要以国家的支持为主。目前在研究所的层次上做些工作，理得顺一些是比较容易的，但是在国家的层次上做一些变化，确实比较难。

另外从学科发展的态势来看，过去我们讲一个学科，涉及的面一般不大，但现在提出一个科技目标，往往会涉及各个方面，一个研究所根本不可能单独完成，但由于体制上的问题，研究所与研究所之间的隔阂还很难打破，面临的实际任务，又要求我们必须打破这种常规，中科院现在成立了微系统中心、微电子总体部等基地，都是围绕一些科技目标来做，但还是采用各个所每家分一块的方式，而由谁来完成成果的集成，却很难落实，所以效果不是很好。以一种什么样的体制把各个方面的力量调动起来，是一个值得研究的问题。现在的体制机制决定了每个人考虑问题都是从自己的角度出发，诸如行业的垄断等问题，是历史延续下来的，不从上面理顺，下面的工作非常难做。

再有就是科研项目的归口问题，现在有科技部、基金委、各个部委、军工项目还有总装备部、国防科工委、各军兵种等多个口子，往往一个项目需要在各个口申请经费，每个口子给的经费都不充裕，那么结题的时候就拿一个成果到各个方面去交账，这是一种非常不合理的模式，大大降低了科研人员和研究经费使用的效率。经费虽然是多元化了，但管理还是计划体制下的，而且有一种越管越细的倾向，一些新的规定如零余额预算、政府采购等，把研究单位当做政府机构来管，规定得非常死，还不如以前的课题成本核算灵活。如何在科技发展中实现监督制约与效率之间的平衡，非常值得研究。作为一个研究所的所长，我要用80%的时间进行各种各样的协调、疏通，再加上大量的项目申请、评审、论证，还能有多少时间进行学科的设计和规划？更不要说具体的研究工作。我们常常讲浮躁，讲科研人员不能坐下来搞科研，但如果不能提供好的体制机制的保障，这些问题当然很难从根本上解决。

是什么在影响我们的创新

赵忠贤：是什么在影响我们的科技创新？我觉得大家把体制包括的面太宽了，像管理、评估、国家资源的分配不完全是体制问题。我想以基础研究为例，讲讲是什么在影响我们的创新，怎么解决它。我认为对于基础研究方面怎么搞，包括给上级写的报告，还是在报纸上发表的观点，基本上有了共识。但是在目前制定的政策方面还没有看到太明显的变化，也就是说，这种共识还没有反映到我们具体的管理、评估中来。

甘子钊：这种共识是谁的共识？

赵忠贤：是科学家的共识。

甘子钊：领导也许还觉得是错的呢。

赵忠贤：我问了他们，他们觉得说的也对，至少不用SCI算分发钱，但是变化不是很大。科学技术的工作要按照科学技术本身的规律办，按照科学研究本身的规律办事，这个问题很多人提过了我不重复了，我想先以印度为例说明这个问题：印度近年发展挺快，它的GDP的增值虽然总值比我们少，但是发展速度已经达到百分之六点几，也不算低了，粮食储备2002年4000多万吨，达到温饱。也实现了白色革命，人均牛奶占有量75公斤以上，所以印度虽然很乱，但是它的人民也吃饱了，靠的是什么呢？我觉得它靠的是科技。大家都知道，在软件业，印度现在争取达到800亿美元。

印度有好的学校，但基础教育绝对比不上中国，大学生也没有我们多，但是在教育和科学技术基础研究方面，很值得我们借鉴：一、大学怎么教书。印度大学教育方法和我们在“文革”前大学里的方法没什么差别。学生全力以赴地学习，平时的考试3分都很难。当然期末要放宽一些。二、科学上有专心致志搞研究的传统。我们过去也有些传统，也有许多从国外带回的经验，也是宝贵的现代科学研究传统，如创造好的环境、注意人才的结构、稳定的支持、生活的基本保障等，但最重要的还是要选择一些献身科学的人去从事基础研究。比如陈景润，他对科学是献身的，科学需要这样的人。我现在讲的话都抛开我们自己。我一直认为要给年轻人一个有稳定的支持、有积累、有传统的好环境。

对科技队伍的要求是最根本的

严陆光：科研体制与创新，对科技队伍和科技人员的要求是最根本的。我们这一代人，很习惯出成果、出人才。看人好不好、强不强，一是看你学术水平高不高，二是看你贡献大不大。有两个标准，学术水平主要看职称，到一定程度讲师变教授，再高可以当院士，以此来表示你的学术水平。贡献大不大靠评奖。现在这两个机制基本被否定掉了。那么科技队伍怎么鼓励呢？有什么新的方法去刺激鼓励人们去进行学术研究，似乎不太明确。现在好像有这样一种倾向：谁经费争到的多谁最神气。当然争取经费在一定程度上靠学术水平，靠工作能力，但相当程度上要靠搞公关。所以这种经费的分配体制，使几乎所有的科技人员，至少课题组长，都在为经费奔波，谁奔的经费多，谁就有本事，就受尊重。这种现象值得探讨，我是有点担心。

再有过于看重SCI，也就是论文的数量。这种风气大约有10年了，愈演愈烈，几乎变成了不讲你干了多少事，有什么成就，大家都不知道，就知道你有多少篇SCI，即使内容根本谁都不知道，专家都不知道你在搞些什么东西。这种风气成了气候以后，我们培养的一代人可能会写文章但是不会做事。SCI不能这么挂帅。现在又出了一个招叫做“GDP”，就是看你的科研成果对经济能有多大贡献。为什么会出现这种情况呢？现在科技经费是史无前例的充足，但是贡献似乎有问题。有人说在中国花钱作科研不如到国外雇人工。在这样一个从计划经济向市场经济的转变过程中，对科技人员要有怎样的要求，如何培养科技队伍，现在面临的问题比较大。目前已经有各种各样的实践，能不能充分讨论、研究各种实践的经验。

卢　强：你有什么建议？

严陆光：我做过一些探索，但还没有成熟的想法，只是很担心这个问题不解决好，中国下一代的知识分子出不了很好的人才。我想这是很大的危机。比如我们在评选院士时，有些人报上来一大堆的职务，SCI多得很，可是究竟干了些什么却讲不清楚，这怎么行？出现讲不清楚的情况，就没人投你的票。希望这个问题能引起各方面的重视。

防止搞科学学比搞科学的人多

甘子钊：20多年来我国的经济体制改革是成功的，逐渐从计划经济体制转变成市场经济体制。回过头来看，科技体制改革里头是不是贯彻了转变到市场经济这个精神，值得研究。按我体会，市场经济的特点，就是把资源的合理调配和使用，放在生产者和使用者的手上。这就是市场经济的特点。计划经济是把这些停留在中央政府计划部门的手上，从这个角度来看，这些年来，我国科技体制改革给我的感觉是计划的成分比以前更重了。我觉得应该提出这个问题，在科技研究上计划所起的作用是什么？应该是宏观指导。但实际上，我觉得科技部门的指导越来越微观，宏观反而不怎么指导了。我们国家的科技部、中科院的院计办、教育部的科技司、基金委这些部门对科技工作应该进行宏观指导和调节，把微观管理按照市场经济的原则转变到生产者和使用者手中。这是第一个问题，如果这个问题不解决，规划可能越定越成问题。这是管理问题。

第二，科学工作，科技成果在现代社会，也是一种商品。但它和一般的商品有很大的不同，科技工作的价值和一般商品的价值不同，是一个长时间的、历史的、多维度的。如果简单地把科技成果等同于商品，一定会造成很大的问题。但是我们也承认，在今天科技工作已经和生产和社会发展的联系非常密切的时候，也必须认识到科技的商品的特性。怎么能够在将来的规划中掌握好这个特点，也就是怎么全面领会邓小平同志提出的“科技是生产力，而且是第一生产力”的含义。科技当然是生产力，但它不等于一般意义上的生产力，就像严陆光说的单纯算你对GDP的贡献，我觉得科技很难算这个贡献，这就牵扯到一个老问题，这些年来，关于一些重大的发明的专利权一直争论得很激烈，如关于集成电路的发明，激光的发明，争吵了几十年，这就说明一个问题，重大的科学发明和普通商品的专利不是一回事。马克思早就指出过：科学工作本质上就是社会劳动。就像说晶体管是巴丁、肖克莱等的专利发明，我想巴丁自己不会承认的，怎么是我的专利呢？这是人类多年积累的成果。科学技术工作本身价值的含义确实是和普通商品很不同。因此，我觉得还是应该在新的规划中，重新认真地领会，全面准确地理解马克思曾经提出来，邓小平加以强调的“科学技术是第一生产力”这个“生产力”的含义，如果不领会，过于强调科技是生产力，就会引起不好的后果。

第三个问题是十六大的文件和政府工作报告已经注意到的，不是笼统的提科技，而是科学与技术。这很重要，因为科学与技术的含义有很大的不同。在新的科学规划中可能还得把科学和技术作一定的区分，二者应该是紧密联系的，但是他们考虑问题的标准很不同，评价的标准不同、推动的力量也有所不同，特别在当代社会里，二者的含义不应该是一样的。

第四个问题是基础科研和国家任务的关系。谁都不否认，中国的基础科学研究应该以服务于国家重大战略目标为主要任务，但是围绕重大战略目标的基础研究并不是基础研究的全部，基础研究还有一部分是为了增加人类的知识，为了使得人类的知识宝库更加完全、更加系统而进行的研究。这方面的研究也是不能忽视的，所以在制定“12年科学规划”的时候，周总理在提了12项国家重大目标之后，又特别提出了第13项，就是自然科学基础学科的研究。围绕重大目标当然要有基础研究，比如国防的重大目标，当然国防的基础研究非常重要。同样国家建设面临的重大问题也要有它本身的基础研究。但是总理当年强调的是除了这些以外，还有自然科学的基础学科研究，我觉得在这些方面将来应该通过立法的方式规定一定的比例，就等于现在规定说在国民经济的总量里头，教育经费不要低于4%，实际上我们现在达到2.7%左右，总要有这个指标在。所以我希望在新的规划中，要定出在我们国家未来的R&D里，基础性的研究占多少比例。国外是有的，如美国的反垄断法里有一条，垄断企业的企业活动里必须有一定的比例是从事跟这个企业的目标没有关系的活动。而我们国家的R&D里，其主体要为国家重大战略目标服务，也应该规定要有一部分用于和这个没关系的方面，这样就能保证我们的科学持续发展。

最后一个问题，就是刚才大家谈到的科技评价的问题。科学和技术的评价带有一定程度上的不确定性，带有争议性，因为它要经过长期考验。我们看很多科学成就在它刚刚出来的时候，人们很不重视，后来证明非常重要，反过来，有时科学成就开头大家觉得很了不起，过后也一般般，所以我觉得关于科技评价的问题，我们现在总要提公正性、透明性，但这是相对的，这就和艺术品一样，我觉得很好，也许他就觉得不是很好，所以对于这个问题，不要过分强调这个评价，现在处长和处员专政非常严重，像“863”、“973”里头处长跟处员专政严重了点，起的作用太大了。我觉得这没有认识到科学技术本身的特点，而是过分强调领导的作用。在这个意义上，我在第一次参加制定这个科学规划的会上，曾提了一个意见，我觉得科技改革的出台频率已经过高了，谈论“科学学”比谈论科学的多了。有一次在科学院青年人的会上，让我讲话，我说我只讲一句，千万别弄成搞“科学学”比搞科学的人多，当伯乐的人比当马的人多，这就麻烦了。因为我觉得科学技术本身还是个人、或者是一个小的群体劳动，科学研究成果从总体上说是和路线方针政策有关系的，但是一个具体的研究成果不能这么说。过分强调了指导思想、体制对科学技术的作用，也可能是我们这些年科学技术体制改革不完全成功的一个原因。所以我觉得过分强调了计划、体制、指导思想、评估标准的作用，使得这个改革是不是有点成问题。总之防止搞科学学比搞科学的人多，防止当伯乐的人比当马的人多。

国家应重点支持临床医学研究

巴德年：我作为医药战线上的老兵，现在心情一直不怎么好，一个很重要的原因，是我感觉我们国家在经济发展和社会发展方面更注重经济发展，在一定程度上，社会发展相对滞后，在考虑人民生活的改善，可能考虑吃、住更多一些，而对人们的健康，特别是对广大农村人们的健康考虑得太少，这次SARS的爆发是这些年来政府对人们健康问题缺乏应有的重视所造成的结果。有位院士说得非常形象，他说当农村卫生医疗体系没有真正的建立的时候，赤脚医生已经没有了；当全国有效的公共卫生体系没有发挥作用的时候，各级防疫站基本瘫痪；当医院改革，改革到老百姓和医生矛盾日益尖锐，老百姓对医院缺乏信任的时候，SARS爆发了。这个说法很形象，也不能说这不是事实。那么为什么会出现这种情况？邓小平说得好，改革成功不成功主要看老百姓满意不满意。那么卫生的现实情况，包括在座的诸位，对卫生改革满意吗？满意者甚少。所以在这种情况下，我认为，健康是国民第一素质，保证国民健康是政府重要责任，为什么这样说呢？纵观全世界，还有多少国家像我们这样的状况，85%的人没有医疗保证。我们被排在全世界第188位，在卫生公平上，按国家和地区，我们后面还有3个国家。难道中国老百姓就应该处在医疗没保证，健康没保证的状态吗？

甘子钊：去年，我看了一个材料，征询人民意见，第一位是教育腐败，乱收费；第二个就是医疗问题。这两块老百姓的意见最大。

巴德年：我体会老百姓最担心的还不是他孩子将来是不是文盲，而最担心的是家里有病人。农村就这样，一个家庭出一个病人，这个家庭就垮掉了。我常常在想，我们常说人民是国家的主人，但偏偏主人没有医疗保障，干部是人民的公仆，却享受着优厚的医疗服务，我们为什么排在188位，就是因为少数人享受的待遇太高太多。而我们的农民是零，从无限到零，这个差距有多大。我觉得在当前的情况下，应该在考虑科技规划的同时，把经济发展和社会发展这个比例的失衡考虑进去，在国家投资的时候，应该想想用多大比例促进经济发展，用多大比例推动社会发展。

民间有副对联：财神跟着瘟神走，好了伤疤忘了疼，横批是一贯如此。我特别希望国家在做规划的时候，能有一个法或者规划去作投入，而不能以个人的意志为转移。我特别希望国家对卫生这样一个问题，如果说以前重视不够的话，从这届政府，或者是从第十一个五年计划开始，让中国绝大多数老百姓享受到最起码的医疗保证。社会发展和经济发展要有一个适当的比例分配和国家投入，刚才老赵提印度，印度的卫生投入占国民经济5.6%，而我们国家仅仅是2.7%，我们怎么和印度比呢？

另外，我提个具体的建议，希望中国从现在开始着手设置关于医学、生物学基金。美国国立卫生院单独的经费一年已经160亿—170亿美元，国家自然科学基金相当于1/4或1/5。而我们国家医学的整个研究经费，仅占科研经费的不足10%。我们又是一个人口众多的国家，重视人民健康应该成为我们党、我们国家的一个重要课题。这部分归谁管，并不重要。重要的是国家应该有这部分经费。还有一个问题，如果归国家自然科学基金管，往往太偏重于基础，而我们国家的重大医学成就，几乎都是临床研究，这些年来，真正临床上的研究几乎没有了，改革开放以来，基础研究可能好了一些，却没有大的成果；而临床研究又得不到应有的支持。国家应该专门有对临床研究的支持。这将对国家的医学发展大有好处。

外行评内行，越评越荒唐

郭　雷：科学研究也是一个系统，它有输入和输出，输入就是科技投入和资源分配，输出就是科研成果。当然，成果有好有差，这就牵扯到如何评价问题。因此，从管理的角度来讲，有两个东西很重要：一个是投入和分配，另一个是评价体系，显然这两个也是互相影响的。刚才各位先生、各位老师对资源分配和评价体系都谈了很多。在资源分配方面我们目前看到的一些严重问题已经持续好几年了，造成了程度不小的恶性竞争与严重浪费。我们国家有很多性质应该不同的大研究计划，比如“973”、“863”和科技攻关项目，基金委的重大与重点项目等。研究工作的性质是有层次结构的，研究工作也应有所分工，对宏观（国家或单位）的要求不宜与对微观（个人）的要求混淆。但是你却能看到，有的人几乎每个项目都要想尽办法去争。甚至还有的人既当公司的老板面向市场，又要当首席科学家从事基础研究，也许这些人有特异的本事。就我所知，搞基础研究的人，即使全身心地投入到一个具体研究领域中还不一定能取得很大成果。在目前的这种导向下，在许多单位“争经费”本身似乎就已经成了科研的目的和成果。再加上我们的评价体系又不完善，往往是外行评内行。时下有一句顺口溜叫“外行评内行，越评越荒唐”。为什么有的人并没有基础研究的素养、积累和水平，还敢大胆去承担国家重大基础研究项目？背后的原因之一就是“交账”容易。想方设法争到一个很大的项目，到交账的时候也可以轻松对付过去，这在客观上形成了对真正安心从事基础研究者的严重干扰！怎么办呢？我觉得一个办法就是要看投入产出比，而不是单纯地看争取到经费的绝对数量。但“产出”怎样评价，就是我下面要谈的问题。

现在的评价体系，在相当的程度上，不能正确的指导科学研究，有的甚至是严重的干扰。为什么这么说呢，科技界的浮躁，大家感觉到了。有的管理者希望多指导，而且指导越来越微观，一微观就容易出问题。外行评内行最简单的方法就是看表面的（往往也是片面的）统计数量。刚才有人提到了SCI问题，SCI当然有它的参考价值，但决不能将它绝对化和唯一化，更不能仅仅依此来判断研究成果的质量和指导科学研究。我想举一个例子来说明这个问题。最近我国某个部门的一个信息中心仅仅根据SCI的一些数量指标发布了一个“国际和中国数学发展态势”的研究报告，得出了一些荒唐可笑的结论。报告中指出了九个数学发展的热点，可是有近一半都不属于数学领域。报告还排出了100位近十年来所谓“国际顶尖”的数学家，但是大多数国际公认的著名数学家竟然都不在其中。最突出的例子是解决了著名的费马大定理的怀尔斯，被认为是20世纪最伟大的数学家之一，但是按那个报告排名却排不到前100位之列。因为他的论文篇数少，近十年以来只有5篇，总引用次数也不是很高。

我认为，不正确的评价导向是造成目前学术界浮躁风气的重要根源之一。如果对我国基础研究的社会文化环境和评价体系再不重视的话，不仅仅会浪费我国的宝贵经费和资源，更重要的是可能耽误我国科学事业的发展。

国家要支持公益性科学实验

陈　浩：我正在参加国家中长期科技发展规划战略研究小组，组长给我分配了一个任务，就是研究国家科技体制改革的历史沿革，总结它的经验教训，然后提出下一步发展的设想。经过我们的初步研究，得出了一些结论性的东西。“文革”后的科技体制改革大概分四个阶段：第一阶段1978—1985年，学科学、办科学，赶超世界先进水平。前一段时间是对“文革”造成的科技界的混乱进行拨乱反正，后面就是一些科技体制改革。第二阶段1985—1992年，这时的科技体制改革的主要方针是放活科研机构。第三阶段1992—1998年，稳住一头放开一片。第四阶段1998年以后，建立国家创新系统。

第二想谈谈科技发展的重大成就。虽然大家对现在的科技体制改革还有不满意的地方，但是作为科研人员我们还是感觉到了我国科学事业的发展。我们总结了这么几点：（1）思想得到解放，观念得到转变。科技力量成为国家经济发展、国防建设等等方面的主要依靠力量。（2）科研环境得到了明显改善。（3）科技投入能力大大提高。（4）科技创新能力也有所增强。刚才大家都在批判SCI，我想为SCI说一句好话，我国SCI数量的国际排名在逐步提高，发明专利也在提高，这都能表明我们的创新能力在增强。（5）科技制度建设取得了重大突破。（6）科学技术与经济初步实现了良性互动。科学家和科技界普遍认识到，科学技术应当为国家经济建设和国防安全，为经济社会发展，作出贡献。同样企业界也感觉到，企业要想得到长足的稳定的发展，必须依靠科技进步，单纯的靠资金的投入，是不够的。要通过科技实力的增强来提高企业的竞争能力。（7）我国的一些领头企业已经有了一定的科技投资规模。

第三想谈一些科技体制改革的教训问题。（1）企业科技创新能力亟须加强，我们的企业大量的是靠引进技术，引进——消化——吸收——创新，我们大量的力气都放在引进，消化吸收做得很不好，创新就更谈不上，所以成了引进——落后，落后——再引进——再落后，这样一个恶性循环。这对于企业来讲是非常致命的，而国家创新体制建设的核心是提高企业的创新能力，我们的核心能力很弱。（2）国家的科技投入强度仍需增加。大家都谈到占GDP的百分比的问题，原来有个规定是占到1.5%，但从统计数据看还远远没有达到。（3）科技的投入渠道过于单一。现在基本上对科技的投入都是靠国家，而且主要是中央政府，一些发达国家的投入渠道则比较多，像美国，有联邦政府的投入，有州政府的投入，有企业投入，还有很多民间基金的投入。这些我们都非常缺乏。（4）核心技术的研发能力比较弱，在国际合作中处于被动从属的地位。我们也参与一些国际合作项目，但是很少在项目中起主导作用，只是从事一些次要的听吆喝的工作。（5）对科技人才以及科研机构的激励机制仍不完善。（6）军民技术转化，军民结合还没有实现一种良性互动的状况。（7）学术腐败问题没有得到根治，近期有所抬头。这和我们体制有关系，助长了腐败行为。（8）现有的科技投入结构存在问题。有些是学科结构投入比例问题。（9）科学资源共享的问题没有解决。设备、资料、信息都是部门所有，没有实现科技界的共享。（10）科学研究的开放程度不够。这个开放，包括国内相互之间的开放，研究所、科学院、大学对其他机构的开放。另外一个很重要的是国际开放程度也不够，我们引进的所谓外国人才，主要是以我们的留学生为主，真正的外国人才还没有进入到我们科技界的实质性的层面里来。（11）对科技本身的发展关注不够。（12）政策措施主要是针对科技系统内部。我们谈科学技术改革，主要是科技体制内部。但实际上我们发现，很多问题不是科技体制本身的问题，而是社会整体性的问题。如很多研究所长感觉到人员分流很困难，实际上是社保问题没解决，医保问题没解决，人出不去，需要社会整体性系统的改革。（13）科技成果转化不畅。这当然也是体制问题，有财政问题、金融问题、税收问题，还有自身的观念等等各方面。我现在只是列了个提纲，希望能作为“砖”先抛出来。

另外，我想再谈一些我个人觉得很困惑的问题，看如何解决？第一个是保持我国在科学技术研究方面的优势和填补空白的矛盾。这个事情牵扯到怎么分配资源，怎么来确定发展的重点。保持优势，没有争议，领先的我们当然希望它一直领先。但对填补空白的项目，说明我们是很差的，在人、财、物方面可能都不具备条件，和别人有很大的差距，在最先进的领域和最落后的领域里都要支持，怎么样来确定这个“度”是我们需要去解决的。第二个问题，满足国家的近期需求和满足长远发展需求这样一对矛盾怎样解决。我们的一些做法我感觉是急功近利。如果只关注长远不管近期问题，那么科技界就等于自绝生路。第三个问题，单位、部门的利益与国家整体利益的矛盾。强调维护国家整体利益，这无疑是正确的。但国家的整体利益不是一个抽象的概念，它实际上是由很多具体部门的利益、局部利益构成的。在很多情况下，为了国家整体利益，作出贡献的单位的部门利益将受到很大损害。比如中科院要从国外引进大型计算机，如要引进一亿次机子，美国一定是禁运的，他要控制你，任何渠道都拿不到。但是由于国防建设需求和经济发展的需求，我们又需要一亿次的机子，那怎么办？只能我们自己来开发，做不到一亿次的机子，第一步只能做五千万次的机子，我们多方筹钱，科学家也非常辛苦，可是当你刚刚做出来，美国就解封，作为用户，他一定会选择比较成熟的国外的机子，那么我们五千万次的机子就只能放在那儿没有用了。用户部门获得了实际利益，价格降下来了，封锁打破了；国家整体利益也得到了维护。但是研发部门的利益受到了损害。长此以往，就没有人愿意做这样的事情了。第四个是优秀拔尖人才与一般创新群体的关系。我们有很多优秀的科学家、科技人才，他们得到的课题和科研经费比较多，但一般人员没有经费用。科研机构，管理部门在选择项目负责人时往往会把宝押在较有名气的科学家身上。作为著名科学家理所应当地应该得到重点支持，可是我们又要照顾到面，这就成为一个悖论，在国外也有这个问题，怎么找到合适的度？

赵忠贤：我插一句。你说的情况是有的，押宝押在某个人身上，这个心理是正常的，但是就像郭雷说的“外行评内行，越评越荒唐”。如果把宝押在一个荒唐的人那儿，弄了几千万，结果什么都没研究出来，就成了大问题。

陈　浩：常常这种人公关能力比较强。

郭　雷：你是站在管理角度来看这个问题，站在科学家的角度来看这个问题，很多人争取项目过程中的公关本事我是有体会的。你还没有去答辩，有的评委心里就已经有倾向了。

赵忠贤：科技系统去搞公关，这事儿就比较麻烦了。

甘子钊：小课题大评，大课题小评，特大课题不评。

陈　浩：还有一个对科学家正激励负激励的问题，所谓正激励，就是给科学家提供比较高的收入，提供大量的经费和其他各方面的优惠条件，但是据我了解，科学家反而产生一种非常强的危机感，普遍感到压力非常大。以前是出成果出人才，现在可能还要出经费。

卢　强：出经费高于出成果出人才了。

郭　雷：经费本身就是成果了。

陈　浩：这样做的结果，科学家在岗位上，危机感很重。科学院和大学还不一样，大学是教书，在科学院，如果你拿不到项目，争取不到经费，就做不了研究，就只能离开。这个问题怎么去平衡。第六个问题，可能比较抽象一点，维护中华民族的优秀传统和接受现代文明之间的一个矛盾。我们现在是市场经济，讲究竞争，讲究等价交换，但中华传统美德讲究谦让，讲究做无名英雄，所以研究科技发展战略，研究科技政策一定要和中华民族的文化结合起来。第七个问题，就是郭雷刚才强调的数量和质量的问题。没有数量当然就没有质量，但是片面地强调数量，同样也会影响质量。这中间也存在一个度的问题。我觉得这也是一个很困难的问题。

还有一个问题，有些科学事业近期看不到它对经济社会的实际价值，但它又不是抽象到看不到它的远期价值。而且又需要比较大的国家投入。比如我们所最早做人类基因的测序，然后又做杂交水稻的基因测序，这些科学家还想做中国主要的粮食作物，比如玉米、大豆的基因测序，有两种方式，一种是国际合作，现在美国、欧洲也在做，我们参与进去。还有一个是做我们特定的符合自己需要的。做这个测序，基本是得不到支持。有两种误区：一种认为很简单，测序仪自动给你测出来，然后数据就产生了，直接用就行了。还有一种认为我们不用做，发达国家做完了，我们直接享用就是了。这也是一个误区，任何发起国他都会针对他最特殊的需求去做，而不会首先考虑中国人的需求。举个例子，国际水稻基因测序计划，它用的是日本的粳稻，日本主要的稻米是粳稻，而咱们国家80%吃籼稻，都是水稻，在口感上在品质上还是有差别，如果国际计划做籼稻，就可以解决我们80%的粮食的基因研究问题。但是日本是发起国，所以它不可能做籼稻。另外人民健康的问题，比如特殊疾病的基因测序的问题，我觉得从国家的角度要有一个前瞻性的部署。如果等国外把这些基因都测出来了，变成专利了，我们的代价就非常大了。目前，我们对有形物质资源有很多法规来保护，但是对基因资源，生命科学的资源保护得很不够。

我们不能单方面禁止别人用我们的，自己又不积极主动地采取措施去发现它，这对我们的资源是一种浪费，而且将来国际社会也会给我们施加压力，不可能让我们永远地保护自己，不开发就不使用，我们国家应该有一个长远的考虑。积极地开发现有的基因资源，支持这一类的公益性的科学实验。

科技规划宜粗不宜细

张新时：中长期科技规划是我们非常期待的，的确非常需要。但是，中长期科技规划是15年到20年，我自觉眼光比较短浅，即使在我的本行，要预测15年到20年，我也没有很大的把握。连5年我都心惊胆战，因为科技发展太快。所以我觉得科技规划宜粗不宜细，越细误差就越大。过去几十年，我国的科技有很大的发展。可还是管得太细，这样就会出现很多弊病。尤其是我们现在第一期做的是战略的问题，搞得太细就不是战略了。在技术方面，我觉得市场的导向功能很强，也是很难预料的。尤其像信息工程，每年以多少倍的速度在翻，很多新的东西出来，很难预测，这就给整个规划带来很大难度。指标立得太低，没有激励的意义；立得太高了，又很难说能否达到，方向弄得太细了，偏差就会很大。所以我觉得，搞规划的方式值得考虑。

关于创新问题十分重要，但有些事情非要扣个创新的帽子，就有点勉强。比如结构调整，应实事求是，不能把创新体制庸俗化。美国生态学会在1990年提出三个方向：全球变化，可持续发展，生物多样性。这三个方向提出十多年来，影响了全球的生态学界。我觉得这个战略规划是很成功的，它是站在一个很高的角度提出来的，很难超过它。我们可以找一些高层次的科学家，先提出一个整体规划的战略方向，然后再就具体项目具体论证。不要反对计划，美国政府就有一批很有眼光的政治家、科学家、企业家在制订计划。相当的自由与计划的适当结合，我觉得这个模式是较好的。计划搞得太死，就产生了很多弊病。我希望我们的科技规划能够站得高一点，重点突出。

科技政策一旦制定，就不要再左右摇摆

张楚汉：我国科学研究这20年来有很大的发展，投入也有了很大的增加，科学基金的增长率超过GDP的增长率。但我国的GDP是美国的1/10左右，目前我国自然科学基金投入约有24亿，而美国有50亿美元，差距还是比较大。

有的专家提出，国家科研投入要立法，我赞成。不管在什么样的情况下都要保证一定比例的投入。但是更为重要的问题是怎样更有效地使用这些仅有的国家的投入。像“973”、“863”、重大基金等这样的重大计划，有一些项目是重复设置的，或者是密切相关的，为了更有效地使用这笔财力，科技部、国家自然科学基金会、教育部，怎么能够对科学研究或者R&D有一个统筹协调和宏观指导，是很重要的。在宏观的指导、统筹、协调上下点工夫，在科研的重大项目上，在怎样评审、怎样管理、怎样考核、怎样验收上，多下点工夫。目的是要让国家投入的这部分有限的钱，真正有效地发挥作用；使我们的基础研究真正能够上一个台阶；在国际上产生一定的竞争力；在我们的一些重大关键技术方面，针对我们国家建设面临的特殊问题，能够提出一些我们自己的设想。

还有一个意见，即科研政策一旦制定了，就不要再左右摇摆。比如评价体系，刚才好几位专家也都提到了SCI的问题，虽然有各种各样的看法，但我从美国回来22年来决心未变，既没有把SCI看成唯一的、了不得的东西，但作为科学家我们也不能不重视SCI的发表，否则我们拿什么与国际上接轨呢？我对我们有些鉴定会实在是信心不足，请的评委都是熟人，开个会、签个字、拿个红包，三字一包，我认为这种鉴定是没有说服

力的，里面的问题不少。

因此，我觉得在国际著名的刊物上发表论文，仍然是现阶段评价一个人、一个科研群体学术水平的重要指标之一。比如在Nature，Science上发表论文的人90%都是一流的科学家，而且美国科学院院士也非常重视在这上面发表文章。因此我认为，还是要鼓励我们的年轻人与国际接轨，在国际刊物上多发表论文，争取得到国外更多的引用，这不容易啊。

最后一点是我觉得国家重大项目要有一个统一的部署。比如防洪现代化，现在什么地方一发大洪水，各级领导就亲自上堤指挥，搞几十万人的人海战术。这就像打仗，过去是小米加步枪，现在已经现代化了，信息化了，抗洪防洪也要现代化，软硬两手都要抓。现在的堤防、水库、分洪、滞洪区就相当于武器；另外一个就是要有中央的指挥决策系统、信息系统、应急系统，这套东西要在全国统一地搞起来。我这次跑了一些地方发现，长江、黄河在搞，珠江也在搞，互不联系，各自独立。这就像我们搞大型工程应用软件开发，全国不知有多少家在搞同样的研究，可是没有一家拿得出像样的东西，不要说在国际上拿不出手，就是在国内也没有大的竞争力。像土木、机械、力学系统里的大型应用软件都是买美国和欧洲的，虽然我们自己也在搞，起步也很早，可是很少有很成功的，原因就在于各单位、部门之间毫无联系，毫无组织，各自为政。联系到防洪现代化，我觉得非常需要请国家防汛办、水利部，统一构建一个防洪支持系统的大框架，这无非是数据库的建立，长江流域、黄河流域的数据库、珠江流域的数据库，主要是在整体框架设计和实施上不要分散力量，有一个部门统一地把它搞起来，各个流域都可以使用。到了下面，无非就是各个流域再进行二次开发，把自己的地理信息系统GIS，雨情、水情、工情装到里面去，加上模型库、知识库，就可实现预报调度，灾情评估与决策。这样就能形成一个好的防洪决策支持系统。

卢　强：这就是中长期科学规划要做的事。

张楚汉：另外，我觉得高校中，教授群体的研究潜力还要进一步发挥。现在学术研究自由度还是不够，条条框框还是太多，我刚才讲到搞应用软件，为什么没有搞成，不是我们脑袋不聪明，我们其实有一定实力的。但是现在高校每一个教授都是一个小摊摊，可就是成不了什么大气候。据我了解，Stanford、MIT的相当一部分教授既有自己很强的课题组，同时又有自己的科技公司，拿着这部分钱去聘请优秀的跨领域的人。比如他想搞一个大软件系统，就去物色跟他有关的跨学科的人才，他有自主权，把人请到他的公司来，几年之内就能搞出一个国际上有创新、有竞争力的东西。我国的研究人员、教授就是拿一点钱补助几个研究生干工作，且很多是重复性的。我想还是要给教授群体更大的自由度。就像刚才几位院士提到的还是要培养一批科学家，一批死心塌地的、非常执著的研究人员，给他们创造一个良好的学术气氛，让他们组织好跨学科的团队，分工合作，再给他们一定的稳定的支持，我觉得这是最重要的。

最重要的是管理体制的问题

丁伟岳：最重要的是管理体制的问题。我觉得国家不要管得太多太细。先要明确哪些是战略性的问题，是应该由国家管的；哪些是没有人管的，也应该由国家管。可是现在很多时候，国家该管的没有管。就像刚才巴院士讲的，临床医学不属于基础研究，也不属于应用基础研究，而是比较偏重于技术领域的东西，就没有得到重点支持。一些属于战略性的问题或者还是空白的重要领域，国家就应该制定详细的规划去管理，而不应该过多的去管细节部分。比如号召软件业要赶超印度，我觉得就没必要，国家不用对每个行业都进行具体的指导。再比如评比问题，交给科学家就可以了，国家没有必要组织这么多的活动，而且这些活动已经形成了赵院士所说的对于科研环境的干扰。科学家需要的是良好的科研环境，过多的行政干预，恰恰破坏了最基本的科研条件，即平静的环境。科研人员过多考虑金钱和名誉，对科学发展有害无益，而且也不利于对年轻人的引导。

另外，管理的人太多了。对于科学技术研究工作，我们就有六路大军。中科院是一路；国防部门又分科工委和总装；还有高校；各部委科研院所；企业，这是国家给予厚望的，希望能够成为技术创新的主体，但是实际上的发展颇不理想；最后还有各个省市，各省市看着中央的，你怎么走我怎么跟。这样的管理体制，互不协调，实际效果很差，而且还形成资源的浪费。各部门争相把资源集中到某些领域、群体和个人上，而最稀缺、最需加强的一些薄弱环节反而得不到应有的重视和必需的资助。这种锦上添花的工作绝对不是创新。我深感我们管理体制上的创新跟不上时代发展的需要。

（摘自《群言》2003年第10期）

如何推进构建和谐社会的文化建设

编者按：在全国政协十届五次会议期间，民盟中央邀请了部分出席会议的委员，以《如何推进构建和谐社会的文化建设》为题举行专题座谈。座谈会由民盟中央副主席张平主持，全国政协副主席、民盟中央常务副主席张梅颖出席会议并讲话。出席座谈会的有（以姓氏笔画为序）：

王安忆：中国作家协会副主席、上海市作家协会主席

冯骥才：中国文联副主席、天津市文联主席

刘忠德：全国政协教科文卫体委员会主任、中国演出家协会主席

张贤亮：中国作家协会主席团委员

吴贻弓：中国电影家协会主席、上海市文联主席

高占祥：中国文联原党组书记、副主席

梁晓声：民盟中央文化委员会主任、北京语言大学教授

舒　乙：中国现代文学馆原馆长

靳尚谊：中国美术家协会主席、中央美术学院原院长

翟泰丰：中国作家协会原党组书记

滕矢初：中国音乐家协会理事、中国广播艺术团一级指挥

魏明伦：中国戏剧家协会副主席，四川省作家协会副主席

张　平：近一段时期以来，以人为本，科学发展观，和谐社会等理

念的推出，不仅深入人心，而且业已成为我国改革开放以来一系列重大的新的战略决策，得到了方方面面积极、广泛的响应，与之相关的文化建设问题也日益被推到了一个越来越重要的位置。有关文化建设的各种论述和建言，已成为各界谈得最多的话题之一。特别是和谐文化的提出引起了广泛的关注。所以我们今天研讨会的主题就是：在构建和谐社会中，文化应该如何作为？这其中也包括文化的走向，以及文化建设中我们应该关注的一些问题等等。可以涉及方方面面、上上下下、里里外外。我们也不拘形式，有话则长，无话则短，请大家就这些话题直抒胸臆，畅所欲言。

张梅颖：当前我们正进入一个新的发展时期，从过去的以经济建设为中心，转向经济、政治、社会和文化并重，我想这意味着一个更深刻的社会发展变更时代的开始。我们赶上了这个大时代，万千变化给我们以丰富的素材和思想营养，包括我自己在内的广大老百姓正在期待受我们大家喜爱和尊重的文学艺术家们在这个大时代拿出大作品，大有作为。在今天这个座谈会上，也很想倾听大家对我国文化现状的观察与思考，对传统文化的回顾与反思，对参与构建和谐社会文化的打算和期许。我也把这次座谈会当成一个很好的学习机会，希望大家见仁见智，不吝赐教。

首先要在理论上把问题搞清楚

刘忠德：文化有两种，一种带有意识形态形式，一种不带有意识形态形式。虽然从总体上，社会主义文化较资本主义文化而言是先进文化，但这不等于就处处先进或落后。从非意识形态的角度，诸如电影院这些文化设施，资本主义国家就是先进的，就应该向他们学习。从意识形态的角度，整体上我们要先进，但是在文化管理的方法上，我们还是要向资本主义国家学习。

传统文化亦如此。我担任了国际儒联的常务副会长和国际儒学院的院长，深感儒学工作之难。从以前对孔儒之道的斗争，到今天的恢复弘扬，实非易事。有人说儒学是不是可以做东方文化的指导思想，这是不对的。

文化的内容存在可以是多元的，就像我们现在允许外来文化、传统文化的存在一样，但文化的指导思想只能是一元，即马列主义、毛泽东思想、邓小平理论和“三个代表”重要思想。这必须清楚。

再说文化与市场的关系。有人说文化要走向市场，这并不确切。我认为绝大多数文化产品都具有商品属性，应该进入市场，受市场法则的影响去调剂艺术生产。但文化产品不同于一般物质产品，有其特殊性。第一，文化产品的生产目的不同于一般物质产品，就像真正的作家写小说、搞创作的目的不是为了赚钱一样，文化产品是劳动者激情的体现；第二，文化产品的社会必要劳动时间无法准确计算，比如写一本书，有的人只用几天，但有的人则穷尽一生；第三，无法真正等价交换。这一点即使在最发达的商品经济社会也不容易实现，有学术价值的著作卖不出去，价格也定不高，而一些通俗小说则卖得高价；第四，使用价值。文化产品的价值不能像物质产品价值那样固定，比如同是《红楼梦》，不同人看就有不同的效果。有的人当学术研究，有的人只作为消遣，当成言情小说看，这和消费者个人的情趣、爱好等有很大关系。所以文化商品不能像物质商品一样，完全由市场选择、决定它的生产。现在央视实施的收视率末位淘汰制，就不尽合理。收视率并不是衡量好作品的唯一标准，收视率高不等于就一定是好作品，同样，收视率不高也不一定是差作品。

做文化工作一定要学习理论，尤其是研究可操作性、实践性的理论，不能仅仅停留在纯理论层面。就像在听音乐会时什么时候鼓掌，在看画展时如何中肯地评价画作，这都不是纯理论能够解决的。但不懂有关理论是很可怕的，弄不好就会出大笑话。

逐渐淡化与意识形态相关联的文化界定方式

张贤亮：刘忠德部长刚说，文化工作上的理论问题没有搞清楚。

人类创造的文化浩如烟海。过去就是硬拿社会主义去套，实际就是树标签。将社会主义文化和其他文化区分开来，而哪些属于社会主义文化，只有一部分人说了算，结果最后搞成文化大浩劫。没有社会主义，社会主义文化从何谈起？文化是派生的。必须先有社会主义的存在，具备了社会主义的生活和生产方式这样的社会经济基础，才会产生社会主义文化和社会主义道德。过去提社会主义文化，但是事实上谁都说不清楚究竟它是什么。因为还没有一个在社会整体上自然产生出来的文化形态，必须要造一种先验的、超经验的文化形态出来。

魏明伦：我认为现在我们正处于高科技低人文、高经济低道德的阶段。银幕上、书刊上充斥着大量低俗娱乐，这个文化是先进文化吗？我们现在很多炒得火爆的作品和现象未必是先进文化，比如现在的很多渲染暴力的电影。还有我们现在大量拍摄的帝王题材的电影电视，都在自觉不自觉地灌输一种权谋思想。虽然我们不能笼统地说那些都是落后的文化，但我担心我们民族文化中的民主性精华正在快速消失。高科技与低人文，高经济与低道德的反差越来越明显，不仅道德沦丧，而是人性泯灭！从这个视角看：中华民族到了最危险的时候！

张贤亮：对于目前存在的一些现象，我觉得，存在即为合理。大家都看过《大国崛起》这部片子，它选择了一些国家，如葡萄牙、西班牙、法国、英国、德国、日本、美国，俄罗斯，如何从15世纪起，崛起成为大国的过程。里面谈到几个因素：经济、科技、法律、政治、军事、航海，但忘了一点，就是宗教。欧洲从15世纪的封建庄园经济向市场经济过渡时，没有一个市场经济的规则是已经准备好的，都是无序的，但是都有一个东西在支持着人民的良心，那就是宗教。

然而我们进入市场经济，恰恰是在发生信仰危机之时。我们的法制虽然在逐渐健全，规则也在逐渐出台，但仍然是有法制没有良心。哀莫大于心坏。我们这个社会的人文精神不是后来才失落的，而是早就失落了，在市场经济推进30年后的今天，人们普遍感到一种精神渴望，希望得到人文满足，于是易中天、于丹乘势而起。

难道汉族作为中华民族的土体民族自古没有 个统 的宗教吗？的确是这样，儒释道三家只是作为中华民族一个普通的代表符号，老百姓对宗教都保持着一种非常宽泛的态度，这对于建设和谐的中华民族大家庭来说，是个很好的优势。因为没有作为主体的统一的宗教，就可以团结那些有信仰的民族，而没有宗教偏见。56个民族团结在一起，这是中华民族之大幸。而另一方面，虽然我们没有宗教、教派之纠纷，但人人有宗教情结，汉族也有着他自己的隐形宗教，那就是中国的历史。2000年来，从敬天崇奉自然，到天人合一、人与自然的和谐，到对古人的崇拜，都是带有宗教性质的崇拜。诸如四书五经、二十四史等大量的经典成为了中国人的隐形宗教。但这段历史被中断了，以致使中国人找不到一个精神寄托。后来，政治成为我们的信仰，我们的宗教。但政治文化十分脆弱，发展到极端就是“文革”。之后进入市场经济。

梁晓声：事实上1949年以后主要就是政治文化，其核心是斗争。而宗教文化本身讲的是同情、博爱，与人为善。它是人类社会普适的，它可以持续甚至可以演变到不再以宗教的形式，而是通过其他的文艺形式包括绘画、电影、文学接受、认同和吸收后，来反复的教化下一代。使下一代明理，尊重他人。但以斗争为核心的政治文化不能持续，它是特殊阶段的，显示出紧张性和过敏性。我们的传统文化中也有以上良好内容，但被批得太狠了，一时难以重新确立起来被普遍认同的价值。何况儒家学说中服务于帝王统治的思想也很多，是与民主进步的社会思想相悖的，令人反感的。我个人认为，一味复古，不是好的文化策略。只要有利于社会和谐，对于别国的好思想，我们也应谦虚地实行“拿来主义”。

对文化问题要进行整体、宏观、战略的思考

冯骥才：谈文化问题，如果不对当代思想史，当代社会的历史，还有一些概念进行思辨的话，就会思维非常不清楚，把和谐社会、先进文化等

都搅在一起，这样文化会更糊涂。尤其在我们这个层面糊涂的话，就会更乱了。现在谁管文化？谁应该更多的对当代社会的文化问题进行整体的、宏观的、战略的思考？

我们现在没有思想界、没有知识界，没有思想争论，当代知识分子在重大历史问题上退席了，失语了。对于当代的文化问题我是悲观的，它正处于焦灼的状态。

究其原因，从历史来看，虽然当代中国的文化问题不全是外来文化的影响，但是不能否认外来文化对我们的影响。五四运动时和改革开放以来的两次外来文化进入是完全不一样的。前一次进来的时候，中国当时有一批学贯中西的知识分子，自觉地站在中国文化的前沿，对外来文化进行挑选，虽然有一点失误，但总体选择是有质量的。从达·芬奇、莎士比亚、托尔斯泰，一直选到马克思，都是人类文化的经典。同时也都是对接的，比如翻译家，当时那批最早期的翻译家，比如巴金、郭沫若、鲁迅的翻译，都是把翻译介绍文化经典作为思想武器，作为他们整个思想的一部分进行的。

如果避开"文革"，我们现在存在的很多问题都解释不清，恰恰是因为"文革"中国人的精神基本是被抽空的，畸形扭曲到那个地步，走向那样一个变态的极端，现在才能在功利化、物质化的商品经济里畸形的发酵。

但第二次门户打开时，也就是改革开放时，我们的知识分子来不及在前沿对外来文化进行挑选，一方面是因为当时我们自己的文化已经变成了一个空架子，另一方面是因为这一次进来的是商业文化，它是大众的、流行的。其本质是商业性的，是一过性的、快餐性的、功利化的、粗鄙化的文化。它一股脑地进来了，你根本无法挑选。NBA、好莱坞，时尚、明星，这一套东西全部涌了进来。

第一次进入的时候，某种程度上知识界在商业文化、流行文化方面还有自己的创造，比如30年代的周璇、张爱玲，还有当时的旗袍，上海的电影，他们都创造了当时中国独有的流行文化形态。但这一次不行，事实上，我们刚有了西北风，马上就被自己整掉了，因为我们市场的需求太大，但是我们又不能直接从西方拿外语的东西，所以只能从港台转口翻译成汉语的东西进来，港台当时流行文化已经成熟了，所以直到今天我们的流行文化都是港台味的。我们没有自己的流行文化，也没有人去想如何建立自己的流行文化体系。对于外来文化，我们基本是没有思考的，是有什么算什么的。因为我们生活的节奏实在太快。

文化保护是非常重要的问题。为什么西方没有这个问题，因为他们的现代化过程是一个线性的、渐进的过程，而我们是急转弯式的，我们所要解决的首先是国计民生问题，文化问题来不及考虑。如果我们要考虑文化问题的话，首先就要对所有城市的文化特性进行定性，然后要找出支持这些城市文化特色的一些主要的板块和支柱，这些支柱是绝对不能动的，但这些我们都来不及做。

城市的千姿百态已经没有了，那么我们的古村落呢？中国有2000个县，35000个乡，60万左右个行政村委会，形态、地域特点清晰的，物质和非物质文化遗产保留得比较好的古村落（包括少数民族地区）还有5000个左右。去年我在进行古村落调查的时候发现一个更重要的问题，就是包括西递村这些看起来还保存比较完整的，开发旅游不错的古村落在内，进到老百姓家里就会发现，里边的家具什物已经面目全非，看不到任何历史内涵。这和欧洲不同，欧洲每个家里都有历史，他们会把老古董的椅子摆在屋子里很醒目的地方，而我们摆的是冰箱。这些村落就像是一本只有书皮和书名，没有内页和内容的书一样，已经变成了文化空巢。这是非常严重的文化问题。在这种情况下，谁来制造城市的文化？有人提出了打造城市文化，但我认为，文化实际上是积淀出来的，是过后我们才能看到的，也是不能够打造的。

那么反过来说，文化究竟有没有能动性？到底什么是文化？现在有一种误解，认为文化是文学艺术，创作一些诸如和谐歌曲、和谐诗歌、和谐散文、和谐舞蹈之类的好的作品就能创造出来和谐文化。我觉得这与文化本身的概念相差甚远。实际上，按照字典上的解释，文化有几个概念：一是人类的一切物质和精神创造的组合，是人积累下来的，二是传统的说法，是作为一种意识形态存在的，三是表示了某一种教育程度，比如中等文化、高等文化，还有就是历史上一些大的重要的遗址，也称为“文化”，比如良渚文化、仰韶文化等。我认为这其中，最重要的还是第一种解释，即文化是人类的一切物质和精神创造的组合。这种文化我们能够给它多少能动的东西？比如说到和谐，实际上它是人类的一切追求，包括所有宗教的追求的最终目的。这不是我们的创造。我认为现在很多提到和谐的文章都值得我们反思。比如，既然说我们中华精神的核心是和谐，那么为什么我们的历史充满了灾难？问题在哪里？这值得我们搞文化的人去思辨。如果我们不思辨，就又把“和谐”当成了一个政治口头禅，变成为了应付某一个局面或者在某一种场合不能不说的一种词汇，把它从神圣的字眼变成了一种庸俗的、空洞的、没有感染力的符号，失去了它本来的魅力。

很肯定地说，我们要追求整个社会的和谐，但在这一过程中，我们的文学艺术和它是一种什么样的关系？这不是一个很简单的和谐小说，小说反而是直面现实的。

魏明伦：换句话说，和谐社会不等于无冲突论。

梁晓声：小说不能只有现实主义题材，而没有现实主义精神。

冯骥才：我们知识界，所需要的还是一种文化精神。这不能推给其他任何人，应该在知识界里面解决。

和谐社会是古今中外共同的理想

梁晓声：一、和谐社会是古今中外共同的理想。柏拉图就写过《理想国》这样一部又哲学又文学的书，在西方影响很深远。《理想国》主要谈的是国家秩序，认为有秩序才有和谐。认为一个国家必须由精英来管理，秩序由精英来制定。尼采的哲学，受柏拉图《理想国》影响，精英的精英，在尼采那儿成了“超人”。“超人”理论是蔑视苍生的，因而其实质是反动的，反人民反众生权力的。

二、后来，18、19世纪，西方出现了圣西门、傅立叶所代表的“空想社会主义”。当时的西方是资本主义中期，社会矛盾重重，有些矛盾很激烈。所以他们设想出一种社会，人与人之间，没有阶层地位的高低之分，享有同等的教育权，都是文化了的人，社会财富的分配也比较均衡。总而言之，社会要体现各方面的公平。

资本家们嘲笑圣西门、傅立叶，认为他们纯粹是在空想。“空想社会主义”由而得名。

后来的革命家们也嘲笑他们，认为他们所主张的社会很好，但企图通过改良而不是革命，那样的社会是根本实现不了的。

一些社会学家、文化知识分子表示理解，所以并不将他们嘲笑为“空想社会主义者”，而更愿称他们为“愿望社会主义者”。

马克思的共产主义学说，其实也受到“愿望社会主义”的影响。

所以我认为，和谐社会，一向就是人类对社会的共同祈求，也是要求和追求。知识分子，尤其文化知识分子，也一向极为本能地承担促进那样一种最大程度地体现公平和正义的社会早日实现的责任。而且古今中外都有知识分子为此付出生命代价。

三、回顾我们国家的历史，可以得出这样一种结论：中国为实现和谐社会，与其他国家相比，所付出的代价是巨大又惨重的。

我的看法是，近代以来，有三类比较典型的文化人，代表三种与和谐社会发生关系的大的文化现象。

一是鲁迅。鲁迅是破坏式的。他在他所处的时代，根本不相信和谐社会可以经由所谓“改良”的不流血的方式来实现。他有他的道理和深刻性，因为当时的中国一盘散沙，千疮百孔，国民党政府又是那么的无能和腐败。所以他主张先摧毁了再说。鲁迅发现问题，指出问题，也往往能一针见血地分析问题，但基本上不建构。或者说，他所开的“药方”和毛泽东一样是“不破不立，破字当头，立在其中”。

还有一个代表人物是胡适。我这一代人，在80年代中期以前，对胡适基本没什么了解。所形成的文化印象那就是他是一个反动文人。后来我读一些关于胡适的书，对他有了一些认识。他的一句话，对我影响很大——“想要收获什么，就那么样去栽”。毫无疑问，胡适也是一个和谐社会的主张者。他是“帮忙派”，对自己和国家的关系是一种“帮忙别添乱”的态度。他的悲剧在于，帮国民党政府，好比帮一个癌症患者康复为一个健美冠军。

第三类知识分子，如陶行知、严济慈、朱自清他们，或主张教育兴国、科技兴国、文化兴国。他们都很可敬，为中国实现和谐社会作出了各自的贡献。

但是1949年以后情况有些不同。由于冷战的原因，刚刚夺取政权的国家神经是敏感又紧张的，其意识形态是铲除异声的。民主、平等、公平、正义这样一些词是会使知识分子招来杀身之祸的。我认为，一个社会敏感、紧张、缺乏宽松空间到了一种人人说话小心翼翼，明智保身的程度，文化再一相情愿，那也是不能帮上什么和谐的忙的。

四、但是现在，情况已很不相同。国家明确提出了共享改革成果，实现社会公平的发展理念。这一理念受到广大人民群众的拥护，自然也受到大多数知识分子的拥护。

那么，构建和谐社会的大前提有了，至少是有了诉求、要求和追求社会公平、正义的空间。文化若无责任、品质和使命感，花样再多，再热闹，也只不过是热闹的文化，并无基本品质可言。而没有基本品质的文化，不是自觉的文化。

文化自觉的空间已有，文化积极促进和谐社会之实现的作用，则就不但应该，而且可以较好地发挥了。文化知识分子，今天当然便应为此努力……

五、什么是公平？公平便是公正、平衡。在共享改革成果方面，公平的“平”，不是平均主义的“平”。平均主义，在世界上任何一国都是行不通的。但社会财富的平衡支配、分享，却是任何一个国家都应本能具有的理念。也应是先富起来的阶层应本能具有的情怀。“本能”就是当社会财富丰富了以后，不那样就不愉快，而不是反过来，成为被迫的，因被迫而不愉快……

六、以往，我们大谈文化的娱乐作用，文化的美育作用，文化的时尚作用，文化的商业作用太多了。绝大多数观点是很正确的观点。但倘对文化的基本品质，文化在基本品质方面的能动性，自觉性避而不谈，实在是避重就轻，本末倒置，无的放矢的文化观。

七、依我看来，中国全社会都需要接受关于公平、正义的文化教育。这是目前首要的。几乎一切令人嫌恶的社会现象，皆因此种教育的缺乏而至。比如诚信、荣辱观、敬畏心，都与此点有关……我们任重而道远，故需加倍努力……

魏明伦：和谐社会是美好的理想，社会的不和谐是严酷的现实。正因为我们的社会太不和谐了，所以才提出要构建和谐社会。而我们这些知识分子，不管是作家还是艺术家，在这个历史阶段中没有尽责，失语了。这不是我们的责任，而是没有这样的土壤和气候让我们尽责。回想上个世纪80年代，多么令人激动。那是个思想空前解放，人性空前复归，人们充分追求美好事物的年代，就像是文学文艺复兴时代的开始。但是看看现在，知识分子、作家的社会使命完全退化了，甚至我们自己都缺少了使命感。原因在哪里？一是与体制有很大的关系。其次就是时代的原因。时代已经进入了人类历史前所未有的时代，但不是个读书的时代。我的忧患意识是很强的，我最大的忧患就是对和谐社会的前途比较悲观。我们只有尽自己的绵薄之力去做，但何时能回到像80年代那样欣欣向荣、人心向上、追求真善美、人性复归、人情复归的时代，我觉得为期尚早，不是十多年、几十年就能够达到的。

人要有所敬畏

滕矢初：今天的教育有两个问题，一个是职业中学和高等职业学校大幅度地增加财政投入，从18亿到95亿，一下增加了5倍多，明年要增加到200亿，这是一个制造高级蓝领的大好时机，我国的无形资产之所以比不上先进的资本主义国家，“中国制造”在某些方面比“瑞士制造”要低200倍，这是一个重要原因。另一个方面就是我国的高等教育，核心问题就是高等教育的质量问题，要解决这一问题，就在于教育改革，所以我当时讲，我们如果不能从应试教育这个怪圈里出来，其结果就是导致高智低能，高智商犯罪。还有就是没有理念，没有信仰，很多大学生走上了自杀的道路。现在的人，正如刚才贤亮所说，在一个新的东西没有树立起来的时候，把本来的东西也破坏了。结果造成了真空，甚至导致邪教的产生。孔子说，好学近乎知，力行近乎仁，知耻近乎勇。文艺界很多人为了出名，在做着恬不知耻的事情，有的靠骂，有的靠制造绯闻等等，无耻至极。而令人悲哀的是，例如卖苏丹红红心鸭蛋等等的人大都是很朴实的农民。孟子说：恻隐之心，仁之端也；羞恶之心，义之端也；辞让之心，礼之端也；是非之心，智之端也。但现在，在各阶层中都有对最基础、传统的道德观念无所顾忌，而且变得天不怕地不怕，什么事情都敢做，谁最横谁就最棒，最勇敢。

我在德国期间，常在莱茵河、多瑙河畔漫步、思考，为什么德国的环境能这么好？为什么德国人看起来那么木讷，好像很笨，例如参观的时候会绕着草地走，而不像我们直接从上面走过去？这实际上就是从18世纪起，康德所讲的敬畏精神，正如贝多芬日记里所写的：康德，敬畏精神！！！一个是对自然的敬畏，一个是对心中道德律的敬畏。包括荀子所讲的，故不登山不知山之高，不临深溪不知地之厚，不闻先王之遗言不知学问之大，也是这个道理。貌似精明的我们什么都不知道所以就什么都不怕，无知者无畏，于是养成了一些年轻人心态失衡、动不动就自杀一死了之。其实自杀是最不道德的，为了培养一个孩子上大学，两代人得需要付出多大的心血！一次讲学，有人问我，你有没有痛苦的事情？我说当然有了。那么你遇到痛苦的事情会不会自杀？我说我虽然苦恼，但是我上有老，下有小，我死不起。因为人不是为自己活的。我觉得，无论是儒家哲学、西方哲学，还是古希腊的哲学都体现了一种敬畏精神在里面，柏拉图甚至讲过，没有敬畏精神的人应该一律处死，因为他会危害城邦（即国家）。而我们现在很多人都没有敬畏精神，无论对人还是对自然，对法律，对一切，为了赚钱可以危害别人。更可怕的是这些多数是很普通的人，都是一些劳苦大众，所以当我们把传统文化丢掉了，而新的文化又没有树立起来的时候，面对经济大潮，怎么应对？值得思考。

评价艺术品的标准——从政治标准转到艺术标准

靳尚谊：我就美术要提倡现实主义，反对现代主义等问题说说看法：西方绘画上“主义”的标签开始于19世纪，有古典主义、浪漫主义和现实主义。后来又出现了印象主义、后印象主义、现代主义。现代主义就是由后印象主义到抽象主义的过程。由五六十年代开始，以美国为代表的西方国家逐渐向信息化过渡，所以六七十年代首先在建筑上提出了后现代主义，这也就是西方的当代文化，即观念艺术，他与原来的绘画完全不同，后者是画的，而前者是通过一种行为体现一种想法和观念。

批判形式主义，包括很多诸如需要现实主义，不需要现代主义等的说法，都是由我们当时社会的经济状况所决定的。但美术的发展也是跳跃性的：传统的写实的绘画在解放初期刚出现一点萌芽，就开始提倡现代主义，现代主义还没有被好好研究，后现代主义、观念艺术就蜂拥而至。这种跳跃性发展造成了矛盾重重，大家都在根据原有的思维方式，即路线斗争、非此即彼的方式来研究学术，根本没有涉及艺术本体的问题。虽然目前情况有所改善，但这种思维方式在很多60岁左右的人中仍然大量存在。这就使我们在对艺术的认识上产生了很多荒谬的说法，比如把西方本源自同一传统的艺术人为地分为不同的派别，谈论好坏等等。这些说法在当时的条件下是正确的，但是放到现在来看，就显得不那么科学。拿现代主义来说，它很像我们的文人画，二者的实质是一样的，不是表现内容，而是通过花鸟山水来表现内心的思想和精神的寄托，而这个东西恰恰正是我们当代所需要的。

因此，尽管目前中央的方针政策非常正确，但是在贯彻的时候，仍然存在形式主义的说法，不利于宣传。和谐社会的文化建设很复杂，我们必须搞清楚每个专业领域的具体情况，比如国内外发展状况、如何洋为中用，如何创造我们自己的艺术等等，弄清楚怎么样将我们评价艺术品的标准从政治标准转到艺术标准？这对我们艺术的发展有很大影响。

敢于讲真话　善于倾听不同的声音

舒　乙：我认为当前文化上有很多不和谐的东西，主要是有一种定势，就是大的社会变革带来的惯性，一直延续到和平时期，改革开放，乃至今天。客观现实发生极大变化，但思想定势却没变，这就产生了非常多的文化上的不和谐。比如，对旧的东西的否定，这是与国际思维模式差别最大的一点。我们永远对旧的东西持否定态度，而西方对旧的东西却顶礼膜拜十二分，这一点在国外可以深切体会到。中国最愿抛弃的东西反倒是国外最不愿意抛弃的。造成这种情况的原因主要在于中国发生了其他国家所没有经历的重大社会变革。虽然在稳定的和平建设时期，却仍然把这种否定旧东西的思想作为一种定势贯彻下来，包括很多官员，总是持有不破不立，破字当头，立就在其中的思想，搞城市和文化建设的时候什么都不谈，“先破”，这就是一种很不和谐的思想，是思想根源上最重要的问题。这几年文物保护工作中出现的种种问题都源于这种思想。官员在制定政策的时候，看见旧的就想革，想铲除，想建立新的政绩。这在西方是绝对不可能的。这是思想基础上的不和谐。

第二，是在一些部门和单位中普遍存在的官员对自己前一任的否定态度，有的地方甚至否定得非常厉害，缺少公正客观的评价，搞得人人手足无措。这是绝对的忘恩负义和背信弃义，已经成为了当代我国文化建设中的普遍现象，令人伤心。

第三，我们新中国成立前有像陶行知、张伯苓等人为代表的一批堪称教育家的人，但是新中国成立后却没有。因为五年十年一换的人事制度使我们根本无法将教育家的思想贯彻到底，往往中途夭折。教育家如此，其他的家亦如此。

这种普遍存在的对上一代否定的现象，不能形成很好的文化氛围和文化的稳定态势，这在别的国家很少见。如果对这种现象和做法没有警觉，任其延续下去，文化只能是一片沉默，一片悲哀。

第四，知识界、知识分子的作用重视不够，因为知识分子总是爱提相反的意见，提不同的主张，发出不同的声音。虽然他们都是好意，但也不受欢迎，结果就导致很多人即使有意见也只是保持沉默。我现在突出感觉敢讲真话的人在各种场合比较少见。我们已经不习惯听一点不同的但是正确的声音，这一点贻害无穷。

电影评论：要负责任，要讲真话，要有学问

吴贻弓：刚才骥才说他准备写一篇文章：中国电影怎么了？这个问题目前在电影界有很多人在问。和刚才靳尚谊同志所说的美术截然不同，电影是像摁指纹一样鲜明的现实主义，是通过照相术来反映社会，反映人对社会的认识，反映人的情感等等很多东西。我个人认为电影离不开现实主义，无论从创作还是现在接受的角度，它都排斥不了现实主义。虽然现在

也有一些离开了现实主义的影片，但是他们在观众里输尽了口碑，说明离开现实主义的作品并不为大众所接受。

但现在还存在一种情况，跳跃性的经济发展引起了文化上的混乱。可以感觉到，一味因循过去是没有出息的，要创新，文学艺术的灵魂也在创新，关键看你怎么创。我曾多次表明过自己的观点：电影是离不开现实主义的。

拿张艺谋的电影来看，他在近几年拍了两种电影，一种是以《英雄》《十面埋伏》《满城尽带黄金甲》为代表的，还有一种就是《千里走单骑》。这两类影片几乎是同时产生，却截然相反。后者的根本是站在现实主义的立场上，而前者则是追求形式，完全离开了现实主义。于是从观众接受的角度上，后者更被人们所接受。但对于制片方，接受的恰恰相反。为什么会这样？里面有个商业利益的问题。

2月9日《中国艺术报》发了一篇文章：面对大片，评论不再失语。就是在评论2006年影片的时候，《黄金甲》和《夜宴》都不在其中。也就是说参与此评论的评论家还算有点良心。但是先前评论为什么失语？为什么没有公信力？为什么普通的观众对于评论都不再相信了呢？因为评论很多已经不是失语，而是失身的问题了。

梁晓声：如果我们把电影、文学、电视的内容都最大限度地娱乐化，以满足人们紧张生存状况下的娱乐愿望，同时进一步换取我们感觉上的社会稳定的话，这就是饮鸩止渴。

吴贻弓：这相当严重，最后我们会自食恶果，遭到文化的报复。理论评论的失语，甚至失身，没有公信力，造成现在的电影完全被资本逻辑所左右的情况，现实主义题材已经走投无路。长此这样下去，中国电影将岌岌可危，由此折射出的中国文化市场的整体现象，应引起重视。

梁晓声：在一次中宣部的会议上，我说，我们的文化一方面是主旋文化、主旋电影，宣传革命历史题材，另一方面是娱乐电影，这二者之间是什么？是空白。

吴贻弓：我们没有找到这二者之间非常合理的交义。这一方面是创作者、电影工作者本身的问题，同时也是整个文化政策、电影政策引导的问题。这其中，有官方的引导，但更重要的是理论和评论方面的引导。因为如果没有理论或评论的引导，那就会放任自流，要让创作非常健康的发展，几乎是不可能的，但是目前就存在着理论和评论失语，甚至只要给钱就吹捧、炒作，真正有良心和责任感的评论家却没有地方来发表自己的评论。虽然现在也有利用名人、谋取噱头的评论，但是我认为真正的理论评论起码要符合三点，第一要负责任，第二要说真话，第三要有学问。这三点缺一不可。

文学创作领域也存在价值观的问题

王安忆：中国的地理环境比较恶劣，又人口众多。几乎是在文明发生的初期，我们一直在做的一件事情，就是向自然索取，争取自己的生存。

进入近代之后，随着国门的打开，从晚清海防线打开，直到如今改革开放，世界尤其是欧美进步的景象扑面而来，一下子发现自己是一个贫弱的民族，为达到富强和现代化的目的，和世界先进同步，就开始对自然进行可怕的榨取。

人类在发展的同时，如果再不关注人和自然的和谐，总有一天会把自然榨取的干干的。每当看到GDP上去的时候，我会有一种恻隐的担心，不知道又失去了多少土地，多少资源，还有一个更严重的损失，就是价值观的伤害。

方才靳尚谊老师大略给我们描绘了美术史的轮廓，可见出从无到有，再从生到熟，然后式微的顺序渐进的过程。而现在，所有的过程都缩短了周期。来不及生养出思想，就结束了，价值观也在被消耗。从技术范围讲，我觉得我们现在处于一个很大的困境，就是虚构和非虚构问题。现在我们虚构的东西越来越被忽略。第一，充满了纪实性写作，比如法律文学、纪录性的电影，他们都是真实的，有强大的说服力。所以即使我们对传奇性降低要求，也能够受吸引，受到说服。第二，即便是在我们虚构的创作里，我们亦越来越服从现实的合理性，即对现实的描摹，而放弃对现实的想象。我们的生活太过现实，已经失去了想象的空间，小说和艺术其实都在回答人们的问题：生活应该是怎样？但当我们这些虚构的艺术创造力在减弱的时候，对世界理想越发贫弱，我们只能告诉人们，生活是什么样的。这使艺术收缩了空间，最后与现实合而为一，这是我自己很担心的事情。

文化的核心是人

翟泰丰：我今天想着重就文学艺术建设讲点看法。文学文艺多年来有很大发展，取得了很大成绩，但是也走了不少曲折的道路。说是“双百”，但实际上没有完全“百”起来。因为某些文艺领导者，不善于按照文艺自身的规律推进文艺的发展，不善于在尊重文艺家个性中，为百花园浇水施肥，繁荣文艺创作，让百花盛开不衰。尤其是在当今世界范围各种文化互相激荡的形势下，西方文化大量流入，其中既有现代优秀文化可资借鉴，又有不少腐朽的观念必须批判，而某些文艺领导者不善于帮助文艺理论队伍运用正确的文艺理论辨别是非，引导借鉴，发展自我，抵制腐朽，繁荣创作。在工作方式上，某些文艺领导者不善于运用评论方式引导，而往往采用行政命令方式领导，甚至是横加干涉。在文艺管理工作中，某些领导不善于依法管理，而是个人说了算，比如韩剧形成了“韩流”，实在不是作家和观众的愿望。总之，对于文艺正确的领导方式不是命令，而是应该以马克思主义文艺理论为指导，一靠文艺立法，二靠文艺评论。

其次，文艺创作的核心是人，人的核心是要讲人性。而对于人性又要强调它有两种属性：人的自然属性和社会属性，二者是不能分割开来的。

我们现在很多作品出现的问题都在于对人性这两个属性的把握上，有些文学艺术家走入了弗洛伊德的心理学误区。

第三，关于信仰问题。我同意靳尚谊同志的意见，在我国经济快速发展，跳跃式的进入现代社会，走向民族复兴的伟大时代，使国人振奋，令世人瞩目。但这种高速发展的经济必然会反映在作为上层建筑的文化观念上，经济上的多种占有关系，分配关系，必然会引来思想上、文化上的多样性，甚至出现某种混乱以致杂芜，这是一个必然的历史现象，问题在于我们必须善于以社会主义先进文化引领文化主流的健康发展。这里有个信仰问题。当代中国人主导的信仰是马克思主义，同时还有广大人民群众和华人同胞的共同信仰，这就是五千年中国传统文化和“五四”以来的20世纪近当代文化构成的中华民族共同的价值取向。这两个信仰既有区别又是统一的，形成社会主义核心价值体系，造就当今社会的强大的精神力量。那种认为我们当今社会没有信仰，甚至是信仰危机的认识，是没有根据的。

文化创新要慎用

高占祥：今天的群言堂，我感觉听了一堂课。这里我想谈一个老生常谈的，但也是我所忧虑的话题，就是民族文化的保护、传承、弘扬和发展问题。近年来我对此思索的比较多。

很多国家都视自己的民族文化为本民族之根，本民族之魂。我们也这样讲，但从五四运动以来，我们就连续不断地对传统文化进行批评、批判，甚至颠覆。虽然传统文化中确实有一部分应该予以取舍，应该吐故纳新，但是像我们这样，实为少见。五四运动，打倒孔家店；建国以后，三位最著名的教育家给中央上书建议在学生课本中不要再出现古文；之后是“文革”，到了摧残的地步。直到现在，我们的五年发展规划中也没有讲到民族文化的保护、传承和发扬，而多讲文化创新。文化创新不同于文艺创新。对于文艺，创新是生命，但对于文化就不一定了。我们的传统文化在“文革”的洗劫中，遭到毁灭性破坏；而在当今文化创新的声浪中又逐渐淡漠，在时尚文化的浪潮中受到冲击，现在中华文化面临很严峻的现实。

现在中央提出要继承弘扬优秀文化，我觉得政协应该在这方面多发挥些作用。

当然，文化也要改革开放，现在是犹抱琵琶半遮面，开放的还不够。民族文化不是一座静静的山脉，而是流动的长河，在这条长河中，我们要吸纳自己创造的和外国创造的先进的思想和文化，否则民族文化就会变成一个僵死的东西。建议有关部门对弘扬传统文化有个整体战略性的思考和安排，现在讲得多但没有措施。

文化创新要慎用。中华文化的核心是精粹的传统文化，第二圈是民俗民间文化，第三圈是时尚文化。这三个方面合为一体，构成了我们的中华文化。如果时尚文化在不断地发展，传统文化也在不断创新、革新，后果将很严重。

张梅颖：我觉得作为文学艺术家，他的良知、责任就是要向人们传递真、善、美，这是构建和谐社会离不开的。我为什么觉得真话特别重要？按说我们出生后父母最初教给我们的就是说真话，要诚实。真实是最重要的。如果连文学艺术工作者都没有真实可言的话，那是很可怕的。比如“文革”这样的错误，如果还不认为是执政党犯的错误的话，就会很危险。尤其是当民粹主义发展到极致的时候。

所以，巴金说，我们不能忘记。这说得很对。因为中国有劣根性。文学艺术家的责任就是要把这种劣根去掉，传递真善美。

张　平：不可否认的是，随着经济全球化，随着我们经济的快速发展，随着剧烈的社会转型，文化建设方面的问题会越来越突出，越来越严峻，文化建设问题已经成为构建和谐社会进程中的一个无法忽视，必须面对，难以逾越的关卡和问题。由此，我们也同样相信，有关文化建设的研讨和论述，还将会更加深入，更为理性，更加全面，并会有更多的人参与进来。随着对文化建设的强势关注，有关文化建设的政策和法规也会更多地被制定和推出。

（摘自《群言》2007年第5期）

分配是民生之源

编者按：2007年6月22日上午，举行了《分配是民生之源》专题座谈会，会议由民盟中央副主席李重庵同志主持。参加座谈会的同志有（以姓氏笔画为序）：

丁元竹：国家发展改革委员会宏观经济研究院研究员

白景明：财政部财政科学研究所副所长

刘应杰：国务院政策研究室司长

苏海南：劳动和社会保障部劳动工资研究所所长

郑功成：中国人民大学教授兼校务委员会副主任

赵人伟：中国社会科学院经济研究所前所长

赖德胜：北京师范大学出版社社长

李重庵：中国的经济社会发展到今天这样一个阶段，解决好民生问题，使国民能分享改革和发展的成果，不仅是解决当前一些实际矛盾的需要，也是社会进步的本质要求。民生问题越来越受到党和政府的重视，也受到社会各界的关注。民盟作为参政党，民生问题也是我们参政议政的重要内容之一。把分配问题作为《关注民生》系列座谈的第一场，是因为我们感觉到财富和收入分配问题不仅仅关系到提高群众收入、改善民生，而且分配的格局也关系到能否尽快形成一个稳定、合理的橄榄形社会结构，分配机制则关系到国民经济的长期增长和可持续发展，特别是经济发展与社会发展的协调；而调节分配的政策、法律法规的制定实施还会影响到党和政府与群众的关系。总之，分配问题已经是构建和谐社会面临的重要课题之一。

建立公平、合理、共享的收入分配制度

郑功成：从国内外的发展实践来看，影响民生问题的因素主要不外乎两个方面，要么是发展不足，像我们国家在计划经济时代，要么是分配不公，这两个原因都会导致一系列社会问题甚至社会危机。经过近30年的发展，发展不足的局面可以说是得到了根本改变，国民经济的持续高速增长及国民财富的高速积累，客观上标志着我国的发展确实进入了一个新的阶段，因此，把国家发展的根本目标指向民生，有着重要的时代意义。从目前来看，各种民生问题的形成、它所产生的影响以及一些不良的效应，在很大程度上是与全体国民没有合理地分享到国家发展的成果有着直接或间接的关系。我感觉到，关注民生，就必须重视收入分配问题，理顺收入分配关系，并真正建立起一个公平、合理、共享的收入分配制度。

我在前几年曾经提出过一个观点，就是在经济持续高速增长的背景下，如何分好财富“蛋糕”与如何继续做大财富“蛋糕”具有同等重要的意义。因为改革开放近30年来，经济增长和财富积累是一个方面，经济增长很快，财富高速积累，但与之并行的却是收入分配失范与不公问题。我曾经论述过这样一个观点，即从一个改革普惠的年代进入一个利益分割的年代后，如果不妥善处理好各种利益关系，不能建立一个让全体国民合理分享国家发展成果的机制，社会风险是极大的，也是有损社会公正的，这样的发展将是很危险的。因为如果财富分配不公，财富增长得越快，差距就会越大，社会矛盾也就会越来越大。今天的问题和矛盾不是经济增长与财富增长不如以前，不是多数人的生活不如以往，恰恰相反，多数人的生活是一年比一年好，财富也是一年比一年增长得快，但是收入分配领域的分配失范与不公现象却让大家心里的落差比过去更加明显了。可以这样

说，现实中存在的各种差距、矛盾、失衡等问题，都与近十多年来没有很好地使全体国民合理地分享国家发展成果有关。因此，要继续解决好民生问题，就必须从源头上着手，就是收入分配体制的改革和收入分配关系的理顺，应当成为新时期我国继续解决民生问题并使民生持续得到改善的基础性条件。

从现阶段的实际出发，尽管城乡居民持续获得了实惠，民生问题在持续得到改善，党和政府在收入分配领域做出了很多努力并取得了一定成效，但收入分配领域依然存在着很多问题。主要的问题有：贫富差距扩大，劳动者的所得持续下降，工资分配领域失范现象严重，社会保障严重不足并且不公。贫富差距持续扩大有可能造成社会阶层的对抗，而劳动者所得持续下降实际上是弱化了劳动者的地位，强资本弱劳工的格局的形成实际上是由于劳动者经济地位下降、所得下降推波助澜形成的。收入分配领域的失范问题可以说很严重，从公务员收入的分配到企业以及行业之间，都不是很规范，许多人甚至说不清楚自己的收入来源。我在研究我国的养老保险问题时，就曾经提醒劳动保障部注意，养老保险制度面临的最大风险，并不是对我国人均预期寿命的预期失准，而是现阶段工资收入的普遍失范，因为名义工资和实际工资的差别很大，大多数人的名义工资比实际工资低得多，或者说制度内的收入比制度外的收入低得多，现在按名义工资缴费，将来工资规范了，是要按照那时的实际工资计发退休金的，其中的差距就像一个黑洞，这当然是个收入分配问题。这样的收入分配失范，事实上已经或者正在造成一系列与之相关的制度安排的混乱格局。如果收入分配源头上的失范现象得不到有效的矫治，不管我们怎么改革，总是会继续不规范、不完善。另外，还有社会保障与公共福利的严重不足，大多数都不能享受到应有的、基本的社会保障，多数城乡居民事实上面临着很大的生活风险，社会保障制度的残缺当然不可能使城乡居民有生活保障的安全感。再分配的力度也明显不够，税收在调节个人收入分配方面应起的作用还没有发挥。

理顺收入分配关系，这是一个非常复杂的问题，因为收入分配调整的就是切身利益分配关系。有些人的研究侧重于初次分配，有些人关注再分配，近两年来少数人也开始关注第三次分配。我觉得，就我国的收入分配现实而言，必须是多管齐下，仅仅在任何一个环节下工夫都不可能真正形成一个让全体国民合理分享发展成果的机制。对初次分配，我喜欢引用孙中山先生所讲的“抑制资本，扶助劳工”，因为近30年来，资本的投资回报长期畸形偏高，这是与劳动者的回报长期畸形偏低相对应的，这就是我们的现实格局，劳动者的劳动强度很大，付出的血汗代价很大，但是所得很少，所以国内的现实购买力与人们的购买欲望、与人们的需求以及实际的需求满足程度之间有很大的差距。在初次分配格局中，还涉及政府的税收问题。从上一届政府开始，税收在大幅度上升，但是，我觉得近几年增长得太快，税收的增长速度大大超过了GDP的增长速度，这样下去应该不是一个良性现象，每年GDP增长不足10%，而税收增长却在20%左右，工资总额的增长则只有7%左右，这个分配格局当然是有问题的。所以，在初次分配领域，如果不能适度提高劳动者的劳动所得，适度抑制资本投资的回报，维持国家财政收入平稳增长，分配失衡的格局就会持续，在再分配与第三次分配中下工夫将是难以奏效的。在再分配领域中，公共财政的构建到什么程度？“公共”两字体现在哪里？我有一个看法，就是中央财政应该是包括国防、外交、公共事务及民生，地方财政主要还是保障民生和改善民生，无论是中央财政还是地方财政，社会保障与公共福利事业的投入都是衡量财政公共性的核心指标。现在到底有多少公共财政资源用于社会保障呢？从财政部门提供的资料看，用于社会保障的只有12%多一些。我曾经到某GDP大省调查，经济总量排在全国前几位，财政收入中用于社会保障的也只有12%多一些，这表明我们财政的公共性严重不够。西欧北欧福利国家的财政主要用于保障民生与改善民生，我们财政资源的公共性还有待提升，当然还有公共资源的配置失衡问题。社会保障作为与国家财政有交叉也有分工的基本的再分配手段，现在无论是养老保险、医疗保险等社会保险，还是社会救助与各项福利事业，都严重不足。第三次分配也是这样，在我们国家，人们一方面要求降低税收，另一方面又不捐献，第三次分配几乎没有。所以，我觉得初次分配、再次分配和第三次分配都值得下工夫，仅仅重视某一个环节，还是无法理顺收入分配关系。要重点关注初次分配，但并不一定有个先后顺序，而是可以同步推进，同步完成的。

面对收入分配领域中的问题，我认为，这届政府所做的努力和所取得的成果是值得高度肯定的。我曾经阐述过一个观点，就是从上世纪80年代开始是改革普惠年代，90年代后开始进入利益分割年代，这种利益分割、收益失衡的格局一直持续到2006年，但2006年到今年，开始呈现出全体国民合理分享国家发展成果的初步端倪，我认为，2006年是全体国民开始合理分享国家发展成果的一个转折性年份。例如，个人所得税起征点的调升实际上是调整收入分配格局，有利于维护工薪阶层的利益，机关事业单位工资的改革使数千万人不同程度地增加了工资，离退休人员待遇的提升使近4000万离退休人员获得了实惠，绝大多数城市人口从去年出台的政策和采取的措施中不同程度地分享到了国家发展的成果，今年则在推进城镇居民医疗保险试验，这意味着覆盖全体城镇居民的医疗保障体系将建立。在农村，去年农业税费的取消，对种粮农民进行直补，这都增加了农民的收入，农村合作医疗的进展去年是如此之快，有半数以上的农民已经被新型合作医疗所覆盖，农村的孤寡老人、五保户开始吃国家粮，这是一个显著的标志，去年通过《义务教育法》，明确规定免除农村义务教育阶段学杂费。因此，我把2006年看作具有转折意义的标志性年份，收入差距持续扩大的趋势得到了遏止。如果我们不能对去年出台的政策和产生的效应形成正确的、正面的认同的话，可能会对形势做出一些错误的判断。因此，这一届政府在收入分配领域所做的努力是有目共睹的，其成效也是显著的。

正源清流，提高流速，加大流量，规范调节流向

苏海南：收入分配是老百姓的生存之要，生活之源，消费之力，享受发展之需。特别是进入21世纪，在我国全面建设小康社会，构建和谐社会的新阶段，必须高度重视收入分配问题。收入分配是民生之源，我想就以形象的源流原理来分析我国收入分配的现状及其存在的问题，并研究提出相应对策。

现状及其存在的问题可概括如下：

源头水量足；源流渠道多、乱；流速比较快、流量比较大；但是流向不均衡。

源头水量足。收入来源于国民经济发展。改革开放以来，我国GDP从最早的几百亿元人民币，很快到几千亿，再发展到去年的21万亿。这一巨大的经济量，为收入分配提供了充足的水源。

源流渠道多、乱。随着按劳分配为主体、多种分配方式并存的分配制度逐步建立，特别是党的十六大确立劳动、资本、技术、管理等生产要素按贡献参与分配的原则以来，打破了原来的单一按劳分配，收入分配的渠道越来越多，激励手段日益丰富。但同时也出现了渠道比较乱的情况。特别是在公有制单位中，工资制度内、制度外和人员体制内、体制外的两种分配渠道，两种分配机制，形成了双重收入来源，这是一个很不好的现象。相对来说，非公有制企业的收入渠道，特别是一般劳动者的收入渠道则单一、偏少。

流速比较快、流量比较大。改革开放以来，整个居民的收入增长速度，总体上看比较快。特别是最近几年，全国在岗职工平均工资年均增长10%以上，农民收入也有较快增长。2005年，我国居民收入总额为83246.6亿元，比上年增长13.5%，扣除价格因素，实际增长9.8%。其中，职工工资总额达19789.9亿元，比上年增长17.1%，扣除价格因素，实际增长15%。职工平均工资为18364元，比上年增长14.6%，扣除价格因素，实际

增长12.8%。农民人均工资性收入达1175元，首次突破千元。2006年又有新的增长。应该说，纵向比较，大家的收入水平都有不同程度的提高，生活水平都有不同程度的改善。

流向不均衡。令人不放心的是，在流速比较快、流量比较大的同时，收入分配的流向不均衡，收入和财富向城市，向垄断行业，向高收入群体流向更快，流量更大。相比之下，向农村，向农民工，向一般员工，向低收入群体的流向则较慢，流量较小。这造成目前收入分配关系不合理。一是城乡收入差距拉大，由1978年的2.57∶1，到2004年扩大到3.21∶1。二是地区收入差距拉大。从农村居民看，1978年，农村居民人均纯收入最高的省市是最低省市的3.17倍，2004年人均收入最高的省市与最低省市的差距拉大到4.11倍。从城镇居民看，1990年城镇居民人均可支配收入最高的省市与最低的省市相差2倍，2004年这一差距扩大到2.31倍。三是行业之间收入差距扩大，1978年人均最高收入行业与最低行业之比是1.29∶1，2004年最高行业证券业人均收入50529元，是最低行业人均收入6718元的7.52倍。四是群体之间收入差距拉大，以城镇居民为例，2004年，低收入户在总居民收入中的收入比重只占7.3%，比1985年下降了5.59个百分点，而高收入户的收入比重，则占40.6%，比1985年上升了11.2个百分点。

总的看，改革开放以来，收入分配改革逐步推进，广大劳动者收入水平日益提高，老百姓生活明显改善，取得了不小成绩。但是，由于我国二元经济体制基础上的深层次矛盾无法很快解决，历史上积累的矛盾较多，改革进程中又难免出现一些偏差，因而形成了上述收入分配的现状及其问题。针对这种现状特别是存在的问题，我以为今后应在“正源清流，适当提高流速，进一步加大流量，大力规范调节流向”上下工夫。

正源清流。在初次分配领域，一方面要健全财务会计制度，加强审计检查，加强银行监管，规范资本、证券、技术、劳动力等市场，加强个人所得税征管，把初次分配的基础环节整顿规范到位，让各种收入源流循着明渠正道流动，减少并堵塞暗渠和“跑、冒、滴、漏”，为收入分配创造较好的基础条件，另一方面，进一步改革薪酬制度，健全各类单位的薪酬分配制度，规范按劳分配和按其他生产要素分配行为，使收入分配来源清楚，渠道规范，保证劳动者收入渠道的畅通无阻。收入分配问题的解决，单靠收入分配是解决不了的，要从与收入分配相关的领域着手，从深层次下工夫才能标本兼治。

适当提高流速。如果纵向比较，收入分配流速提高是比较快的；但如果横向比较，与GDP的增长相比，与劳动生产力的增长情况相比，与具有可比关系的地区或国家相比，我国收入分配的流速还不够快。主要是农民收入增速慢，近十年来，年均增长4.5%，比城镇居民年均增长8%—9%要低不少；农民工工资收入水平低且增速很慢，普通行业企业一般员工的工资水平低且增速明显偏慢。1998—2003年间，全部国有及规模以上非国有工业企业的全员劳动生产率提高了1.33倍，国有及国有控股工业企业全员劳动生产率提高了2倍，但全部企业职工的平均工资仅提高0.83倍，国有企业职工平均工资仅提高了0.84倍。此外，我们的低保标准和国际标准相比是非常低的。在低于国际标准基础上，城市低保比例小，覆盖范围少，提高得也慢。因此，对农民包括农民工的收入流速要加快，对城镇低收入群体的收入流速也要加快。

进一步加大流量。据分析，在我国国民收入分配大格局中，居民收入分配占45.1%。从统计资料看，有一个奇怪现象，再次分配之后政府收入增多了，城市居民收入更少了。再分配是反向的，没有起到应有的调节作用。由于把社保统筹基金算作政府收入，而不是居民收入。社保基金是以收定支，支出要小于收入，才可以持续运作。其次，个人所得税每年的收益约2000亿，并没有通过“削富济贫”完全转化为低收入居民的收入。这两点导致了再分配以后，分配格局进一步不利于居民。在我们进入构建和谐社会的阶段，总的分配格局应该再调整，收入分配应向居民倾斜。1993年政府收入占8%—19%，企业收入占8%左右，居民收入占70%，出现了超分配。这种情况与当时的计算方法有关，但分配格局的确与现在不同。所以进一步加大流量，在国民收入格局中进一步增大居民所占份额，比如将居民收入比重逐步提高到50%多。

大力规范调节流向。主要是调节两个阀门：调节国民收入分配格局阀门和调节好分配流向阀门。前者是开大向居民分配的阀门，从总量上增加居民收入份额。后者是调节居民内部的分配阀门，使收入流向更多一些向低收入者，向责任重、技能高、贡献大的群体涌流，实现“提低补少”，同时“关阀调高”。

“提低”，从农村来讲，一是全面建立健全农民最低生活保障制度，这是天大的德政；二是加大对社会主义新农村建设资金的投入，三是全面普及农村义务教育，这些都是直接间接提高农村低收入群体收入的有效措施。从城镇来讲，包括合理及时调整城镇最低工资标准，城镇居民最低生活保障、失业保险标准，保障农民工劳动报酬权益，建立农民工工资支付各项保障制度，建立城镇普通职工的工资增长机制，这些都是“提低”的必要措施。“补少”，就是针对责任重、技能高、贡献大的群体，横向比较特别是和劳动市场价位比较起来他们的收入相对偏低，这其中包括垄断行业中贡献大的人，他们并没有拿到应得的报酬。所以这些都是属于“补少”的范围，要提高他们的收入，使之与其责任、贡献相一致。一方面要“提低”，切实保障低收入群体劳动报酬权益，并使他们共享经济发展、社会进步的成果；同时为了进一步加快社会发展速度还是要讲效率优先，贯彻落实管理、技术、资本等要素按贡献分配的原则，使需要“补少”的群体得到应得的回报。

“关阀调高”是对高收入群体。对垄断行业首先要“关阀”。垄断行业无偿占有的自然资源这一阀门要关闭，通过征收资源调节税，使其超额利润通过相应的税收办法收缴国家。一些获得非法高收入的群体，比如山西的黑砖窑主等，一方面要打击这些违法行为，同时也要对不法收入“关闭阀门”，堵塞其获得非法收入的来源渠道。“调高”就是通过税收等经济手段调节过高收入，加强征管高收入群体个人所得税。

调节收入分配任重道远

白景明：收入分配不公已成为我国必须解决的一个重大现实社会问题。现在重点应该讨论的是如何破解这一难题。对此，我想谈几点基本看法：

第一，目前党和政府非常关心收入分配问题，正在尽最大努力从再分配角度调节收入差距引发的消费差距，政策的着力点实际上是适应市场经济的特点，从增加和改善公共产品供给，特别是针对中低收入阶层入手调节收入分配，其突出表现是强力推行农村九年制义务教育免费制度、逐步建立新型农村合作医疗体系、提高离退休职工基本养老保险水平、根据消费物价指数变动状况和各地财政收入水平分步提高城镇低保标准、鼓励有条件的地区扩大职工医疗保险和养老保险覆盖范围、力争把低保制度扩大到农村等政策的落实。这些政策的实施惠及数亿中低收入人员，起到了很好的收入再分配作用，切实保护弱势群体的生存权和发展权。

第二，我国的公共支出结构已发生重大转变，充分体现了保证居民需求的公众意志。现在社会各界非常关注公共支出，这是纳税人参政、议政意识强化的体现。然而应该看到，很多人对我国公共支出结构的转变并不了解，因而某些以偏概全的观点占了上风。比如，一些人所宣传的财政支出公共性不足的看法就流行得比较广泛。事实上，中国的公共支出重点已转向民生，近年来直接用于公共产品供给的支出占财政支出总额的比例已达到80%，另外，公共工程支出和企业挖潜改造资金支出主要也是服务于促进社会进步和长远经济发展的政策目标，同时国债资金的使用也是向社会主义新农村建设和公共服务供给（如校舍改造、公共卫生体系建设）倾斜。

第三，收入分配调节是一项长期的历史任务，不可能一蹴而就。实行市场经济的国家从100多年前就开始注重调节收入分配，二战之后，一些国家（如欧洲）走上福利国家道路。尽管如此，当前收入分配的矛盾还是比较激烈。究其根源，关键在于何为分配公平是一个实践当中难以统一的认识。但有一点应当肯定，西方国家历经百年发展，基本上消除了因收入分配差距而出现大规模社会动乱的可能性。我国是一个处于转轨期的国家，近30年的高速增长，使我们有“资格”重视收入分配调节。但必须认识到，中国有13亿人口，人均GDP位居世界低位，财政收入不及美国财政收入的30%，也低于日本、德国，而这些国家的人口之和不及中国人口的一半。显然，现在突出的矛盾是拿什么来解决问题。进一步说，政府调节收入分配必须循序渐进，要根据客观条件确定相应的政策。由此出发，当前政府所能够做的是根据财政收入规模的扩张状况，集中财力办大事，重点是建立城乡兼顾、群体兼顾的社会保障体系。但有一点要提出，全社会应清醒地认识到，我国的福利支出标准不可能与西方人均GDP数万美元的国家看齐，中国的收入分配调节主要还是保证所有社会成员能够生存、保护基本发展权。

第四，收入分配调节要兼顾公平与效率。当前我国收入分配调节面临的突出矛盾是资金来源与需求之间的矛盾。人们普遍认为应调节高收入，实现社会成员的转移支付，这完全正确。但是，从操作层面上看，把握好力度非常困难。要看到，调节高收入也不能杀鸡取卵，必须适度。高收入者的收入也是勤劳所得，是他们运用政策、把握机会、应对风险的结果，政府不能为调节收入分配把大头都拿走。倘如此，既违反法律，也是在削弱经济发展的基础。全社会一定要认识，高收入者的税收贡献是巨大的，他们的投资和消费带来了巨额税收，更促进了就业，至于说个人所得税的贡献相对少些，那是税制完善的问题。还应当指出的是，人们指责高收入者的收入来源有问题，因而要更大力度地去调节。我认为这种说法不尽科学。因为，一个人的财富如果是非法的，根本就不是经济学意义上的收入，那是非法所得，一经查实，是要全部没收的（比如受贿、贩毒、走私），根本无所谓调节。我们调节收入分配要照顾各阶层的利益，决不能使人们对高收入阶层产生偏见，这是保护效率提高的基本条件。

从更广阔，更有历史感的角度脚踏实地地研究分配问题

丁元竹：我从三方面谈收入分配问题。

从更广阔、更有历史感的角度和层面看收入分配问题

在我国，收入差距拉大已经成为一个非常敏感的问题。的确，改革开放以来，我国在打破平均主义的“大锅饭”体制之后，由于社会劳动力流动性提高，经济社会越来越融入全球体系，新技术革命和知识经济的兴起，高端劳动收入的增长速度明显高于低端劳动收入的增长速度，导致劳动收入差距进一步扩大。这种趋势有合理的一面，也有不合理的一面。

我个人认为，对于收入分配问题要放到一个更大的社会背景中去看。收入差距拉大是一个国际性话题和全球性问题，即便是经济发达国家，诸如美国和日本，它们在其工业化早期就着手建立和完善社会保障体制和社会福利制度，其当代依然出现收入差距拉大问题。

过去一个世纪，尤其最近几十年，中国和世界各国，包括美国，在经济发展过程中都存在收入差距扩大，就业不足等问题。值得注意的是，近二百年来，西方经济一直处于强势状态，其经济和现代化的成功造成了其社会中的某些势力的自我膨胀，产生了西方模式优势论、以西方为中心的全球主义思潮，但是在西方世界，也出现了像博斯腾等一些敢于对西方经济和社会发展模式进行自我反思的学者。

对于西方经济和社会发展模式的评价，在西方社会中也存在巨大分歧。作为非西方文明的中国，长期以来遭受殖民主义和帝国主义列强的侵略和凌辱，经历了一百多年的经济社会磨难，潜意识中赶超英美的思想和理念不能不说根深蒂固，甚至有人把西方的经济社会发展作为模式。历史已经表明，在全球化和信息化条件下，暴露在我们面前的西方经济和社会

不是我们想象中的完美社会和完美经济。因此，我们必须改变我们潜意识中的刻板、抽象、概念化的思维模式，以一种全面、动态、历史和全球化的眼光来看待我们现实发展中的不平等和贫富差距扩大问题，我们需要针对当前面对的全球性的，以及全世界面临同样的挑战，来寻找一种解决问题的更加完美的办法，赋予我们构建的和谐社会一种全新的意义。

脚踏实地地研究收入分配问题

目前，我们就有关收入分配的问题提出了很多思路和建议，如何把这些思路和建议具体化和付诸实践实施，还有很长的路要走。例如，如何使基本公共服务均等化？我国现阶段的基本公共服务是什么？都需要认真思考，深入研究。

在我国现阶段，实现基本公共服务均等化，必须满足三个条件：第一，每一个公民都具有享受法定基本公共服务的财政支出能力，这就要求中央政府和地方政府通过扩大税基或转移支付等方式，确保不分城乡、不分地区地使每个公民能够拥有这种能力；第二，中央政府和地方政府应当通过规划和空间布局，使每个公民不分城乡、不分地区地能够有机会接近法定基本公共服务设施；第三，中央政府和地方政府应当通过法律和改革现有的户籍制度等方式，使每个公民不分城乡、不分地区地有权利使用法定基本公共服务设施。我们且把这些称为“三个三”：能力、机会、权利。

“三个三”是否可行？我们可以进行一些分析。通过转移支付的方式，在我国现阶段是可以使每一个公民都具有享受法定基本公共服务的财政支出能力，这需要改革和完善现行的财政体制，建立科学的转移支付制度和机制，包括地方政府的财政需求和中央政府的财政支出能力。这里有一个如何处理公平与效率的关系问题，人均财政支付能力定得太高，会影响效率，定得太低，会不利于公平目标的实现；通过规划和公共投入，可以使每个公民不分城乡、不分地区地能够有机会接近法定基本公共服务设施，问题是要处理好空间布局的合理性问题，特别要考虑城市化因素和人口迁移等，避免资源浪费。

目前关于基本公共服务均等化问题谈论很多，基本公共服务均等化包含了财政体制改革和财政机制的设计（人均标准）、基本公共服务社会的发展和规划（设施标准、设备标准、人员配备标准、日常运行费用标准、占地标准）、城乡户籍制度的改革。在现行体制下，要实现这一目标，中央政府必须制定基本公共服务标准，确定各地基本公共服务的现状、不均等的程度、财政转移支付的力度等等。基本公共服务均等化需要通过发展和改革来实现。

正确认识第三次分配问题

我们不一定把慈善捐赠作为收入分配的形式，但是，它确实是通过个人的责任和行动实现了社会财富的重新分配，与政府税收的强制性不同，慈善捐赠是出于个人自愿和个人责任，不具有强烈的强制性。

社会的责任不仅仅是社会的个人和集团之间的相互帮助，更重要的是相互理解和尊重，是深层次的文化认同和文化价值。这种文化是要培养的。慈善具有两层含义，一是爱全人类，这种爱通过个人的善举或通过捐献钱物来促进人类的福利、改善生活质量，另外一个意思是指通过捐赠、提供服务或其他志愿活动来减轻人类的痛苦和灾难，同样改善人类的生活质量。

如果说，完善社会主义市场经济可以使人们获得均等的发展机会的话，那么完善政府公共服务职能则可以使人们的发展机会更加均等，这里我简单地谈谈具有中国特色的社会事业问题。社会事业最初是我国为了社会公益目的，由国家机关或其他组织利用国有资产举办的，从事教育、科技、文化、卫生等活动的社会服务。就更为具体的定义而言，社会事业是指通常说的科、教、文、卫、体等活动，在中国已经发展延续了50多年，并继续在社会发展中发挥重要的作用。根据完善社会主义市场经济体制和构建社会主义和谐社会的基本要求，社会事业要实现三个根本转变：一是从带有政府计划经济色彩的社会服务向公共服务转变，二是从单纯由政府拨款、投资向公共财政转变，三是从单纯由政府提供向政府、企业和社会公众共同提供转变。换句话说，社会事业需要在主体和运行机制上实现变革。

关于解决收入分配问题的几点思考

刘应杰：近年来，国家采取了一系列政策措施，解决收入差距扩大问题，保障城乡低收入群众的基本生活，取得了显著成效。

我国收入分配方面存在的突出问题：收入差距不断扩大，贫富差距悬殊。表现在几个方面：

1.贫富收入差距。根据国家统计局资料，全国城镇居民20%高收入家庭人均可支配收入与农村居民20%低收入家庭人均纯收入比较，2000年相差是14倍，2006年扩大到21.5倍。我国城镇享受最低生活保障的人口有2200万左右，农村贫困人口有2300多万。世界银行2004年公布的我国基尼系数为0.46，超过了国际公认的收入差距警戒线0.4的标准。

2.城乡收入差距。改革开放初期，1978年我国城乡居民收入之比为2.57∶1，1985年下降到历史最低点1.8∶1，1994年达到2.86∶1，1997年有所下降但此后又迅速扩大，2001年突破历史最高点达到2.9∶1，2006年进一步扩大到3.28∶1。

3.地区收入差距。2006年，东部地区人均GDP最高的上海是57310元，西部地区最低的贵州是5750元，上海相当于贵州的近10倍。上海农民家庭人均纯收入9138.7元，贵州是1984.6元，上海相当于贵州的4.6倍。

4.行业收入差距。行业间收入最高与最低之比达到10多倍。垄断行业如电力、电信、金融、保险、石油、烟草、水电气供应等行业职工的平均工资是其他行业的几倍，相当于纺织业、批发零售业、餐饮业等的10多倍。

5. 一般企业职工与企业经营者的收入差距悬殊。据国资委调查显示，中央企业普通职工与经营者工资收入差距，2003年就扩大到13.6倍。据国务院发展研究中心调查，最高的达到50倍以上。

就一般城乡居民收入和职工工资收入来看，存在两个问题：第一，城乡居民收入增长低于GDP增长。1978—2006年，城镇居民家庭人均可支配收入和农民家庭人均纯收入年均增长7%，全国居民消费水平年均增长7%，均低于GDP年均9.7%的增长速度。从1998年到2006年，我国农民人均纯收入年均增长只有4.9%，城镇居民人均可支配收入年均增长8.9%，而国内生产总值年均增长却达到9.2%。收入增长慢于经济增长的问题比较突出。第二，职工工资收入增长远远低于国家财政收入的增长，职工工资总额占GDP的比重持续下降。1995—2000年，国家财政收入年均增长16.5%，而职工工资总额年均增长只有5.64%，相差10.86个百分点，2000—2005年，国家财政收入年均增长18.7%，而职工工资总额年均增长13.4%，相差5.3个百分点。

解决收入分配问题的基本思路

首先，从提倡"效率优先、兼顾公平"转变为提倡"效率与公平并重"，把促进社会公平和正义放在更加重要的位置，使社会公平和正义成为社会主义的首要价值。

其次，调整国民收入分配格局。主要是进一步完善公共财政制度，包括扩大对贫困地区的转移支付，加大对"三农"补贴力度，加快发展教育、医疗等社会事业，提高政府公共服务水平，积极扩大就业和加强社会保障体系建设，完善城乡最低生活保障和社会救助制度，等等。

第三，完善分配制度，理顺分配关系。"提低、扩中，调高、打非"——着力提高低收入群众收入水平，扩大中等收入比重，有效调节过高收入，打击和取缔非法收入。

第四，加强对工资收入分配的宏观调控。有一种观点认为，企业工资收入分配属于一次性分配，应该完全交由市场来决定，政府不宜也不便干预。这种认识是不正确的。工资收入分配问题，应当为国家宏观调控的重要内容。国家要加强对企业工资收入分配的宏观调控，引导建立和完善正常的收入分配秩序。

两点具体政策建议

当前，要特别关注和解决一般城乡居民收入水平低的问题。

一方面，加强对企业工资收入分配的宏观调控，增加城市职工工资收入。一是提高一般企业职工的工资收入水平，建立企业职工工资收入稳定增长机制。实行企业职工工资增长与经济增长特别是企业效益挂钩，保证职工工资随着企业发展而获得相应增长。二是有效调节垄断行业和企业经营者的过高收入。要采取有力措施加强管理，限制垄断行业和企业经营者的过高收入。

另一方面，采取有效措施提高农民收入水平。一是适度提高粮食价格，增加种粮农民收入，解决“谷贱伤农”的问题。城市居民可以承受得起，贫困家庭通过低保加以解决。二是较大幅度提高农民工工资，增加农民外出务工收入。现在沿海地区出现的“民工荒”正是由于农民工对企业肆意压低工资、拖欠工资不满所造成的。要严格规范和落实最低工资标准，特别是实行最低小时工资，并且逐步加以提高。严厉查处违法违规行为，重点检查规模以下非公有制企业和个体经济组织、县以下用工单位、农民工比较集中的劳动密集型行业，着重检查随意提高劳动定额、延长劳动时间、压低工资水平等违反最低工资标准的行为。

发挥市场作用　不断深化改革

赖德胜：我从以下两方面谈谈关于收入分配中存在的问题和解决办法。

三十年来收入分配讨论的热点

我认为可以把收入分配问题放在从改革开放到现在的30年时间来考察。近30年中，有关分配问题有三次讨论是比较激烈的：第一次是70年代末到80年代初，主要是关于按劳分配的，有几次大的研讨会，具有解放思想的作用，第二次是80年代末期，是由分配不公引发的，第三次就是目前的这个阶段。我们可以不讨论70年代末的那一次，主要来比较一下80年代末期的讨论和现在这次讨论有什么不同和变化。我准备从这个角度来谈谈看法。80年代末的讨论与现在这一次有几点不同，这种变化有时会放大当前我们对收入分配问题的感觉。

第一，支出的变化明显。收入的目的是为了支出，为了生活。我们比较一下这20年间的变化：80年代老百姓的支出主要是一般生活支出，医疗、住房、教育基本上不用自己负担，现在医疗、住房、教育都要自己负担，而且这三个方面的支出数额巨大，是刚性的，不以收入的多少为转移，再穷的人也要看病，也得有地方住，孩子也要上学。要看到收入分配背后支出的变化，这种变化比收入分配的变化还要大，更影响人们的情绪，影响人们的生活质量与感受。

第二，劳动所得在整个国民收入中的份额降低。收入分配有两种理论：一种是功能性收入分配理论，也称作要素分配理论，另一种是规模收入分配理论，也称作个人收入分配理论。要素收入分配理论是要回答在整个国民收入中，不同要素的所得份额情况。个人收入分配理论是要回答不论什么来源，不同群体的收入占整个收入的份额。中国以前基本上不讨论要素收入分配问题，因为所有能够带来收入的要素都是国有的。改革开放以来，要素收入分配已经成为重要的分配形态。那么，劳动份额比重下降，非劳动份额比重上升这是必然趋势。这种比例的变化，一方面使得劳动阶层收入少，上升缓慢，另一方面资本收入和土地收入上升很快。这种反差给老百姓造成很大冲击。

第三，社会的流动性大为增强，即收入分配的不平等显示度大为增加。80年代没有别墅，没有豪华消费，旅游也看不出来。收入分配的不平等，显示度比较低，人们的认知感觉不是很强烈。现在人员的跨界流动大为增强，信息获取的渠道多了，谁住什么别墅，开什么好车，穿什么名牌衣服，一目了然，而且这些还会通过网络渠道传播出去甚至放大。这种社会流动性的增强，使得社会收入分配的不平等显示度、传播度、透明度大大增强。

第四，市场作用大为增强。改革的重要成果就是市场调节越来越发挥基础性作用，最明显的是教育等人力资本的回报增强。根据今年4月份的统计，北京市年收入超过12万的有20多万人，其中海淀区有6万多人。为什么海淀区高收入人数较多，很重要的一个原因就是海淀区的人力资本的储备量要远远高于别的地区。在市场经济中，人力资本会自动发挥作用，现在再也没有人提“脑体倒挂”了。

收入分配问题的解决方法

第一，和谐理念，民生为本。这一理念应该长期坚持、上下贯通。中央非常重视，各部委也非常重视，但是有些地方没有体现出高度重视。比如黑砖窑事件，当地的镇长、书记怎么可能不知道？当地的官员有没有落实和谐社会和民生为本的理念？没有！如果各级政府、职能部门都能贯彻以民为本的理念，分配问题从宏观上来讲不是大问题。

第二，加大公共支出，特别是事关老百姓生活的支出。现在老百姓最关心的不是吃穿用的问题，而是住房、教育和医疗卫生等问题。而面对这些方面，客观来讲老百姓是无能为力的。因此政府要想办法解决事关老百姓生活的大问题，把由分配环节造成的问题尽可能通过公共支出来缓解。

第三，教育分配和人力资本投资分配要引起高度重视。首先，在农村要继续普及和巩固义务教育。我曾经研究过计划生育与收入分配的关系，按道理计划生育应该有助于收入分配均等化，因为计划生育减少人口是减少低收入人口，高收入人口出生率低，这当然有助于收入分配平等化。但在农村却恰恰相反，因为没有社会保障，生儿子养老是最基本的做法。而生男孩子的概率是50%，因此农村80%以上的家庭都有两个孩子，但这往往是通过交罚款而获得的。结果，这不但减少了家庭的收入，还得增加更多的教育费用。显然，在家庭收入既定情况下，多孩子所受的教育肯定要比一个孩子所受的教育差，无论质还是量。这不但违背了计划生育的初衷，还在实际上拉大了收入差距。值得重视的还有二代移民的教育问题。农村的人到城市里面来工作，有工资，第一代移民很满足。他们的孩子即二代移民不一样，他们在城市里出生，在城市里长大，但是他们在受教育和福利待遇方面，要比城市孩子差很远。相近的社会环境使这部分孩子的追求和城市里的孩子有许多共同之处，对未来的发展和生活有相近的期望值，但实际上他们的工作、收入和生活条件又和城市孩子差别很大。这种影响不在当前而在以后。因此未来的20年中，二代移民的教育问题不仅事关收入分配问题，也关系到国家的稳定发展。

第四，应该继续发挥市场作用，不断深化改革。之前发生的分配不均等现象和市场是有关系的，但这不能成为否定市场经济的理由，相反，还要继续推进市场化的改革。在计划经济向市场经济转变过程中，收入分配不均等会呈现“倒U曲线”变动，一开始是平等的，然后差距越来越大，到市场经济普及以后，还会回落。如果因为收入差距扩大而停止搞市场经济，差距就会吊在半空中。现在行业间收入差距很大，原因与不同行业的人力资本存量和生产能力、生产函数不一样当然有关系，此外还有一个很重要的原因，那就是垄断。按照马克思的平均利润率理论，在利润率存在差异的情况下，受利益驱动，低利润率部门的资本必然向高利润率部门转移，从而使得高利润率部门的利润率下降，低利润率部门的利润率上升，利润率在各部门间逐步平均化。利用率平均，分配也会趋于平均。但我国的现实是，市场不是充分竞争的，资源不能充分流动。很多部门门槛很高，有行政垄断现象。因此要不断深化改革，使市场的作用要进一步扩大，只有这样，才能够缩小部门之间，地区之间、行业之间的收入差距。

总之，收入分配是个系统工程，其解决需要协调多方面的工作。

关注财产分布对收入分配的影响　发挥政府的收入再分配功能

赵人伟：我想讲两个问题：第一是如何通过政府的再分配功能来校正

初次分配所形成的收入分配不公的问题。第二是财产分布的不平等及其同收入分配不平等的关系问题。

第一，发挥政府的收入再分配功能。

改革开放以来，在城乡居民收入有大幅度提高的基础上，收入差距也呈现出日益扩大的趋势。按照中国社会科学院经济研究所课题组的估计，到本世纪初，我国居民收入总体的基尼系数已经达到0.454。城乡居民之间的收入差距则更加引人注目。在改革开放初期，城市居民的收入为乡村居民收入的2.5倍，尽管在20世纪80年代中期这一差距缩小为1.8倍，但到21世纪初，这一差距则扩大到3.3倍，即比改革开放初期的差距还要大。还有其他各种各样的估计，其中有的估计比上述估计的差距还要大。

收入差距过大的问题已经引起了全国上下的高度关注。除了在初次分配中力求避免收入差距过大以外，如何通过政府的再分配功能来校正初次分配所形成的收入差距过大的问题，也引起了人们的关注。通俗地说，再分配就是“抽肥补瘦”。在市场经济中，收入的初次分配主要是通过市场机制来进行的，而市场机制往往发生重激励轻公平的问题。因此，政府就需要通过税收和转移支付（包括补贴）等手段让收入从富人手中转移到穷人手中，以便在维护激励的前提下实现社会的公平与和谐。然而，在现实生活中，往往会发生同再分配的初衷相违背的情况，即通过政府的再分配功能并没有达到“抽肥补瘦”的目标，反而出现了“抽瘦补肥”的情况。这种情况在经济学上就称之为“逆向再分配”。

为什么我国城乡收入的差距如此之大呢？我认为，这在很大的程度上同长期以来政府所采取的逆向再分配政策有关。在改革开放以前的计划经济时代，我们的政策是要通过工农业产品价格剪刀差等手段动员农业的剩余来为工业化提供资金；与此相适应还采取了严格限制农民进城的一系列城乡分割的政策。这是我国在改革开放之前城乡收入差距比其他发展中国家要高的重要原因。正如有的学者所说的，我国在改革开放以前对农村实行的是净税收的政策，而对城市实行的是净补贴的政策。这种政策在改革开放以来虽然做了某种程度的放松和改变，但离开根本的改变还有相当大的距离。根据中国社会科学院经济研究所收入分配课题组在1988年和1995年的两次调查，城市居民仍然享有大量补贴，而农村居民的收入构成中，净补贴这一项是负数，即不但得不到补贴，而且变成了净税收。世界银行报告也指出，由于补贴虽然在减少但仍然数额巨大，城市生活水准比官方的人均收入数据所表明的水平高得多。如包括实物性福利，就会使1990年的城市居民收入增加78%，1995年的城市居民收入增加72%。

最近几年，我国政府已经采取了一些力度较大的措施来减轻农民的负担（如免去农业税等），但要从根本上改变历史上遗留下来的逆向再分配的局面，还需要采取更多的措施和耗费相当的时日。例如，除了上述减免农村的税收以外，今后在教育资源和社会保障资源的配置上，也要克服以往过度向城市倾斜的弊病，使农村居民在这方面享有比以往更多的改革开放的成果。

当政府把税收作为再分配的重要手段时，特别要注意税收的累进还是累退。为了发挥税收在再分配中的积极作用，一般都采用累进税率，而且设有起征点。例如，我国实行的个人所得税就是这样。但是，这要以收入有较高的透明度为前提。由于我国目前银行存款的实名制还不完备，利息收入的透明度还不高，征收利息税还只能实行比例税率，而不是累进税率，即对所有的存款利息都征收20%的利息税。应该说，这种办法是不完备的，具有过渡性，因为它不能起缩小收入差距的作用。要发挥税收的调节功能，就必须在提高收入透明度的基础上向累进制方向发展。从这个意义上，比例税也会产生逆向再分配的效果（在负利率的情况下取消利息税则属于另一个层次的问题）。

克服逆向再分配还仅仅是解决了问题的一半。即使再分配是正向的，也还有一个程度的问题。我们的目标是寻求一个适度的再分配。为了达到这个目标，就必须在税收同转移支付之间取得一个均衡点。根据我国的情况，现阶段我们的税收占GDP的比例、转移支付占GDP的比例应该多大较为合适，就是一个很值得探讨的问题。

再分配的功能有短期效果和长期效果。从短期来看，再分配有利于校正初次分配结果的不公平；从长期来看，再分配则能进一步为初次分配的机会均等创造一个前提。例如，教育往往被人们称为准公共产品，因此，教育资源有一部分是要通过政府的再分配来实现的，特别是九年制义务教育的经费应该由政府来承担。从长期来看，政府在教育资源上的再分配功能能够为青少年提供一个人力资本投资上比较公平的机会（或称之为起点公平），这就能为这些青少年在将来工作时参与初次分配的竞争创造一个比较公平的机会。

第二，财产分布及其对收入分配的影响。

居民收入分配格局的变化，特别是收入差距的扩大，已经引起人们的高度关注。但是，迄今为止，财产分配或财产分布问题的研究可以说还处于起步阶段。由于收入分配和财产分布之间有着密切的相互关系，特别是20世纪90年代以来，我国居民的个人财产经历了一个高速积累和显著分化的时期，可以预见，我国居民财产的分布问题将会成为人们关注的一个新的焦点。

根据中国社会科学院经济研究所课题组的调查，在全国居民财产的各个项目中，最重要的是房产、金融资产和土地三项，三项合起来占居民财产总额的89.02%，其中尤以房产和金融资产两项最为突出，两项合起来占财产总额的79.67%。

全国财产的分布是很不平等的。2002年全国总财产分布的基尼系数已经达到0.550，高于同年收入分配的基尼系数（0.454）。从国际比较的角度来看，财产分布的基尼系数大于收入分配的基尼系数是一种常态。发达国家收入分配的基尼系数在0.3和0.4之间，而财产分布的基尼系数则在0.5至0.9之间。按照国际标准，我国现阶段财产分布的基尼系数还不算很高。但是，如果考虑到以下两点，仍然不能不引起人们的高度重视：第一，发达国家个人财产的积累已经经历了数百年的时间，而我国从上世纪80年代初算起，也只经历了人约20年的时间。可以说，中国个人财产积累的这种速度和势头都是超常的。第二，我国收入分配的基尼系数已经显著地超过上述发达国家，而且，当今的收入分配的分化必然会影响今后财产分布的分化，因此今后一段时间财产分布差距的进一步拉大可以说将是难以避免的现实。

从长期来看，在居民收入来源的构成中，来自财产的收入的重要性将进一步增长，例如，在城市，将有更多的居民会获得来自房产的收入——房租。因此，财产分布差距的扩大必将成为影响收入差距扩大的一个重要因素。这种情况对国家宏观调控政策中的再分配政策提出了更高的要求，即要使税收政策和转移支付政策更有利于缩小收入差距和财产差距的方向发展，从而有利于社会的稳定。

（摘自《群言》2007年第8期）

回顾与展望——纪念改革开放30周年

编者按：11月4日，本刊以“纪念改革开放30周年”为题，邀请专家学者举行座谈。座谈会由民盟中央主席蒋树声主持。出席座谈会的有（以姓氏笔画为序）：

李成贵：中国社会科学院农村发展研究所研究员

陈　淮：建设部政策研究中心主任

姜长云：国家发展和改革委员会产业经济研究所研究员

袁钢明：中国社会科学院经济研究所研究员

常修泽：国家发展和改革委员会宏观经济研究院教授

蔡　昉：中国社会科学院人口与劳动经济研究所所长

蔡定剑：中国政法大学宪政研究所所长

蒋树声：1978年12月，中共召开了具有重要历史意义的十一届三中全会，从那时起，应该说中国进入了一个新的历史时期。30年来，我们国家的综合国力、国际地位有了很大提高，社会事业也取得了很大成就，人民的生活水平有了较大改善，应该说是从温饱不足进入总体小康的社会。另外，这30年毕竟也不是完美无缺的，中间也走了一些弯路，存在一些问题。希望大家畅所欲言，从不同角度进行总结分析，也为我们在下一轮改革开放、科学发展中更好地履行参政党职能提供一些有意义的意见和建议。

以人为本的改革

蔡昉：改革开放一开始，我们没有讲“以人为本”、科学发展观，但是今天借用一些新的概念来回顾当年的事实，可以看到我们的改革开放是一个以人为本的、科学的改革开放。只要符合“三个有利于”，都可以做。就是说，按照以人为本来解放思想是开始改革的根本的理论基础。

在随后的整个改革过程中，改革、发展、稳定三者是同时强调的，不是为了改革而改革。

我们始终强调要处理好改革、发展、稳定的关系，尤其是到后来，政治稳定成了为改革开放保驾护航的重要支撑。这在整个改革策略上是非常有智慧的，我们党重新确立了实事求是的思想路线后才能做到的。其实中国的特殊之处只在于我们是从发展出发，改革能促进发展就改，哪种方式有利于发展和稳定就选择哪种方式。

把握好稳定和发展的关系，是改革成功的关键。1997年世界银行在关于改革的报告中，第一段话就是，哈维尔讲，人不能分两步跨越同一条鸿沟，接下来就是，中国领导人邓小平的话“摸着石头过河”可能更有意义，当时他们看到苏联、东欧的改革都不成功，比较成功的是中国和越南。这并不是说我们比他们聪明多少，也不是说我们事先就有改革蓝图。之所以我们能够随时总结出经验，走出这样一条道路，归根结底，是我们的宗旨以人为本，为人民服务，是改善老百姓的生活。

在总结成就的同时，我们要对改革作些反思。改革的确还有很多值得反思的地方，也有很多不太成功或者说是相对滞后的领域。我觉得我们的社会保障制度相对来说是滞后的，这时候来说这个问题还有一个现实意义，即今年我们遭遇到了比较大的冲击，上半年是沿海地区经济形势差、中小企业差、出口部门差，过去的一两个月里又蔓延到了中部，上半年中西部很好，但现在中西部问题也很大，接下来将面临一场前所未有的经济冲击。在这场冲击面前，我们有很多选择。如出口是需求的一个重要方面，现在刚受到美国的影响，接下来还有日本、欧洲，尽管我们开发了俄罗斯、中东、拉美的市场，但远远不够，出口受到的打击对增长的拉动有很大影响。投资需求也受到很大影响。现在大家信心不足，特别是房地产行业受到压抑后，影响到一系列行业，比如钢铁行业、建筑材料。接下来就是内需。我们想提高内需。但居民的消费受收入、安全预期影响。目前出口行业、投资行业受到冲击，已经通过失业影响到居民收入，从消费变化看，大概在6月以前，是典型的价格效应，通货膨胀下降，消费上升；6月就出现了收入效应，通货膨胀还在下降，但消费不像前几个月那样增长了，就是说居民失业，收入增长缓慢已经影响到消费了。

这个时候，我们需要选择一些好的投资项目，最近铁路要开始投资，最后的投资领域就是社会事业，它看上去不是直接的物质生产领域的投资，对GDP拉动到底有没有效果呢？我觉得，社会事业非常重要，首先它是我们的薄弱点，从养老保障来看，我们用2005年1%的人口作了调查，如果把城乡所有的劳动者都算进出，我们的养老保障覆盖率只有33%。在没有充分安全感的情况下，大家怎么敢花钱呢？要攒钱养老、攒钱防病防失业。其次，社会保障事业，包括全面的社会事业应该是启动内需和“十七大”讲的构建一个以中等收入为主的社会群体的很重要的举措。

改革，在不断探索中前行

袁钢明：改革刚开始的时候，只是想改掉过去计划经济不合理的地方。改革开始的前10年里，每前进一步，都避谈市场经济。当时反对市场经济的力量很强。避谈市场经济，可能有利于减少阻力，最终有利于走向市场经济。幸亏我们革除计划经济弊端的改革决心很大，即使前进方向不清楚，我们也决不愿再退回去。一直不停地向前走，终于走到了今天这样的市场化。但从已经达到的市场化程度来看，我仍然觉得现在很多地方很不理想。

从经济发展和宏观调控的角度来看，现在一会儿是价格扭曲，一会儿是企业行为不端。市场严重不透明。今年国内燃油价格一直受到严格管制，中石油高度垄断，在进口原油价格高涨、国内外油价倒挂的时候高喊亏损，得到国家特殊照顾和补贴，在国际油价已经下跌很低，国内外油价倒挂已经消除的时候仍然喊亏，而且说亏得更多，不按市场变化及时调低国内燃油价格。这种明显的非常不合理的垄断到底怎么改，没有一个清楚的目标。中共十七届三中全会召开前大家有各种各样的猜想，比如说土地流转问题、农村金融问题，等等，但最后没有看到新的改革方案。现在农村金融远远得不到城市金融那样的政策待遇和发展空间，仍处在一种使人很不满意的状态，总觉得改革走得太慢、太含糊。

但是，回过头来，从一个长过程来看，我们的改革非常成功。有的俄罗斯学者说他们经历了混乱和震荡已经翻过了市场化改革的山顶，中国还在半坡上。但是，我们看到俄罗斯经济遭到巨大破坏现在还没有恢复过来，还没有实现中国这样的稳定高速增长。最近大家都在讨论美国的次贷危机。像美国这样成熟发达的市场经济国家出了这样大的问题，很可能不只是经济调控方面，而是金融机制或市场经济机制方面出了问题。各种各样的批评说法和改革建议很多，但美国坚持自由市场经济的方向不会变。我们离完善的市场经济还很远。我们很多金融机构避免了一场灾难冲击，不是因为我们体制优越，而是因为我们还没有发展到那一步，还没有来得及做。现在没有人说美国出现了金融危机我们就不需要搞市场经济了，大家都认为，美国的问题是过头了，我们的问题是不足。现在和过去不同，过去一出问题就说市场经济不好，现在即使出了很大的问题仍然坚持市场经济方向不变。这就是改革的成功之处。

我自己对中国经济改革的思考存在很多矛盾和想不通的地方。但是换一个角度，从中国经济的实际情况看，改革只能走一步看一步，“摸着石头过河”，往前探一步算一步。我觉得这样慢慢地走还是比较正确的。

中国这几年的宏观经济调控和经济增长所走的道路总的看很好。从

2003年到2007年的五年时间里经济增长略高于10%，我不认为很多人说的经济增长超过10%就过高了，9%才是合理的。我认为回到10.5%的高速增长才是正确的。这五年我们做到了这一点。当然是非常艰难的。在这种高速增长过程中一直存在着“过高”与“不过高”、“过热”与“不过热”的争论。经济增长在争论中走到了很窄的变动空间里，就是在10%—11%之间。最近，中国经济大幅度降低。现在可能已经降低到8%以下过低过冷的低谷里了。我觉得，这种降低还是我们自己在调控，跟美国金融危机的冲击没有多大关系。去年下半年至今年年初发生了物价上涨，我们觉得受不了了，采取了非常严厉的紧缩措施，所以才造成今年下半年经济的大幅度下落。其实，今年这样严厉的紧缩措施很大程度上是针对经济增长速度的。如果去年下半年经济增长速度稍微低一点，无论今年物价是否上涨，今年的紧缩措施都不会这么严厉，那么，经济增长就可以在比较和缓的政策下保持在和前几年大致相近的位置上。

这几年，对增长、通胀和失业这样一组矛盾处理得比较好。到去年为止的五年里，增长10.5%左右，应该是比较合理的。如果能够保持这个增长速度，通货膨胀和失业就可以控制在比较合理的范围内。增长低于10%，就业就会出现问题。很多人说，发达国家没有高增长也不出问题，中国经济一没有高增长就出问题，是因为中国经济结构不合理，只有调整结构提高高效益产业的比重才能解决效益低、就业难等问题。我认为正好相反。我们国家过度重视产业升级和技术进步，大力支持高端产业和大企业即资本高密集型产业和大企业，不重视劳动密集型产业和中小企业，形成了资本密集型产业和大企业比重过高的经济结构。这样的经济结构，把解决就业问题排在后头，资本密集型产业和大企业优先发展吃饱喝足了，才轮到劳动密集型中小企业。中国经济只有达到10%以上的增长，才能使中小企业获得发展空间，才能解决就业问题。如果宏观政策拿出措施来多支持中小企业发展，按照增强就业能力的目标调整产业结构，将产业结构调整为就业容量大的合理结构，那么经济增长率就没有必要这么高。

相反，在当前这种经济结构不改变的情况下，我们需要注意就业问题，增长速度不够高有可能出现失业恶化问题，地方经济和中小企业需要生存发展空间，以便发挥增加就业作用。经济增长10%，经济热度比较高，比较适宜地方经济和中小企业发展，对大企业形成竞争和压力，很多人认为这是经济高增长的坏处，是粗放式的高增长，但是我认为这种增长有利于就业，不会出现大量失业动乱事件，是比较合适的增长速度。第三季度经济增长下落到9%。不能再下落到比当前更低的程度了。否则广东出现的大量失业情况可能会在其他地方出现。从中央到地方政府及有关部门已经在考虑放松紧缩政策，要回到比现在高的增长水平上。我们国家正处在社会冲突、社会矛盾多发的阶段，需要明察，看准哪些问题是关键。

宏观调控是要在多种矛盾中按轻重缓急权衡排序，抓住最紧迫的问题，实现良好的增长。现在的宏观调控做得比过去好，开始重视民生问题，包括居民收入水平的提高、就业的安定。经济政策到底是重视居民收入还是重视投资效益呢？我想，在老百姓生活比较好的时候，投资扩张的余地比较大，才可以搞大规模投资建设，才可以相对多强调一点儿效率；在老百姓生活稍微不好的时候，要倍加注意，投资建设要注意民生底线，民生问题可能是我们改革最后走到正确道路上的关键。

在改革和发展推进过程中，每当矛盾激化，民生问题突出时，经济政策就会做出调整，老百姓从调整中得到好处，改革和政策也就得到进一步的改进，尽管这种调整和原来的设想有点儿不同，比如产业结构升级不那么快，效率不那么高，目标稍微发生了一些变化。我们的改革和发展就是在这样的不断调整改进中走出了一条合适的道路。

蒋树声：你刚才强调GDP回到10.5%的重要性，也是你的希望。大家看到，现在的问题是，我们对美国的出口明显减少，金融危机正在向欧盟和日本蔓延，今年对欧盟出口从数字来看还可以，到了明年可能还会下降一点。如果欧盟和日本也受到较大的影响，那么出口对GDP贡献减少的这一部分用什么来弥补？你刚才讲到，要解决社会保障的问题，民生问题，让大家比较放心地去消费，目前主要是采取这样的办法。刚才蔡先生也讲到了。那么，还有没有其他的办法？你刚才讲现在社会保障覆盖率只有百分之三十几。要扩大社会保障的覆盖面，这需要一个过程，慢慢地让大家口袋里有点钱，比较放心地消费，但这有个滞后效应，怎么样能保证GDP能在2009年回到你所希望的10.5%？

袁钢明：说得直接点，就是给大家发钱，使大家的收入一下子提高。日本最近给每个家庭发6万日元。中国在1999年也采取过给公务员加工资的办法，然后经济才走出了低谷。在出口明显停滞的情况下，在出口企业工作的人没有了工作，如果要让大家的口袋里有钱，就是直接给每个人发钱。社会保障就是一种发钱的措施。总之要使大家收入增加。这笔钱由国家给，给的办法或者是社会保障，或者是给个人一个账本，或者是给人们一个工作，让老百姓在这一段时间里增加一笔钱，包括9亿农民。十七届三中全会的文件讲到，要增加农民的医疗保障、养老保障。如果幅度大一点，假设国家发给每个农民的不只是100块钱，而是更多一些，想想9亿农民多少钱？每人100块钱是900亿，每人1000块钱是9000亿，这并不是做不到。给每个农民发一个账本，这笔钱记在账上。这样就能很快拉动消费需求，如果带来物价上涨，刚好带动了生产，为老百姓吃穿用生产产品的中小企业就有了发展空间。这样一来，就不再是担心增长没有空间，而是担心需求太大，会出现新的通货膨胀。

蔡　昉：世界银行有一个说法叫“制度遗产成本”，我们叫“历史欠账”，这部分规模很大。把它发下去，和发钱差不多，但真正发到了低收入者手中。因为我们现在的社会保障是累退性的，不是累进性的，收入越高的人越有保障，收入越低的人越没有保障。如果现在扩张这个保障，实际上直接补给了低收入者，他们的消费倾向是最高的，能够带动的需求也比较大。

袁钢明：现在每个农民都有个“一本通”，有大约50元的粮食直补。如果每个农民都发一个本，这个本不是对农民发工资，而是对农民发更多的粮食补贴、养殖补贴或生活消费补贴，这个本上钱增多了，农民就可以干很多事。国家对农民出这笔钱，可以起到推动经济回升的很好效果。

从“三个解放和发展”角度研究30年改革

常修泽：今天的主题是“纪念改革开放30周年”，我想，总结改革开放30年，需要两个眼光。一个是世界眼光，就是站在一个更高的角度来审视我们这个国家，不是就中国谈中国。这些年是“出口导向型”的发展模式，我们是制造大国，产品大量出口，换回外汇，又借给美国等。这个模式现在需要反思。更重要的是，中国改革发展的路怎么走？在我心中，人类走向现代化的路径是多样化的，人类文明是多样性的，在这个多样性中有一样就是我们中国的模式。这里要有一个世界的眼光。

另一个是历史的眼光，至少要从中国现代史的角度来看刚刚过去的这30年。

我就四个问题谈点看法。

第一，从“三个解放和发展”角度把握改革的历程。我是从三条线来观察中国这30年的变革的。第一个是生产力的解放和发展，其核心是中国富强。第二个是生产关系的解放和发展，就是制度的变迁，这是关系到活力和公平的问题。第三个是人的解放和发展，就是如何实现民主和自由。

过去30年的历程，我认为可以分成四段：第一阶段，1978年12月到1984年10月，就是从十一届三中全会到十二届三中全会；第二阶段，十二届三中全会作出《关于经济体制改革的决定》到1992年邓小平的“南方谈话”以及“十四大”；第三阶段，1992年邓小平的“南方谈话”以及“十四大”到2002年“十六大”；第四阶段，2002年之后到现在，还没完结。按照上面所说的三条线来审视这四个阶段，可以把这30年看作生产力的解放和发展，生产关系的解放和发展、人的解放和发展三个方面相统一的过程。

第二，实事求是评估30年取得的成效。我个人觉得，还需要开掘、研究。从经济规模、经济总量、财政收入等方面进行总结是一个角度，应该说这是30年取得的重要成效之一。改革无疑促进了生产力的发展，但要看到，导致生产力发展的因素是多方面的，既有制度变革的因素（即改革的因素），也有技术进步和投入增加的因素等，要进行量的分析。去年，世界“发展中国家”经济增长率平均8%，不能说只有中国“一枝独秀”。

仅仅从经济规模、经济总量评估我觉得还不够，人自身的变化这方面需要深入的挖掘。我曾经和中关村一些企业家进行交谈，引起我思考，这些知识分子有什么不同于改革开放前的那些知识分子的特点？改革开放给他们带来了哪些变化？我觉得，首先他们是科学家、技术专家，在各自的领域有自己的专长，同时，他们是企业家，是“新时代的商人”，再一个，他们是文化人，是学者。这样一种人自身发展的迹象很值得研究。虽然现在还很难说已经出现了“全方位”的人，但是有这么一种苗头，就是人自身在发生变化。

总结改革开放带来的变化，要看到三个变化，就是人的变化、国家的变化、党的变化，人的变化应放在第一位。

第三，深入总结过去30年的经验。我觉得有三点可以讨论。第一点，是怎么把握经济市场化与社会公正的内在联系，或者说怎么实现市场化这条线与社会公正这条线之间的均衡。对一个国家来说，处理好这两条线之间的关系就像是在“两个鸡蛋上跳舞”，怎么样能把舞跳好，又不踩碎其中任何一只鸡蛋。踩碎了市场化这只鸡蛋，国家就会倒退，踩碎了社会公正这只鸡蛋，国家也会出现问题。怎么样摆平这两者之间的关系，不仅是一个技巧的问题，而且是一个基调的问题。实现这两个方面的平衡，要经济市场化但要防止“权贵”，要社会公正但要防止“民粹”。

第二点，谈社会公平的时候，涉及怎么把握“人”的含义。我曾讲过“人”的三层含义论：从横向来说，应该是“全体人民”，而不是一部分人，甚至也不是所谓“多数人”。路线、决策、思路的构思，要着眼于满足全体人民的需要。从纵向来说，不仅是当代人，还应包括我们的下几代人，甚至我们的上一代人。从内核来说，应该是多需之人，包括物质的、精神的、健康的、生命的多方面的需要，还有参与政治生活、社会生活的需要，而不是简单的物质需要。人民群众现在参与政治生活的要求很强烈。

第三点，我们是把以人为本作为一个工具，还是真正从人的解放的角度去讲以人为本？有朋友告诉我，第一位发明“以人为本”这个词的人是管仲。管子讲的“以人为本”，是和维持执政者的统治联系在一起的。今天这个思想还是根深蒂固的，这样的“以人为本”与马克思所说的“人的自由的全面的发展”就大相径庭了。中国必须摆脱“人本工具论”，实行“人本实质论”。

第四，面向未来推进“五环式”的改革。中国的改革大业还要30年，是因为承担的任务很繁重。我想，将来可能像奥运五环一样，有“五环式”的改革，这五个环是紧密联系在一起的。第一个是经济体制改革这个环，前些年只不过是在竞争性行业搞了些改革而已，最难解决的是垄断行业的改革，现在可以说还没有破题，而要破这个题何其难也！这些年总讲“攻坚”，可以说是久攻不下。还有生产要素市场的改革，等等，有很多的难题。第二个是政治体制改革。第三个是文化体制改革。第四个是社会体制改革。最后一个是生态环境的体制。这里面都有深刻的制度变迁的问题。未来是这五个环连在一起，形成一个改革的谱系。要解决这些问题，恐怕没有二三十年是不行的。所以我说，中国的改革尚未成功，任重而道远。

民主法制建设：成就有目共睹

蔡定剑： 和中国经济改革和发展一样，法制建设这30年取得的成就大家有目共睹。1978年中共反思历史的最深刻的教训，也是指导这30年发展的没有改变的方针，就是发展社会主义民主，健全社会主义法制。如果说这30年经济发展中有时还有不太明确的时候，不知道怎么走。那么，“发展社会主义民主、健全社会主义法制”这个方针是一直没有变的，方向是明确的。这是30年改革发展的一个主线。

我们知道，“文革”将法制全部摧毁了，改革开放后法制完全是从无到有发展起来的，到今天基本建立了社会主义法律体系，主要的方面基本上是有法可依了。中国的立法体制也建立起来了。

当然，在我看来，有些制度的建设太过了，现在法官有30多万，检察官有20多万，最高法院的审判人员听说快超过500人了，中国的法官太多了，不建立多元的解决纠纷机制，而一味扩充队伍不是好事。所以腐败和无效率也是同时增长的。在看到成绩的同时，也不能忽视存在的问题。从法制建设这个角度，可以说是有法无制，我们制定了那么多法律，真正地有制度吗？真正地依法办事吗？还差得很远。因为法制主要靠政府来建立，靠政府本身守法来建立。法治，既是一个很复杂的问题，又是一个很简单的问题。什么叫法治？简单来说，就是大家按规矩办事，包括政府机关、老百姓，大家都按规矩办事。但是，我们的政府机关能做到按规矩办事吗？可以说差得很远。我们可以举国办大事，但是往往一些小事做不好。本来市场经济改革最主要的是改革政府，WTO也是要改革政府，但是我们在改革政府的时候，政府的权力在同时增长。我们不说政府的能力强对社会到底好还是不好，这是西方学者讨论很长时间的问题，到底是要大政府还是要小政府，是要一个有权的政府还是要一个权力小点的政府，一直是自由主义和保守主义讨论的话题。其实，从历史的经验来看，有时候需要的是一个强一点的政府，有时候需要的是弱一点的政府。我们在改革过程中，政府一直没有变，权力越来越大，力量越来越强，所以我们能办大事。这说明我们的政府体制是一个动员体制，而不是一个真正法治的体制。如果是一个法治的体制，大家都按规矩办事的话，我们也能做好小事，真正改善我们的治理结构。现在我们的经济力量强大了，政府的动员能力更强了，可以做很多大事，但是矿难频发，腐败治理不好，社会纠纷和矛盾越来越激烈，发生了很多群体性事件，是因为治理方式没有改变，还是靠政府的动员型体制。司法解决纠纷的机制没有真正有效地建立起来，由于社会纠纷的数量直线上升，只有靠扩充司法队伍的人员数量来解决，但也带来了司法机构本身的治理问题。特别是近几年，司法的“窝案”一个接一个。社会解决纠纷的机制解决不了问题，造成大量上访，用钱解决纠纷的办法不是一个社会正常的解决纠纷的办法。解决日益增多的社会纠纷，应该建立一个多元的纠纷解决机制。在美国这个诉讼多如牛毛的国家，法官那么少，最高法院只有九名大法官，联邦一级上诉法院的法官全国也不过100多人。我们的改革搞了这么多年，只靠增加法官数量的办法来提高解决纠纷的能力是行不通的，一定要建立一个多元的纠纷解决机制。很长时间以来，我一直在呼吁，建立小额诉讼法庭。但进行这样一种只有好处的改革都是非常困难的。

这30年，从经济方面来讲是从贫困走向了中等富裕，从社会结构方面来讲是从身份走向了契约，从政治法治的角度来讲从人治走向了法治，这是三个大的改变。我们怎么总结30年改革的经验？前些时候，一些同志讲到第三次思想解放。

我个人认为，如果要谈第三次思想解放，我们就应该从政治体制改革出发，不要回避这一点。我们的生产力、经济基础发生了这么大的变化，如果政治上层建筑不改变，能够适应经济基础的要求吗？要通过改革，让法律能够真正地起作用。我作为宪法学者，更多的是从政治结构来分析。政治结构包括两个方面，一个是国家权力的结构，一个是政府治理的结构。现在政府治理的结构没有法制化，还是行政动员体制，每出现一个社会问题，想到的就是加强执法机关的权力，加强监督，事实证明这是没有效的。

对改革开放30年要进行正确的总结，真正地进行政治体制改革，因为它提供了一个制度基础，是制度资本。过去我们是靠自然资源、劳动力资源刺激经济的发展，制度资本很低。新加坡和我国香港特区是制度资本很高。下一步的改革如果不把制度资本建设上去，还是靠大量消耗自然资源和廉价的劳动力资源，这是不可持续。所以，下一步的改革是民主、法制的建设，把制度资本建设好。从社会治理的结构来说，一个非常重要的改革，就是促进市民社会的发展。

我觉得，随着社会结构的变化，政府还要改变对非政府组织的态度，应该允许工人建立自己的组织来和资方谈判。在社会层面上，就是成立非政府组织，它更多是弱者权利的一种保护机制。我们不是靠政府恩赐的方式再分配，不是政府有钱了给你钱，而是通过社会本身的谈判机制来实现劳资双方利益的分配。这应该是一个更加长久的机制。农村的发展问题根本上是给农民以权利，而不是给农民钱。

在保护公民权利方面的制度安排，比如说违宪审查制度的建立应该是时候了，社会层面一直在呼吁，全国人大走了半步，建立备案制度，比较谨慎。我们不要害怕，这样可以解决一些地方法规、政府法规、规章对公民权利的侵害，不解决这个问题，公民的权利保护就是不彻底的。公民组织，社会组织、法律制度的安排应该重视，司法制度的改革应该进一步向前，司法的独立性应该加强。

当然，在整个政治体制改革中最重要的，也是最根本的问题是进行选举制度改革。改革的核心是扩大直接选举，可以扩大到县乡政府领导人的直接选举。实践表明是完全可以做好的。选举让它变得真实，就是竞争性选举，公开竞争，这应成为人事制度改革的关键。

要警惕当前经济运行中面临的问题

陈　淮：我主要谈两个方面的主题。一个是改革开放30年，最主要的经验是什么？最主要的突破口在哪里？另一个是当前经济运行中，有哪些需要警惕的地方？

我觉得，过去30年，有这样一个问题很值得讨论，就是以人为本，构建和谐社会，树立科学发展观，它的本质就是否定了以哪个社会群体为本构建和谐社会，就是否定了“以阶级斗争为纲”。这个思想解放是带给这30年最大变化的最重要的地方。所谓构建和谐社会，就是要解决发展中经济的、社会的、自然界的以及国际上的多种矛盾，不是靠一方打倒另一方，一方征服另一方。多元化并存、和谐相处可能是常态。竞争过程中，斗争、对抗是特殊性，并存、多样化是一般性。

这个进步很重要。但这只是一方面。另一方面，从目前看，我们也要防止过度的民意化。同时，过度许诺，把政府看成无所不知、无所不能，大开口子，也是一个非常不好的倾向。这会毁了中国经济发展与改革。

当前，中国经济发展面临两大问题，一个是应对世界金融危机。中国现在面临的第一重风险是人家欠我们的钱太多，这还只是“应收款”风险。第二个难题是“应付款”。去年以来，政府开的应付款也太大了，从去年下半年开始，出台实施城镇全民医保，5.9亿人口医保啊。接着农村普及养老制度，农村8亿农民的养老制度。年末，又出了24号文件，要扩大廉租房覆盖范围，要“应保尽保”。这扩大到什么程度呢？是城镇人口的20%，1.2亿人，是4000万个家庭。居民不花钱或者基本不花钱，由政府把他们的住房包下来，这个账单开得多大？接着，年初就是家电下乡，冰箱、彩电，包括手机，农民买家电，政府报销26%。前不久又宣布包括城镇所有的学杂费全部免除，由政府包下来。

中国在明年一季度最多到二季度，见到CPI是零，物价负增长，经济快速萎缩。不要看今年10月份还是4%的CPI。问题是经济收缩得太快了，远远超出了我们的预期。所以，应对通货紧缩这件事绝不要有任何犹豫。1998年，我们在应对通货紧缩时是很果断的，动用货币政策，一次就把准备金率降五个百分点。现在全世界应对经济危机，和1929年不一样的地方在于，那时真的是资本和劳动的对抗，是工业化后生产效率大规模提高，产品大量涌现，老百姓没钱，买不起东西。这次情况不同，是过度消费了，是资本内部的债权人和股权人之间打架了，这个对抗是这次金融危机面对的问题，不是劳动和资本的对抗的危机。

现在，中国变成了一个牺牲品，他们能解决了问题，将来就能还上我们的钱，解决不了就还不上我们的钱。所以，我们千万不能小看今天中国经济运行中面临的问题。不断地给老百姓说，我们的四大基本面没坏，这我坚信。但是，我们今天面临的问题之严重，恐怕是超出我们想象的，可能明年上半年就要面对从通胀逆转为通缩的危险，就业出现危机，失业人口涌现，特别是农民工返乡。

城乡之间的矛盾，如果简单比较城乡收入差距，那这个矛盾还只存在于学者的文章中。因为穷的农村和富的城市之间的利益不直接冲突。遭遇战的前沿在三个地方。第一个地方是农民工工资，如果房地产业再垮了，年底拖欠农民工工资、拖欠工程款立即就是一个社会普遍问题，农民扩大消费不靠政府再补几十块钱，而是靠每年收入的增长，主要是工资性收入的增长，第二个地方是城乡结合部，城市在改造、扩张，城镇化占地了。怎么算？补了农民物质利益，补了他们的就业利益了没有？补了他们的养老保障利益了没有？补了他们其他的享受社会福利的利益没有？第三个是粮价，粮价高了，农民收入就提高一些，城市居民就要多付代价，粮价跌了，农民就少了收入，城市居民就减少支出。城乡之间的利益关系是缓和、协调，还是对立、对抗，在这三个地方，眼下不论是2008年还是2009年的经济发展，还是一段时间的经济改革或者是制度设定，我看还是应在这三个关键环节上多下工夫。

再一个问题。我们好不容易培育了一个中等收入者阶层，现在面临着把这一部分社会新生力量、法治的力量、稳定的力量通过一场危机把他们消灭掉的危险。现在社会群体的潜在矛盾，首先是A股市场的暴跌，如果房地产市场再垮了，这30年老百姓所拥有的私人财富，拥有私人财富的新的中产阶层就被消灭了。由于他们投资收缩，大量拖欠农民工工资，由于出口产业的萎缩，大量裁员，长三角、珠三角经济的衰退，我们又把农民的财源给断了。政府有多少钱能把这个矛盾安抚了？发展是硬道理还是安抗是硬道理？

尽管有以上问题，但我还得说，到今天为止，中国买了房子的人是全世界最幸运的投资者，和股市、汇市、债市、油市、期市、楼市、贵金属市场、大宗商品市场相比，中国的房地产市场迄今仍是稳定程度最高的市场。这是我们看待当前问题的立足点。

改革，为发展提供好的平台

姜长云：我国改革开放30年来，最主要的经验有两个方面：第一是一切依靠人，一切为了人，简单地说就是以人为本。第二个是重视创新创业。一切依靠人，首先是靠人的浅层解放，解决生存问题，靠人的深层解放和人的发展，解决可持续发展问题。

过去一段时间，如果说有什么教训的话，就是在为人的发展提供好的平台方面重视不够。比如说，创新的源泉首先是企业家精神，企业家是创新的重要载体，是创新力量最活跃的部分。但是，我觉得，在为企业家的创新提供好的平台方面重视不够，比如说对企业家的行为约束重视不够，对企业家的培养重视不够，一些企业家做到一定程度以后，就让他当官。这实际上是“官本位”思想的反映，对企业家的重要性和创新创业的重要性认识不够。要真正搞市场经济，应该从“官本位”转向“企业家本位”。中国其实不缺官员，缺的是企业家。搞市场经济，企业家是最难得的国宝。

那么，今后怎么做？简单地说，就是要进一步为更好地实现以人为本，为进一步激发创新创业提供更好的平台。具体包括以下四个方面：

进一步培育鼓励创新创业的环境。这些年，讲解放思想讲的很多，口头上很重视。但具体到各单位、各部门是否真正重视？很难说，至少存在许多问题。有些同志不许下属有不同意见，实际上是不让人思考，限制创新精神。这将贻害无穷！没有思想，何谈解放？有的地方领导口头上要大家解放思想，实际上是要大家的想法完全同自己一致。在发展经济的具体做法上，过分强调与某个地方领导的意见一致，实际上是对解放思想的庸俗化理解。

加强农村公共服务体系建设，包括农村基础设施建设。加强农村公共服务体系和服务能力建设，实际上也是为创新创业、为人的发展提供好的平台。目前城市在公共服务方面锦上添花的项目比较多，农村雪中送炭的项目虽然这几年增加了，但还是比较缺。重要的原因是，这些年农村大量劳动力尤其是青壮年劳动力大量流失，导致农村经济和社会结构出现深刻变化，如果没有工业和城市的支持，农村的自我发展能力将会迅速弱化。建设新农村，要发挥农民的主体作用，光靠这留守农村的“386199250”部队（即妇女、儿童、老人、二百五），极端地说，靠那些“淌口水、扎小辫、流鼻涕”的农民来建设新农村，怎么建？因此，迫切需要通过加强农村公共服务，帮助“三农”克服自我发展能力的不足。

发挥城市制度创新对农村制度创新的带动作用。如果整个经济和社会层面的改革不突破的话，只搞农村改革，很难有大的成效。比如金融体制改革，必须注意发挥整个金融改革对农村金融改革的带动作用。过去走了一个弯路，按城市导向、大企业导向、工业导向的思路进行，实际上农村真正和民生、和农民收入、和农产品供给相关的，主要是小企业、小农户，因此农村发展最迫切需要的是草根金融。十七届三中全会提出了微型金融服务的问题，这是非常及时的，把握了问题的要害所在。今后还要注意大金融和小金融分工协作的问题。另外，像社保问题，我到内蒙古自治区鄂尔多斯市去调查，发现这几年由于农村社保发展滞后，已经影响到农民工到城市就业的稳定性，影响到农民向产业工人的转化。农民工到城市打工，父母在农村生病了，只得赶回去照顾老人。

另外，住房制度改革中的廉租房建设，我同意陈主任讲的，现在许诺太多，如果到时候实现不了，失望情绪就会比较大，反而得不偿失。即使实现了，到一定程度，可能低收入阶层的住房条件比中等收入阶层的还好，也是一个问题。但我不同意房价不能降的说法。在市场经济条件下，任何产品的价格不可能一路上涨，不可能永远是牛市。住房价格也是这样，涨了这么多年，涨得这么快，该是下降的时候了。我们现在讲统筹城乡发展，讲形成城乡经济社会发展一体化新格局。这里涉及农民工进城问题。农民工进城首先有个居住问题，目前农民工举家进城已经成为一个趋势。这么高的房价，实际上抬高了农民进城的成本。房价居高不下的问题如果不适当缓解，形成城乡经济社会发展一体化新格局，就是一句空话。高房价很容易导致贫民窟的大量形成和增加，不管你是否叫它贫民窟。如果撇开意识形态的原因，你会发现，贫民窟是大量进城人口规避城市化高成本的一种有效选择。要更好地引导农民进城，房价的适度下调，就是不可回避的问题。有人说，房地产作为国民经济的支柱产业，有效地支撑了国民经济的增长。但同时挤占了许多产业的市场空间。许多人为了买房，压缩其他消费。如果真要扩大内需，必须在房地产市场和国民经济其他产业的市场之间寻找适度的平衡。当前，遇到国际金融危机，更要注意这一点。

注意突发事件的影响。从自然的角度要注意防灾减灾，我们总是很重视“救火”，但实际上“防火”比“救火”更重要。在经济运行中，要防止大起大落。前一段时期，对通货膨胀的预期比较强，我觉得，今后可能是通货紧缩的风险更大。从农产品来看，情况很明显，与以前相比，农产品价格波动幅度增大、波动频率增加。在国内粮食产量连续五年增长的情况下，粮价下跌的风险在迅速增大。粮食问题要防止重蹈上个世纪90年代中期的覆辙。

调整国家和农民的关系，赋权农民

李成贵：“三农”问题多年来都是热点、难点、焦点问题，是一个容易带有感情色彩、就事论事、门槛比较低的话题。我觉得，这30年的“三农”方面的改革，主要就是调整国家和农民的关系，赋权农民，哪个阶段赋权农民做得比较好，问题就解决得比较好，哪个阶段赋权农民做得不好，问题就比较大。我认为国家和农民的关系有几个变量，第一是土地的权利。在改革之前，农民没有土地的权利，集体劳动，没有剩余索取权。改革首先是从土地开始，农民获得了土地使用权，有了激励机制。第二是进入市场的权利。改革前是计划经济，农民没有接近市场的权利。改革后，资源配置逐步实现了市场化，农民可以根据市场需求从事生产，而不像以前那样靠政府的计划命令，从而提高了资源配置的有效性。第三是流动和从事非农产业的权利。改革很重要的内容就是赋予农民这个权利，农民工现在有1.26亿。同时，乡镇企业异军突起，也为农村发展作出了巨大贡献。第四是农民自治的权利。改革开放前是国家强大，民间很小，自治空间几乎为零。改革后，农村普遍实行了村民自治。第五是国家和农民在财政方面的关系。以前是以农养工，从农民那里剥夺了很多。改革后特别是最近几年，开始给农民补贴。从这五个核心变量可以比较全面地观察中国农村这30年的变化。赋予了农民这些权利，调整了国家和农民的关系，才使改革取得了举世瞩目的成绩。

现在遇到的问题主要是这样几个：第一是土地问题。土地问题包括两部分，一个是农业部系统管理的、以《承包法》为依据的农地体系。这一块多年不动。另一块是国土资源部系统管理的、以《土地管理法》为依据的农村建设用地体系。这一块是乱动，所以问题就很大。改革30年，在农地经营方面，小农经济的格局没有根本变化，在建设用地方面，农民的土地增值利益也没有维护好。第二是一亿多农民工长期在城乡之间摇摆，不能“落地”的不正常现象。第三是农村金融问题，2002年就开始改革，但也没有搞活，政策性、商业性、合作性并存的格局不能建立，特别是商业性金融，还差得很远。第四是城乡差距非常大，收入差距自不必说了，社会差距也很大，这几年农村社会事业进展很快，但问题仍很大，比如说教育问题，师资力量很差；合作医疗方面，大病报销的比例很低，低保方面水平也很低。

以后怎么办？十七届三中全会已经做出了一系列部署。我认为核心是要做好两方面的事情：一是在城乡统筹这个框架下实现要素配置的最大化，也可以叫做新农村建设和城市化的双轨运行，具体地说，资源的赋权、农民的进城、资本的下乡成为一个系统，要素配置最大化。杜润生先生说，中国农村问题最主要的就是减少富余农民。费孝通先生以前提出“工业下乡”、“农民进城”。我觉得确实要这样做。土地的流动、农村金融建设、农民工市民化，通过这些安排，使要素的收益最大化。二是国家要支持，要建立一个支持保护的体系，我提出的思路是“增加力度，扩大范围，完善机制”。现在国家财政收入增加很快，对农村的支持力度加大了，但和农民的需求相比，和历史欠账相比，还差得很远。一些边远地区、一些“小事”，没有纳入政策考虑的范围。这些年政府善政养民，但机制上还有不少问题，比如说良种补贴，最后到农民手中的可能不是好的种子，农机补贴，三万块钱的农机，政府补贴一万块钱，农民自己花两万块钱，但到市场上，一万五千块就能买到同样的机器。

农村的发展要进一步解放思想。比如说土地流转，政府早就提倡“依法、自愿、有偿”流转，但多少年了也流转不起来。十七届三中全会后，有些人担心土地流转会造成土地集中，产生很多问题，我却是担心流转不起来。解放思想，首先不能考虑风险的最小化，而是在考虑到风险的同时，追求收益的最大化。如果总是考虑风险最小化，什么事情也干不成了。“两害相权取其轻”，从决策角度要这样考虑问题。

最后再谈一点，就是制定政策，要有大局观和历史观，要按理性、有远见，政府要“察民意，顺民心，厚民生”，同时也要“启民智，修民德，端民心”，不能只重视前者而忽视后者，既要满足人们的物质利益诉求，又要提高人民的素质，这才是和谐之道。

（摘自《群言》2008年第12期）

中国农民离小康还有多远

编者按：在全国政协十一届四次会议期间，民盟中央邀请部分民盟组委员，以“中国农民离小康还有多远”为题进行了座谈。座谈会由民盟中央常务副主席张宝文主持，出席座谈会的有（以姓氏笔画为序）：

李成贵　北京市农委副主任

杨维刚　湖南省国土资源厅副厅长

赵振铣　四川省监察厅副厅长

徐一帆　国家统计局副局长

郭松海　山东经济学院教授

康耀红　海南省人大常委会副主任

梁晓声　北京语言大学教授

彭于发　中国农业科学院研究员

温思美　华南农业大学副校长

董恒宇　内蒙古自治区政协副主席

张宝文：“三农”问题一直是党和政府工作的重中之重。“十一五”期间，我国强农惠农政策力度不断加大，“三农”工作取得了显著成绩。

2011年是“十二五”规划的开局之年，我国“三农”问题面临困难之多、压力之重也将前所未有。面对自然灾害加重、通胀压力加大等挑战，解决好“三农”问题将具有特殊意义。要让全国农民都过上幸福的小康生活，任重而道远。

“十二五”是推进农业现代化、转变农业发展方式、加快农业农村经济发展的关键期，尤其应当注意以下几方面的工作：加强农田水利等农业基础设施建设，提高农业综合生产能力；缩小城乡公共事业发展差距；强化现代农业科技和装备支撑体系，用现代化的设备武装农民，用现代科技改造农业，进一步提高科技创新对农业发展的贡献率以及农业科研成果的转化率；培养新型农民，提高农民组织化程度，发展专业合作社，实行农超对接，减少农产品运输等中间环节成本；深化农村土地制度改革；建立农业投入增长的长效机制；形成完整的农业补贴政策框架，扩充补贴品种，扩大补贴覆盖面，并且提高农业补贴标准；深化农业行政管理体制改革。

三个层面话“三农”

温思美：当下我们正处于社会转型时期，其重要特征就是要改变发展理念和发展模式，而推进发展模式改革，其核心就是要把民生问题作为发展的出发点和落脚点。而我想说，若只是几亿城市居民的幸福还称不上是真正的幸福中国，幸福中国离不开农民的幸福。“大同社会”、“小康社会”，表现了古代贤者对幸福社会的憧憬，现如今，不管关于幸福的指标是什么，在我看来都离不开衣食住行，离不开教育问题，离不开生老病死这些基本问题。同样，这些问题也构成了我国广大农民的幸福要素。要使他们真正过上小康生活，真正获得幸福，我们首先要解决以下根本问题：

从宏观层面来说，要改革农村经济制度，加快农业转型升级，尤其应重点关注农业发展的战略性结构调整。在改革农村经济制度方面，尽管过去几年，国家为保障农民在工业化、城市化进程中基本权益不受损害，对农村产权制度进行了第二次改革，但关于农村基本经济制度的改革在今后很长一段时间内都仍是我国“三农”问题的重点，可以在一些地区率先进行探索和实验。在加快农业转型升级方面，当下，大量农村劳动力进入城镇，导致农村劳动力的结构性短缺，而近几年市场对农产品的刚性需求又不断加大，这就要求我们尽快发展现代农业，以满足市场需求。发展现代农业首先应改革和完善现代农业经营制度，在结合工业化、城市化道路，统筹城乡关系的基础上进一步完善家庭承包经营体制，激活农民和其他经营主体发展现代农业的积极性。

从中观和微观层面来说，首先，目前大量农村新生代劳动力向城市转移，农村“空心化”问题、农业人口老龄化问题日益突出，这势必影响我国农产品的长期供给，换句话说就是后劲不足。其次，我国农业抵御自然灾害以及市场风险的能力较差。局部地区的自然灾害甚至可以影响到该地区农产品年产量的30%—50%，直接导致农民当年的收入锐减。因此帮助农民提高抗风险的能力至关重要。政府要加快农业制度创新，加大农业基础设施的投入力度，才能建立起适合现代农业发展、能够抵御各种风险的现代农业体系。再次，农田水利年久失修，某一地区只要发生小型的干旱，就会出现大面积的减产。最后，我国的农业科技进步面临着巨大的压力。经过30多年的改革开放，早期的传统农业科技推广模式受到了冲击，许多地区的农业科研推广陷入困境，究其原因，在体制方面，长期以来，农业院校的教育科研与农业生产之间并未建立起有效的联动机制，导致农业科研成果与农业实践、农业科研人员与广大农民产生了脱节。例如，我国虽然拥有自主研发的适合北方平原地区的大型农机具，但适合南方丘陵地区的更为小巧灵活的农业机械却只能大量依赖进口。尽管有些地区的农业机械研究所及相关院校也在做相应的研究开发工作，但由于体制和投入的原因，尚未有足够的科研成果投入应用。在农业生物技术方面，近几年我国的农作物种业节节败退，棉花、玉米等种子技术被国外公司所垄断，其他与之相关的农业生产要素，例如化肥、农药、塑料薄膜等，均出现了生产成本高，价格持续上涨，使用结构不合理甚至滥用等问题，不仅导致对农产品的污染，还影响了农民收入。此外，还有农产品价格涨幅远低于国内工业产品涨幅、农业生产资料价格逐年增高等问题，这些无疑都打击了农民的种粮积极性。政府只有优化补贴方式，进一步加大“三农”方面的投入，农民积极性提高了，农业制度的变革才能真正推进，“三农”问题的解决才有可能。

总而言之，只有农民收入提高了，社会才可以稳定；只有农民的收入问题得到解决，农民的生活才能早日实现小康。

彭于发：要让更多农民的生活早日达到小康，我认为有三件事亟须要做：一是“农田水利到农田”，二是“植物保护要立法”，三是“农业服务有机构”。

农田水利到农田。今年中共中央的“一号文件”提出要加强农田水利建设，对农村水利建设、管理、改革做出了全面部署，明确了支持农村水利发展的政策措施，这是一个对农村和农业发展至关重要的、及时的文件。当前长江中下游农田水利建设的重点是要大力加强田间工程，包括田间灌溉、田间排水等设施建设和维护，提高抗旱抗涝减灾的能力，确保粮棉油作物能够旱涝保收。这件事情如能做实做好，对于保障粮食安全、增加农民收入、维护社会稳定都是一件大好事。

植物保护要立法。我们通常将医学分为植物医学、动物医学和人体医学。针对人体健康保护的《卫生防疫法》1986年就已经颁布实施，针对动物健康保护的《动物防疫法》也于2007年修订颁布，唯独植物健康保护领域至今无法可依。我国农作物病虫害1600多种，每年造成严重危害的约100种，近十年来，蝗虫、稻飞虱、稻纵卷叶螟、稻瘟病、小麦锈病、赤霉病等出现猖獗势头，虽经大力防治，每年仍损失粮食近250亿公斤，经济损失上千亿元。为了防治作物病虫害，我国已成为世界第一农药生产和使用大国，粮食数量安全、农产品质量安全、农田生态环境面源污染都与农药滥用息息相关。防治病虫害有多种途径，但目前我国过度依赖农药、农药有效使用率低、使用不科学现象极其严重，我们业界将此戏称为“洒向田间都是害”。全国100多万“打药大军”如何规范从业？是否可以不打药？什么时候打药、打什么药、怎么打药？都缺乏法律规范。因此我建议，人大要加快植物保护立法，使植物保护工作有法可依，使病虫害防治做到依法用药，科学用药。

农业服务有机构。随着政府职能转变和农业生产产业化经营的发展，迫切需要建立农业行业协会一类的农业服务机构，在支持农业生产、保护农民利益方面发挥积极的作用。可以借鉴美国大豆协会的经验，行业协会作为非政府的组织，从技术层面帮助解决农民的生产、生活问题，使农民自身有参与决策权，并为农民自己服务。加入WTO后，面对外部强大的冲击，我国迫切需要将分散经营的农民有效地组织起来，通过提高农民的技术化、组织化程度，进而增强我国农业的国际竞争能力和抵御外部冲击的能力。发展农业行业协会，虽然国外有经验，但在我国还是初期，目前很需要政府的扶持和引导。

建立和完善失地农民保障体系

徐一帆：现阶段解决好失地农民的问题，是农民实现全面小康的一个重要方面。有关数据表明，目前我国失地农民累计不少于4000万人，仅“十一五”期间每年新增失地农民约200万人。这些失地农民，作为市民，大多难以融入城市，因此不愿失去农民身份，尚在农村或从城市回乡的失地农民，又为经济来源、医疗和养老保障等问题担忧。这是眼下失地农民的尴尬。

我想就失地农民的社会保障方面谈几点建议：

政策规定征地收益应向失地农民倾斜。国家的统一政策和地方的具体政策应相互配合，按一定比例，确保社保资金的落实。除土地安置补偿费外，地方政府应再从土地出让金中拿出一定比例作为专项基金，被征地的集体经济组织也应从本集体的积累资金或土地补偿费用中抽调一定的资金注入失地农民社会保障基金，让失地农民也能从土地的增值和城市的发展中得到实惠。

进一步规范完善征地程序。严格实施征地前的听证制度，并进一步测算怎样才能保证农民生活水平不降低，在制定出详细的实施方案，并获得通过的基础上才能办理征地手续。充分发挥村民委员会在征地过程中的组织、监督及管理职责，依法维护农民对土地的集体所有权和承包经营权。

逐步按市场经济规律对失地农民进行补偿。当前对于失地农民的征地补偿标准过低，难以满足失地农民参加社会保险及维持长远生计的需要，是目前征地补偿安置工作的最大难题。要尽快着手解决当前征地工作中存在的补偿标准偏低、同地不同价、随意性较大等问题，维护被征地农民的切身利益。

采取保障失地农民利益的补偿安置方式。从目前各地的探索和实验来看，有多种方式可供选择：如两套房安置，一套解决失地农民的居住问题，另一套以出租方式获取收益；如采取股份制方式，将现有的集体经济资源以股份的方式投资建厂或出租，每年分红，维持一种“可持续生计”；如改变一次性货币安置为主的做法，将征地补偿安置费的一部分发放给失地农民，保障其当前的生活需要，另一部分作为失地农民的社会保障专项资金；再如采取土地流转的方式（转让、租赁、作价入股等），将收益的一定比例用于失地农民的社会保障，剩下收益的一部分用于集体经济的发展壮大，等等。这些都是可推行、可推广的补偿安置办法，无论哪一种，关键是要以维护农民利益为出发点，寻求最合适、也最有利于农民的补偿安置方式。

杨维刚：政府工作报告中提出要有序地推进农村土地管理制度改革，我认为在改革进程中首先应考虑完善相关法律。迄今为止，我国没有土地法，只有土地管理法，法律的空白很可能导致改革推进过程中的无法可依。

农民和土地是紧密联系在一起的，中国革命和建设的成功，可以说都是起源于土地改革。大革命时期打土豪、分田地，农民革命才有积极性，也正是因为农民分得了土地，有了保卫土地的动力，才有淮海战役中几百万辆小推车推出来的胜利。改革开放也是从农村的土地承包制开始的。上世纪80年代后期，国有土地使用制度改革使国家对土地的所有权在经济上得到实现，保障了社会主义公有制的主体地位，为经济社会发展筹集了宝贵的资金。但目前尚未在法律上对农民的土地产权提供清晰、完整的保护。今天我国大量社会经济问题产生的根本原因都直接或间接与土地有关。当前有三类农民的利益保障问题表现得尤为突出：一是完全失地农民；二是拥有“两安”用地（生活安置地、生产安置地）的农民；三是那些尚未进入城镇化，处于边缘农村，仍拥有土地的农民。对于那些完全失地的农民，国家应实行同地同价政策，让农民从出让土地中得到利益；对于那些处于偏远地区有意愿外出打工的农民，应通过切实可行的土地流转机制，让农民既能得到一定的资金保障，又能放心进入城市打工，无须牵挂家里的土地。如果解决好这些农民的土地问题，农民就一定能从赖以生存的土地上得到真正的实惠。我建议要加快推进农村土地管理制度的有序改革，特别是土地权属的改革，当前可以给农民的宅基地颁发国有土地使用权证，房产颁发房产证，让农民现有资产显性化。

梁晓声：我也非常关注失地农民现象。我在北京、四川的城郊看到，一些农民出让土地，尽管得到了一定数额的补偿，但是伴随着房地产价格的节节攀升，这些补偿金买了房子之后所剩无几，他们成了失地又失业的城市居民。而这些失地农民缺乏在城市谋生发展的技能，所以与之前在农村的生活相比，他们的生活质量反而下降了，于是各地频频出现农民因土地纠纷上访的现象也就不足为奇。一方面，如此城镇化不仅没有让农民真正步入小康生活，还导致我国耕地面积的锐减，影响农业发展；另一方面，现在的农民已逐渐步入老龄，他们的下一代要么缺乏农耕技能，要么已经出让土地，务农人数的减少也会影响到粮食安全。因此，要让农民共享改革发展成果，医保、社保不可缺少且要真正全面覆盖，让老龄化的农民老有所依，让遇到疾病的农民不至于“因病致贫”。

“十一五”期间，取消土地税、免除农村义务教育学杂费、增加农民补贴、“家电下乡”等举措都让农民的生活发生了很大变化，尤其是对于那些上世纪五六十年代出生的农民来说，如今的生活是他们想都不敢想的，他们的心里充满了感激。可以说，花在农民身上的每一分钱都是值得的。不过，我有时也在思考，这些朴实的人们所感恩的那些普惠，会不会在未来的一段时间里被新的问题所消减，让远忧成为近虑。比如，现在农村也是独生子女居多，一对夫妻加上四位老人、一个孩子的家庭模式导致年轻人的赡养负担加重，父母为了准备子女结婚用房等费用经常得在四五十岁时重新外出打工，有些家庭则是父母与妻儿都依赖丈夫一人的打工收入。上述各种情形一旦遇上大病或意想不到的灾难就会导致新的贫困。这可能是未来十几年内，政府应着力预防和解决的一个问题，希望有关部门重视。

如何让农民过上幸福生活

李成贵：最近大家都在谈幸福，我觉得农民对我国的革命和社会建设作出了巨大贡献，农民不能过上小康生活，整个国家就无法安定幸福。那么如何让农民过上幸福生活？有些人强调文化先行，意图用文化建设的手段提升农民的幸福感。在我看来，这是认识上的误区。要知道，外界论者的客体判断永远不能代替农民的主体选择。农民为了追求幸福生活，首先会选择什么？毋庸置疑是收入，是收入的增加。用经济学理论分析，假设农民存在一个经济产品和文化产品的两部门决策模型（即Trade-off），农民的理性选择首先是经济收益的不断增加，而不会在收入不增加的情况下，去追求蓝天白云、青山绿水。

为了让农民过上幸福生活，当务之急就是要坚持双轮驱动、双轨运行，加快城镇化和新农村建设。就是要让更多的农民转移出去，特别是加快实现农民工的市民化进程。改革开放30多年来，第一代农民工忍辱负重进城打工，目的是挣钱回家盖房子，在家乡过上好日子。现在第二代农民工在城市里打工挣钱，目的就是要最终留在城市里。根据国家统计局的数据，举家外出的农民已经达到2800万—2900万人，占整个外出农民工的20%左右。而且，农民工在城市的居住趋于长期化。去年有调查显示，农民工在城市居住的平均年限是5.3年，在城市居住超过十年的占到了将近20%。而且，这种趋势还将持续下去，世界银行预测，到2030年我国城镇人口将达到9.9亿人。

这里的问题是，大量的农民工虽然被统计为城市人口，但他们并没有真正实现市民化，总体上还不能过上安居乐业有保障的生活。因此，加快农民工市民化进程，将是今后一段时期中国城镇化最核心的任务。

我注意到，绝大多数农民工在大城市打工几年之后，迫于高昂的城市生活成本而选择回到老家县城买房定居。这个现象需要高度重视，并做出有针对性的制度安排。基本的思路，就是要加大对中小城市和小城镇吸纳农民，实现就地城镇化的支持力度。这就要求在宏观政策上促进区域协调发展和产业合理布局，要有加快中小城市和重点小城镇的产业园区和农民就业基地建设的具体政策措施，比如根据我在北京郊区的调研，一个重点镇要形成产业的集聚，一般应用3—5平方公里的产业用地。再就是，要重视社保的转移和接续，“无论哪里干，社保接着算”，特别是推进农民工参加养老保险，并加快建立转续制度。

在加快城镇化步伐同时，需要同步推进的是新型农村社区建设。传统的星罗棋布村庄结构是与农耕文明相适应的，随着经济社会的发展，对其进行改造再建也是必然的趋势。比如，有的村庄只有二三十户人家，有的农民住在半山腰，“白云深处有人家”，基础设施建设和公共服务的成本很高，因而需要适当集中。新型农村社区建设要在充分尊重农民的意愿和科学规划之上，按照规模适度、宜居宜业、基础设施和公共服务城乡一体化的原则，积极有序地往前推进。其重点是要统筹推进规划编制、土地利用、资金筹措、产业发展、新民居建设以及社区服务等工作。

让惠农政策真正落到实处

赵振铣：改革开放以来，我国农民的物质文化生活取得了前所未有的提高：贫困人口数量大幅下降，社会经济结构进一步优化，一些农民通过读书、创业等各种途径成了实实在在的城里人；农业税的免除、城乡一体化的推进让那些留在农村的农民也得到了很多实惠，他们拥有了更多自主选择的权利。我国在解决“三农”问题方面所取得的成绩有目共睹，接下来政府要做的就是让这种给予农民的实惠进一步普及和深化。我认为，新时期“三农”问题更关键的是解决发展不平衡的问题，包括城乡之间、工农之间、东部发达地区与中西部欠发达地区之间的差别，等等，以及如何在城乡一体化前提下实现更为普遍和深入的小康生活。正如大家所讨论的，要实现这一目标，土地问题和农民的社会保障问题不可避免地要首先解决好。

我认为地方基层违法用地的行为还是有关部门的监管不力造成的。一些地方的国土资源等部门的工作仅仅以当地政府的发展计划为中心，没有考虑到国家利益，而这些地方政府因政绩观的偏差，盲目追求GDP，大肆搞所谓的“新区”、“试验区”、“开发区”，大量征收农民土地，于是出现了相当一部分没有经过严格审批和规划的开发用地。如果从源头就不放松对国土资源的规划和审批，农民因征地而产生的损失就会少得多，国土资源也能得到更好的保护。最近相关部门也开始了一系列的追查行动，以确保国家的耕地安全。

由于产业结构调整和升级，东部沿海地区的一些产业逐步向中西部地区转移，但是因产业用地的审批难度日益加大而遭遇发展瓶颈。改革开放初期，东部沿海地区发展用地的审批环境宽松，如今待西部地区急需工业用地时却政策收紧，尽管大家都能理解其中的原因，但是否可作一些创新性的探索和调整，找出一个两全其美的办法，从而为改善中西部地区农民的生活、解决我国发展不平衡的问题奠定良好的基础。

康耀红：社会各界关于“三农”问题的认识很深刻、很全面，而真正从农民生活、农村发展的角度去思考的很少，真正下大决心去解决落实的更少，这也是目前在广大农村仍存在较为突出的教育、基础设施、经济结构调整、人力资源培养等方面问题的原因之一。

社会保障是让农民共享改革发展成果的基本要求，我国农村养老保险制度从上世纪80年代中期开始建立，经过20多年的理论和实践，从“老农保”再到“新农保”，至今尚未从制度上实现全国覆盖的有中国特色的农村社会养老保险体系。养老保险接续难、转移难，就是因为制度设计不合理。其实这个问题解决起来很简单，按照“国家保基本，地方上水平”的原则，具体就是，采取基础养老金和个人账户相结合的方式，由中央政府负责提供基础养老金，地方政府可根据自身的财力情况，灵活多样的安排资金，对“进口”或“出口”进行补贴，不断调动农民个人缴费的积极性，逐步提高本地养老金待遇水平。目前全国农村有1亿多60岁以上的老年人，按照这种方法，国家每年投入700多个亿就可以实现养老保险全国覆盖。这样的投入与我国财政承受能力相比并不高，而且是具有可持续性的。

让农民转化为市民，只是让农民过上小康生活的一种途径，并不等于让农民转化为市民，他们就能获得幸福。农民植根于农村和土地，很难适应城市生活。当前一些贫困地区的农民虽因土地被征用而一夜暴富，但成为百万富翁的他们除了种地之外，并没有掌握其他谋生技能，一旦钱花完了生活仍不会有多大改变，还有一些农民甚至挥霍无度染上赌瘾，等等，反而离幸福越来越远。

让草原牧民共享改革发展成果

董恒宇：我国草原主要分布在北部和西部，其中内蒙古、西藏、新疆、青海、甘肃被誉为“中国五大牧区”，约占全国草原面积的70%，其草原、沙漠、戈壁占我国国土面积的半壁江山。

现如今，草原出现沙化、面积减少、质量下降等问题，并直接导致畜牧业整体水平降低，牧民收入低于农民收入，部分牧区的生产和生活出现了困难。在这片土地上，生活着众多少数民族群众，居住着农村牧区60%以上的贫困人口。因此，牧民问题解决好了，有利于经济社会的可持续发展，有利于民族大团结，有利于边疆的稳定。我们应从维护民族团结、国家安全、建设生态文明的高度认识草原牧民的生存问题，应像重视森林一样重视草原，像重视“三农”一样重视“三牧”。通过一系列改革和政策调整，统筹经济建设、生态保护与人民致富三者的关系，让草原牧民共享改革发展成果，确保国家长治久安。

加大扶持草原牧民的政策力度。近三年来，民盟持之以恒呼吁保护草原生态，重视“三牧”问题，进行了多次调研。在多方努力下，国务院已经出台了保护草原生态，提高牧民生活的政策。从今年起我们要落实好这些政策，同时继续坚持实施退牧还草，退耕还林等生态工程，坚持生态优先原则，特别要关注农牧交错带“小牧区”的牧民生活。小牧区人口密集，人均草场不足1000亩，生活非常困难，对于这一地区的牧民生态补偿资金应取上限（5000元/人）；同样地处边境线的牧民生活条件也很艰苦，应在政策上特殊对待。为从根本上解决牧民生存问题，我国草原生态治理要从现在的项目实施向制度建设转变，由限期补贴向建立长效补贴机制转变。实行中央、地方、社会和牧民共建的草原生态补偿机制。把休牧、禁牧、轮牧、退牧还草、草畜平衡等确定为长期的草原行政管理制度。尊重几千年来游牧民族在实践中积累的生态智慧，研究和传承草原文化中的生态伦理精神，尊重牧民的首创精神和真实感受，尊重牧区基层的大胆探索，鼓励牧区自发组织合作社等改革创新试验。

大力发展沙产业、草产业，实现草原增绿、经济增长、牧民增收。著名科学家钱学森在上世纪80年代提出了发展“知识密集型沙产业、草产业”的理论，并预言这一产业将在21世纪掀起中国的第六次产业革命。经过内蒙古、甘肃、新疆、陕西、宁夏等省区的成功实践，证明了钱老这一看法的科学性和前瞻性。近几年，沙产业、草产业的大力发展促进了当地经济建设、生态保护和牧民致富三者的良性循环。

创新草原碳汇金融。由于退化草原在种草植树的恢复过程中，碳汇在增值，生态在绿化，牧业得以恢复，牧民收益增长，那么西部的荒漠可以通过碳汇金融创新使生态恢复。国际上的非营利基金会“草银行”也给我们一些启示，就是如何吸引、鼓励国内外的资金投入到草原地区来，用于支持“三牧”，恢复草原生态。

农村住房建设改造面临的新问题

郭松海：随着新农村建设、小城镇建设等国家战略的提出，一个改变农民居住方式，实行统一规划设计，由分散建房向集中建设的建房热潮逐渐展开。建房热潮进一步启动了农村消费市场，加强了农村土地的集约化利用，提高了农村建房的质量和功能，改善了农民的居住环境。但同时也出现了许多新情况、新问题。

部分村镇搬迁困难较多。农民变分散居住为集中居住，使农民从原有住房中搬迁出来，造成了经济损失，特别是一些刚建起不久的新房，如给予农民补偿费偏低，农民会产生抵触情绪；村镇搬迁使农民改变原有居住方式，带来了精神损失；而迁居又可能引发转移就业问题，形成了劳务损失，若农民重新就业后收入偏低，则生活水平就会有所下降。对于工业化程度不高、产业结构正处调整中的广大农村来说，居住地与劳作地点的距离增加，给部分农民的生产、生活带来不便。基于上述原因，自然村的拆迁成本越来越高，进一步加大了拆迁难度。

农村村镇住房建设存在资金瓶颈。首先，建设资金的收支时间差使前期资金筹措困难；其次，危房改造资金缺口大；再次，在欠发达地区，部分群众因积蓄不多，集体经济又缺乏公共积累，导致建房资金筹集困难，农民为节省建设资金，可能降低建房标准和质量，造成新的隐患，住房建设的各种配套设施也难以完善。

部分农村住房建设规划滞后，基础设施配套不够完善。一是功能分区的规划不明晰，产业发展布局统筹考虑不够；二是村民宅基地与公共设施用地、生产用地、道路用地布局安排不当；三是没有统筹规划并配套相应的排水排污、照明、垃圾处理等基础设施建设，导致环境污染问题突出，并严重影响了农村的环境质量；四是部分村镇教育、医疗、文化等公共服务设施欠缺，不能满足农民群众生产、生活的需要。

农村住房建设科技含量较低，部分建房存在质量问题。从总体上看，农村部分地区住房建设技术较为落后，住宅建造仍未摆脱粗放型的生产方式。村镇住房建设的专业化程度不高，社会化程度较低，其规划设计、开发施工和销售管理均没有形成完整的产业链，难以适应市场需求。

要实现农村住房建设的持续稳步发展，我建议：

在农村集中住房建设中，要以农民为实现利益的主体。宅基地是农民生存和发展的基础条件，对农民具有基本保障功能，要保护农民宅基地的利益，在农村住房拆旧建新活动中，应对宅基地及其住房进行合理的估值估价，以市场资产价格评估为基础给农民以补偿。在农村集中住房建设过程中，政府应该承担农村社会改革的必要成本，制定鼓励农民集中建房的政策。此外，对搬迁进入城镇的农民要以系统方法综合解决其就业、分配、福利等问题，给予农民与城市居民平等待遇。总之，旧村改造，集中建房，应坚持自愿原则，尊重农民意愿，既使农民住房条件得到改善，也使农民生活水平不降低。

多种渠道筹措农村住房资金来源。发展农村经济，增加农民收入。收入增加农村居民才有能力提高居住消费水平，改善农村居住条件。再者，建立农村住房的信贷制度，扩大农村有效担保物范围，加强农民宅基地确权登记，依据《物权法》及有关政策试点宅基地使用权的抵押。

科学编制村镇体系规划，加快农村基础设施建设。首先，各地农村要按照不同地域的情况特点，确定各地小城镇、中心村的发展规模与方向；编制村镇规划，对行政村进行重组整合，合理确定中心村的空间布局范围。其次，在小城镇建设中，要完善公共服务设施建设，在相关配套设施建设条件不具备的自然村，要加强研究适于当地环保使用的集约式沼气工程技术、生活污水处理技术、人畜粪便处理技术等，配备简便的基础设施，使农民真正用得上、用得起。

逐步推进农村住房产业化，提高住房质量。要进一步完善住宅规划设计规范和标准，加强标准、规范的实施，积极推广适合于村镇住宅建设的新材料、新技术、新产品，以科技进步、科技开发带动农村住宅产业化，并把节地、节能、环保等新要素考虑到农村住房建设中。住房产业化是农村住房发展的必然趋势，可以首先推行住房产业化建设示范村的试点工程，建立村镇建设的产业化经营组织网络，使农村住房建设更好地满足农村居民发展生产和改善生活的需要。

张宝文：农业是国民经济的基础。没有农业的现代化就没有整个国民经济的现代化，没有农民的小康就没有全国人民的小康，没有农村的和谐就没有整个社会的和谐。农民是中国的脊梁。要让全国人民生活的更加有尊严、更加幸福，首先就要让9亿农民先获得尊严和幸福。作为参政党，我们要继续围绕党和政府的工作大局和重点部署，结合自身的优势和特点，关注“三农”及其他重大课题，履职为民，参政议政，为实现全面建设小康社会的目标作出更大贡献。

（摘自《群言》2001年第4期）

加快文化强国建设　促进文化繁荣发展

编者按：在全国政协十一届五次会议期间，民盟中央邀请部分专家学者，以“加快文化强国建设 促进文化繁荣发展”为题进行座谈，现将大家的发言刊载如下。座谈会由民盟中央副主席张平主持，出席座谈会的有（以姓氏笔画为序）：

刘庆柱　中国社会科学院考古研究所原所长、中国社会科学院学部委员

朱乐耕　中国艺术研究院艺术创作研究中心主任

吴为山　中国艺术研究院美术研究所所长、中国雕塑院院长

张抗抗　中国作家协会副主席、国务院参事室参事（书面发言）

李崇富　中国社会科学院马列所原所长、中国社会科学院学部委员

陈　醉　中国艺术研究院美术研究所理论研究室主任

单霁翔　故宫博物院院长（书面发言）

梁晓声　北京语言大学教授

潘公凯　中央美术学院院长、中国美术家协会副主席

张　平：近年来，随着经济社会的不断发展，文化建设问题日益受到党和政府的重视，有关文化建设的各种论述和建言也成为各界谈论得最

多的话题之一。中共十七届六中全会通过的《中共中央关于深化文化体制改革 推动社会主义文化大发展大繁荣若干重大问题的决定》以及最近刚刚公布的《国家"十二五"时期文化改革发展规划纲要》，标志着文化越来越成为国家强盛、民族振兴的重要保证；标志着我们真正走出了一条中国特色社会主义文化发展道路，开创了文化建设新局面；标志着社会主义文化强国建设在理论和实践上进入一个跨越发展期。如何落实《决定》和《纲要》精神，分析、思考和解决当前文化建设和发展面临的一系列问题，如何变文化的春天为葱郁的夏天和丰硕的秋天，进一步深化体制改革，持续加大文化投入，加快速度培育成熟健康的文化市场，让被解放的文化生产力日益强盛壮大应是必经之路、必由之路。

不要让文化发展变了味

刘庆柱：如何促进文化繁荣发展是一个需要好好研究的问题。在我看来，人之所以区别于动物，最重要的一点就在于文化。以前我们一般说人和动物的最大区别在于劳动与制造工具。随着科学研究的深入与发展，人们逐渐证明了动物也具有劳动的本能和制造工具的技能，而从目前我们所掌握的科学知识来看，动物可能没有我们人类那样的"文化"，因此我觉得人和动物最主要的区别可能就在于人类有"文化"，"文化"应该是人类与动物世界的最重要区别。

按照我们现有的历史认识，文化的发展变迁也像人的进化一样，打个比方，"文化"有自己的"基因"，这些"文化"的"基因"中，有"变异基因"和相对稳定的不变"遗传基因"，而后者就是属于文化"传承"的那部分，这也就是经过数千年历史发展所形成的"中华文化"或"中华民族文化"，这是我们中华民族立于世界民族之林的"根本"，这是中华民族不同于世界上其他"民族"的"中国特色"，"中国人"之所以称之为"中国人"就在于此。我们现在所说的文化大发展、大繁荣的前提是在

“传承”中华文化、中华民族文化基础之上的“大发展”与“大繁荣”。

说到文化建设，我觉得有一点要认清，就是发展文化事业、文化产业的目的不是为了增加GDP，其根本目的是为了提高人的文化素养。世界上没有一个国家是靠文化GDP的增长来发展社会经济的。文化如果只为了挣钱，那就违背了文化的原意。文化的主要功能应该是“化文”，就是使人变得更“文明”。而不是一提文化建设，就是盖多少座大剧院，组建多少个集团，将多少文化“产业化”。现在提出文化问题的历史背景，主要是因为文化的缺失或者说和文化相关的精神的缺失，比如信仰的缺失、公信力的下降、社会道德的沦丧等。这几年发生了一些触及人们道德底线的事，尽管是极个别的，但其反映出的苗头必须引起我们的注意。

文化遗产问题也是一样，如今借“申遗”之名对文化遗产进行不负责任的过度开发，重利用轻保护的现象很严重。尤其是盲目复建所谓文物古迹，使真实的历史信息遭到破坏，造成的是无可挽回的保护性破坏，这与“申遗”的初衷完全背道而驰。文物资源是不可再生的，绝不能掠夺性开发，不能竭泽而渔。文物保护与旅游开发并不对立，但不能颠倒顺序、喧宾夺主，把经济利益摆在最前面，首先想的是怎么赚钱，计算可以吸引多大游客量，周边可以开多少商店以及附属产业，而忽视对文化遗产及其周边环境的保护。我们必须警惕一哄而起的“申遗”背后的动机。

发展文化不是说要唱多少歌、跳多少舞、拍多少片子、赚多少钱，而是怎样去提高人的文化素质、人文素养。现在有些人在文化素质方面不仅是缺失，甚至是走向了另一面，学了一些不好的东西。这才是矛盾的主要方面，是发展文化最应该注意的。这个问题解决不了，而是笼而统地去谈文化形势一片大好，出了多少部电影，盖了多少大剧院，是没有实际意义的。人的文化素质的高低，是鉴定文化工作的标准。

我觉得应该养一批文化人，能让他们轻轻松松搞文化，尤其不要为钱想太多。要将文化作为事业来做，不在多，而在精，要拿出精品文化，不要鱼龙混杂，只追求数量，为了花钱而花钱，搞文化大跃进。否则很可能就剩下一批文化垃圾。我们要敬畏文化，正确对待文化、科学地发展文化。要认清文化不只是为了娱乐，娱乐是为了更好地把文化传承下去，达到更好的教育目的。为了娱乐而娱乐已经偏离了文化的初衷。

还有一点要强调的是，我们要分析自己的文化基因。泛泛地提中华民族具有5000年的悠久历史和优秀的传统文化是不行的，只有“传承”、“发展”之类的口号是不够的，因为它并没有明确我们究竟要传承什么、摒弃什么、发展什么？以及如何传承、如何发展。这些是当今文化大发展、大繁荣的前提。应该说，在这些方面我们现在做得还不够。

文化建设一定要抓住关键

李崇富：我们国家的文化软实力，即中国特色社会主义文化，虽然也有了相当程度的繁荣和发展，而且文化体制改革正在推进，文化环境趋于宽松，一个文化事业和文化产业发展的新高潮正在到来。这是喜人的一面。但也有发展相对较慢、存在薄弱环节的另一面。这主要是，我们对文化发展的关键问题，抓得不准、不实、不到位，在文化繁荣发展表面的背后，存在着不足和隐忧。在这方面，有两个突出问题应当正视，必须逐步得到有效应对和解决：

第一是全民的思想道德素质提高较慢，甚至存在比较普遍的社会道德滑坡、诚信缺失现象。应对肯定，我国在发展市场经济的条件下，人们追求合法和正当的利益，是无可厚非的。然而，这种追求应该是有法纪、有边界、有分寸的。社会经济生活固然是基础，但不能代替健康的精神文化生活、社会道德生活。目前，社会上最突出的问题，是急功近利、拜金主义的心态普遍存在。人们有了钱，并不一定就能够提升文化品位、提升道德素质。

第二是比较普遍存在的“信仰危机”问题。这主要是指在部分党政领导干部中，腐败现象有愈演愈烈的蔓延之势。我曾经见到过几个“落马”

高官，都是嘴上能说会道，但却五毒俱全，台上反腐败，台下搞腐败。这表明，腐败问题的根源，就是因为这些人的信念崩溃了、理想丧失了、立场动摇了、思想堕落了，披的是共产党员外衣、罩着领导干部的光环。但他们往往具有“双重人格”，是“两面人”，说一套、做一套。这种情况，一时还难以扭转。

所以，我们的文化建设，我们国家的主流意识形态，必须坚持以马克思主义为指导、为主心骨。近几年，我在讲学和授课时，总是在提倡一个观点：我们要努力做到“四真”，即对马克思主义要真学，不要装样子；要真懂，不要一知半解；要真懂才能真信；要真信才能去真用。如果做不到“真学、真懂、真信、真用”，那就是假的，我们的文化就丧失其品格和灵魂，就谈不上中国特色社会主义文化的发展，更无法建设文化强国。

以上这两个问题都涉及我们文化发展的性质和方向。现在，我们讲社会主义核心价值体系也好，讲社会主义核心价值观也好，提法很多，但我觉得其实很简单。对社会主义来讲，我们的主旋律就是爱国主义、集体主义和社会主义，其核心是集体主义。它要求我们正确处理个人与周围的关系，包括个人与他人、与集体的关系，小集体与大集体的关系等，要将个人的合法利益与集体利益、局部利益和全局利益有机结合起来。而社会主义价值体系或价值观的核心问题，其实质就在于要不要集体主义，是不是集体主义。可以说，社会主义价值观的核心，就是集体主义。

社会主义的主流意识形态、核心价值观的实质，就是要反映和维护社会主义经济基础，在现阶段，就是要坚持和完善公有制为主体、多种所有制经济共同发展的基本经济制度、基本的经济关系，并为这种经济关系的巩固和发展服务。这就必然需要兼顾个人利益和社会利益的集体主义。这个问题不要复杂化，不要神秘化，不要提一些中性的、似是而非的思想主张。

我认为，我们全民族的包括道德素质在内的综合素质，要想得到不断提高，干部的主观世界要想得到完善和净化，当然离不开社会主义精神文化的建设和滋养。然而，其中关键性的问题在于执政党，关键中的关键在于执政党的领导干部。只要我们共产党这个执政党的主体不出大问题，中国社会就不会出大问题。文化建设也是这样，我们的干部一定要以身作则。

总之，我们的文化建设，一定要抓住这个关键，去找文化发展的现实源泉和正确的发展思路，破解文化发展难题，才能有真正的文化进步，才能实现中国特色社会主义文化的大繁荣大发展，才能建成文化强国。

加大文化投入　提升文化软实力

陈　醉：文化确实有一种亲和力，有一种不需要剑拔弩张就可以促进沟通甚至友好相处的功能，这就是将文化称为软实力的原因。它不是需要强权征服，而是通过一种共同的审美情趣、爱好把大家的感情联系到一起。我们需要这种亲和力，同时也应该善于运用这种亲和力。海峡两岸关系还有国内外很多问题的解决，都不妨借此先行，以文化为纽带，搭建互相沟通和理解的桥梁。

目前国家对文化的投入与教育和卫生相比还是太少。文化发展需要钱。公益性文化完全需要国家财政支持，而另外一部分要依靠市场来发展的文化也需要进行投资运作。如果我们不加大文化投入的力度，文化发展很可能还是滞后。为什么很多国家，尤其是美国愿意花大价钱来收购我们国家所谓带有一定不同政见的作品？这就是一种文化战略。因为很多人会为了卖高价去迎合创作，从而就在很大程度上影响了国内艺术的创作导向和文化市场的发展。反过来，如果我们国家的文化机构、收藏机构，也能以同样的投入，并在各方面给予相应的支持和鼓励，来激发大家对主旋律题材作品创作的热情，这样根本不用依赖什么强制手段，依靠经济杠杆的作用自然会引导艺术沿着社会主义需要的方向发展。

还有一个问题我觉得很关键。1949年以后几十年来我们培养了大量的优秀画家、艺术家，现在也有很多想往投资领域发展的人，但从事艺术品经营的专业人才十分少。应该加紧培养一支会经营、懂管理、能够有效充当艺术家和投资者中间桥梁的人才队伍，从而更好地规范拍卖、画廊等艺术品市场。

要重视传统文化的现代转型

潘公凯：正如刚才大家所说，中央这样重视文化，的确是个难得的机遇。但现在社会状况确实也有令人担忧的一面，假冒伪劣之风比较厉害，食品掺假、假酒、假艺术品、假画等等。这些大家都耳闻目睹地感觉到，但又说不出其原因何在。刚才李所长谈到的信仰问题是重要原因之一。人一旦没有信仰，就没有了底线。有了信仰，至少有了一个约束。

民族的信仰是要长期积累起来的。所谓好人也是人性中原本善良的一面。人们要相信善良的真实存在，要相信善良最终会得到大家的认可。如果连这些基本判断都没有了，就没有人愿意善良了，也不愿意去相信。不相信善的存在，不相信有可信任的人，这是社会的大问题。

梁晓声：人们最初是相信善良的，如果一代又一代地相信，十年二十年地相信下去，到最后，就会变成一种本能。真善美就会像生理基因一样已经渗透到了每个人的心里，根本不需要一日三令五申。精神的东西能不能变成物质的基因？科学证明是可以的。但反之，如果一代代的人都不相信善良了，很难想象我们的后来人、我们的社会将变成什么样子。

潘公凯：学校教育对年轻一代固然重要，但在现实中，社会和家庭对下一代的潜移默化更为关键。如果学校、家庭、社会不能给孩子形成一个崇尚真善美的整体氛围，那孩子就很难教育了。现在提重建核心价值，但核心价值不是一个从无到有新造出来的东西。中华民族几千年的文明、优良的文化传统就是我们的财富。孔孟之道就是中国社会延续了两千年的核心价值。关键是如何将它的精髓思想在当代社会中以现代的形态表现和弘扬出来，让孩子们去自然地接受。仅仅是把“四书五经”、《三字经》重印多少册，让孩子去背，虽然也是一种方法，但是生硬、简单的，不是主要的。简言之，中国的传统思想、哲学、人文道德需要经过一个现代转型的过程。

20世纪初，中国被西方列强肆意侵略，人们一度将这归咎为祖宗不好，所以要革祖宗的命。好比两个大户人家，一家逐渐兴盛，感激祖宗积德，而另一家逐渐败落，则大骂祖宗。这是一种消极的怨恨。中国的20世纪一直在骂孔夫子、骂传统文化、“破四旧”，虽然是有历史原因的，但只批判还不行。后果就是我们现代和传统的东西接不上。在过去100年中，中国的传统文化只是被批判的对象，而没有时间和条件去实现其现代转型。何为转型？比如西欧文艺复兴的口号是复兴古希腊文化，其实是重建了欧洲的现代文化体系。所以从文艺复兴到启蒙运动这样一个长的历史阶段中，欧洲知识分子做的事情就是使得古典的欧洲文化经历了一个现代转型过程。这期间出了很多思想家，如笛卡尔、康德、黑格尔、马克思……他们建立起了各种各样的学说，重新盖起了欧洲思想体系大厦，这个体系虽然与原来的思想有联系，但却不是照搬原来的东西。这就是我所说的传统文化的现代转型。而我们现在并没有实现这种转型。

转型的缺乏影响了我们传统核心价值的继承和新的核心价值的建构。不从理论上把这些事情透彻地讲清楚，而仅用简单的词汇和句子让现在的年轻人去理解、传承和发展文化，确实很难。

刘庆柱：其实中国学术界在上世纪二三十年代“打倒孔家店”之后曾反省过一次，打算研究怎样学习西方。但不久，抗日战争暴发了，继而是解放战争，接着就是对从孔夫子到孙中山的清理。这个清理不是继承，而是简单地一概否定、打倒，不研究、不分析。因此我说虽然表面看中国传统文化两千年绵延不断，但其实除了文字，其他核心的东西都断了。

向世界表述中国文化价值观

朱乐耕：文化是需要积累的。中国有着5000年的悠久文化，在传统文化中有很多优秀的东西，包括思想，都对世界产生了深远的影响。我们输出的不仅是产品，也是文化。比如毛笔，它不仅具有记事功能，还蕴含有艺术的成分，就是书法。我们很多经典的书法作品原本都是书信，比如古代的汉简，现在已成为中华民族的伟大艺术宝藏。而且毛笔对世界其他国家，尤其是像韩国、日本等亚洲国家也产生了非常深刻的影响，这些国家的人们也用毛笔写字。遗憾的是，现在我们自己反倒把毛笔丢掉了。

重要的是，我们丢掉的不仅是毛笔、书法，还有我们传统文化中对“德”的重视。社会主义核心价值观里面一个很重要的方面就是德。相比较而言，国外是法治国家，很多事情因为是违法的，所以不可以去做。而我们除了法之外，还有个德字，所谓修身就是以德来约束自己的行为。改革开放之后，我们的经济得到了长足发展，但是社会道德伦理的整体滑坡已经达到了相当程度。一个很重要的原因就是我们的文化出了问题。拿农民来说，以前我们的农民没有什么文化，但通过戏曲等各种传统的艺术形式仍可以认识到什么是好、什么是恶，接受很朴素的道德观念。现在随着大量农民外出打工，农村的文化生活愈发贫瘠，如何通过文化来提升农民的文化素质、道德修养？一段时期以来我们只是围绕经济在转，目标就是怎样赚钱，这是很危险的。所以国家对社会主义核心价值观的提倡很有意义。

文艺作品也是一样。优秀的文艺作品应该很好地体现中华民族的优良传统和当代一些新的思想，并能够很好地向全世界表述出来。

还有文化的创新问题。我们现在缺少有创造力的人，一个真正的大国应该是经济、文化双强盛。要将“中国制造”转化成“中国创造”，不仅需要科技创新，还需要艺术设计创新。我觉得现在整个中国的设计界问题很多，这与我们的文化大国地位不相称。非物质文化遗产保护是很重要的，它是对传统文化的重新认识，但不是简单地把那些东西完全复制过来，而要将优秀的传统文化作为一种资源去开发利用，毕竟时代在发展，传统文化在新时代也应该被赋予新的表现形式。在继承传统的同时，要将传统汇入现代，成为新的文化的一部分，成为这个时代艺术自主创新的一部分，这样才会有价值。在提倡艺术自主创新的同时，我们身为文化工作者，还要有社会责任心，要考虑国家利益、考虑全人类的利益。

我还想强调的是，文化是一个国家、一个民族重要的灵魂。国家的力量，不仅体现在经济上，还有一种精神的力量、文化的力量。这种力量非常强大，有时候甚至会超越物质。文化是没有国界的，它是整个人类的共有财富。我们看《钢铁是怎样炼成的》，看《老人与海》，都不会计较它的国别，而是注重作品中的人格魅力。还有欧洲那些伟大的音乐作品，都是全人类的共同财富。

相信随着我们对自身的不断反省，国家对文化的逐渐重视，对文化认识的不断深化，一定会涌现出一批好的作品。

文化最主要的是其思想力

梁晓声：通过文艺的娱乐功能来呈现文化的娱乐性，并不是文化的主要方面。文化最主要的一点是，通过文化思想的载体来呈现文化的思想力。娱乐的文化有种力量，这种力量有时候会使人变迁，集体的变迁，集体失去思想的能力和习惯。如若集体放弃这种能力，那集体就会变成思想上的一盘散沙。我们现在就是这样。

文化的思想力也是一种力，也很可怕，它首先要让你正视历史、梳理历史、反思历史，然后直面现实，说出自己最真切的感受。这种力量非常之大。现在我们说呼唤文化、发展文化，究竟是要它的娱乐的功能，还是思想的功能？我有个巨大的担忧，我担心今后中国若是出问题，一定会是文化的原因。

虽然现在国内正式出版的报纸杂志，已经有了一些对于近当代史的钩沉评论，但是绝大部分对于近当代中国历史、世界历史的描述并不是以主流意识形态，以庄重的、直面历史的形态展现在我们面前，可以说还处于一个以野史呈现正史的状态。当人们越来越多地通过这种途径来了解那些历史的时候，何谈信仰？

表面上看，目前我们的文化一片繁荣，雅有国家歌舞团，俗有二人转，文艺环境相对很宽松。但这里有一个问题，由于在政策上的种种规定、禁忌，导致有关新中国成立后那几十年历史的影视剧几乎是空白。当代影视题材只能集中在1980年代之后，但也不能涉及反腐、贫穷、矿难，直到现在这依然没有改变。最近有地方将我的《知青》拍成了电视剧，但因为涉及重大的历史题材，仍然在层层审批，不得播出。

我总结，今天一个所谓的好的文学家的创作要有几个标准：一是要自觉参与漂白历史；二是要热忱讴歌现实；三是一定要提高自己娱乐大众的才华和能力；四是对于我们"左"的东西要以最大的肚量去包容；五是要最大程度地警惕欧美的文明和文化对我们的侵蚀。试问，以这样的文化心理，我们如何能够"走出去"？

还有，我今天看到一则消息，有政协委员替官员说话，说官员首先也是公民，享有公民权，他们的儿女只要用自己的钱出国，就不要去过分指责。但我以为，首先，官员不是一般的公民，他是公仆，对公仆是有要求的。其次，对公仆们的儿女出国、乃至在外工作我们无可厚非，问题在于他们自己总摆出一副教育别人的腔调，开口闭口"难道外国就一定比中国好么"、"我们要警惕外国的……"，这样的社会还有诚信可言么？

究竟什么是真正的文化

吴为山：新中国成立后前30年以阶级斗争为纲，改革开放30年以经济建设为中心，现在走进了一个以文化为引领的时代。我认为，如果再有

30年，中华文艺复兴、民族复兴其前景可观。现在谈文化建设，但对于究竟什么是真正的文化，我们应当深入研究。我认为文化有三个形态：第一个是文字形态，文以载道，文字是用来记述历史、承载思想的；第二个是造物形态，就是造型，每个时代的不同造型都承载着不同的文化；第三个是方式文化，就是我们的行为方式，人们之间的关系。我们现在已经逐步用西方的很多习惯取代了自己原本的方式文化，许多礼仪、生活方式逐步西化，原因是我们文化的自觉与自信的弱化使然。现在有多少人系统地学过中国的传统文化？文化是一个民族赖以存在延衍的血液、灵魂。它是精神、价值观的凝聚。优秀的传统文化是核心价值体系的重要组成部分。所以说，我们现在谈文化要务实，要研究文化的本质，不能空泛的谈文化，更不能把一些表面的形式作为文化进行产业化复制。

作为一名艺术家，如何向世界传播中国文化？在国际交流中，一个艺术家，一定要体现出自己应有的价值观，这样你才能获得自己的尊严、国家的尊严。

张　平：我以为，推动文化大发展大繁荣，提升文化软实力，必须坚持“两力”并重，两手抓、两手硬。软实力必须硬投入推进、硬实力支撑、硬措施支持、硬指标衡量。反过来，软实力增长又为硬实力增长提供支持和保障。正确处理好两者关系，正确处理好投入与产出关系，对当前文化改革发展意义尤为重大。

虽然现在文化建设得到了相当的重视，但我们也应当清醒地看到，体制改革非一日之功，文化大发展大繁荣也非一时之力。目前，虽然新体制的嫩芽已经显示出强大的生命力，但在传统体制下束缚多年的文化主体还缺乏适应文化市场的活力和能力，文化市场也还远未成熟和发达，传统文化体制的弊端和影响力仍然在一定范围内发挥着作用，影响着文化生产力的成长和发展。而文化上的投入不足，对于刚刚体制改革后的文化主体和文化产业的影响和伤害是巨大的，长远的。目前文化产品还难以满足人民群众多样化、多层次、多方面的文化需求，文化市场也远未成熟。解决这些问题需要活力更需要动力，需要进一步加大投入更需要投入的持续性、因此在深化体制改革的同时，持续加大文化的投入，让文化投入法制化、制度化、规范化、程序化，是确保改革成功的正确途径和有力保证。

从经济发展规律来看，产业发展需要有资本，需要政府扶持和引领，只有如此才能逐渐使产业做大做强。我国文化产业走过十多年历程，尽管已取得积极成果，但总体而言，总量小、链条短、主体少，离成为国民经济支柱性产业还有相当距离。分析国际文化产业发展实际，文化产业都是在经济、科技相对发达的国家或地区兴起的。而我国是发展中国家，经济社会发展水平还比较落后，文化产业基本处于起步阶段。如果没有政府的大力支持，没有相当数量的投入，资本逐利的本质必然会强势显现，体制机制改革所预期的目标必然会大打折扣以至偏离方向。在这样的关键时刻，加大国家支持力度，对文化产业快速发展以及文化大发展大繁荣无疑是至关重要的。

我认为，首先，国家财政每年应按照一定比例，保证文化的投入和支出，特别要明确要求公共财政对文化建设投入的增长幅度。制定支持和保障公共文化服务体系建设投入办法，将主要公共文化产品和服务项目、公益性文化活动纳入公共财政经常性支出预算。并通过党委决断、政府推动、人大立法的程序，促使文化投入尽快步入体制化、制度化、规范化轨道。其次，国家发改财政等部门每年应安排一定数量的基础文化设施建设项目和资金，尤其是农村文化基础设施建设项目和资金，以进一步巩固成果和提升覆盖面、提升服务水平。第三，对转企改制的国有文艺院团，应在演出场所、排练场地等基础设施建设方面有硬性规定，使之成为文化体制改革的配套工程和必备工程。第四，必须进一步加大财政、税收、金融、用地等方面对文化产业的扶持力度，研究制定对文化产业实行税收优惠的具体办法。文化投入一定要理清对象；对精英文化要扶持发展，对主流文化要优惠发展，对商业文化要规范发展。第五，要积极运用市场机制，探索公益性演艺服务共给方式。第六，各地应建立文化基金投资委员会，使对基金的使用更加合理、更加科学，用到最需要的领域。第七，除了对改制后文化团体的优惠政策继续延长5年以外，国家税务部门应根据文化产品生产规律和文化企业发展实际调整税收种类和数量，为文化事业和文化产业发展营造良好环境和氛围，同时设立国家文化发展基金，扩大有关文化基金和专项资金规模。第八，适时成立“国家文化功勋荣誉制度”，对文化功勋人士予以奖励和发放津贴，并将其列为国家财政专款。

总之当前我国文化改革发展正由政府驱动、体制驱动向市场驱动转化，政府和体制在文化改革发展中仍扮演着重要的角色。文化体制改革在我国改革开放以来已有多年的丰富经验，因而应该有更高的起点。要不断创新财政投入方式，加快发展多元化、社会化的文化投融资机制，实现我国文化产业机构、区域结构的不断优化，呈现出文化精品迭出、文化人才辈出、文化产业快速发展的繁荣局面。

当我们谈论文化的时候，我们究竟在谈论什么？

张抗抗

去年以来，“文化”成为一个热词。“文化”的热气热潮热浪，从上到下扑面而来，各地政府纷纷投入大资金，建设文化创意园区；以大手笔改造文化硬件设施，很气派很魄力很炫目。

惊喜的同时，我也心存些许疑惑。已有学者发出忧心的警示：盲目的拆建与重组，是否会造成新一轮的文化破坏？

不得不借用那个绕嘴的句式：当我们热衷于谈论文化的时候，我们究竟在谈论什么？

文化也许是汉语中一个较为模糊宽泛、包罗万象的词汇。文化象征国家的软实力，但也可以是不堪一击的软肋。文化可让国民成为精神的巨人，亦可沦为卑微的奴婢。历史已有多次的惨痛教训——当文化作为工具被使用的时候，它遮蔽丑陋、覆盖真理、制造虚情、迷惑人心。在当下社会急功近利的内在动机下，文化之于官场，可成为浮面的政绩；之于商人，可成为高额的利润。文化从业人员完全可能成为文化“空心化”的代言人，而那些真正“有文化”的知识分子，只是文化边缘的“旁观者”。并非危言耸听，由于历史上多次的文化断裂与毁坏，由于文化重建过程中各利益团体的争夺，文化又一次面临被强暴被伤害的可能，文化将消失在文化喧嚣的泡沫中。

记得前些年，流行那句来历不明的口号：“文化搭台，经济唱戏”。当时曾满腹狐疑，觉得两个主语的排序似乎安反了。

如今，终于回归“经济搭台，文化唱戏”的本位了，哪怕是“文化搭台，文化唱戏”，也可见社会的进步。再进一步，怕就是轰轰烈烈的“文化产业运动”了。

商业时代，发展文化产业无可厚非。在某种意义上，文化产品是滋养情智的精神消费品。文化艺术原本便是天地精华之凝露，是一个开放的循环系统。以产业形式促其自身强大的内在推力健康生长，可让更多的民众在享受文化艺术成果的同时，成为文化产品的传播者、成为推动产品效益的参与者，文化才能拥有强大恒久可持续的生命力。

然而，文化产品的精神属性，决定了它非商业消费的另一特征。文化不仅仅是用来“产出”的，而是用“投入”来“孵化”的。在“以文养文”的同时，更重要的是“以文养心”。这一个“养”字，不是“豢养”的养，而是“怡养”的养、是“补养”的养。一个民族的“文化”往往表现在国民的言行举止、日常生活细节；体现在城市街巷、乡镇村落生动鲜活的精神气象。文化不仅是“产品”，而是每一个生命个体的“气血与骨髓”，运行在人体的深处，悄然为灵魂输送养料。它无处不在，却常常遁形无影，化为气质与品性、道德与学养。

不能把知识简单等同于文化。科技知识、文化设施与“文化”的关系，犹如电脑硬件与软件开发。例如“云计算”的创意，为计算机提供了无限大的数据运行平台。

于是，这些年的“两会”和其他场合，我一直为著作权的保护而呼吁；为尽快修改《著作权法》而奔走；提议影视界设立最佳改编作品奖，建立健全的激励机制，以尊重并鼓励原创文学作品；倡议政府对传统书业和实体书店加大政策性支持……

说了10年，说到连自己都厌烦了。

却还要在这里再说一句：文化产业的发展，只能是繁荣文化这个系统大工程的一个轮子。文化产业与文化事业并驾齐驱，才是文化之鹰展翅翱翔的双翼。只有当每一个国民都成为“有文化”的人，这个“文明古国”才会成为真正意义上的文化强国。

在这个意义上，我们谈论文化的时候，首先不是谈论“文化”的“物化价值”，而是探讨通往“文化”滋养人心的“化境”之路，究竟在哪里。

文化遗产保护应该是一项全民参与的事业

单霁翔

2005年国务院发布《关于加强文化遗产保护的通知》后，“文化遗产保护”这一概念呈现出比以往“文物保护”的概念更加深刻、更加广泛的面貌，进入公众的视野，引起了社会的普遍关注。

有人说文化遗产保护会阻碍社会发展，这是观念意识上的误区，必须纠正。事实上，文物保护与社会发展可以共赢。关键要看用什么样的文化理念看待城市建设与文化遗产保护的关系。如果将城市中的或身边的文化遗产看做是城市建设的“绊脚石”、地区发展的“拦路虎”、环境改善的“包袱”，那么就不会尊重文化遗产，甚至“欲去之而后快”。但是，如果将文化遗产看做是城市的宝贵文化资源，是“我有他无”的文化特色，是改善广大民众生活质量的积极因素，是留给子孙后代的文化财富，就会对文化遗产倍加爱护，就会给予文化遗产更多的尊严。因此，我们应该站在人居环境保护的高度看待文化遗产保护。近年来在人遗址保护和国家考古遗址公园的建设方面，在大运河、丝绸之路、西湖文化景观的保护方面都充分说明了这一点。

尽管文化遗产需要全社会的关注和呵护，但是它们需要的不是人们给予的怜悯式保护，而是需要人们真正认识到文化遗产对于城市发展和改善市民生活所具有的不可替代的价值，并给予积极的保护。在新的时期，应主动发挥文化遗产的多方面综合作用，使文化遗产进一步融入社区生活、融入经济发展、融入城市建设，既给专业人士，但更多的是给民众以精神的、情感的、美的享受和启迪。通过精心的保护，使文化遗产成为当地最值得骄傲的场所，使文化遗产地成为当地最美丽、充满文化气息的地方。今天在文化遗产保护和城市文化建设领域，需要运用“积极保护，整体创造”的理论展开实践。

在文化遗产保护的过程中，我们尤其强调“公众参与性”，强调文物保护是广大群众的共同事业。长期以来，很多普通民众甚至不少文物保护机构和人员，都将文物保护工作视为专业的、部门的、行业的、系统的工作，认为与老百姓自己的现实生活关系不大。过去我们强调文物保护事业得不到社会的支持和理解，往往比较多地归咎为全民文化素质有待提高的原因上。但是实际上更重要的是我们在保护工作中，忽视文化遗产与当地民众在亲缘、血缘、法缘、地缘、情缘等方面的联系。我们应该调整文化遗产保护的理念，加强对保护文化遗产意义的宣传。

大量实践表明，广大民众对故乡故土的文化情感难以割舍，当地民众对家乡的文化遗产充满深情。不论是陕西宝鸡眉县杨家村的农民们在生产劳动取土时，发现珍贵青铜器窖藏后，主动上交给国家的事迹，还是贵州黎平县地坪乡侗族民众在村中的风雨桥被洪水冲垮时，集体跃入洪水，拼死打捞风雨桥的构件，将其运回家乡，使地坪风雨桥得以重建的事迹，都表达出普通民众与当地文化遗产之间的深厚情谊。

今天文化遗产与普通民众现实生活之间的联系越来越密切，无论是工业遗产、乡土建筑、20世纪遗产等新型文化遗产，还是历史文化街区、历史文化村镇，都存在于普通民众生活社区。只有每一个人都有保护文化遗产的权利和义务的时候，文化遗产才是最安全的。否则，民众不珍惜、不保护、不传承文化遗产，文化遗产就会在各地处于一种尴尬的境地，有的甚至在不慎中被损毁。因此我们必须尊重和维护民众与文化遗产之间的关联和情感，保障民众的知情权、参与权和受益权，同时，将“文化遗产日”、“国际博物馆日”等作为全民的文化遗产节日，鼓励社会民众参与文化遗产保护的热情。我想只有当地民众倾心地持久地自觉守护文化遗产，文化遗产才可能拥有自己的尊严，有尊严的文化遗产才有强盛的生命力，只有全体民众积极投入文化遗产保护，才能使这项事业形成强大的社会力量。

（摘自《群言》2012年第5期）

改革红利惠及民生

编者按：群言杂志社召开“改革红利惠及民生”专题座谈会，与会专家学者就全面深化改革、化解既得利益藩篱、发展成果惠及全体人民等问题发表见解。座谈会由民盟中央副主席张平主持，全国人大常委会副委员长、民盟中央主席张宝文出席会议并讲话。出席座谈会的有（以姓氏笔画为序）：

叶兴庆　国务院发展研究中心农村经济研究部部长

陈　淮　住建部政策研究中心研究员

郑功成　中国人民大学劳动人事学院教授

郑杭生　中国社会学会名誉会长、中国人民大学社会与人口学院教授

赵　晓　北京科技大学经济管理学院教授

贾　康　财政部财政科学研究所所长

赖德胜　北京师范大学经济与工商管理学院院长

张　平：“改革红利惠及民生”，内涵和主旨可以说一目了然。近年来，伴随着我国经济和社会各项事业的快速发展，一些深层次的体制机制问题凸显出来，积累了诸多矛盾，社会各界对进一步深化改革的要求和呼声很强烈。中共十八届三中全会通过的《中共中央关于全面深化改革若干重大问题的决定》（以下简称《决定》）直面问题，顺应时代趋势，作出了全面深化改革的部署，开启了新一轮改革，这必将影响我们国家未来几

年甚至更长时间的发展。改革的目的是为了切实改善民生。所以我们的座谈会主题定位在“改革”和“民生”这两个关键词上，其意义不言而喻。

张宝文：中共十一届三中全会以来，我国经济和社会发展取得了巨大成就，这是我们有目共睹的。

然而，随着国内外环境发生了深刻、复杂的变化，目前我们国家面临着一系列深层次矛盾和问题，前进道路上依然困难重重。发展不平衡、不协调、不可持续问题比较突出，科技创新能力不强，产业结构不合理，发展方式依然粗放，城乡区域发展差距和居民收入分配差距仍然较大，社会保障、医疗保险、生态环境、食品安全、生产安全、社会治安等关系群众切身利益的领域，与人民群众的要求还有一定差距，等等。所有这些问题的解决，关键就在于深化改革。

“让发展成果更多更公平惠及全体人民”，这既是中国改革的价值取向，也是改革的最终目标；既是改革的最大共识所在，也是改革取得成功的深厚根基所在。无论是改革的核心，还是前行的方向，一言以蔽之，仍然是“民生”问题。要真正地凝聚改革的力量和人心，让广大人民群众关注改革、期盼改革、支持改革，就要通过改革释放出的红利创造更加公平的社会环境，给人民群众带来实实在在的利益。

民盟作为参政党，一直保持着“奔走国是，关注民生”的优良传统。近几年来，民盟中央连续对民生问题追踪调研、持续拓展、不断深化，对收入分配体制改革、社会保障体系建立和完善、城乡公共服务体系建设等重大题目建言献策，为这些领域的改革决策提供了很多有价值的成果。在全面深化改革进程中，我们大有可为。我们要增强推进改革的信心和勇气，始终坚持解放思想、实事求是，坚持从大局出发考虑问题，不断提高服务改革的能力和水平，为推动经济社会发展、促进社会和谐稳定作出贡献。

用制度创新持续释放改革红利

郑功成：我国正处在一个千年大变革时代，中共十八届三中全会做出的《决定》，标志着中国特色社会主义从自下而上摸着石头过河的时代，开始走向自上而下通过科学的顶层设计进入成熟、定型的时代，只要坚定不移地推进全面深化改革，未来10—20年将是整个改革事业最终成功并建成一个繁荣、富裕、文明的现代化强国的关键时期。

改革红利源于制度创新

中国的未来发展仍需要依靠全面深化改革来创造红利。《决定》包括16个部分总计60条，每一条又都包含极为丰富的内容，全面深化改革的目标、路线、方针均已明确。然而，还应当看到，传统的体制性障碍在各个领域依然存在，特别是在国有经济、教育、卫生乃至司法、政治等领域仍很深厚；近30年来形成的利益格局亦基本成形，各个方面的既得利益者可能扮演消极改革甚至反对改革的角色。改革客观上已步入深水区，不同领域、不同环节、不同利益相互交织，这使得当前我国面临着一种非常复杂的局面，肩负着双重的改革任务，既要进一步消除计划经济时代的体制性障碍，又须在复杂的利益格局下对以往改革的不足甚至失误及其后遗症进行再改革，改革的艰巨性显而易见。因此，当务之急在于进一步统一认识，努力凝聚改革共识，同时通过科学的顶层设计自上而下地推动各种制度创新，使《决定》尽快具体化为全面深化改革的行动方案。如果能够按照中共中央的总体部署，在清理传统障碍与现实阻力的条件下加快推进制度创新，一定能够继续赢得至少持续20年的改革红利。如此，则民族复兴的历史使命将会如期完成，成熟、定型的优良制度将始终维系着国家的长治久安与繁荣昌盛。这是一个非常值得期待、值得共同努力并可以创造辉煌的时代。

新时期制度创新的关键在顶层设计

经过30多年的改革实践，许多事情实际上已经看得非常清楚了。在改革目标、发展路径日益清晰的背景下，确实需要通过全面深化改革来促使各项制度在不断优化的条件下走向成熟、定型，这样才能给全体人民带来长久稳定的安全预期，而要做到这一点，关键在于做好顶层设计，并自上而下地加以推进。

必须突出全面深化改革的系统性、整体性与协同性，做好整个改革事业及各项制度安排的顶层设计。单项改革、孤军突进，是以往改革的老路，它可以取得一时成就，却无法奠定永固的发展基石。要吸取过去由于改革不同步、不协同而造成不良后果的教训。例如，由于机关事业单位与企业的养老金改革不同步，造成了两大群体养老双轨制的积重难返，导致了日益严重的社会矛盾；医疗保险改革因医疗卫生体制改革滞后而陷入多重困境，看病难、看病贵仍广受诟病；农民工进城务工的就业歧视在持续缓改，但传统户籍制度的樊篱却将其排斥在许多公共服务之外，致使城镇化的质量极低，等等。所有这些均表明新时期的改革既需要分清轻重缓急、先后顺序，又不能顾此失彼，而是需要以全局观、战略观、长远观，统筹考虑，均衡推进。

必须进一步确立中央的权威，自上而下地推进。目前面临的形势是利益格局多极化、价值取向多元化、诉求日益复杂化、行为方式多样化，甚至还存在着一些极端、暴戾现象；地方利益相对突出，部门利益尾大不掉，既得利益集团已经成形，加之国际环境更加复杂化，在这样的时代背景下，没有代表国家利益、全民利益的权威核心，将不足以有效引领国家继续朝着健康、持续发展的道路迈进。因此，在最高层级设立中共中央深化改革领导小组，是保证统筹全局的必要举措，必须坚决杜绝政令难出中南海的现象。只有进一步强化中央权威，自上而下地强力推进，才能破除地方、部门等的局部利益阻力，才能消除既得利益者的阻碍，才能确保国家发展进程中的全局利益、整体利益与长远利益。在全面深化改革中，还应当注意，不能以试点为由拖延改革与发展的时机，不能事事都搞试点，对看准了的事情就要大刀阔斧地推进。

核心任务是合理调整国家机关、市场主体与社会组织的关系，合理划分执政党、立法机关、行政机关、司法机关的职能与权责。当前困扰改革与发展前行的，主要是国家机关、市场主体与社会组织的关系未能理顺，国家机关一方面管了不该管的事，另一方面又在某些公共领域未能到位，确实存在着越位、缺位、错位的现象。因此，《决定》明确发挥市场的决定性作用，强调要充分调动社会各方的积极性，就是要充分发挥市场机制与社会组织的优势，让市场主体与社会组织主体在一个有序的社会结构中发挥各自的优势，这就要求对国家机关特别是政府及其部门的职责进行重新界定，明确划分政府、市场、社会的边界，打造一个廉洁、高效的有限责任政府。不仅如此，还需要合理划分执政党、立法机关、行政机关、司法机关的职能与权责，让立法机关发挥更重要的作用，让司法机关能够依法履行职责。新的权责布局应当能够充分调动国家机关各组成部分的积极性，发挥其有效性，这不仅对于促进国民经济持续发展是必要的，而且对于维护整个社会健康有序地发展也十分必要。只有如此，才能真正做到“让一切劳动、知识、技术、管理、资本的活力竞相迸发，让一切创造社会财富的源泉充分涌流，让发展成果更多更公平惠及全体人民”。

让科学的制度安排法制化。建设法治国家的关键是法制化，否则，不可能有稳定有序的社会经济良性运行，不可能有能够长期支撑社会安定和谐的安全预期。我国不搞西方的三权分立，但必须明确职责分工与权力制衡，只有贯彻落实好人民代表大会制度，才能在现有体制内广聚民意，才能进一步提升立法质量，并使国家更快、更好地步入法制化轨道。只有将成熟的改革措施与政策上升到法制的层面，司法才能更有作为，行政才能更好作为。因此，在全面深化改革的进程中，不能长期试而不定，不能过分强调改革弹性，而是必须高度重视加快法制化进程，真正实现有法可依，有法必依。就当前而言，法律还不健全，立法质量还不高，这意味着推进人大制度建设、加快立法步伐并尽快提高立法质量，已经成为国家持续发展的必要条件。如果科学的制度安排能够步入法制化轨道，则是改革成熟、制度定型的标志。

让发展成果更多更公平地惠及民生。我国的改革开放进程，同时也是民生得到持续大幅度改善的过程。然而，时代总会有局限性，过去一直强调渐进改革与鼓励部分地区、部分人先富起来，必然带来利益格局的失衡。当前劳动者报酬低、社会保障体系不健全、基本公共服务不能满足需求并在城乡之间、地区之间、群体之间不平等，即是改革红利尚未充分公平地惠及民生的反映。因此，应当按照《决定》中所明确要求的，要让发展成果更多更公平地惠及全体人民。适当降低政府和企业所得，增加劳动者所得，通过降低行政运行成本、减少低效甚至无效投入、杜绝财政资金浪费等，让更多的公共资源惠及民生，应当是十分必要的举措。

社会领域应成为改革红利的重要源泉

如果说前一时期可以主要依靠经济改革来释放活力，新时期却在很大程度上必须依靠社会领域的改革来获取改革红利。一方面，在过去30年间，突出以经济建设为中心，确实让我国取得了举世瞩目的巨大发展成就，但它也是以忽视社会领域的改革为代价的。经济社会发展的不协调、不同步，不仅导致了社会矛盾、社会冲突日益尖锐化和社会治理的明显落后，而且正在全面而深刻地影响着国民经济的持续发展与民生的进一步改善，它既使经济改革的红利打了折扣，又使深化改革需要付出的社会经济成本在无形中加速增长，例如维护社会稳定的代价就相当高昂，治理环境的代价更是难以计数。另一方面，社会领域的改革与创新，既可能为经济改革与发展创造条件，同时又是惠及民生的目标与手段的高度统一，客观上还与其他领域的改革交织在一起。如新型城镇化、城乡一体化、农业现代化、农民工市民化，以及财政体制、税收体制、国企改革等等，很难完全分清是经济还是社会领域的改革。因此，在全面深化改革的进程中，应当高度重视社会领域的改革与创新，并借此推动整个改革事业的顺利进行。《决定》用相当的篇幅强调推进文化体制机制创新、推进社会事业改革创新、创新社会治理体制等，无疑将充分释放社会领域的活力，进而使社会领域成为新时期改革红利的重要源泉。

在教育领域，应当确保人力资本投资更加符合国家发展需要与个人自由全面发展的要求，促进和维护教育公平是关键，落实以能力培养为核心的素质教育是重点，形成全民教育、终身教育格局是目标。只有打破现行教育体制，公平合理地配置教育资源，让教育事业按照教育规律全面发展，才能培养亿万高素质劳动者与合格公民，这是建设创新型现代化强国的基本条件，也是赢得长久改革红利的基石。

在就业领域，应当以提升就业质量为追求目标。必须真正消除城乡、行业、身份、性别等一切影响平等就业的制度障碍和就业歧视，同时，应当看到就业岗位增长对经济增长的依赖性在逐步减弱，对产业结构优化特别是第三产业发展的依赖性在逐步上升。当前大学生就业难，关键不是就业岗位的数量少，而是有质量的就业岗位不多，即要实现有质量的就业很困难。因此，应当认真研究新时期就业岗位增长的新途径，依靠产业结构调整与创造良好的制度环境来促进充分就业，通过进一步完善法制、强化行政监察来维护平等就业，通过构建发达的公共就业网络等让全体劳动者都能够享受到均等的就业公共服务，最终让劳动者真正享有平等、体面与尊严，从而持续激发他们积极向上并释放出无穷创造力。

在收入分配领域，特别需要围绕公正分配、规范分配和构建橄榄型分配格局采取重大措施，通过提低、扩中、调高政策取向的具体化，使已经失衡的利益格局逐步走向均衡，让收入分配领域的失范及乱象得到矫治。而这一过程中，提高劳动者报酬应当摆到特别重要的位置，再分配则应当加大调控力度，真正成为维护分配正义和实现全体国民共享发展成果的制度保障。不同群体之间的收入差距应当持续缩小，收入增长与基尼系数应当成为新时期评估各级政府工作绩效的重要指标。蛋糕分好了，利益格局相对均衡了，人们对社会公平的认可度就会提升，不同群体之间的社会对抗性就会弱化甚至消失，社会建设的成本就会下降，经济发展的水平必定上升。

在社会保障领域，必须在巩固已经初步普惠全民的基础上，尽快促使这一制度体系走向健全完备，同时通过全面优化现行制度安排，尽快提升制度的公平性，强化制度的正向激励功能，并保障可持续发展。特别是要打破城乡之间、地区之间、群体之间、体制内与体制外之间的权益失衡格局，推进机关事业单位养老保险制度改革，加快实现职工基本养老保险全国统筹，整合城乡医疗保险制度，实现社会救助制度城乡一体化，促使养老服务等社会福利事业真正步入社会化发展轨道。只有全面深化社会保障制度改革，才能促使这一重大制度体系从长期的试验性改革状态进入成熟、定型发展阶段，才能真正解除城乡居民的后顾之忧，化解社会风险与社会冲突，维护市场经济正常运行，实现更多发展成果更公平地惠及全体人民。如果能够建成一个公平、稳定的社会保障体系，就能够为全体人民提供长期稳定的安全预期，它带来的必然是居民消费良性扩张、就业持续增长、民生不断改善、社会安定和谐，这其实是当今最需要的改革红利。需要强调的是，人民福利一定要持续增长，要让人民过得一年比一年好，这是政府义不容辞的责任，既是政府工作的长久压力也是政府工作的永恒动力，但福利增长的责任务必要合理分担，即必须调动各方参与的积极性并共同分担福利增长的责任，才能实现制度的可持续发展。如果福利不增长，人民不满意，如果责任不分担，政府将无法承受。因此，关键在于合理均衡责任分担机制，确保人民福利持续增长。

在社会治理领域，必须大力培育、发展社会组织。一个健康的社会结构应当由政府、企业、社会组织共同组成并分别在各自擅长的领域发挥作用。如果没有发达的社会组织，政府与市场均可能陷入失灵状态，政府还会因无法满足社会需求而陷入被动局面。因此，发展社会组织不仅是满足公众需求和社会治理的需要，而且是让政府与市场更有效率的必要条件。在这方面，应当从政社分离入手，明确政府与社会组织的职能分工，凡是可以交由社会组织办理的事务，政府均应当退出，只扮演支持者、监督者的角色。为此，特别需要正向激发公众参与社会事务的积极性与活力，特别需要通过对财税政策的改革来充分调动社会资源服务社会，特别需要在各界共同参与的条件下实现对整个社会的有效治理。

当然，社会领域需要的改革创新还不止这些，它涉及社会的各个方面。只有重视社会领域的改革创新，才能在降低社会治理成本的条件下实现经济持续增长，并给全体人民带来实实在在的实惠。

改革红利的实现需要优化资源配置方式

郑杭生：改革的红利最主要体现在资源配置方式的优化改变。这种改变利国利民，有利于改善民生，更有利于改善弱势群体的状况，从而有利于从无感增长到有感发展。在中共十八届三中全会《决定》中，与社会学直接相关的三个领域是：健全城乡发展一体化体制机制；推进社会事业改革创新；创新社会治理体制。我着重结合新型城镇化问题，并适当联系社会事业改革、社会治理体制改革，对改革红利做一些分析。

优化资源配置方式才能真正产生改革红利

《决定》多次提到“资源配置”这个重要概念。

“资源配置”主要涉及资源由谁来配置、如何配置和配置什么三个基本问题，即配置的主体、方向和客体问题。

关于配置的主体。一般来说，现代社会资源配置的主体是政府部门、市场部门和社会部门。关于这三大配置主体之间的关系，《决定》从世界眼光总结了我国社会主义经济的实践经验，明确指出“要使市场在资源配置中起决定性作用和更好发挥政府作用”、“大幅度减少政府对资源的直接配置”。这是《决定》最重要的论断之一。

关于配置的方向。所谓“资源配置”是指各种资源在不同的使用方向之间的分配，大体可分为：有效的和非有效的配置，或者说低效的和高效的配置；合理的和非合理的配置；可持续的和不可持续的配置，即配置资源必须遵循高效、合理和可持续的原则。只有这样的社会资源配置方式，才能使有限资源的开发利用达到最佳效果。可以说，《决定》通篇都在研究现有条件下我们的各种社会资源如何更有效率、更加合理、更可持续地配置问题。

关于配置的客体。“资源配置”中的资源，其内涵是指一个社会及其个人赖以生存和发展所需的人力、财力、物力、机会等生产和生活资料。“资源”有多种分类，由于经济的基础作用，人们常常把资源划分为“经济资源”和“非经济资源”。社会学正是根据这种划分，合逻辑地把社会资源区分为三个层次：广义的、中义的、狭义的。广义的社会资源是包含经济资源在内的整个社会资源，它是经济资源与非经济资源的总和。中义的社会资源，是不包括经济资源的非经济的社会资源——政治的、文化的、社会生活的、生态的等。狭义的社会资源，是与经济资源相对的社会领域的资源——教育、就业、医疗、社会保障等。由于经济和社会因素互相嵌入，要把经济资源与非经济的社会资源截然分开是不可能的。《决定》事实上也是从这三种意义上使用了资源概念。在我国社会结构比经济结构滞后15年的情况下，进行社会体制机制的全面深化改革，对社会资源和社会机会进行高效、合理、可持续的配置，其改革红利是巨大的，但是难度和艰巨性也可想而知。

新型城镇化产生的改革红利是巨大的

中共十八届三中全会之后召开的中央城镇化工作会议，对推进中国特色的新型城镇化进行具体部署。会议紧紧围绕“以人为本”，很有针对性地提出了六大任务，其中既有战略目标也有实施路径，既有顶层设计也有细化保障。

六大任务为扎扎实实解决多年来未解决的难题——“农民如何变”、“土地如何管”、“资金从哪来”、“城市如何建”、“水平如何提高”、“城镇如何管”打下了基础，指明了路径。关于“农民如何变”，会议提出推进以人为核心的城镇化，提高城镇人口素质和居民生活质量，把促进有能力在城镇稳定就业和生活的常住人口有序实现市民化作为首要任务，而为了解决农业转移人口市民化难题，会议提出采取四类城市差异化落户的办法：全面放开建制镇、小城市落户限制，有序放开中等城市落户限制，合理确定大城市落户条件，严格控制特大城市人口规模；关于“土地如何管”，强调守住耕地红线，严控建设用地增量，以盘活存量为主；关于“资金从哪来”，提出逐步建立地方主体税种，鼓励社会资本投资；关于“城市如何建”，提出“两横三纵”城市化战略布局，还提出深入实施城镇棚户区改造，注重中西部地区城镇化，等等。

很明显，所有这些都涉及对各类资源——人、地、财等资源的优化配置，配置的方向倾向农村，倾向农民，倾向社会弱势群体，倾向中西部地区，从而改变了旧式城镇化以农村衰落为代价、把农民当作牺牲品、令农民充满怨气和不公平感的状况，而使人数众多的农民成为这种新型城镇化的主要受益者、受惠者。这就是新型城镇化产生的巨大改革红利。

社会事业改革产生的改革红利同样巨大

如果说新型城镇化的最大受益者是农村和农民，那么，社会事业改革的受惠面则更为广泛。

社会事业也叫社会民生事业，根据国家“十二五”规划中的说法，民生事业包括就业、收入分配、住房、社会保障，等等。中共十八届三中全会强调了社会事业体制机制改革的根本目的，确定了一些重点领域：实现发展成果更多更公平惠及全体人民，必须加快社会事业改革，解决好人民最关心、最直接、最现实的利益问题，更好满足人民需求。要深化教育领域综合改革，健全促进就业创业体制机制，形成合理有序的收入分配格局，建立更加公平可持续的社会保障制度，深化医药卫生体制改革。社会事业体制机制的改革创新，既涉及解决老百姓的“现实困境”，例如上学难、看病难、就业难、住房难等，又涉及解除他们的“未来焦虑”，例如养老难、失去自理能力后的养老更难等。如果说教育、就业创业、收入分配、医药卫生等体制机制的改革是着重解决“现实困境”的，那么，建立更加公平可持续的社会保障体制机制，则是着重解决“未来焦虑”的。社会事业涉及的各领域资源配置的优化所产生的改革红利，更直接与惠及民生有关。

如果从国内外更加广阔的视野来看，在国际，社会资源优化配置的总趋势是，大幅度减少输往国外的福利，增加本国人民的福利。此外，反腐败、反浪费所节省下来的款项将充实国库，有利于公共服务均等化的实施，同样有利于全体居民。这一切都将有利于公平正义度的提高，促进我们社会的良性运行、协调发展。

防止改革的“好经”被“念歪”损害改革红利

从历史的角度看，改革遭受挫折甚至失败，原因主要有两个：

一是遭到利益集团的反对，设置各种各样的障碍，使改革无法顺利进行。改革进入深水区、啃硬骨头，其实主要是指这一点。如果这一关过不去，改革的红利也难以实现。对此必须要有充分的思想准备。

二是改革的好经往往被不同层次的和尚念歪，这样，利民的改革理念很容易被扭曲成扰民害民的行为，从而引起大范围的不满和不认同，改革的红利也因此荡然无存。这同样值得警惕。

中央城镇化工作会议显然注意到这一点，规定城市规划“要一张蓝图干到底”，不能一任第一把手改一张蓝图，这也从一个方面堵住了某些既得利益集团各种各样谋私利的渠道。

针对不少地方热衷于圈地盖楼，“土地城镇化”以不同形式继续重复，而农民、农民工群体的幸福指数和公平感并未随之提高，会议提出要实事求是、因地制宜，要体现尊重自然、顺应自然、天人合一的理念，依托现有山水脉络等独特风光，让城市融入大自然，让居民望得见山、看得见水、记得住乡愁；要融入让群众生活更舒适的理念，体现在每一个细节中。其重要方面就是要防止新型城镇化这本好经念歪。

抓住改革不放，理顺制度安排和机制联结

贾　康：“改革红利惠及民生”的主题使我联想到“让全体社会成

员共享改革开放成果”这句话。后者还暗指现在仍有不能共享的因素。惠及民生这个“民”字，既包括中国的富人阶层，也包括生活在社会底层的人。总体来说，要让全体社会成员共享改革开放成果，就是要抓住改革不放，理顺相关的现代国家治理的整个制度安排和机制联结。

改革红利从原理上说就是解放生产力，而解放生产力则是要尽可能抓住我们可选择的因素，形成最具可塑性的制度创新和制度供给。改革红利的出发点和归宿是人本主义立场。

我想谈五点认识：

第一，在改革新时期，我们能否对经济发展指导思想及时纠偏。过去的传统体制使得我国经济僵化，活力不足，无法大踏步跟上时代的发展，所以改革开放初期对社会主义的生产目的进行了讨论，逐渐形成了近年科学发展观所明确要求的全面协调可持续发展。但要把这个目标放到现实生活中来看，问题着实不少，突出表现在GDP依然是这些年来被各个辖区的决策者们特别看重的指标。所以我认为需要进一步结合改革机制转换，按照社会主义生产目的的本原和内在逻辑，尽快推出可操作的合理化指标体系和政绩评价考量机制（可由粗到细动态优化），努力对经济发展的指导思想偏向加以相对及时地矫正，而始终保持让人民群众美好生活和我们的社会经济发展紧密结合在一起的状态。

第二，《决定》将市场对资源配置的作用从基础性提升到决定性，这个新的表述非常重要，它是在邓小平南方谈话20余年之后终于实现了与社会主义市场经济体制目标模式的语境对接。当然市场的决定性作用并不等于它能决定一切，市场也有失灵的地方。所以，政府在让市场发挥潜力活力的同时还必须充分发挥应有的作用。要真正使政府做到既不越位又不缺位，就要建立“以政控财，以财行政”的现代财政制度，这直接对应于现代市场体系，又对应于现代国家治理，是影响今后中国现代化进程非常重要的理念和逻辑链接。其中很关键的一点，就是能否在政府职能合理定位之上使政府的支出与事权完全呼应，在操作上能否形成可规范掌握的事权责任明细单、支出责任明细单。

在弥补市场局限的视角上，政府应努力维护社会的公平正义，使市场充分地公平竞争；在惠及全民的方面首先要考虑推进基本公共服务均等化，并以此为基础，通过财政等必要的手段进行适当再分配。

第三，改革的真正难点在于它进入深水区之后，如何突破既得利益的障碍，冲破利益固化的藩篱，这在现实生活中实施起来非常难。以现在老百姓关心的行政成本，即所谓的“三公”经费支出为例，实际上，老百姓现在看到的“三公”还都只是一些皮毛，高昂的行政运行成本更多来自整个政府“五层级”与“部门林立”的行政大构架。我们虽然也在试图推行行政层级的扁平化和“大部制”，但困难重重。如何将这些高昂行政成本真正压缩下来，从另一个角度讲就是更充分地把珍稀、有限的公共资源真正地用于民生，更好地扶助弱势群体，推进基本公共服务均等化，这是今后改革中应该予以重视并加以解决的大问题。

第四，要处理好短期利益与长期利益、根本利益之间的关系。在改善民生过程中，上述利益之间往往是不一致的，这就需要进行全面协调和权衡。随着我国进入中等收入阶段，人民群众对福利改善的预期被进一步激活和加速，在努力提高民众生活保障的同时，我们尤其要注意防范披上“民意外衣”的福利陷阱，避免让一些缺乏后劲的短期利益泡沫肆意膨胀，吊高民众胃口以致不可持续。改善民生，把握分寸是很重要的，否则，一旦过了界，所谓的“福利赶超”就会很快从云端跌落尘埃，而紧随其后的，就是整个经济成长、社会发展势头顿失。经验证明要想在中等收入阶段痛失好局后重回升势，难上加难。所以，我们必须居安思危，吸取当年发达国家，特别是拉美国家处于中等收入阶段时的教训，通过一系列的改革让民众在追求短期利益的同时，更好地认同长期利益和根本利益。

在触及百姓既得利益的问题上，我们要想赢得他们的支持，还要做大量工作。

第五，随着民众公民意识和纳税人意识提高，必然面临对民权的无可回避的诉求，所以要做好与民权有关的国家建设。现代国家治理强调的不是简单的自上而下的管理、控制、调控，而是包含了管理与自管理、调控与自调控、组织与自组织各种问题。我们一定要坚持加强民主化、法治化建设，一步一步往前推，这样才可能在发挥改革红利的同时，让全社会共享改革发展成果。而这个成果除了物质方面的改善外，一定要有文化因素，要将现代社会的综合软实力因素都融合进去，才是符合发展层次依次提高的规律，才能长久地真正惠及民生。

改革要着眼于“穷、富、公、财”

陈　淮：如何让改革释放红利，惠及民生，我归结为四个字：“穷、富、公、财”。

一是“穷”，即穷人的利益。我以为，不是说打土豪分田地、等贵贱均贫富就是照顾穷人的利益，而是要兜底，就是对于这个社会群体最低层级的利益能够在多大限度上给予满足。比如，最低生活费标准保障、最低工资制度保障，以及中共十八届三中全会提出的推进农业转移人口市民化相关问题等，都是在为穷人兜底。这既是对过去30年发展中弱项的弥补，也是释放红利最重要的因素。在保障问题上我们始终滞后。直到亚洲金融危机暴发，在危机逼迫之下，我们才真正开始大规模建立社会保障体系，今天所说的最低生活费标准保障、最低工资制度保障、养老金社会统筹发放、社会登记失业人口的保障等都是1998年以后才建立起来的。而与保吃穿、保就业、保养老相比较，住房的保障则显得更为滞后，这不能不说是一个缺陷。随着城市建设的发展，穷人对住房保障的需求越发迫切，我们亟须制定与最低生活保障相适应的最低住房标准及相关的救助条件。

二是“富”，即富人的利益。改革首先要尊重资本，尊重高效率资源支配者，要调动他们的积极性，这一点毋庸讳言。财富的创造依靠的是人，而非政策。我们之所以创新能力不够，不是因为自己的聪明才智达不到，而是因为有政策在阻碍创新。所谓惠民政策，就是要将那些阻碍人们富裕的政策破除掉。我同意茅于轼先生说的：替穷人办事，替富人说话。这句话非常深刻。

让改革释放红利，就一定要让全体人民各尽所能，各得其所。要把高效率的资源支配者、民营经济以及中小企业的活力都充分调动起来。中共十八届三中全会重提了2002年中共十六大报告中的一句话：让劳动、技术、管理、资本等要素的活力竞相迸发，让一切创造财富的源泉充分涌流。这句话很深刻，很重要。不要在改革尚未释放红利的时候就先把资产税摆出来，按照媒体的说法，那还不如“裸捐”，这种舆论导向实际上导致了富人纷纷抽逃资本，移民国外。

所以，要充分注意马克思主义经济学的观点：别以为资本的利益诉求就是利润。错了。资本的最大利益诉求是积累。什么是积累？就是不断扩大再生产。这是正宗的马克思主义经济学观点，《资本论》的基本论断。如果我们能够读懂这一点，就不要对富人攒钱发财那么害怕。

三是“公”，即公共利益。在释放改革红利的过程中，公共利益和个人利益有时并不一致。就当前社会利益诉求而言，问题最大、危机最严重的诉求，就是公共利益诉求。事实上，我们的城市中埋伏着很多公共危机。譬如，城市建设几乎没有减灾防灾、规避风险的能力和体系，经常是哪里漏水堵哪里，哪里楼塌修哪里。又如，面对雾霾、城市内涝等种种频发灾害，我们却缺乏有效的灾害应对体系，不论是举办过奥运会的北京，还是举办过世博会的上海，光鲜之下都隐藏着城市规划中存在的诸多短板。市政基础设施和安全保障系统的严重滞后、公共危机防范手段的严重欠缺，还有保险机制、救灾机制等诸多方面，无不体现出我们在改革和建设上存在着极大的失衡。

四是“财”，即财产利益。当今老百姓的诉求已不再仅仅是需要提供医保，提供就业或是涨工资，甚或是买得起房子，人们更加重视并且愈发强烈的要求要有私人财富的累积；人们不仅要求吃饱穿暖、衣食有余的小康，更要求殷实的小康、有家底的小康。对大多数人来说，财产性收入非常具体简单，就是有银行存款，有股票，有一套有产权的房子，通过资产增值的方式分享城市化的好处；而农民则要在种植获得的经营性收入、务工获得的工资性收入之外，通过土地要素资本等渠道增加自己的财产性收入。所以，在改革过程中，要调动人们的积极性，就必须注意到他们对财产性利益的诉求。

一言以蔽之，改革改什么？就是要把妨碍“穷富公财”利益的障碍去掉，同时努力满足这四方面的利益。

赋予农民更多财产权利

叶兴庆：中共十八届三中全会《决定》公布以后，大家觉得在农村改革方面有一个突出的亮点，就是赋予农民更多财产权利。

35年过去了，应该说农民得到了一些物质利益，但城乡差距过大依然是让我们头疼的一个问题。《决定》明确提出：城乡二元结构依然是制约城乡发展一体化的主要障碍。要破除这种二元结构，需要继续坚持让农民得到更多的物质利益，这方面途径很多。但仅仅通过调整财产交换关系和公共资源的配置来增加农民的物质利益是远远不够的，还要通过产权制度改革，让改革红利真正惠及农民。这里有一项重要的工作，就是要赋予农民更多的财产权利。这是新形势下进一步尊重农民物质利益的必然要求。具体而言，《决定》在这方面有四个突破：

一是赋予农民公平分享土地增值收益的权利。在现行制度框架下，集体土地（包括农用地和建设用地）是不能通过出租、转让用于非农产业建设的，它只有被征收为国有土地才能进入城镇土地市场。在这个过程中，农村集体经济组织和农民只能得到按原用途计算的补偿费，而无法享受到土地从农村转向城市的增值收益，无法参与到整个增值收益分配链条中。近年来虽然在农民的安置和征地补偿上有所调整，但始终没有得到制度上的根本性突破，随之而来的农民土地财产权利受损、征地拆迁矛盾频发等问题也愈演愈烈。《决定》提出要保障农民公平分享土地增值收益的权利，就是要在土地增值收益分配中处理好国家、集体与农民个人的关系，一定程度上提高个人收入的比重。这应该是下一步土地增值收益分配调整的一个重要政策取向。

要让农民公平分享土地增值收益，途径之一是缩小征地范围。《决定》中提出："在符合规划和用途管制前提下，允许农村集体经营性建设用地出让、租赁、入股，实行与国有土地同等入市、同权同价。"这意味着今后城市化扩展中遇到集体的经营性建设用地时，只要其符合规划和用途管制，就不一定非要征为国家所有。这是缩小征地范围的突破性举措。但要使农民分享土地增值收益，仅仅通过这个途径恐怕还不行，因为我们现在正处在城市化快速发展的阶段，城镇连片开发建设中既有公益性项目，也有经营性项目，很难严格区分，即使分清了，由于相邻地块的补偿机制不同，农民获得土地增值收益的途径不同，利益也很难平衡，所以在今后相当长一段时期里，要想通过征地范围的大幅收缩让农民分享土地增值收益，恐怕很难取得根本性进展。

另一途径就是完善补偿机制。今后城镇化所需的土地大部分还要继续通过征收取得。目前是按原用途补偿，最高不超过30倍。按这个标准，征农民一亩地仅补偿两三万元。《决定》提出，要"完善对被征地农民合理、规范、多元保障机制"。为此，应完善征地价格形成机制，改变按原用途补偿的原则，使被征地农民分享土地非农利用产生的增值收益。征地涉及农民住房拆迁时，不能再按地上附着物补偿，而应保障被征地农民的居住权。还可探索留地安置、区段征收等新途径。

二是赋予土地承包经营权抵押、担保权能。《决定》提出要依法维护农民土地承包经营权，在坚持和完善最严格的耕地保护制度前提下，赋予农民对承包地占有、使用、收益、流转及承包经营权抵押、担保权能。这也是一个突破。其意义在于，农民在贷款时，有效担保物的范围扩大了，对于解决农村贷款难的问题将会起到一定作用。

三是扩大农民住房财产权的权能。其实从本意讲，农民对住房是有私有产权的，但在现行法律制度框架内，宅基地使用权不能抵押、流转，这就导致附着在其上的农民房屋价值不能得到充分体现。《决定》提出要选择若干试点，慎重稳妥推进农民住房财产权抵押、担保、转让，探索农民增加财产性收入渠道。可以说几乎给农民住房财产权赋予了完整的产权权能。需要我们注意的是，由于房地不可分离，住房财产权的流转势必导致宅基地使用权随之流转。

四是扩大集体资产股份的权能。除了承包地、宅基地外，一些地方特别是城郊农村，还有大量的集体经营性资产。此次《决定》提出，要“赋予农民对集体资产股份占有、收益、有偿退出及抵押、担保、继承权”。这与中共十八大报告所强调的保护农民的集体资产收益分配权相比，是个很大的突破。农民得到的集体资产股份是什么财产权？我理解，应该是一个完整的财产权。我们现有的集体所有制是成员权，也就是说集体成员才拥有相应的产权，如果脱离集体，就不再享有权利。但是按照《决定》，“农民变股东、资产变股权”，农民即使脱离了集体，依然可以长期持有集体股权，这有利于人口流动，并可以增加集体经济的活力。

突破性的政策取向有了，下一步就是如何落实。任何一项改革都会涉及利益关系的调整，这其中有很多问题需要研究。我认为在下一阶段，首当其冲的就是修法。我刚才提到的四个问题中，前三个都是与现行法律相冲突的，要实现改革目标就必须以修改现行法律为前提。其次就是要试点。这些改革中，有的力度比较大，语言表述上比较谨慎，特别是农民住房财产权方面。因此在推进改革的过程中，一定要先行试点，不断探索，及时调整和纠偏。此外，还有村级治理结构的问题。随着改革的逐步深入推进，尤其是集体经营性建设用地平等入市之后，一些地方的村级集体资产将大幅度增加。如何用制度管好这些集体资产，防止滋生腐败，关系到农民切身利益，是需要我们考虑的现实问题。所以亟待加强村一级的治理结构，重新界定村民自治组织和集体经济组织两者之间的关系。

改革红利的创造与共享

赖德胜：限于时间，我讲两个问题。

全面深化改革将创造巨大红利

所谓改革红利，是指在资源给定条件下，改革不合理的体制机制，使劳动力、知识、技术、管理、资本等的活力得到竞相迸发，从而使社会财富不断增加。它既包括资源配置的优化，也包括资源使用效率的提高。事实上，我国经济持续高速增长30多年，成为世界第二大经济体，人均GDP超过6000美元，进入中等收入国家行列，一个重要原因就是改革激发了生产要素的潜能和活力。但实践表明，有些改革的红利效应开始递减甚至消失了，有些体制机制仍严重束缚着要素活力的迸发。因此，必须全面深化改革，使体制机制更好地适应生产力的发展，这也必将创造出更多的改革红利。

全面深化改革将使资源得到更加优化的配置。市场是配置资源的最有效的制度安排，在某种意义上，我国改革开放的进程，就是市场边界不断拓展的过程。中共十四届三中全会通过的《关于建立社会主义市场经济体制若干问题的决定》明确提出，市场在资源配置中起基础性作用，这具有里程碑式的意义，自那时起，经济体制改革向纵深推进。但由于改革没有完全到位，市场的作用仍不充分，主要表现为市场体系不完善，政府对资源配置干预过多，市场规则、市场价格、市场竞争在资源配置中还没有发挥决定性作用，致使经济运行仍存在许多问题。

让市场在资源配置中起决定性作用，就是要使微观主体有自主选择权和抉择权，自主经营，自负盈亏；就是要使市场在价格形成中起决定性作用，使价格能反映供求和稀缺性；就是要大幅减少政府对资源的直接配置，使资源配置依据市场规则、市场价格、市场竞争实现效益最大化和效率最优化。

全面深化改革将极大地推动创新。改革红利的获取在某种意义上可以表现为全要素生产率的提高，而这又往往与创新联系在一起。如何促进创新？一个重要途径是使人力资本得到合理配置。

全面深化改革将大幅度减少政府对资源的直接配置。不仅如此，《决定》明确提出，公有制经济和非公有制经济都是社会主义市场经济的重要组成部分，都是我国经济社会发展的重要基础。一方面，政府减少对资源的直接配置，另一方面，非国有经济得到更加平等的对待，二者相结合，将引导优秀人才更加优化地配置，主要是减少优秀人才过度拥挤在政府部门，增加生产部门特别是非公有制经济的吸引力。如此，科技和产业的创新能力将明显增强。

全面深化改革将使生产要素的活力竞相迸发。衡量生产要素活力的指标很多，其中重要的一个是创业活动的活跃程度，创业活动越活跃，表明生产要素活力的迸发越强。

中共十八届三中全会通过的《决定》着眼于改革的全面深化，提出了一系列深化改革的思路，还对健全促进创业体制机制作了专门论述，明确要求完善扶持创业的优惠政策，形成政府激励创业、社会支持创业、劳动者勇于创业新机制。此外，《决定》中关于“创新商业模式，促进科技成果资本化、产业化”、“健全资本、知识、技术、管理等由要素市场决定的报酬机制”等论述，都预示着不管什么生产要素，只要作出贡献，都能得到回报，而且回报方式呈现多元化。

改革红利更好地惠及全体人民的路径选择

使就业优先战略得到更好落实。首先要创造更多的就业岗位。虽然人口结构发生了很大变化，劳动力的增量开始减少，但由于经济增长速度进入换挡期，产业结构转型升级加快，因此，未来一段时期，就业压力仍然很大，如何使新增劳动力、转移劳动力有业可就，是一大问题。为此，要选择适当的增长方式，优化所有制结构、产业结构、企业规模结构等，要使非公经济、第三产业、小微企业有大的发展，它们是扩大吸收就业的主力。

其次要使就业质量得到明显提升。过去就业工作更多关注的是数量，也正是数量庞大、价格低廉的劳动力使得我国成为“世界工厂”，支撑着经济快速增长，而就业质量则很少得到关注。有研究表明，我国的就业质量虽然不断提升，但总体来说还比较低，特别是从农村转移到城市就业的农民工，经常面临着就业环境恶劣、工资拖欠、保障条件差、就业歧视、就业不稳定、社会融合难等问题。因此，切实采取措施，促进就业公平，提高就业质量，构建和谐劳动关系，是使改革红利惠及全体人民的重要途径。

再次要使特殊人群的就业得到更多的支持。不管何时，总存在一些人群，其就业需要予以特殊的关注和支持，比如上世纪80年代初的返城知青、90年代的国企下岗职工、本世纪以来的大学毕业生等。随着全面改革的实质性推进，就业困难群体还会出现，比较典型的就是化解产能过剩中出现的下岗职工和高校毕业生。给他们提供更多的就业支持，使他们有业可就，体面就业，是共享改革红利和降低改革成本的内在要求。

使教育得到更加公平的发展。实现教育公平，主要有两方面的工作。首先是在制度上保障人人有公平接受教育的权利。随着教育的改革和发展，我国教育的公平性已大为提高，但仍存在很多阻碍人们平等接受教育的制度安排。因此，要根据不断变化的情况推进考试招生等制度改革，以确保学生有平等的受教育机会。其次是使优质教育资源得到更加公平的分配。我国现在已经普及九年制义务教育，高中阶段教育毛入学率达到85%，高等教育毛入学率达到30%，应该说上学难的问题已经得到了比较好的解决。问题是，上好学校难的问题解决得不是很好，中小学阶段的择校问题仍然比较严重，不同阶层上“985”、“211”等大学的比例差异很大。因此，一方面要切实提高教育质量，继续扩大优质教育资源的供给；另一方面要采取措施，使优质教育资源的分配更加公平。对此，既要有相关制度的改革，也要充分利用信息化手段来扩大优质教育资源覆盖面，缩小区域、城乡、校际之间的差异。

使收入得到更加公平的分配。收入水平与收入分配是改革红利的最直接体现。收入分配包括要素收入分配和个人收入分配。从目前的状况来看，二者都要注重效率与公平。

在要素收入分配方面，其公平性主要有二，一是要素本身的分配以及要素产权边界的清晰度，二是要素配置的市场化程度。我国改革开放之初，由于基本上不允许私人资本、土地参与收入分配，因此，人们关注的主要是劳动收入分配，而且主要是工资分配。后来随着市场化改革的推进，劳动之外的其他生产要素也开始参与收入分配。这一方面激活了各种生产要素的活力，促进了经济的增长，但另一方面也使收入分配问题更加复杂。要使要素收入分配更加公平，就必须完善国有资源的分配机制，使国有资源的占有、使用和分配更好地体现全民共享性；必须打破垄断特别是行政性垄断，让市场在资源配置中起基础性作用，使各种生产要素有平等竞争的机会。

在个人收入分配方面，其公平性主要表现为收入差距要适度，差距太小或太大都不公平。改革开放之初，收入差距太小，干多干少一个样，干好干坏一个样，这对多干的和干好的人就很不公平。而现在是收入差距太大，有些群体从改革发展中占有了更多的资源，享受到了更多改革发展成果，有些群体则处于弱势，得益于改革发展相对较少，这也很不公平，不利于进一步的改革和发展。适度收入差距表现在高中低收入人群的分布上，应呈现为一种橄榄型格局，即低收入和高收入人群占人口的比例较小，中等收入人群占人口的比例较大，即两头小中间大。为此，要完善以税收、社会保障、转移支付为主要手段的再分配调节机制，调节过高收入，规范隐性收入，取缔非法收入，增加低收入者收入，扩大中等收入者比重，使改革红利和发展成果公平惠及每一个群体。

以改革红利化解风险

赵　晓：谈到如何用改革红利惠及民生，我认为首先要考虑的就是创造红利。通俗地讲，首先要把蛋糕做出来，才能谈如何去分。随着政府（税收）成本、金融成本、土地成本的日益上升，我国企业正在不断丧失活力；而过去企业用以平衡的三个“低成本”：人工成本、人权成本和生态成本正在不断消逝，综合作用下，我国实体经济举步维艰，长此以往，我们的经济恐怕会出现严重的问题。因此说，我国已到了必须主要依靠改革释放活力、实现发展的阶段。

《决定》指出，经济体制改革是全面深化改革的重点，核心问题是处理好政府和市场的关系，使市场在资源配置中起决定性作用和更好发挥政府作用。这成为此次改革的突破口和路线图。基本经济制度、市场体系、政府职能和宏观调控、财税金融、土地制度、生态文明等方面的改革，都要以此为标尺，需要摸着石头过河的改革也有了原则和检验尺度。比如在政府职能方面明确提出，“进一步简政放权，深化行政审批制度改革，最大限度减少中央政府对微观事务的管理，市场机制能有效调节的经济活动，一律取消审批”；在金融制度方面提出，“扩大金融业对内对外开放，在加强监管前提下，允许具备条件的民间资本依法发起设立中小型银行等金融机构”，这就为民间银行的发展提供了想象的空间，同时提出“推动资本市场双向开放，有序提高跨境资本和金融交易可兑换程度，建立健全宏观审慎管理框架下的外债和资本流动管理体系，加快实现人民币资本项目可兑换”，等等。所有这些都是为了以全面改革来化解上述三个“高成本”对企业利润的吞噬，给当下生存艰难的实体经济注入活力。

有了蛋糕之后，如何分蛋糕？这就涉及要以公平公义来化解社会震荡，并寻求公平分配改革红利。公平公义是历史上所有大国崛起的根基所在，也是一个国家长治久安的基础。改革开放的成果如不能在广大的层面上被大多数人所分享，那么改革本身的合法性就会受到怀疑，支持改革的力量就会发生动摇，改革的动力机制就可能出现障碍。我认为，中共十八届三中全会的最大亮点就在于明确提出“以促进社会公平正义、增进人民福祉为出发点和落脚点”，并且将这一思路始终贯穿于《决定》的各个方面。

在完善基本经济制度方面，《决定》的众多新突破和创新都体现为要更加公平地对待和认识各种所有制经济，譬如提出“公有制经济和非公经济都是重要组成部分”，不再有老大老二之分，并在保护产权、使用生产要素、参与市场竞争、法律保护、市场监管、依法监管等各方面，强调各种所有制经济平等、公平、公正、统一等关键词；在社会体制方面，明确要“紧紧围绕更好保障和改善民生、促进社会公平正义深化社会体制改革，改革收入分配制度，促进共同富裕”，“建立更加公平可持续的社会保障制度”，等等；在财税体制方面，提出要发挥中央和地方两个积极性，建立事权和支出责任相适应的制度；在构建新型城乡关系方面，提出“让广大农民平等参与现代化进程、共同分享现代化成果”，“保障农户宅基地用益物权，保障农民工同工同酬，保障农民公平分享土地增值收益，保障金融机构农村存款主要用于农业农村”，此外，还有教育体制改革、医疗卫生体制改革，包括“单独二孩”政策的提出，都充分体现出了促进社会公平正义、增进人民福祉这个出发点和落脚点。

我还想谈的是，要以建设现代治理化解政府风险，确保改革红利的创造与惠及民生。《决定》提出：全面深化改革的总目标是完善和发展中国特色社会主义制度，推进国家治理体系和治理能力现代化。这是一个很重要的理论创新。

国家治理体系和能力现代化，其核心就是治理主体多元化，方式法治化，而不再是简单命令式、完全行政化的管理。它的内涵是全面的，涵盖了整个国家的制度体系，包括改革发展稳定、内政外交国防、治党治国治军各方面的治理体制；制度是成熟的，国家治理水平是检验社会制度是否完善、定型的重要标志，这对中国特色社会主义制度建设提出了更高要求，改革要形成相对稳定成熟的制度体制，而不是缺乏定势、变来变去的体制机制；主体是多元的，治理与管理的区别就在于，前者强调的是政府、市场、社会组织、执政党、人大、政协等多元主体一起进行国家治理，而不是仅仅依靠一种力量，因而也是民主的一种表现。这次提出的协商民主就是国家治理体系和能力的重要一环。《决定》中对于“独立公正行使审判检察权”、“废止劳动教养制度”、“理顺城管执法体制”等命题和举措的提出，也正是对推进国家治理体系和能力现代化作出的呼应。

任何一项改革都不是一蹴而就的，其难点是如何在平衡与突破中使改革的目标得以落实。这里有很多问题和矛盾。比如，如何处理好“市场在资源配置中起决定性作用”和“坚持公有制主体地位，发挥国有经济主导作用”的关系，如何解决好“稳定税负”与目前结构性减税之间的矛盾，如何突破层层壁垒，支持非公有制经济健康发展，等等。但我们有充分的理由相信，中共十八届三中全会带来的全面深化改革将成为释放活力、启动经济的根本出路，未来十年将是关键的十年，改革目标究竟能否实现，我们拭目以待。

张　平：下一阶段，围绕贯彻落实《决定》的内容，相关部门将会密集推出许多具体的改革措施。每一项都是相关利益关系的调整，涉及不同的利益群体。如何使每一项改革措施更加科学有效，获得最大的共识，减少改革的阻力，非常重要。这需要集思广益，需要进诤言、献良策。作为参政党，我们将对相关问题持续关注，加强调查和研究，提出意见和建议。

（摘自《群言》2014年第1期）

编后记

《群言》创刊30年，她相伴中国社会现代化、法治化进程的曲折历程而来，见证当代社会的变革、文化思潮的涌动，以及世情人心的移易，从并不久远的历史中萌发出一枝文化的枝芽。对于一个人来说，30年正是人生初立、事业肇基的壮年之始；对于一段历史来说，30年不过一瞬，只是时代洪流中的一轮涟漪；对于一本杂志来说，30年的历程凝结着几代人的心血、智慧、理想，饱含着无数作者的支持、理解和包容，汇聚着太多读者的关爱、呵护与信任，是一段令人心生敬畏的历史，是一份励人奋进的责任。她的分量沉甸甸的，她的温度暖融融的。

庆贺创刊30周年，我们奉上精心编选的文丛来纪念往昔，酬飨读者。从一开始我们就知道，编选工作是一项艰难而浩大的工程：360期杂志，几十个栏目，数万篇文章，几千位作者，两千余万字，取舍是个大问题。经过编辑部同人反复斟酌，几轮筛选，终于确定了现在的规模——30年荟萃于七卷册。看来规模不算小，但相较30年来层堆累叠的佳作，仍不免反复权衡，而屡屡割爱。由于种种原因，文丛的编选工作殊为仓促，耳边犹有铃音催迫，心内时时伴着焦虑惶恐。在选文方面，我们尽可能兼顾当下的阅读心理与审美趣味，同时也不敢背离历史的轨迹，轻薄故纸。以致文丛的规模虽然一再扩充，但仍然不能如我们最初的设想，将所有好文章悉数收入。编选的过程不是淘洗陈迹，而是重温历史。埋首捧读那些厚厚的合订本、发黄的旧纸页，仿佛置身时光隧道，令人感慨万端。那些旧文字凝结着前辈学人的智慧之思，透散出几代知识分子的文化理想与家国情怀，传至今日依然散发着光泽，镌刻着时代的印辙。我们将这厚厚七卷本的文丛视为对过往历史的深深敬意，同时也是对未来漫漫程途的自我砥砺。其中很多篇章或光华灼灼，闪耀着穿越时代的智慧和直击人心的力量；或缱绻情深，字句间涌动着浸润人心的真情厚意，这些显在的文字与潜在的情愫，不断感动着我们，激励着我们，震荡着我们。

出版这套文丛，不仅是对《群言》历史的梳理与纪念，也是对那些曾经为我们撰稿的老先生们的追怀，更是对一个大师仍在、星光璀璨，庶人多议、百花争妍的时代的记录与思慕。我们之所以不揣敝帚自珍之嫌，编成了这厚厚的七卷册的纪念文丛，就是希望它能较为完整地反映中国社会这30年来的巨大变迁。这样，我们出版这套文丛才不致堕入自娱自乐的狭隘境界，而能成为对历史的记录、对时代的回应。过去的30年，可以说曾经是纸媒的黄金时代。我们相信，《群言》没有辜负那个时代，在费孝通、丁石孙、蒋树声、张宝文等民盟中央几任主席的关爱下，在陶大镛、袁行霈、张平等历任主编的带领下，在一代代群言人戮力同心、孜孜矻矻的努力下，《群言》吸引了一批关心民瘼、热心国事的作者，呈现出有担当、有风骨、有情怀、有操守的办刊风格，成为深受读者喜爱的知识分子精神家园。

我们的首任编委会主任委员陶大镛先生对《群言》初创厥功至伟，凡有关《群言》的事情，巨细靡遗，无不倾力。《群言》今天的风格和一批品牌栏目都是在他的主持下形成和创立的。可以说，陶公是《群言》真正的奠基人与开创者。尽管现在的编辑部同人绝大多数都无缘亲承教诲，甚至从未与他谋面，但在我们心中，“陶公”两字本身就代表着一种“群言精神”、“群言风貌”，是一个时时鞭策我们的亲切的名字。前辈的无私付出成就了《群言》在知识界的口碑，为我们今日的发展铺就了道路。毋庸讳言，由于都市生活节奏紧张迅捷，人们无暇深入思考、静心品味，阅读越来越呈现碎片化的特点。传统媒体渐趋式微。所幸《群言》不断得到各界作者、读者的厚爱，得到民盟中央领导的指导和民盟各级组织的襄助。民盟中央主席张宝文将《群言》作为民盟宣传工作的重要组成，从长远发展的角度给《群言》以极大的扶植，使《群言》的事业有了新的发展，使我们在新媒体风行的时代，能够从容应对，不坠风标。

近两年来，我们秉持《群言》为知识分子服务的办刊宗旨，坚持党派性与普适性兼顾的原则，努力开拓办刊思路，不断创新办刊形式，完成了创刊以来首次扩版，刊物呈现了更为丰富的内容和更加广阔的视野；首次尝试推出地方专刊，广受好评；对栏目进行增新复旧，力求以“移步不换形”的方式对杂志进行逐步调整，使之既体现出时代特点，又不失其既有格调。如今，刊物发行量已突破3万份，实现了历史性的飞跃。

相伴《群言》30年的历程，有太多令人感动的作者、读者给我们以真挚的关心和爱护、全力的帮助与扶持。我们的办刊经费有限，不能给前来开座谈会的专家学者以市场通行的酬劳，但是很多多年合作的作者从不计较，不仅自己热心参与，而且还主动帮忙延请相关领域的行家前来赴会。有些读者常年订阅我们的杂志，每期都认真阅读，对于我们工作的偶然疏失和细微的突破改变都能及时发现并来信指出，有时恳切地批评，有时热情地鼓励。在今年“我与群言”的征文中，一位读者在来稿中这样写道：“或许因为年近五十，经历多了，对事物的认识、理解都比以前更全面、客观。读《群言》感到非常顺畅亲切，犹如与时代对话，与名家学者交流，与学问家们问道解惑。……许多长者的文章笔力老到，文风雄健，立意并未随时间的流逝而过时，他们谈时事、论世界，摆观点、评弊端，绘百态、树正气，歌善美、贬恶俗，博古通今，情理交融，读来获益匪浅。”读者的肯定是对我们最大的褒奖、最好的鼓舞，更是鞭策我们不断前行的动力。编读之间诚挚的交流，是我们几代编者不断积累的宝贵财富，是刊物得以发展壮大的基石。《群言》如同前辈们手植的一株幼苗，30年来已亭亭如盖，如今我们守护它的根系，也享受它的荫庇。

《群言》出刊百期时，季羡林先生发来贺词说：“我们的《群言》决不属于‘四话’（指假话、大话、空话、废话）类，它还能讲一些真话，是与人为善的真话。它一不靠内部新闻，二不靠秘闻和小道消息，专靠真理吃饭，一身正气，威仪俨然……”的确，30年的历史见证：《群言》从来不是一个保守的论坛，他是知识分子的群言堂；是百家争鸣、智慧之花竞放的自由天地；是弼违救失、进善惩恶的谠言谏诤之所；是思想交锋、观点荟萃的辩论场；是情深意重、诚挚无欺的心灵憩园与灵魂栖所。

有位热心读者曾评价《群言》“靠讲真话的本事，立足于中国思想文化前沿，发挥自己的光和热”，我们承诺，未来的《群言》仍将秉持初衷，不改本色，为作者读者、为各界新老朋友营建一方知识分子集群智、抒群言的思想净地。

《群言》编辑部

2015年11月